财政部规划教材
全国高等院校财经类教材

宏 观 经 济 学

主 编 薛选登
副主编 周旭东 吴松岭 王向辉

中国财经出版传媒集团
中国财政经济出版社

图书在版编目（CIP）数据

宏观经济学 / 薛选登主编. —北京： ，2016.9
财政部规划教材　全国高等院校财经类教材
ISBN 978-7-5095-6896-5

Ⅰ.①宏… Ⅱ.①薛… Ⅲ.①宏观经济学-高等学校教材 Ⅳ.①F015

中国版本图书馆 CIP 数据核字（2016）第 183814 号

责任编辑：葛　新　王晓敏　　　责任校对：李　丽
封面设计：华乐功　　　　　　　版式设计：董生平

中国财政经济出版社 出版

URL：http：//edu.cfeph.cn
E-mail：jiaoyu@cfeph.cn
（版权所有　翻印必究）

社址：北京市海淀区阜成路甲 28 号　邮政编码：100142
营销中心电话：010-88190406　编辑部门电话：010-88190683
北京财经印刷厂印刷　各地新华书店经销
787×1092 毫米　16 开　16.5 印张　391 000 字
2016 年 9 月第 1 版　2016 年 9 月北京第 1 次印刷
定价：34.00 元
ISBN 978-7-5095-6896-5/F·5536
（图书出现印装问题，本社负责调换）
质量投诉电话：010-88190744
打击盗版举报热线：010-88190492、QQ：634579818

前 言
Preface

经济学是一门古老的学科,自1776年亚当·斯密的《国富论》出版,标志着现代经济学诞生以来,经济学在西方已经走过两百多年的历史了。而经济学这门学科在我国的兴起,则是改革开放以后,由荷兰经济学家霍文克(当时其被聘任为中国对外经贸大学教授)在1983年引入。随后西方经济学开始与我国经济实践不断融合,成为指导我国经济发展的一种重要理论基础,经济学课程也逐渐在我国流行并日渐成为许多院校的主干课程。

宏观经济学是相对于古典的微观经济学而言的,是凯恩斯的《就业、利息和货币通论》发表以来快速发展起来的一个经济学分支,是以一国的宏观经济运行作为研究对象,主要研究宏观经济的增长和波动,并揭示一国的宏观经济运行规律。

围绕宏观经济学理论,当前不同版本的教材,包括多恩布什、萨缪尔森、高鸿业、袁志刚等国内外学者编写的各种类型教材,都在难易度、侧重点、体例、适用对象上各有不同。为适应当前经济、社会、人才培养要求,我们编写了本书。本书吸取了相关教材的优点,并结合当前我国经济新常态的背景及经济社会发展对人才需求特点等新情况,突出培养学生的创新精神和应用能力。本书主要有以下特色:第一,结构安排突出应用型。本书每章开始有学习目标,结尾有小结和习题。学习目标使学生对每章知识、理论重点做到心中有数;结尾小结和习题,使学生对本章知识进行概括和巩固。第二,内容由浅入深,繁简结合。本书强调理论的可理解性和实用性,本书在理论表述中既保持了经济学内容的理论严谨性,又尽量避免复杂的数学推导,保持内容的可理解性。第三,语言风格朴实、简洁。本书内容力求生动活泼,言简意赅,尽量避免同类教材中存在的枯燥、晦涩倾向。

本书内容主要分四大模块,共十一章,其中,第一模块为第一章,主要介绍宏观经济学产生、发展、研究对象、研究方法及总体认识等基本概念和分析框架,作为宏观经济学的入门。第二模块包括第二、三、四、五、六章,由浅入深地介绍宏观经济学的主要分析模型及其微观基础。第三模块包括第七、八、九、十章，主要分析宏观经济问题和经济政策，包括通货膨胀、失业、经济增长、经济周期、开放经济及宏观经济政策等。第四模块为第十一章，主要介绍当前除凯恩斯理论以外的其他主要经济学思想。

本书由河南科技大学资助出版，并由该校薛选登担任主编，周旭东、吴松岭、王向辉担任副主编，具体编写分工如下：王向辉编写第一章、第十一章；周旭东编写第二章、第三章、第十章；薛选登编写第四章、第五章、第八章；吴松岭编写第六章、第七章、第九章。本书统稿工作由薛选登负责。

本书适用于本科层次经济管理类专业学生，也可作为经济、管理专业工作者的参考书。限于编写人员的理论水平和教学经验，本书的缺点和不当之处在所难免，在此恳请各位专家及读者提出宝贵意见，以便我们进行修改和进一步完善。

薛选登

2016 年 6 月

目 录
Contents

第一章　导论 （1）
　　第一节　宏观经济学的产生和发展 （1）
　　第二节　宏观经济学的研究对象 （3）
　　第三节　宏观经济学的研究方法 （7）
　　第四节　对西方经济学的总体认识 （10）
　　复习思考题 （15）

第二章　国民收入核算 （16）
　　第一节　国民收入支出循环流程 （16）
　　第二节　国民收入核算指标 （19）
　　第三节　国内生产总值的计算 （25）
　　第四节　国民收入核算的其他指标 （29）
　　第五节　国民收入恒等式 （30）
　　复习思考题 （34）

第三章　国民收入决定理论 （35）
　　第一节　均衡产出 （35）
　　第二节　消费理论 （39）
　　第三节　均衡国民收入的决定 （54）
　　第四节　乘数理论 （61）
　　复习思考题 （68）

第四章　产品市场与货币市场的一般均衡：IS—LM 模型 （69）
　　第一节　投资的决定 （69）
　　第二节　产品市场均衡：IS 曲线 （75）

第三节　货币市场及利率的决定 …………………………………（80）
第四节　货币市场均衡：LM 曲线 ………………………………（84）
第五节　产品市场与货币市场的一般均衡：IS—LM 分析 ………（89）
第六节　凯恩斯的基本理论框架 …………………………………（93）
复习思考题 …………………………………………………………（96）

第五章　总需求—总供给模型：AD—AS 模型 （98）

第一节　总需求与 AD 曲线 ………………………………………（98）
第二节　总供给与 AS 曲线 ………………………………………（103）
第三节　总需求与总供给的均衡 …………………………………（107）
复习思考题 …………………………………………………………（110）

第六章　开放经济理论 （112）

第一节　外汇与汇率 ………………………………………………（112）
第二节　国际收支与 BP 曲线 ……………………………………（122）
第三节　IS—LM—BP 模型 ………………………………………（133）
第四节　开放经济政策 ……………………………………………（137）
复习思考题 …………………………………………………………（141）

第七章　失业与通货膨胀理论 （142）

第一节　失业的描述 ………………………………………………（142）
第二节　失业的影响与奥肯定律 …………………………………（145）
第三节　通货膨胀的种类 …………………………………………（146）
第四节　通货膨胀的原因及效应 …………………………………（148）
第五节　失业与通货膨胀的关系——菲利普斯曲线 ……………（153）
复习思考题 …………………………………………………………（158）

第八章　经济周期理论 （159）

第一节　经济周期 …………………………………………………（159）
第二节　经济周期理论 ……………………………………………（162）
复习思考题 …………………………………………………………（170）

第九章　经济增长和经济发展 （171）

第一节　经济增长概述 ……………………………………………（171）

第二节　经济增长模型 …………………………………………（175）
　　第三节　经济增长因素的分析 …………………………………（183）
　　第四节　新经济增长理论 ………………………………………（186）
　　第五节　经济增长与经济发展 …………………………………（189）
　　复习思考题 ………………………………………………………（200）

第十章　宏观经济政策　　　　　　　　　　　　　　　　（201）

　　第一节　宏观经济政策目标 ……………………………………（201）
　　第二节　财政政策与货币政策 …………………………………（204）
　　第三节　宏观经济政策效果分析 ………………………………（226）
　　复习思考题 ………………………………………………………（233）

第十一章　现代西方经济学流派　　　　　　　　　　　　（234）

　　第一节　货币主义 ………………………………………………（234）
　　第二节　理性预期学派 …………………………………………（239）
　　第三节　供给学派 ………………………………………………（243）
　　第四节　其他西方经济学流派 …………………………………（247）
　　复习思考题 ………………………………………………………（253）

参考文献　　　　　　　　　　　　　　　　　　　　　　（254）

第一章 导论

【学习目标】

- 了解宏观经济学的产生和发展历程，宏观经济学的四次重大变革。
- 理解宏观经济学的主要研究对象，分清宏观经济学与微观经济学的关系。
- 掌握宏观经济学的5种研究方法，分析5种研究方法分别应用在哪些领域。
- 通过对宏观经济学的整体认识，充分理解学习宏观经济学的价值和现实意义。

学习宏观经济学，分析宏观经济的运行，首先应了解宏观经济学的产生和发展历程，明确宏观经济学的研究对象和方法，掌握一些相关的重要概念；其次，应熟悉和把握宏观经济流量循环的模型；最后，能够在掌握宏观经济学基本理论的基础上，尝试运用宏观经济学去认识、分析和解决社会经济生活中的实际问题。本章将对上述问题进行简要的概括论述，并以此作为进入宏观经济神秘殿堂的导引。

第一节 宏观经济学的产生和发展

一、宏观经济学的发展历程

宏观经济学产生于20世纪30年代，以凯恩斯主义理论出现为标志。宏观经济学的形成和发展，大体上经历了3个时期。

（一）萌芽时期

从17世纪中叶到20世纪30年代凯恩斯的《就业、利息和货币通论》发表之前，这一时期是宏观经济学的萌芽时期。

在宏观经济学的萌芽时期，有很多杰出的经济学家诸如古典经济学思想的系统建立者亚当·斯密、古典经济学思想的创始人威廉·配第、古典经济学的集大成者大卫·李嘉图、新古典主义洛桑学派的创始人里昂·瓦尔拉斯、剑桥学派的创始人阿尔弗雷德·马歇尔等，他们在其研究的领域及其著作中提出了一些研究宏观经济运行的思想观点和政策措施的建议，有的还提出了一些很有见地的具体理论。但是，就其总体而言，在这一时期，宏观经济学这一范畴的术语革命尚未产生，更谈不上形成系统和成熟的宏观经济学理论，甚至连宏观经济学研究的方法、对象、目标等都没有明晰的认识，因而只能称为宏观经济学的萌芽时期。

（二）凯恩斯主义宏观经济学的创建和形成、完善时期

这一时期是指从1936年凯恩斯的《通论》发表到20世纪70年代之前的时期。这一时期通常又分为两个阶段。

第一个阶段是凯恩斯革命与现代宏观经济学的建立，即在1929~1933年世界经济大危机中国家开始干预经济，形成大量的宏观经济学实践，以此为发端，到1936年凯恩斯发表著名的《通论》，建立和形成最初的系统的宏观经济学理论体系，标志着宏观经济学的正式产生。

第二个阶段是凯恩斯主义学派宏观经济学的发展和完善时期。凯恩斯理论形成后，在资本主义国家得到了广泛的运用，但是，随着社会和经济发展的不断进步，需要对宏观经济学的理论进行相应的创新。因此，相当一部分经济学家以凯恩斯理论为基础，对宏观经济学进行了修正和完善。其中比较突出的如包括美国经济学家保罗·萨缪尔森、英国经济学家罗伊·福布斯·哈罗德、美国经济学家阿尔文·汉森等人的新古典综合派和以琼·罗宾逊夫人、约翰·理查德·希克斯等人为代表的新剑桥学派的"两个剑桥之争"。特别是保罗·萨缪尔森的至今还十分畅销的《经济学》教科书，可以说集中体现了这一时期凯恩斯主义宏观经济学的发展和完善。

（三）非凯恩斯主义宏观经济学的形成和发展时期

20世纪70年代以后，资本主义经济发展出现诸如滞胀等许多新问题，使得凯恩斯主义宏观经济学开始走下神坛，并且引发了一大批新的经济学家重新认识和分析宏观经济问题。在这个过程中，形成了一些非凯恩斯主义宏观经济学派，其中包括以美国经济学家米尔顿·弗里德曼为首的货币主义学派、罗伯特·卢卡斯为代表的理性预期学派、以蒙代尔等人为代表的供给学派等。当然，这一时期的凯恩斯主义宏观经济学派为了保持其曾经的统治地位，也在继续修改自己的理论，并吸收了其他非凯恩斯主义学派的观点，这就是一般所称的现代主流经济学。特别是到了20世纪80年代以后，格雷戈里·曼丘、保罗·罗默等一批年轻的美国经济学家力主宏微合流，同时试图把现代主流经济学和非凯恩斯主义宏观经济学派整合起来，形成全新的新凯恩斯主义经济学，使宏观经济学的发展进入了一个重要的分化期。

二、宏观经济学的四次重大变革

宏观经济学自产生以来，根据其研究的方法和重点问题，以及其力求达到的目标和为实现这些目标所主张采用的政策措施，大致上经历了以下四次比较重大的变革。

（一）凯恩斯革命

这是对古典经济学理论的革命。古典经济学认为资本主义经济是和谐的、完全竞争的、充分就业的经济，依靠市场机制的完善性，自发性调节经济运行。这一理论的代表如法国经济学家让·巴蒂斯特·萨伊提出的著名的"萨伊定律"，即"供给创造需求"。但是，1929~1933

年的经济大萧条，打破了萨伊神话，使古典经济学理论遭到了重创。在这样的特定条件下，为了适应当时的社会和经济发展需要，凯恩斯不但放弃了传统的经济学研究方法，改从总量和宏观的视角研究经济，而且承认资本主义经济中存在失业现象，指出有效需求不足是失业的原因，并且明确认为市场的自发作用不能保证资源的有效利用，也不可能实现充分就业。因此，唯一的方法只能是用国家干预的经济政策代替古典经济学的放任经济政策，从而形成了以国民收入决定理论为中心，以国家干预为政策基调的凯恩斯主义宏观经济学，完成了对传统微观经济学的革命。这次革命史称"凯恩斯革命"，在西方经济学史上也被看做是一次重大的变革或革命。

（二）货币主义革命

自20世纪50年代后期开始，弗里德曼就打着对抗"凯恩斯革命"的旗帜，提出了"现代货币数量论"，重新强调货币政策的重要作用，抨击凯恩斯所主张的扩张财政政策会造成滞胀，并主张实行自由汇率制或浮动汇率制。但是，弗里德曼的理论在当时并没有产生什么大的影响。20世纪70年代以后，由于资本主义经济出现"滞胀"现象，即失业和通货膨胀并存（对正统的凯恩斯主义经济学新古典综合学派是一次沉重的打击），并且日趋严重，货币主义理论才开始流行起来。特别是英国撒切尔夫人在当时决定采用货币主义理论在英国进行实践，使货币主义革命进入高潮，形成了宏观经济学发展中的一次重大变革。

（三）供给学派理论

有"白宫学派"雅号的供给学派兴起于20世纪70年代。早在20世纪60年代中期，该学派代表人物之一的加拿大经济学家罗伯特·蒙代尔所提出的不同汇率体系下的货币政策和财政政策的分析以及最佳货币区理论就已经成型了。供给学派的宏观经济理论主要有：恢复萨伊定律，主张由供给来调节需求；降低税率刺激供给，从而刺激经济活动；放松政府的干预和限制，加强市场调节作用等。

（四）理性预期学派理论

20世纪60年代中期以后，随着经济滞胀现象的加剧，作为主流学派的新古典综合理论开始受到其他学派的抨击与非难，理性预期理论开始应运而生。虽然该学派至今仍然没有形成一整套完善的理论，但其所倡导的革命对经济学界的影响却越来越大。以卢卡斯为代表人物的理性预期学派认为人们可作出合乎理性的预期以指导自己的行为，价格具有完全伸缩性，并据此提出：政府干预经济无论是从长期看，还是从短期看，都是无效的；应该发挥预期在模型中所起的作用，加强理性预期，作为政府制定政策的依据。特别是2002年以来，诺贝尔经济学奖越来越多地倾向于预期和实证的行为经济学、实验经济学等，更是充分肯定了理性预期学派理论的革命性作用。

宏观经济学的研究对象

作为一门独立学科，宏观经济学必然有其研究对象；与此同时，作为经济学的一个分支，宏观经济学的研究对象与经济学的研究对象也必然存在相关性。经济学的定义是研究在一定制度下稀缺资源配置和利用的科学。经济学是研究人类如何利用稀缺资源进行生产以满足人类现在和将来无限需求的科学。建立在资源稀缺基础上的经济学，以资源配置和资源利用为研究对象，由此形成了解决资源配置问题和解决资源利用问题的宏观经济学两个分支。因此，在对研究对象的阐释中，我们遵循从经济学到宏观经济学的分析路径。经济学研究的是如何规范经济人（包括政府）的行为，以求达到某种目标。

一、资源配置、资源利用和经济体制

（一）资源配置

资源的定义：经济学中所讨论的资源就是生产要素，生产要素是指投入生产过程用于生产满足人们欲望的最终产品与劳务时的经济资源。一般生产要素被划分为劳动、土地、资本和企业家才能四种类型。由于其稀缺性的特点，人类社会对资源使用必须做出选择，并进行资源配置。资源配置问题包括三个相关问题：第一，生产什么物品与生产多少物品；第二，如何生产，即用什么方法来生产，也就是如何对各种生产要素进行组合；第三，生产出来的产品如何分配，即为谁生产。

（二）资源利用

资源利用的经济学定义是在经济学范围内，它属于宏观经济学范畴。在现实社会中，劳动者失业、生产设备和自然资源闲置等是经常存在的状态。这说明，生产可能性边界所标定的产量只是充分就业的或者说潜在的国民收入，而实际的国民收入往往小于这一数值。研究造成这种状态的原因，寻求改良这种状态的方法，从而实现充分就业，使实际的国民收入接近或等于潜在的国民收入，这就是资源利用。相对于人类社会的无穷欲望而言，生产物品所需要的资源总是不足的。资源的稀缺性是普遍存在的：任何社会和个人都无时不遇到稀缺性问题。稀缺性的存在是绝对的：它存在于人类历史的各个时期和一切社会。

资源利用包括三个相关问题：第一，为什么资源得不到充分利用，即充分就业问题；第二，在资源既定的情况下为什么不能始终保持稳定的产量，即周期性波动问题；第三，货币购买力的变动对资源稀缺所引起的各种问题的解决都影响甚大，即通货膨胀通货紧缩问题。

（三）经济体制

宏观经济学是以整个国民经济为研究对象，通过研究经济中各种有关总量的决定及其变化，来说明资源如何才能得到充分利用。宏观经济学研究的是在一定的经济环境下宏观经济变量是如何决定的。那么，什么是经济环境呢？显然，经济环境是一个非常宽广的概念，影响它的因素也非常多。然而无论如何，经济体制在诸多影响经济环境的因素中是最为重要的，经济运行和经济变量等的决定通常是经济人行为的综合结果，而经济人（特别是企业和政府）的行为在许多情况下受到经济体制的约束。

一个国家的经济体制基本上可以从以下两个方面进行区别：第一是它的经济运行机制，或者说经济资源的分配和调节机制；第二是企业制度。就经济运行机制来讲，主要有市场经济和计划经济的划分；而就企业制度来讲，很大程度上取决于企业的所有制形式。企业制度对经济的影响主要表现为企业行为或企业所追求的目标。换句话说，企业制度制约着企业的行为规范。企业制度对企业行为的影响早已引起西方新制度学派理论家们的重视。例如，加尔布雷斯在其《新工业国》中就曾经指出：在新工业国中，主导市场的是一些大型的股份公司，由于股权的极度分散，企业的决策者并不完全代表股东的利益，他们更可能是一些受过良好教育的职业经理人①，因此，他们所追求的目标很可能是在一定盈利条件下企业的稳定增长或市场份额。显然，这种对企业行为目标转变的认可必将冲击传统新古典学派的企业行为理论。

二、宏观经济学的微观基础

（一）问题的提出

20世纪30年代，英国经济学家凯恩斯提出了以有效需求为核心的国民收入决定理论，创立了现代宏观经济学。凯恩斯经济学否定和批判了以均衡价格分析为中心的新古典经济学，实现了一场西方经济学发展史上的"凯恩斯革命"，成为西方经济学的"显学"。但是，凯恩斯经济学也存在着明显的缺憾和不足。凯恩斯经济学的一个致命软肋就是缺乏微观基础，忽视供给分析。而诸如经济周期性波动、失业、通货膨胀等宏观经济问题，如果不能从微观的层面加以分析就很难得到深刻合理的解释。新古典综合派和凯恩斯主义非均衡学派认识到凯恩斯经济学的这一缺陷。他们几十年来的一项工作就是试图构建凯恩斯宏观经济学的微观基础，因此提出了如何为宏观经济理论寻找微观基础这一问题。

（二）微观基础的基本含义

所谓宏观经济学的微观基础，是指对于构成宏观经济模型基础的单个经济行为人（家庭和厂商）的行为规律的理论分析，或者说，是指宏观经济模型中对于单个经济行为人行为规律的明显的或隐含的假设。

具体地说，宏观经济学的微观基础一般具有以下三项基本含义：

（1）宏观经济理论应该具有微观个体的行为基础，即微观个体行为应当具有一定的行为规则，包括预期行为、优化行为、决策行为和风险行为等。只有微观层次上个体行为具有规则性和协同性，才可能避免在宏观层次上出现随机化的相机决择。

（2）宏观经济理论应该具有合理的微观结构基础，它由描述个体行为、市场结构和信息结构等重要理论假设组成。例如经常使用的一般均衡分析模式、完全竞争假设和完全信息假设等，它们是宏观经济理论的发展基础和参照标准。这种微观基础直接成为判断市场是否具有瓦尔拉斯特征、货币变量是否中性等宏观结论的关键。

（3）宏观经济分析模式和方法应该同微观经济行为个体的表述方式密切相关，即不仅要求微观个体行为之间具有一定的协同性和相似性，而且宏观分析模式应该保证累积以后，微观个体和宏观总体之间依然相互联系。

（三）宏观经济学微观基础研究的两种思路

宏观经济学的微观基础的研究，可以理解为用微观经济学方法来研究宏观经济现象的可能性，也可以理解为研究宏观经济学与微观经济学相容的可能性。格林沃尔德和斯蒂格利茨认为，研究宏观经济学与微观经济学相容可能性的方式可以有两种：要么使宏观理论适应微观理论，即采用新古典方法；要么使微观理论适应宏观理论，即采用新凯恩斯主义方法。因此，对于宏观经济学微观基础的研究，实际上存在着各种不同的思路，主要是新古典主义思路和新凯恩斯主义思路。

新古典宏观经济学致力于把宏观经济学完全建立在市场出清和经济行为者追求利益最大

---

① 参见 Kalbraith (1985)。

化的基础上，并以宏观经济学的理性预期均衡分析方法而著称。所以，新古典宏观经济学也常被称为理性预期宏观经济学或者宏观经济学的均衡理论。新古典宏观经济学派认为价格和工资都能自由伸缩以至市场出清，主张把完全竞争的瓦尔拉斯一般均衡理论和方法作为统一的宏微观经济学基础，并作为分析各种宏观经济问题的一般方法。他们认为一般均衡理论的原理是普遍真理，也能解释宏观的经济现象（如失业、经济波动等）。新古典宏观经济学的优势在于，它保持了微观经济学和宏观经济学的一致性和相容性，并为分析宏观经济问题提供了新的理论依据。但它也存在严重的不足，它假设市场出清的微观分析不具有现实性。

新凯恩斯主义思路。新凯恩斯主义吸取了新古典综合派在理论上惨败的教训，接受了新古典宏观经济学的挑战，试图在微观经济个体追求利益最大化行为并具有理性预期的前提下，为凯恩斯主义宏观经济学构造坚固的微观基础。

三、实证经济学和规范经济学

（一）实证经济学与规范经济学概念

实证经济学和规范经济学是经济学的全部内容。经济学的研究内容分两个方面。一是如何使经济运行得更有效率。这是个有关最优化的科学问题，关于这个问题，我们的回答是：做出假设，建立理论来加以解决。我们希望能够探讨出关于经济运行最有效率的机制或者说是规律，比如宏观经济学理论，都是围绕如何让我们有"更多的均衡的国民收入"的探讨。这些理论回答的都是关于经济运行更有效率的机制"是什么"，而不涉及经济后果的评价，尤其是对社会成员的福利影响的问题。

经济学研究的另一方面内容是对于经济后果的评价，也就是我们那些探讨出来的使得经济运行最有效率的机制以及这些机制实现的结果"好不好"的问题。当然对于结果"好不好"应该是有一个判断标准的，这个标准是大家争论的问题，因为这涉及到价值的判断。不同的人具有不同的价值观，因此对经济后果"应该怎么样"上，每个人都有不同的看法。这就是规范经济学的范围了。

因此按照上面分析得出，所谓的实证经济学是西方经济学中按研究内容和分析方法与规范经济学相对应的一个分支，是指描述、解释、预测经济行为的经济理论部分，因此又称为描述经济学，是经济学的一种重要运用方式。从原则上说，实证经济学是独立于任何特殊的伦理观念的，不涉及价值判断，旨在回答"是什么"、"能不能做到"之类的实证问题。它的任务是提供一种一般化的理论体系，用来对有关环境变化对人类行为所产生的影响作出正确的预测。对这种理论的解释力，可以通过它所取得的预测与实际情况相对照的精确度、一致性等指标来加以考察。

所谓的规范经济学（Normative Economics）是指那些依据一定的价值判断，提出某些分析和处理经济问题的标准，并以此树立起经济理论的前提，作为经济政策制定的依据。在西方经济学看来，由于资源的稀缺性，在对其用途上就必然面临选择问题，那么选择的标准就是经济活动的规范。可以看出，规范经济学要解决的是"应该是什么"的问题。

对于实证经济学和规范经济学的同时思考，是经济学者责任心的体现。我们可以进一步把经济学研究的这两个方面明晰化：实证经济学涉及的是效率问题，规范经济学涉及的是公平问题。这两者正是经济学研究的全部问题。对于经济学人来说，责任心要求必须对这两个问题同时加以研究。

（二）实证经济学和规范经济学的关系

实证经济学和规范经济学的关系可以归纳为以下四点：

（1）是否以一定的价值判断为依据。如果经济理论是建立在一定的价值判断的基础上，则为规范经济学；反之，就是实证经济学。实证，就是实例证明。打个比方说，我国改革开放以来，人们收入差距扩大，规范地分析收入差距扩大所带来的影响，就能判定如今的经济政策是否合理。实证分析收入差距现状如何，造成差别扩大原因是什么，这样就能判定我国的贫富差距是多大，有没有达到警戒线，从而对症下药。

（2）解决问题不同。如果解决的是"是什么"问题，则是实证经济学，反之，如果解决的是"应该是什么"，则为规范经济学。比如，今年国家颁布了一项经济政策，研究这项政策带来的影响和未来预期的就是实证分析，其目的是为将来的政策选择做铺垫。而这项政策好不好，不好的话应该怎样，这就是规范分析，它可以判定经济政策是否符合国情，也为政策的修改提供了理论基础。

（3）是否具有客观性。规范经济学中的意见分歧主要集中于对不同行为的成本收益的价值判断上，正因为如此，其分析结果带有较浓的主观色彩；而实证经济学是就事论事，所以分析结果是客观的。

（4）实证经济学和规范经济学二者并不是绝对排斥的。在现实经济分析中，两种方法是经常混合使用的。比如，分析通货膨胀这一经济热点时，通常两种分析都会使用。分析通货膨胀的后果，一般属于规范分析；讨论采用何种措施反通货膨胀，就属于规范经济学的范围。一旦方法选定，具体的政策设计则属于实证经济学。

宏观经济学的研究方法

宏观经济学是一门内容极其复杂的学科。这一方面是由于该学科至今仍然处于不断发展变化之中，其理论内容存在具有争议的问题和观点；另一方面是由于新的分析方法和新的研究角度被不断引入该学科，在宏观经济学中形成了不同的流派和表达方式。所以，在学习宏观经济学的时候，注意并把握其研究方法是十分必要的。

一、总量与个量分析方法

（一）总量分析法

总量分析是对宏观经济运行总量指标及其影响因素、变动规律等进行的分析，如对国民生产总值、投资额、消费额、进出口额、物价总水平等问题的分析是总量分析。用总量分析方法分析问题时，着重于大的经济趋势和动向以及整体的经济反映和效果，而不必过分关注具体的、个别的问题或经济变量。

宏观经济学中总量分析方法最典型的运用，是其在研究总体经济表现时所采用的总供给与总需求分析。从图 1-1 可以看出，总供给（AS）曲线向右上方倾斜，总需求（AD）曲线向右下方倾斜。它们的交点 E 同时决定了一个均衡产量水平（Y^*）和一个均衡物价水平

（P^*）。总供给与总需求是宏观经济分析的主线。

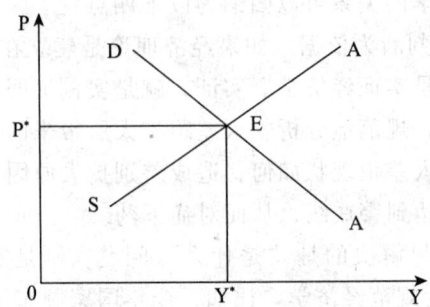

Y：产量——收入水平；P：物价水平；AS：总供给曲线；AD：总需求曲线

图 1-1　总供给曲线与总需求曲线

（二）个量分析法

个量分析法又称个体分析或微观经济分析，是以单个行为主体的经济活动作为研究对象，假定其他条件不变，舍弃一些复杂的外在因素，突出经济个体运行的主要特征，研究经济变量单项数值决定的方法。个量分析是微观经济学的主要研究方法，萨缪尔森强调微观经济学个量分析的特征是"关于经济中单个因素诸如一种产品价格的决定或单个消费者或企业的行为的分析。"

同一个经济变量，在个量分析中可能是内（外）生变量，而在总量分析中可能是外（内）生变量。如国民收入总产量在个量分析中一般是模型的外生变量，由已知条件事先确定，而在总量分析中成为有待模型去解释的内生变量；在总量分析的外生变量中，如产量、就业量和总支出量在各厂商商品和劳务中的分配，在个量分析中成为内生变量。

二、局部均衡分析与一般均衡分析

均衡分析是宏观经济学常用的方法，是分析各种经济变量之间的关系，说明均衡的实现及其变动，包括局部均衡分析与一般均衡分析。目前占主导地位的凯恩斯宏观经济学所采用的基本方法是均衡分析方法。

局部均衡分析是假定在其他条件不变的情况下来分析某一时间、某一市场的某种商品（或生产要素）供给与需求达到均衡时的价格决定。一般均衡分析在分析某种商品的价格决定时，则在各种商品和生产要素的供给、需求、价格相互影响的条件下来分析所有商品和生产要素的供给和需求同时达到均衡时所有商品的价格如何被决定。一般均衡分析是关于整个经济体系的价格和产量结构的一种研究方法，是一种比较周到和全面的分析方法。但由于一般均衡分析涉及到市场或经济活动的方方面面，而这些又是错综复杂和瞬息万变的，因此使得一般均衡分析非常复杂和耗费时间。所以在西方经济学中，大多采用局部均衡分析。

但是，从哲学的观点出发，均衡是相对的，而非均衡则是绝对的，这在宏观经济中可以得到充分的证实。现实生活中存在更多的是非均衡状态，即价格偏离均衡状态。一般来说，非均衡分析认为经济现象及其变化的原因是多方面的、复杂的，不能单纯用有关变量之间的均衡与不均衡来加以解释，而主张以历史的、制度的、社会的因素等作为分析的基本方法。即使是量的分析，非均衡分析方法也不是强调各种力量相等时的均衡状态，而是强调各种力量不相等时的非均衡状态。可以看出，非均衡分析是对均衡分析的一种深化和发展。正因为如此，非均衡分析方法在宏观经济学中也日益受到重视。

三、静态分析、比较静态分析和动态分析

静态分析是研究变量在同一时期内的相互关系，是对经济运行的一种初步的比较简单的分析方法。静态分析能够分析出短期经济运行情况，但不能说明经济运行的变化过程。在宏观经济学中，利用静态分析方法，可以使我们初步掌握经济现象的运动规律，为深入经济学分析奠定良好的基础。

比较静态分析是从静态分析发展而来的，说明从一种均衡状态变动到另一种均衡状态的过程，即原有的条件变动时，均衡状态相应地发生了什么变化，并把新旧状态进行比较。

动态分析是研究经济变量在不同时期的变动规律，是对经济运行的一种长期分析，说明长期经济情况并能解释经济运行过程及变化原因。在宏观经济学中，对经济增长、通货膨胀、经济周期等问题的分析都采用了动态分析方法。

静态分析与动态分析的基本区别在于：前者不考虑时间因素，而后者考虑时间因素。换句话来说，静态分析考虑一定时期内各种变量之间的相互关系，而动态分析考虑各种变量之间在不同时期的变动情况。静态分析和动态分析也有一定联系，这种联系表现在：静态分析是动态分析的基础，它为动态分析提供基础数据，便于准确分析经济运行规律，而动态分析则是静态分析的发展和延伸。一般来说，先进行静态分析，在静态分析的基础上再进行动态分析。

四、经济模型

经济学所用的模型也是对现实经济现象的一种高度的简化和抽象化，这种简化和抽象化的目的是为了发现经济现象之间的根本关系。经济学模型可以是一个数学公式，一张图表，或者一句总结性的论述，例如"消费水平取决于收入水平，二者成正比"，就是一个经济模型。但随着经济学研究深入细致的发展，经济学家不得不越来越多地借助于数学公式来建立模型。这些公式，也就是经济现象的高度简化和抽象化。学习经济学的过程实际也就是为了掌握如何将现实简化、抽象化的过程。

宏观经济学在观察现实经济现象的基础上，加上必要的假设，建立起理论模型，然后再用现实世界的数据来检验理论模型。建立理论模型是为了尽可能以简略的形式来研究经济变量之间的作用关系，描述和解释现实经济现象。在宏观经济学分析中，建立和运用经济模型已经成为越来越普遍的分析方法，经济模型表达的严密性与完善性是其他工具无法比拟的。

一般来说，经济模型的分析方法主要包括：经济模型的建立，经济模型有效性的理论检验和经验检验，经济模型的运用。其步骤大致是：第一，提出需要研究的问题；第二，选择已有的经济分析模型或者建立新的经济分析模型；第三，以该模型对经济现象进行描述，以期得出其是否可用的初步结论；第四，由该模型分析得出初步结论；第五，以现实数据进行必要的计量检验和分析；第六，决定其分析结论是否正确，并对其进行完善性补充和修改。

五、理性与有限理性假定

（一）"理性经济人"

经济学中的微观经济学是研究人们的经济行为的学科，因此，其研究必须建立在对人的行为的某些基本假定之上。"理性经济人"就是微观经济学对人在运用其资源从事经济活动时的行为的基本假定。这一假定认为，人性的本质是自利，人总是试图在其局限条件下为自己谋求最大的利益；人的自利性表现在经济行为上，就是人们的经济决策和行为都是建立在这样的行为动机上：以最小的经济代价或机会成本获得最大的经济利益。如果人的行为是非理性的，市场机制也就不会起作用。

（二）有限理性

人在从事经济活动时虽然是理性的，但是，人的理性能力又是有限的，即人对事物、现象的认识能力总是有限的。正是因为如此，人们才需要制度来帮助其作出决策，尽可能在有限理性的局限下作出正确的决策。市场机制就是通过相对价格机制来帮助人们认识市场供求的变动趋势，从而帮助人们作出正确的经济决策。如果人的理性能力是无限的，那么人就可以在没有任何制度帮助的情况下独立作出正确的决策，因此也就不需要市场机制。

有限理性的结论不仅适用于个人，也适用于包括政府在内的任何组织。如果上述公理不成立，那么，市场可能就无法有效运转，或者不需要市场机制；市场经济能够取得巨大的进展，也反过来说明了经济学假设性公理的合理性。

（三）有限理性假定

在经济学中，比利己更强的行为假设是人的理性假设。什么是"理性"？理性意味着每个人、每个企业都会在给定的约束条件下争取自身的最大利益。对于消费者而言，自利行为就是用自己有限的收入最大限度地满足个人的欲望。对企业而言，自利行为就是在给定的生产技术条件下，选择最佳的投入产出组合以取得最大的利润或经济效益。尽管理性假设不完全真实，但与现实基本接近。

另外，卢卡斯开创的新古典宏观经济学派对经济人行为所作出的假设是理性预期假设，即经济人会有意识地搜集一切与自己经济活动有关的经济信息，并对此作出最合理的反应。这一假设意味着大众会有意识地了解经济环境的变化，并根据这种变化随时调整自己的经济行为。因此理性预期学派认为，人们往往会通过"上有政策，下有对策"这一行为方式，将政策的效应抹除或减轻。博弈论是一门专门研究在不同行为假设（如纳什均衡行为假设、占优均衡假设等）下人们如何互动，并作出最佳决策的理论。

需要指出的是诺贝尔经济学奖获得者，美国经济学家哈伯特·西蒙提出的有限理性假设并不是对理性假设的完全否定，而只是说明人们有时是健忘的、冲动的、混乱的、有感情的和目光短浅的，不总是追求其最优目标。尽管如此，有限理性假设仍然是指人的行为接近理性，是较弱的一种利己性假设，在面对这样的主观局限性约束时，人们仍然是权衡取舍，选择尽可能好的结果。

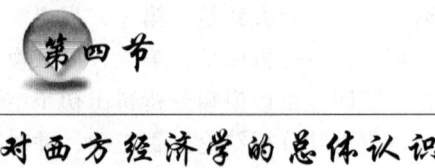

对西方经济学的总体认识

一、如何看待理论与实践的关系

理论是系统化了的理性认识，是某个知识领域的概念、原理体系。经济理论就是经济知识领域的逻辑思维体系。实践是人类有目的地改造自然、社会和人的本身的一切实际活动，其最基本的活动是生产。经济实践就是生产活动。理论与实践的基本关系是：理论来源于实践并指导实践，实践是检验理论的唯一标准。这是马克思主义最基本的观点和方法论。

西方经济学家认为，一种正确的经济理论不仅能解释经济现象，而且要预测未来。西方经济学中的假说是在一定的假设和定义下推演出来的，而假设和定义是客观经济现象的抽象化，也是来源于实践。西方经济学强调检验，经过事实检验的假设才能成为理论。西方经济理论的目的，一是解释经济现象，给经济活动提供一个必须遵循的准则，二是预测未来为经济政策提供理论依据，因而可以说，理论的目的是指导实践。

经济理论是揭示经济运动客观规律的真理。但真理又是相对的。所谓相对，一方面是因为任何真理都是在一定前提下才成立的；另一方面，任何真理都是一定社会环境条件下的产物，当这种社会环境出现变化以后，真理就失去其原本意义。西方经济学中的所有理论，都是在一定的假设条件下的抽象思维。从总体上来看，微观经济学以资源利用已经解决为前提，实际上是把充分就业即总产量既定作为前提，但若把非自愿失业和总产量变动亦考虑进去，就会使研究复杂化。宏观经济学以资源配置已经解决为前提，实际上是把个别产品价格和产量既定作为前提，若把这些因素也加以研究，也就没有宏观经济学可言。马歇尔以完全竞争为前提的微观经济理论，在自由资本主义时代是适用的，但在垄断资本主义时代就显得不足。这说明：第一，理论来源于实践，但不是实践的镜像，而是高于实践，是实践的抽象。我们在研究西方经济学时，必须牢牢记住任何经济理论都是建立在一定的前提或假定基础之上的，而这些前提和假定并不永远地或完全地符合实际情况。第二，经济理论以经济实践为条件，有什么样的经济条件，才有什么样的经济理论。新经济理论一般总是滞后于新经济实践，落后的经济理论必然被淘汰，超前的经济理论总是盲目的甚至是空想的和荒谬的。

二、如何看待现象描述

西方经济学理论是对经济现象的描述和分析。萨缪尔森说："当代政治经济学的首要任务在于对生产、失业、价格和类似的现象加以描述、分析、解释，并把这些现象联系起来。"[①]

理论是对现实的抽象化，但抽象可属于不同层次。深层次的抽象讨论事物的内部联系，是本质的探讨；浅层次的抽象讨论事物运动的表面联系，是现象描述，一般是对运动机制的分析。一般来说，一种理论既要探讨事物的内部关系，也要探讨事物的表面联系。但在不同层次上分别研究这一理论可以为特定的目的和任务服务。

作为现象描述的西方经济学，实际上是对资本主义运行机制的考察，它回避了资本主义本质的一面，诸如阶级关系、经济变量的性质等，这就是我们通常所说的西方经济学上述缺点产生的原因，既有主观原因，也有客观原因。主观原因主要出于政治上的考虑，客观原因主要出于经济上的需要。资产阶级取得政权以后，一方面巩固阶级政权，另一方面重振国民经济，发展生产力，保证资产阶级的经济利益日益增长成为经济研究的主要方向。这种研究一方面使西方经济学局限于表面现象的研究，避开了内部联系的探讨；另一方面又开辟了新的研究领域，从而有可能对经济的表面联系的研究能够比以前进行得更为系统和科学，把西

---

① 马克思：《资本论》第1卷，北京，人民出版社，1975年版，第98页。

方经济理论推向深入。从这个意义上说,西方经济学的现象描述又有其合理的一面,甚至可以说,它是西方经济学发展的必由之路。

19世纪30年代以后,特别是19世纪末以来的西方经济理论主要是建设资本主义的理论。如何搞好资本主义经济建设,既需要微观搞活,又需要宏观控住。与此相应,便有微观经济学和宏观经济学。微观经济学指出经济行为主体必须遵循的活动准则,宏观经济学则指出经济行为主体活动的约束条件及其界限。两者构成一个整体为个体服务、个体服从整体,从而相互矛盾又相得益彰的理论体系。如何搞好经济建设,说到底是管理的问题,从这个意义上来说,微观经济学就是指导个体经济活动的管理经济学,宏观经济学则是指导整体经济活动的管理经济学。

西方经济学之所以能够蓬勃发展并在历史上具有生命力,是因为它能审时度势,适时地改变自己的研究方向和研究领域,为资本主义的发展提供有效的服务。因此,要进行社会主义经济建设,就必须把马克思主义经济学中关于社会主义经济的原则性说明和科学预见理论化、系统化,并吸收西方经济科学中的优秀成果,大力地发展马克思主义经济理论,建立一个以马克思主义理论为基础的关于社会主义经济运行的科学体系,这样才能为社会主义经济建设和改革事业提供有效的指导。

三、如何看待数量分析

西方经济学在进行现象描述时,采用的各种方法大都与数量分析相关,大多数理论都可以用数学模型来表达。数量分析方法起源于19世纪的"边际革命"。边际增量分析方法在经济分析中的运用,给现代西方经济学的发展注入了生机和活力。一般实证经济学均把数量分析作为基本方法。在当代,数学领域的新发现或新成果,大多能在经济学中迅速得到运用。

数量分析方法之所以在经济分析中得到广泛的运用,从对象性来看,是因为对经济现象的分析,离不开对各种经济现象的变动及其相互关系的考察。经济现象是经济事物运动的表现形式,而经济事物是可以量化的,从数量关系上来考察经济事物的运动轨迹,可以为我们认识经济事物的运动现状及趋势提供便利。经济理论是抽象的逻辑思维,数量分析可以使其精确化。无论是微观经济学中的价格理论、市场理论、分配理论,还是宏观经济学中的收入分析、货币分析、经济增长论,均通过数学模型推导出必要的结论。数学模型把经济现象变动的规律性及其相互之间的关系归结为经济变量变动的规律性及其相互之间的数量依存关系,其结构清晰、逻辑缜密、形式精巧。

数量分析方法之所以在经济分析中得到广泛的运用,从目的性来看,是要探究经济行为主体的最佳行为准则,为经济决策提供理论依据。这便涉及到"最优化"问题。解决最优化问题诸如效用最优化、满足最大化、利润最大化等问题的最好方法是数量分析方法。宏观经济行为的最优化及其政策目标的最优化,也同样是在收入、货币均衡分析的基础上来解决的。而均衡分析必须以数学模型来表达。

其实经济科学并非精确的科学,只是大体上反映经济事物的运动方向,为人们从事经济活动提供指导。因此在西方经济学理论中,在讨论企业、消费者以及其他经济部门的活动时,一般以最优化为前提。由于最优化是在一系列假定条件下导出的,其结果通常只能粗略论述现实世界中的经济行为。

数量分析方法的局限性也是很明显的。对于经济理论的探讨，不仅研究经济事物的现象形态，而且要研究其本质形态。数量分析方法虽然可以较好地描述经济现象的表面联系，但对经济事物内部联系的分析基本上是无能为力的。所以说，数量分析方法只适用于经济理论的浅层次分析，而不适用于经济理论的深层次分析。由于西方经济学是一种现象描述，所以普遍采用数量分析方法是理所当然的。数量分析方法既然能为西方经济学所用，就能为社会主义经济理论所用。社会主义经济理论大多属于对生产关系的研究，对经济运行的分析甚少，因此较少使用数量分析方法；另外我国经济理论研究习惯运用文字叙述来表述问题。随着人们对经济研究范围的扩展和社会主义经济理论的发展，数量分析方法必将在经济理论研究中得到广泛的运用。

四、如何看待西方经济学体系

（一）西方经济学体系不完全符合科学要求

通过实践检验可以证明，西方经济学的理论体系不完全符合科学的要求。第一，西方经济学的理论体系尚未通过实践的检验。正是由于缺乏实践基础，西方经济学的许多论点不是经过实践，而是由学者的"权威"所论证。第二，西方经济学还缺乏科学所应有的内部一致性，即在理论体系之中，不能同时存在两种或两种以上的相互抵触的说法，在西方经济学中，相互矛盾的说法大量存在。第三，西方经济学科学研究所取得的成果往往积累性不强。新的理论往往完全排斥旧的学说，新旧理论不是相互补充而是相互排斥，因此正确的理论（如果存在的话）并不能随着时间的发展而积累。第四，西方经济学基本理论体系的假设条件是异常苛刻的。而西方经济学则建立在这种脱离现实的假设条件之上，其理论体系可以说是人为制造出来的乌托邦，甚至被相当多的西方学者称之为神话。西方学者把这种脱离于现实的理论体系应用于资本主义的现实，显然违反科学的原则。

（二）西方经济学对我国经济发展的借鉴意义

在微观经济学中，均衡价格理论中的需求弹性和供给弹性理论对我们做好经济工作是有参考价值的。另外如机会成本、变动成本、固定成本、边际收益与边际成本等概念与理论都有用武之地。又如，关于垄断和竞争的理论、外部性的理论、信息不对称的理论等，在我们制定经济政策和企业作经济决策时，都很有参考价值。

在宏观经济学中，关于国民收入核算的理论和方法，事实上也已被我国采用。关于总需求调节主要靠财政政策和货币政策的理论和主张，同样也日益为我国政府所运用。在经济发展遇到较大困难，如经济增速严重受阻甚至面临下行压力时，政府就会实行积极的财政政策和宽松的货币政策加以刺激经济，以稳定经济发展和劳动就业。相反，如果出现经济过热、通货膨胀加剧势头时，政府就会采用紧缩的财政政策和紧缩的货币政策加以抑制。

（三）科学应用西方经济学理论

在应用西方经济学时应加以考虑我国国情的特殊性。首先我国至今还处于转轨时期，从原来的计划经济体制向市场经济体制过渡，市场机制的制度框架尚不完善，市场机制的作用程度和范围就要受到限制。其次我国是一个有13亿多人口的大国，人口压力也会使我国市场经济作用的程度和范围受到限制。

总之，在学习宏观经济学时，要用科学和理性的态度去对待西方经济学。首先肯定经济学研究需要运用数学作为工具和方法。经济学对经济问题的研究，不但要作定性分析，也要作定量分析，经济规律也需要运用数字和经验加以佐证。其次反对误用和滥用数学方法。数学仅仅是一种科学方法，与西方经济学的内容无关。但是现在有一种不良倾向，即不管研究什么经济问题，都要求搞一套数学模型，弄一个目标函数，列几点约束条件，然后再作一些数学推导，从中引申出几点结论，便大功告成。至于结论是否正确，约束条件是否反映实际问题，则不必追究。我们要反对这种倾向，因为理论更重要的是应用于实践。社会迫切需要解决的经济问题又经常是数学无法解决的，如贫穷、污染等。这种滥用数学的后果使经济学者所致力于研究的问题和社会的现实日益远离，并最终没有被实践所用。

资 料[①]

1. 2008年起，一场由美国次贷危机引发的金融危机席卷了全球，不仅使西方发达国家经济遭受重创，也对现行西方经济理论提出了很大挑战，彻底粉碎了自由的市场经济机制总能有效配置资源的神话。

2. 金融危机的事实表明，经济学家关于经济人具有完全理性的假定是脱离实际的。尽管理性预期的经济学穿了外表华丽的数字外衣，也只不过是一种浪漫化的和经过净化的经济现象。

3. 由次贷危机引爆的这场金融危机表明，不能过分相信经济自由化，不能放弃应有监管，由"理性"投资者构成的"有效"市场发出的价格信号并不可靠。

4. 虚拟经济发展要求传统经济理论能作出相应的发展。比如，虚拟经济的出现及发展，对传统的通货膨胀理论提出了严重挑战，仅用CPI变化很难测量出通胀的真实程度。所以，旧的经济学已不再适应新的经济状况。

5. 当今世界经济发展的新形势显示出来的两大事实，即金融自由化使金融资产规模如此庞大、经济全球化使包括金融危机在内的经济波动在全球范围内如此迅速蔓延，都对传统的西方经济理论和金融理论提出了挑战。

小 结

经济学就是专门研究物质的有限性与人的欲望无限性之间关系的一门学问，是研究人类行为及如何将有限或者稀缺资源进行合理配置的社会科学。根据经济学理论研究解决的问题不同，经济学从总体上可以分为微观经济学和宏观经济学两大块。前者研究资源配置问题，后者研究资源利用问题。两者既有联系，又有区别。微观经济学先于宏观经济学产生，发展得比较成熟，是宏观经济学的基础。两者互相补充，互相渗透，共同组成了经济学的基本原理。两者都是现代西方经济学的主要构成部分。与微观经济现象相比，宏观经济现象更加复杂，变化多样，往往是多种情形重复出现，交织在一起，相互影响。因此对于同一种现象会出现多种观点。特别是随着社会经济的发展，经济环境升级变化，一些原有的理论不断遇到挑战和质疑，而新的理论又会形成多个不同的学派。

宏观经济学是以整个国民经济作为研究对象的经济学说，其发展大体上经历了四个阶

---

① 高鸿业：《以批判的眼光辩证地看待西方经济学》，经管之家（http://bbs.pinggu.org/thread-3509119-1-1.html）。

段。总体来讲，宏观经济学主要运用系统研究方法，通过抽象和归纳，对相互联系、复杂多变的宏观经济问题进行分析，包括均衡与非均衡分析、静态和动态分析以及理性和有限理性假定等。

宏观经济学是一门比较抽象的学科，但它同时也是一门和日常生活紧密相关的学科。利率问题、失业问题、通货膨胀、世界金融危机以及我国经济发展进入新常态等宏观经济问题日益成为大家关心的话题，因此必须用全面、科学的以及辩证的观点学习宏观经济学。

复习思考题

1. 宏观经济学经历了哪几个发展阶段？各个发展阶段有何特点？
2. 如何理解宏观经济学的微观经济基础？
3. 如何区分实证经济学和规范经济学？
4. 宏观经济学有哪些研究方法？
5. 经济模型的分析法步骤有哪些？
6. 什么是有限理性假定？
7. 阅读"对西方经济学的总体认识"一节，在学习本课程时注意不断总结。

第二章 国民收入核算

【学习目标】

- 理解国民收入支出循环流程。
- 掌握国民生产总值、国内生产总值等主要的国民收入核算指标。
- 掌握国内生产总值的计算。
- 了解国民收入核算的其他指标。
- 理解国民收入恒等式。

宏观经济学以整个国民经济活动作为研究对象,采用总量分析方法研究各经济变量之间的关系。在各种经济总量中,衡量社会经济活动基本总量的是国内生产总值(GDP)或国民生产总值(GNP),即广义的国民收入。因此,阐明GDP或GNP及其有关总量均衡的规定与技术的国民收入核算理论与方法是宏观经济学的基础和前提。国民收入的核算是对综合反映社会经济活动状况的国内生产总值以有关的经济总量进行测定,以便了解社会经济活动水平,探讨达到这种水平的原因,为经济发展作出正确的决策。

第一节 国民收入支出循环流程

宏观经济学的研究对象是整个经济的活动及其运行规律。整个经济是由许多不同的经济单位所组成的。要研究整个经济,就必须分析各个经济单位之间商品、劳务与货币的连续不断的循环运动,以及这种运动如何把各个经济单位联系成为一个有机的整体。国民收入支出循环流程正是说明各个经济单位之间的这种联系的。国民收入支出循环流程又称为国民收入流量循环模型,这一模型既是宏观经济分析的框架,又为国民收入核算提供了理论基础,国民经济可以分为由居民户和厂商所组成的两部门经济;由居民户、厂商和政府所组成的三部门经济;以及由居民户、厂商、政府和国外部门所组成的四部门经济。四部门经济又称开放经济,也是比较接近现实的一种经济形式。为了分析简便起见,我们从简单的两部门经济开始,然后再分析三部门经济和四部门经济。

一、两部门经济的国民收入支出循环流程

简单的国民经济循环模型假设:一个社会只有两个经济部门,即厂商和居民户;居民户拥有全部的生产要素(劳动、土地、资本等)。居民户的收入是由向企业出售生产要素所得到的。假定居民户当年的收入全部用于个人消费,没有储蓄和投资。在这种简单的经济模型中,一年内的生产(或收入)与消费(或支出)之间的循环流动如图2-1所示。

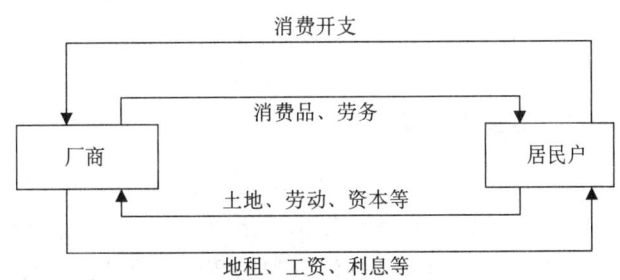

图2-1 两部门经济的国民收入支出循环流程

在图2-1中,内圈表示实物(生产要素以及消费品与劳务)的流向。土地、劳动、资本等作为生产要素,由居民户卖给厂商,向厂商流去;消费品和劳务是厂商使用生产要素生产出来的,卖给居民户,向居民户流去。图的外圈表示与实物相对应的货币流向,即厂商在向居民户(生产要素的所有者)买进劳动、借入资本、租进土地的同时,支付相应的工资、利息和地租,所有这些构成厂商的生产成本;厂商向居民户出卖产品和劳务的销售总额扣除成本的余额即为厂商的利润,构成企业所有者的收入。图形的上半部计量的是产品流量和消费开支总额。图形的下半部计量的是产品成本要素收入的年流动量。假定人们当年的收入全部用于个人消费,那么,厂商的产品和劳务的销售总额即居民户的消费总开支。

居民的总收入(包括企业主的利润收入)总是相等的。这样,收入在企业部门和居民户之间循环不息地流动。

以上指出企业销售产品总额正好等于居民的总收入即工资、地租、利息及利润之和。那么,企业在生产中所耗费的能源、机器、设备、原材料等部分的价值难道无需补充吗?当然不是。企业向居民户出售的是最终产品而不是中间产品,而原材料、能源等都是中间产品,故不计入国民收入。中间产品一般只在企业内部流动。至于机器设备等的补偿,则是用投资来解决的。这一点在进一步引入储蓄与投资以后再进行分析。

现在进一步设想一下,如果居民户不把全部收入用于消费,而是把收入的一部分用于储蓄,这样,企业将有一部分产品和劳务卖不出去。企业将会减产,减少对生产要素的购买,最后引起居民户收入的减少。所以储蓄是收入循环渠道中的循环流量的漏出。但是,如果企业可以通过金融机构获得贷款,进行投资来扩大对生产设备的购买或增加存货需求,把居民户因储蓄而剩余下来的产品购买下来,则社会的总支出仍然等于总产出。因此,企业投资是国民经济循环流量的注入。总之,如果企业进行的投资正好等于储蓄,则生产和收入可以在原有水平上保持平衡(如图2-2所示)。

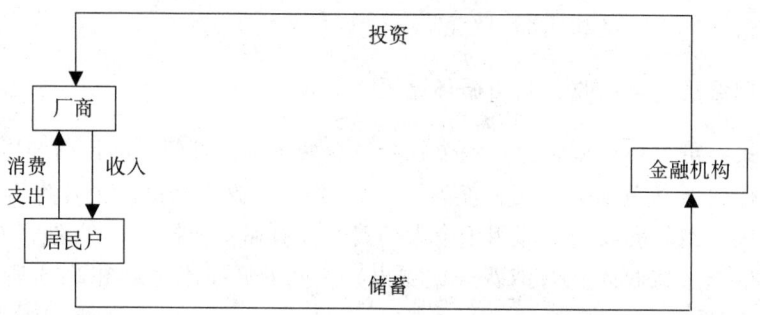

图 2-2 两部门经济的收入循环流动图

二、三部门经济的收入流量循环模型

三部门经济是包括居民户、厂商和政府的经济。政府为经济提供公共物品，并为此向社会征收税收进行支出。所以，政府在经济中的作用是通过税收与支出来实现的。政府税收来自居民户和厂商，这会减少居民户和企业的消费和储蓄以及对商品和劳务的购买，使生产和收入下降。因此，政府税收也是对国民经济循环流量的漏出。政府开支分为两类，一类是政府对商品和劳务的购买，这是政府的直接购买；另一类是政府不以换取产品和劳务为目的的转移支付，如失业救济、社会保险等。政府的直接购买和转移支付，均会增加商品和劳务的循环流量。因此，政府开支也是对国民经济循环流量的注入。

三部门经济的收入流量循环模型如图 2-3 所示。

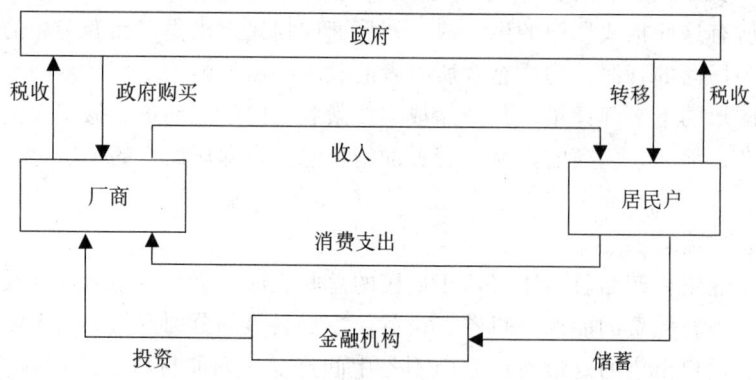

图 2-3 三部门经济的收入流量循环模型

三部门经济中增加了政府部门内容。要使收入流量的循环正常进行下去，除了前面所说的储蓄必须等于投资之外，如果这时政府税收恰好等于政府支出，则生产和收入仍可在原有水平下保持平衡。

三、四部门经济的收入流量循环模型

四部门经济是在居民户、厂商与政府之外再加上国外部门。国内经济部门通过贸易、资本流动和劳动力流动与国外部门发生联系。现在我们假定只有贸易，即商品和劳务的进出口。其中进口是本国居民和企业用收入购买外国的商品和劳务，这会减少对本国的商品和劳务的需求,导致社会总产出的减少;出口是外国用其收入购买本国产品,促使本国生产的增加。如果进口等于出口,则意味着国民经济的外贸平衡。

上述各种因素对国民经济循环流量的影响可归结为循环流量的注入和漏出。注入与漏出这两个术语都是针对企业生产的商品和劳务是否进入消费来说的。如果退出或减少对企业生产的商品和劳务的消费,就叫漏出。如果进入或增加对企业生产的商品和劳务的消费,就叫注入。只要总注入等于总漏出,国民经济循环流量就会处于平衡状态。图 2-4 所示反映了上述总注入与总漏出之间的关系以及它们各自对国民经济总产出水平的影响。

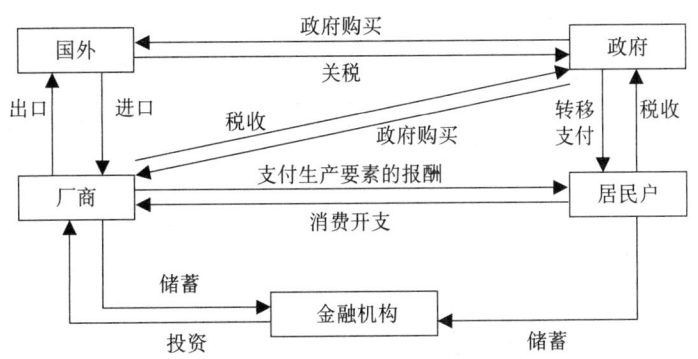

图 2-4 复杂的国民经济循环流量图

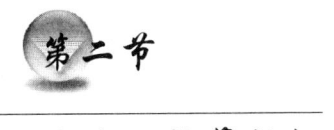

一、国民生产总值

宏观经济学研究整个国民经济活动,而整体的国民经济状况又是通过一系列国民收入总量指标来反映的,国民生产总值便是其中的核心指标。

(一) 国民生产总值的定义

国民生产总值又称为国民总产值(Gross National Product,简写成 GNP),是指一个国家(或地区)在一定时期内所生产的最终产品(包括产品和劳务)的市场价值的总和。这一定义包括以下几方面的规定:

第一,国民生产总值是计算以当年价格(或不变价格)衡量的一年内生产的最终产品的市场价值,因此,在计算时不应包括以前所生产的产品价值。例如,以前生产而在该年所售出的存货,或以前建成而在该年转手出售的房屋等。

第二,国民生产总值是指最终产品的总值,因此,在计算时不应包括中间产品产值,以避免重复计算。所谓最终产品,是指最后供人们消费的产品,中间产品是在以后的生产阶段中作为投入的产品。在国民收入核算中,一件产品究竟是中间产品还是最终产品,不能根据产品的物质属性来加以区别,而只能根据产品是否进入最终使用者手中这一点来加以区别。例如，我们不能根据产品物质属性来判断面粉和面包究竟是最终产品还是中间产品。乍看起来，面粉一定是中间产品，面包一定是最终产品。其实不然，如果面粉为面包厂所购买，这包面粉是中间产品；如果这包面粉为家庭主妇所购买，则是最终产品。同样，如果面包由面包店卖给消费者，此面包是最终产品；如果面包被生产厂出售给面包店，面包仍属中间产品。在实际经济中，许多产品既可以作为最终产品使用，又可以作为中间产品使用，要明确区分是很困难的。例如，煤炭在用作冶金等行业的燃料或化工等行业的原料时就是中间产品，而用作人们生活中的燃料时就是最终产品，因此，把哪一部分煤炭算作最终产品，哪一部分作为中间产品就不容易了。为了解决这一问题，在具体计算时采用了增值法，即只计算产品在生产各阶段上所增加的价值。表 2-1 所示为增值法的举例说明。

表 2-1　　　　　　　　　　　　增 值 法 示 例

生产阶段	产品价值	中间产品成本	增　值
棉　花	8		8
棉　纱	11	8	3
棉　布	20	11	9
服　装	30	20	10
合　计	69	39	30

在表 2-1 中，服装是最终产品，其产品价值为 30，用增值法计算也是 30，如不区分最终产品和中间产品，则会有 39 的成本重复计算。只要用增值法，无论把上例中哪种产品作为最终产品，都不会造成重复计算。

第三，国民生产总值中的最终产品不仅包括有形的产品，而且包括无形的产品——劳务，即要把旅游、服务、卫生、教育等行业提供的劳务，按其所获得的报酬计入国民生产总值中。

在社会的三种产业中，第一产业和第二产业所提供物质的最终产品价值是构成国民生产总值的主要部分，第三产业提供的是劳务，虽然劳务无形，但却是社会经济发展不可或缺的部分，因此第三产业所提供的劳务价值也应计入国民生产总值之中。创造国民生产总值的最终产品的行业不仅包括农业、工业及建筑业，还应包括流通部门、服务部门、社会发展部门（教育、文化、卫生、体育、广播电视、科学研究和社会福利事业等）以及社会公务部门。

第四，国民生产总值指的是最终产品市场价值的总和，这要按这些产品的现期价格来计算。这样就引出两个值得注意的问题：其一，不经过市场销售的最终产品（如自给性产品、自我服务性劳务等）没有价格，也就无法计入国民生产总值中，如那些只是为满足生产者自身需要而生产的非商品性产品，以及其他没有通过市场买卖而直接进入消费过程的商品，由于没有市场价格，也就不能计入国民生产总值；其二，价格是变动的，所以国民生产总值不仅要受最终产品数量变动的影响，而且还要受价格水平变动的影响。

第五，国民生产总值是一个时期指标，反映的是一个流量的概念。统计指标据其反映的时间状态不同，可以分为时期指标和时点指标。时期指标是反映事物总体在某一段时期内活动过程的总量指标，是流量方面的指标；而时点指标则是反映事物总体在某一时间（瞬间）点上状况的总量指标，是存量方面的指标。因此，流量是时期数，存量是时点数；流量来自存量又归入存量。

第六，国民生产总值是按"国民原则"计算的。由于现代社会经济的开放性，生产要素的国际间流动日趋频繁，于是为避免国与国之间重复计算，国民生产总值一般只计算本国常住居民所生产的最终产品价值。常住居民包括：①居住在本国的本国居民；②暂住在外国的本国居民；③常住在本国但未加入本国国籍的居民。其他类型居民在国外或国内所生产的产品的价值则不计入本国的GNP中。

（二）实际国民生产总值与名义国民生产总值

国民生产总值是一个价值指标，它的变动必然会受到产量和价格两方面的影响。为了准确地反映国民生产总值的变化情况，特别是产量与价格各自变动对国民生产总值的影响，一般分别按现价和不变价格计算国民生产总值。于是就产生了名义国民生产总值和实际国民生产总值指标。按现价（当年价格）计算的国民生产总值称为名义国民生产总值，按不变价格计算的国民生产总值称为实际国民生产总值。不变价格是指统计时确定的某一年（称为基年）的价格。名义国民生产总值与实际国民生产总值之比，称为国民生产总值折算指数，其用公式表示为：

$$国民生产总值折算指数 = \frac{某国名义国民生产总值}{某国实际国民生产总值}$$

国民生产总值折算指数是重要的物价指数之一，能反映通货膨胀的程度。

名义国民生产总值既反映了实际产量（最终产品数量）的变动，又反映了价格的变动；实际国民生产总值只反映产量的变动。为准确反映国民经济的实际增长情况，通常根据实际国民生产总值进行计算。如美国在1929年名义GNP为1 040亿美元，1933年名义GNP降至560亿美元，下降了46%；但若以1929年为基期，1933年的物价指数（又称GNP紧缩指数）为0.77，名义GNP的大幅度下降是价格变动造成的。

（三）国民生产总值与人均国民生产总值

国民生产总值有助于了解一国的经济实力与市场规模，而人均国民生产总值则有助于了解一国的富裕程度与生活水平。这两个概念都是很重要的。

用同一年的人口数量除当年的国民生产总值，则可以得出当年的人均国民生产总值。

（四）国民生产总值指标的缺陷

一般说来，一个国家的GNP数量，尤其是人均GNP数量（即把一个国家的GNP总量除以人口数量，就获得人均GNP数量）是衡量一个国家居民富裕程度的指标，同时也作为衡量一个国家居民经济福利水平的指标。但是GNP并不是唯一的百分之百准确的指标，有时甚至是不怎么准确的指标。因为有些经济活动是难以用GNP指标统计的，而有些被GNP指标统计的经济活动在另一方面可能会带来对人类经济福利的负面影响。具体说来，GNP指标面临着以下问题：

（1）GNP指标在衡量一个国家的产出时，统计的是可以用市场价格标价的产出（也就是可以在市场上进行交换的经济活动），但是一个国家中有许多经济活动并不是用来交换的，因此它没有市场价格。例如，家务劳动、中国传统式的家庭成员之间的关怀与照顾，都是不计价的，因此这些活动就不可能被计入GNP，但是，这一类活动，对一个国家居民的生活质量的好坏来说，显然是十分重要的。另外，日常生活中经常发生的物物交易活动，是在货币经济之外进行的，没有以货币为等价物的市场价格，因此也不被计入GNP之中。还有如地下经济、黑市交易等，也是逃避了官方统计的。因此，从这个角度来看，GNP往往低估了一个国家的实际收入。但是，从另外一个角度看，GNP 又高估了一个国家的经济活动的实际社会价值。例如，一个国家在一定时期内新投资了一座发电厂，新建的发电厂被计入 GNP。但是，发电厂同时带来环境污染等后果，使周围居民的生活质量下降。发电厂的这一负面效应却没有被 GNP 计算进去，因此，我们说在这种情况下 GNP 高估了某一项经济活动的实际价值。

（2）由人均 GNP 表示的经济福利是用产出的市场价格来表示的，因此两个国家同样的人均 GNP 水平，却可能由于两个国家产品的价格水平不同，实际经济福利水平也不同。因此，人均 GNP 指标并不能完全反映不同国家居民生活水平的实际差异。

（3）人均 GNP 是一个平均数，它并不反映一个国家国民收入的分配情况。如果一个国家十分富有，人均 GNP 很高，但是这个国家的收入分配极不平均，即少数人拥有这个国家的大部分财富和收入，贫富差距很大，那么这个国家居民的经济福利水平是比较低的。

（4）GNP 并不反映一个国家的自然资源拥有情况以及在环境保护等方面的工作，而这些对于一个国家居民的经济福利水平的影响也是十分重要的。

由此可见，GNP 是反映一个国家经济活动和收入水平的重要指标，但不是完全反映一国经济福利及生活质量的唯一指标和完全准确的指标。在比较两国居民的经济福利水平时，我们还必须同时考虑其他的因素。

二、国内生产总值

（一）国内生产总值的定义

与国民生产总值相关的一个总量指标是国内生产总值（Gross Domestic Product，简称 GDP），国内生产总值是指一国（或一地区）在一定时期（通常为一年）在本国领土所生产的最终产品和劳务的市场价值总和。GDP 的计量按照"国土原则"，以地理上的国境为统计标准，也就是说，国内生产总值应包括本国与外国公民在本国所生产的最终产品和劳务的价值总和。GDP 是由 GNP 减去国外获得的纯收入后的余额。（如表 2-2 所示）

表 2-2　　　　　　　　2005~2014 年中国 GDP 和人均 GDP

	2005	2006	2007	2008	2009	2010	2011	2012	2013	2014
GDP（亿元）	185 895.8	217 656.6	268 019.4	316 751.7	345 629.2	408 903.0	484 123.5	534 123.0	588 018.8	635 910.2
人均 GDP（元）	14 259	16 602	20 337	23 912	25 963	30 567	36 018	39 544	43 320	46 612

资料来源：中华人民共和国国家统计局网站。

对 GDP 含义的理解应注意下面几点：

第一，GDP 是一个市场价值的概念，它衡量了参与市场经济活动的各种最终产品的价值，而且这些价值都是用货币量加以衡量的。产品的市场价值就是用这些最终产品的单位价格乘以产出量得出的。

第二，GDP 测度的是最终产品和劳务的价值，中间产品的价值不能计入 GDP，否则就会造成重复计算而使 GDP 的衡量发生错误。

第三，GDP 指的是一定时期生产的最终产品的价值，而不是所销售的最终产品的价值。比如，某企业上一年生产了价值 100 万美元的产品，但是只卖掉 80 万美元的产品，剩下的价值 20 万美元的产品可以被看作企业自己买下来的存货投资，因此，这 20 万美元未售出产品同样应该计入 GDP。相反，如果企业当年生产了价值 100 万美元的产品，却售出了价值 120 万美元的产品，那么，计入 GDP 的仍然应该是 100 万美元，只是上一年的库存减少了 20 万美元。

第四，由于 GDP 是在计算期内所生产出来的最终产品的价值总和，因而 GDP 是流量而不是存量。比如，某人花 2 万美元买了一辆二手汽车，那么，这 2 万美元就不能计入 GDP，因为这辆二手汽车的价值在它被生产出来的那个年份就已经计算进当年的 GDP 了。不过，买卖这辆二手汽车所花费的经纪人费用却可以计入计算当期的 GDP，因为这笔费用是对经纪人在买卖二手汽车过程中所提供的劳务的报酬。

第五，GDP 是一国（或地区）地域范围内生产的最终产品的市场价值，是一个地域概念。与此相联系的国民生产总值（GNP）则是一个涉及国民概念，是指某国国民所生产的最终产品的市场价值。所以，一个在中国工作的美国商人的收入应当计入美国的 GNP 中，但不能计入美国的 GDP，而要被计入中国的 GDP。反之，一个在美国开展业务的中国公司所取得的利润，则是中国当年 GNP 的一部分，而不是美国 GNP 的一部分，但它却可以计入美国的 GDP。所以，如果某国的 GNP 超过 GDP，就说明该国国民从外国获得的收入超过了外国国民从该国获得的收入，而 GDP 超过 GNP 时，其情况就正好相反。

在 1991 年 11 月之前，美国用 GNP 作为对经济总产出的基本测量指标，此后改用 GDP 指标，因为大多数国家都是采用的 GDP 指标。同时，由于国外净收入数据不足，GNP 不好衡量，而 GDP 则较容易衡量，再加上 GDP 指标比 GNP 指标能够更好地衡量国内就业潜力，而且对美国来说，GDP 和 GNP 两者在使用时差别并不大。

第六，GDP 指标一般仅涉及市场上的经济活动所导致的价值，像家务劳动、自给自足的产品等不经过市场的经济活动则无法被计入 GDP。

（二）名义国内生产总值和实际国内生产总值

一个社会经济体系生产成千上万种物品和劳务，它们之所以能加总统计，是因为其价值都是用货币来衡量的。每种最终产品的市场价值就是用各种产品和劳务的单位价格乘以产量获得的。把所有最终产品的市场价值加总起来就是国内生产总值。

由于国内生产总值是由价格乘以产量得出的，因此，产量和价格的变化都会使国内生产总值产生变化。但是，人们的物质福利只与所生产的产品和劳务的数量和质量有关。如果产品和劳务的数量和质量不变，而价格提高一倍，国内生产总值增加一倍，但人们的物质福利并未增加。为此，我们有必要把国内生产总值中的价格因素剥离出来，只研究产品和劳务的数量变化。这就需要区别名义国内生产总值和实际国内生产总值这两个概念。

名义国内生产总值（Nominal GDP）是用生产产品和劳务的那个时期的价格计算出来的价值。如 1998 年美国的名义国内生产总值是 1998 年生产的全部最终产品和劳务用 1998 年的市场价格计算出来的市场价值。

实际国内生产总值（Real GDP）是用以前某一年作为基年的价格计算出来的价值。如果把 1990 年作为基年，1998 年的实际国内生产总值是指 1998 年生产出来的全部最终产品和劳务用 1990 年的价格计算出来的市场价值。

计算实际国内生产总值可使我们了解到从一个时期到另一个时期产品变化到什么程度。如果使用的都是基年的价格，则两个时期国内生产总值的差额可表现出这两个时期产量的变化。如果仅仅比较两个时期的名义国内生产总值，则我们无法知道这两个时期国内生产总值的差额究竟是由产量变化引起的，还是由价格变化引起的。

某个时期名义国内生产总值与实际国内生产总值之间的差额，可以反映出这一时期和基期相比的价格变动的程度。因为通过计算名义国内生产总值和实际国内生产总值的比率，可以计算出价格变动的百分比，即价格指数，又称 GDP 缩减指数。其计算公式为：

$$GDP 缩减指数 = 名义 GDP \div 实际 GDP$$

由于宏观经济学分析的主要目的在于说明经济中总产量是如何决定的，因而实际 GDP 才是我们所需要的。正因为如此，本书中的内容如不加特别说明，所涉及的收入量都是在实际意义上使用的，其中包括实际 GDP。

（三）国内生产总值指标的缺陷

（1）无论用哪一种方法来计算 GDP，都很难得出完全准确的数字。有些经济活动是无法计入 GDP 总值的。一些活动应当算作 GDP 活动，但由于种种原因无法计入 GDP 总量中，如：①每一个国家都存在大量的非市场经济活动；②每一个国家都存在大量的以逃避税收为目的的地下经济活动；③每一个国家都存在大量的非法经济活动。

（2）无法完全区分中间产品与最终产品。无法区分中间产品与最终产品，就无法做到数据的准确。

（3）GDP 不衡量闲暇。闲暇是一种好的正常的商品，其需求收入弹性大于零。但 GDP 不考虑闲暇。实际上，如果两国的人均 GDP 相等，但其中一国的闲暇较多，则该国居民生活水平一定较高。

（4）GDP 不衡量增长的社会成本（资源耗竭与环境污染等）。为了 GDP 的增加，人们付出了生存环境恶化（外部性）与某些资源耗竭的代价。我国国有企业甚至也不衡量 GDP 增长的直接成本：国有企业的投资决策不考虑效益高低，地方经济又相互分割，盲目投资、重复投资非常普遍。高投入、高消耗换来的是低产出、低效益。中国是世界上单位 GDP 能耗最高的国家之一。例如：我国重点钢铁企业平均每吨钢能耗比国际水平高 40%，电力行业火电煤耗比国际水平高 30%，万元 GDP 耗水量比国际水平高 5 倍，万元 GDP 总能耗是世界平均水平的 3 倍。这种粗放型经济增长模式，绝对无法持续下去。

（5）GDP 不衡量收入的构成情况。生产假冒伪劣产品能让 GDP 增长；"拉链工程"、"挖坑填坑"、闲置的生产线、荒芜的开发区、没有人流的机场、豪华的办公楼和度假村，也让 GDP 增长。

（6）GDP 不考虑收入分配是否公平，不考虑价值判断，存在一定的片面性。①未考虑环境降级成本。经济活动往往造成环境污染，引起环境质量的下降，亦称环境降级成本。GDP 核算一方面没有扣减环境降级成本，即环境污染的代价，另一方面将环境保护支出作为生产活动来反映，从两个方面增了 GDP。结果是污染物排放越多，GDP 越大；环境保护支出越多，GDP 也越大。②未考虑自然资源消耗成本。经济活动要开发利用自然资源，GDP 只核算了经济活动对自然资源的开发成本，却没有计算自然资源本身的价值，即自然资源耗减成本，造成自然资源无价或低价，其结果高估了当期经济生产活动新创造的价值。③未能考虑人们的生活质量。GDP 与人的精神文化世界不相联系，衡量不出这个社会的精神文明程度。一个 GDP 高的社会并不等于这个社会精神文明也高。如果只注重发展经济，忽视人的道德品质，结果会造成社会风气败坏，商业诚信缺失，假冒伪劣商品横行，整个社会将深受损害。④未能考虑社会收入和财富分配状况。因为 GDP 不衡量公平，在忽视公平和正义的社会里，财富收入必然会拉开极大的贫富差距，这就导致社会的发展极不均衡。⑤GDP衡量不出人们的幸福程度。有的社会看起来物质丰富了，但人们的精神生活水平并没有提高，对于这种社会问题GDP无能为力。在涉及环境和社会福利时，经济增长不等于提高了我们的生活质量和改善了我们的环境。⑥GDP完全衡量不出司法的公正水平，而司法是否公正恰恰对企业间的纠纷和消费者与企业间的纠纷产生影响。没有公正的司法服务，经济发展的质量就成问题。⑦GDP更衡量不出社会的民主化程度和贪污腐败程度。

（7）GDP无法准确地进行国际比较。①不同的国家采用了不同的核算体系。②不同的国家经济发展水平不同，能计入GDP的产品与劳务的范围也不同。发达国家经济的规范性与透明度高，计入GDP的内容也多；发展中国家则相反。③各国的产品价格水平与汇率存在差异。

总之，GDP活动只是一种经济活动，不是人类社会的全部活动。因为人类社会的全部活动既有以GDP为代表的经济活动，又有政治活动、精神活动。片面追求GDP会将社会导向极端。

三、国民生产总值与国内生产总值比较

国民生产总值（GNP）和国内生产总值（GDP）的区别在于两者计算的依据不同，前者是按"国民原则"计算，后者则是按"国土原则"计算的。也即，GNP是一国居民所拥有的劳动和资本所生产的总产出量，而GDP则是一国境内的劳动和资本所生产的总产出量。例如，中国GDP的一部分是由美国公司在中国境内的工厂所生产的，这些工厂的利润应划入中国GDP但不应计入GNP；又如，当中国的劳动力在海外市场取得报酬时，收入应计入GNP而不应计入GDP，由此可以得出GNP与GDP存在以下关系：

GDP = GNP - 本国公民在国外生产的最终产品的价值总和 + 外国公民在本国生产的最终产品的价值总和。

如果本国公民在国外生产的最终产品的价值总和大于外国公民在本国生产的最终产品的价值总和，则国民生产总值大于国内生产总值；反之，如果本国公民在国外生产的最终产品的价值总和小于外国公民在本国生产的最终产品的价值总和，则国民生产总值小于国内生产总值。在分析开放经济中的国民生产总值时，这两个概念是很重要的。

随着国际经济联系加强，强调身份区别的GNP相对重要性下降，重视地域范围的GDP相对重要性上升，从而使GDP成为越来越重要的总产出指标。

第三节 国内生产总值的计算

一、支出法（Expenditure Approach）

支出法是将一国各部门在一年内对最终产品的支出（流量）加总来计算国民收入的方法。用支出法核算GDP，就是从产品的使用去向出发，把一年内购买的各项最终产品的支出加总而计算出该年内生产的最终产品的市场价值。这种方法又称最终产品法、产品流量法。如果用Q_1，Q_2，…，Q_n代表各种最终产品的数量，用P_1，P_2，…，P_n代表各种最终产

品的价格,则支出法表示的国内生产总值为:

$$GNP = Q_1P_1 + Q_2P_2 + \cdots + Q_nP_n$$

在现实生活中,所产出的产品和劳务的去向分为两大部分:一部分是卖掉后用于居民消费、企业投资、政府购买和外贸出口;一部分没有卖掉而留下来了。但没有卖掉的部分我们可以理解为企业自己买了下来进而进入企业投资的统计范畴,因此,产品和劳务的最后使用,主要是居民消费、企业投资、政府购买和出口。因此,用支出法核算 GDP,就是核算一个国家或地区在一定时期内居民消费、企业投资、政府购买和出口这几方面支出的总和。

个人消费支出(Consumption),用字母 C 表示,包括购买耐用消费品(冰箱、彩电、洗衣机、小汽车等)的支出、非耐用消费品(服装、食品等)的支出以及劳务(如医疗保健、旅游、理发等)的支出。这一项是国内生产总值中占比例最大的一个部分,约占三分之二左右;而在消费中劳务又是占比例最大的部分,约占一半左右。但建筑住宅的支出不包括在内,而归入固定资产投资中,这是因为住宅同其他固定资产一样是长期使用、慢慢地被消耗的。

投资支出(Investment),用字母 I 表示,是指增加或替换资本资产的支出,如厂房和住宅建筑、机器设备以及存货。投资包括固定资产投资和存货投资两大类。固定资产投资是指新厂房、新设备、新商业用房以及新住宅的增加。存货投资是企业掌握的存货价值的增加(或减少)。存货投资可能是正值,也可能是负值,因为年末存货价值可能大于也可能小于年初存货。企业存货之所以被视为投资,是因为它能产生收入。需要注意的是用于投资的物品是最终产品而不是中间产品,因为资本物品和中间物品有重大区别。中间物品在生产别的产品时全部被消耗掉,但资本物品在生产别的产品过程中只是部分地被消耗。计入 GDP 中的投资是指总投资,即重置投资与净投资之和,重置投资也就是折旧。

政府购买支出(Government Purchase),用字母 G 表示,是指各级政府购买物品和劳务的支出,它包括政府购买军火、军队和警察的服务、政府机关办公用品与办公设施、施建诸如道路等公共工程、开办学校等方面的支出。政府支付给政府雇员的工资也属于政府购买。政府购买是一种实质性的支出,表现出商品、劳务与货币的双向运动,直接形成社会需求,成为国内生产总值的组成部分。政府购买通过雇请公务员、学校教师以及建立公共设施等为社会提供服务。由于这些服务不是卖给最终消费者,因此对政府提供的服务难有一个市场估价,这就使得政府购买和个人消费、投资和出口不同。在计入 GDP 时,不是根据购买政府服务所花费的成本,而是根据政府提供这些服务所花费的成本。需要提请注意的是:政府购买只是政府支出的一部分,政府支出的另一部分如政府转移支付、公债利息等都不计入 GDP。政府转移支付是政府不以取得本年生产出来的商品与劳务作为报偿的支出,包括政府在社会福利、社会保险、失业救济、贫困补助、老年保障、卫生保健、对农业的补贴等方面的支出。政府转移支付是政府通过其职能将收入在不同的社会成员间进行转移和重新分配,将一部分人的收入转移到另一部分人手中,其实质是一种财富的再分配。有政府转移支付发生时,即政府付出这些支出时,并不相应得到什么商品与劳务,政府转移支付是一种货币性支出,整个社会的总收入并没有发生改变。因此,政府转移支付不计入国内生产总值中。

净出口(Net Exports),是指进出口的差额,用 X − M 表示,X 表示出口,M 表示进口。出口是一国向外国提供的产品与劳务,劳务收入包括一国工人在国外赚得的工资和在国外的资产所获得的利润和利息。进口是外国向一国提供的产品和劳务,劳务收入包括外国工人在另一国赚得的工资和在一国的外国资产所获得的利润和利息。在计算国内生产总值时要加出口减进口。进口应从本国总购买中减去，因为它表示收入流到国外，同时，也不是用于购买本国产品的支出；出口则应加进本国总购买量之中，因为出口表示收入从外国流入，是用于购买本国产品的支出，因此，净出口应计入总支出。净出口可能是正值，也可能是负值。由于各国的开放程度不同，净出口在国内生产总值中所占比重各不相同。

把上述四个项目加起来，就是用支出法计算 GDP 的公式：

$$GDP = C + I + G + (X - M)$$

利用支出法测算 GDP 简便易行，但在实际应用中应注意以下两个问题。第一，有些支出项目不应计入 GDP 中。这些项目包括对过去时期生产的产品的支出（如购买旧设备）、非产品和劳务的支出（如购买股票、债券的支出）以及对进口产品和劳务的支出。第二，应避免重复计算。由于最终产品和中间产品并无明显的区分，因而在测算过程中容易造成重复计算。在实际测算中，如果最终产品的价值全部计入 GDP 中，那么中间产品就不应计入 GDP 中，即使这种产品是生产最终产品的厂商购买来的也是如此。如果中间产品在此之前已计入 GDP 中，那么用该产品生产的最终产品的价值只能在扣除中间产品的价值后，方可计入 GDP。（如表 2-3 所示）

表 2-3　　　　　2005~2014 年中国支出法国内生产总值　　　　　单位：亿元

指标	2014 年	2013 年	2012 年	2011 年	2010 年	2009 年	2008 年	2007 年	2006 年	2005 年
支出法生产总值	640 696.9	589 737.2	534 744.6	480 860.7	406 580.9	346 431.1	317 172.0	269 486.4	219 424.6	187 767.2
最终消费	329 450.8	301 008.4	271 718.6	241 579.1	199 508.4	173 093.0	157 746.3	136 438.7	114 894.9	101 604.2
居民消费	242 927.4	219 762.5	198 536.8	176 532.0	146 057.6	126 660.9	115 338.3	99 793.3	84 119.1	75 232.4
农村居民消费	54 574.1	49 432.1	45 222.8	41 075.3	33 610.3	30 666.2	28 840.7	25 588.5	22 639.6	20 912.0
城镇居民消费	188 353.4	170 330.4	153 313.9	135 456.6	112 447.3	95 994.7	86 497.5	74 204.8	61 479.5	54 320.4
政府消费	86 523.3	81 245.9	73 181.8	65 047.2	53 450.9	46 432.1	42 408.0	36 645.4	30 775.8	26 371.8
资本形成总额	293 783.1	274 176.7	248 389.9	227 593.1	192 015.3	158 301.1	135 199.0	109 624.6	87 875.2	75 954.0
固定资本形成总额	281 638.7	263 027.9	237 750.6	213 936.8	181 189.6	152 917.7	124 958.1	102 630.0	85 275.1	74 230.0
存货变动	12 144.4	11 148.8	10 639.3	13 656.3	10 825.8	5 383.4	10 240.9	6 994.6	2 600.0	1 724.0
货物和服务净出口	17 463.0	14 552.1	14 636.1	11 688.5	15 057.1	15 037.0	24 226.8	23 423.1	16 654.6	10 209.1

资料来源：中华人民共和国国家统计局网站。

二、收入法（Income Approach）

收入法也称收入流量法，用收入法核算 GDP，就是从收入的角度，把生产要素在生产中所得到的各种收入相加来计算的 GDP，即把劳动所得到的工资、土地所有者得到的地租、资本所得到的利息以及企业家才能得到的利润相加来计算 GDP。由于支付给要素的费用构成生产成本，因此，收入法也叫成本法。严格地说，最终产品市场价值除了生产要素构成的成本，还有间接税、折旧、公司未分配的利润等内容，因此，用收入法计算 GDP 不要从字面上狭隘理解成只包括工资、地租、利息、企业家才能四个项目，还有其他的一些项目。

1. 工资、利息和租金

工资从广义上讲，包括所有工作的酬金、补助和福利费（含必须缴纳的所得税和社会保险)。利息,指人们储蓄所提供的货币资金在本期的净利息收入,不包括个人间因借贷关系而发生的利息和政府公债利息;租金,主要指个人在出租土地等资产时的租金收入。

2. 非公司企业主收入

特指不受人雇佣的独立生产者的收入,如小店铺主、农民等的收入。他们使用自己的资金,自我雇佣,其工资、利息、租金很难像公司的账目那样,分成其自己经营应得的工资、自有资金的利息、自有房子的租金等,其工资、利息、利润、租金常混在一起作为非公司企业主收入。

3. 公司税前利润

公司税前利润包括公司所得税、社会保险税、股东红利以及公司未分配利润。

4. 企业转移支付和企业间接税

企业转移支付指公司企业对非营利组织的慈善捐款和消费者赊账,它不是生产要素创造的收入,但要通过产品价格转移给消费者,故也应看作成本。企业间接税指对产品销售征收的税,包括企业缴纳的货物税、销售税、周转税等。这种税收名义上是对企业征收,但企业可以把它打入生产成本之中,最终转嫁到消费者身上,故也应视为成本。

5. 资本折旧

资本折旧也应计入 GDP。因为它虽不是要素收入,但包括在总投资中。

通过以上内容可以得出,按收入法计算的公式为:

$$GDP = 工资 + 利息 + 利润 + 租金 + 间接税和企业转移支付 + 折旧$$

三、生产法(Production Approach)

用生产法核算 GDP,是指按提供物质产品与劳务的各个部门的产值来计算国内生产总值。生产法又叫部门法。这种计算方法反映了国内生产总值的来源。其优点是核算思路很清楚;缺点是核算工作量很大,难以避免重复计算。

运用这种方法进行计算时,各生产部门要把使用的中间产品的产值扣除,只计算所增加的价值。商业和服务等部门也按增值法计算。卫生、教育、行政、家庭服务等部门无法计算其增值,就按工资收入来计算其服务的价值。

按生产法核算国内生产总值,可以分为下列部门:农林渔业;矿业;建筑业;制造业;运输业;邮电和公用事业;电、煤气、自来水业;批发、零售商业;金融、保险、不动产;服务业;政府服务和政府企业。把以上部门生产的国内生产总值加总,再与国外要素净收入相加,考虑统计误差项,就可以得到用生产法计算的 GDP 了。(如表 2 - 4 所示)

表 2 - 4　　　　　2005~2014 年中国生产法国内生产总值　　　　　单位:亿元

指标	2014 年	2013 年	2012 年	2011 年	2010 年	2009 年	2008 年	2007 年	2006 年	2005 年
国内生产总值	635 910.2	588 018.8	534 123.0	484 123.5	408 903.0	345 629.2	316 751.7	268 019.4	217 656.6	185 895.8
农林牧渔业增加值	60 158.0	56 966.0	52 358.8	47 472.9	40 521.8	35 215.3	33 692.7	28 618.6	24 032.2	22 412.9
工业增加值	228 122.9	217 263.9	204 539.5	191 570.8	162 376.4	135 849.0	129 929.1	110 253.9	91 078.8	77 034.4
建筑业增加值	44 789.6	40 807.3	36 804.8	32 840.0	27 177.6	22 601.1	18 743.2	15 296.5	12 408.6	10 367.3
批发和零售业增加值	62 423.5	56 284.1	49 831.0	43 730.5	35 904.4	29 001.5	26 182.3	20 937.8	16 530.7	13 966.2

续表

指标	2014 年	2013 年	2012 年	2011 年	2010 年	2009 年	2008 年	2007 年	2006 年	2005 年
交通运输、仓储和邮政业增加值	28 494.2	26 036.3	23 754.7	21 834.1	18 777.0	16 516.1	16 362.5	14 601.0	12 183.0	10 666.2
住宿和餐饮业增加值	11 158.5	10 228.3	9 536.9	8 565.4	7 712.0	6 957.0	6 616.1	5 548.1	4 792.6	4 195.7
金融业增加值	46 664.6	41 190.5	35 187.7	30 678.2	25 679.7	21 797.4	18 312.9	15 173.3	9 951.4	7 469.3
房地产业增加值	38 000.8	35 987.6	31 248.3	28 167.6	23 569.9	18 966.9	14 738.7	13 809.7	10 370.5	8 516.4
其他行业增加值	116 098.2	103 254.8	90 861.2	79 264.0	67 184.1	58 724.9	52 174.3	43 780.4	36 308.8	31 267.3

资料来源：中华人民共和国国家统计局网站。

从理论上说，按支出法、收入法与生产法计算的 GDP 在量上是相等的，但实际核算中常有误差，因而要加上一个统计误差项来进行调整，使其达到一致。在实际统计中，一般以国民经济核算体系的支出法为基本方法，即以支出法所计算出的国内生产总值为标准。

三种核算方法的关系如图 2-5 所示。

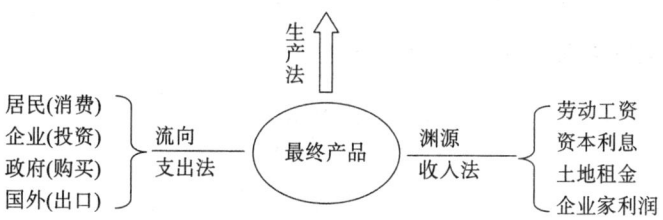

图 2-5 支出法、收入法与生产法的关系

第四节 国民收入核算的其他指标

国民生产总值是国民收入核算中的最基本指标，但国民收入核算中还有其他指标，这些指标与国民生产总值有密切的关系，从不同的角度反映了整体经济的运行状况。

一、国民收入核算的五项基本指标

在国民收入核算中，除了国民生产总值之外还有另外四项重要的指标，即：国民生产净值、国民收入、个人收入和个人可支配收入。

（一）国民生产净值（Net National Product，简称 NNP）

NNP 是指一国以当年价格（或不变价格）计算的一年内用于销售的一切产品和劳务价值总和减去生产过程中消耗掉的资本余下的部分，也即 NNP 是一个国家一年内新增加的产值，也就是在国民生产总值中扣除了折旧之后的产值。

（二）国民收入（National Income，简称 NI）

NI 是指一国生产要素在一定时期内提供服务所获得的报酬总和，即工资、利息、租金和利润的总和。如果说 GNP 和 NNP 是从生产的角度来表示一国在一定时期内所提供的最终产品和劳务的价值总和，那么 NI 就是从分配的角度表示的，一国在一定时期内从这些产品和劳务中所得的，以要素成本计算的收入总和。

（三）个人收入（Personal Income，简称 PI）

个人收入是指一国在一定时期内个人所得的收入的总和，包括劳动收入、业主收入、租金收入、股息和利息收入、政府给予的救济金和各种福利补助等。个人收入与国民收入是两项不同的指标。首先，国民收入中有三个主要项目即公司未分配利润、公司所得税和社会保险税不会成为个人收入。其次，个人所获得的实际收入中有部分不是要素收入，没有被列在国民收入指标中，如：转移支付，政府对个人支付的失业保险金、退休金和公债利息等；利息调整，即不包括在上述利息净额之中的个人利息收入。

（四）个人可支配收入（Personal Disposable Income，简称 PDI）

PDI 是指一国一定时期内个人可以支配的全部收入。它是个人收入减去个人所得税和其他非税收性支付后的余额，对这一部分收入个人可作任意支配，既可用于消费，也可用于储蓄，或用于其他用途。

二、国民收入核算中五项指标的关系

国民收入核算中五项指标的关系可用公式表示为：

$$GNP - 折旧 = NNP$$
$$NNP - 间接税 = NI$$
$$NI - 公司未分配利润 - 企业所得税 + 政府给居民户的转移支付 + 政府向居民支付的利息 = PI$$
$$PI - 个人所得税 = PDI = 消费 + 储蓄$$

在以上五项指标中，国民收入可以分为广义的国民收入与狭义的国民收入，前面所讲的是狭义的国民收入，广义的国民收入泛指这五个总量。这种国民收入也可以指国民生产总值。国民收入决定理论中所讲的国民收入就是指国民生产总值。

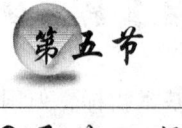

国民收入恒等式

从对国民收入核算三种方法——支出法、收入法与生产法所得出的国民生产总值的一致性，可以说明在国民经济中存在一个基本平衡关系。因为"总收入＝总产出＝总支出"，总支出代表了社会对最终产品的总需求，而总收入和总产量代表了社会对最终产品的总供给。因此，从国民生产总值的核算方法中可以得出这样一个恒等式：

$$总需求 \equiv 总供给$$

根据这个恒等式，再加上对储蓄、投资的定义，可以推出"储蓄＝投资"。这一恒等关系在接下来的宏观经济学研究分析中是十分重要的。我们可以从国民经济的运行,即国民经济的收入流量循环模型,来分析与推出这个恒等式。

理论研究是从简单到复杂、从抽象到具体的,所以,我们从两部门经济入手研究国民经济的收入流量循环模型与国民经济中的恒等关系,进而研究三部门经济与四部门经济。

一、两部门经济的收入构成及储蓄—投资恒等式

1. 两部门经济假设

这是一种最简单的经济。在两部门经济中,假设一个社会只有消费者(居民)和企业两个部门,没有政府部门和进出口部门,所以就没有企业间接税等税收项目,也没有政府购买和进出口贸易。为了分析简便起见,先不考虑折旧。这样,国内生产总值就等于国民收入。

2. 两部门经济条件下的国民收入构成

(1) 从支出角度看,由于把企业库存的变动作为存货投资,因此,国内生产总值等于总支出,即消费支出和投资支出的总和。

$$国内生产总值 = 消费需求 + 投资需求$$
$$= 消费支出 + 投资支出$$
$$= 消费 + 投资$$

即: $Y = C + I$

(2) 从收入角度看,由于把利润看作最终产品卖价超过工资、利息与租金的余额,因此,国内生产总值就等于总收入,总收入的一部分用作消费,其余部分用来进行储蓄。于是,从供给方面看国民收入构成为:

$$国民收入 = 产量的总和$$
$$= 各种要素供给的总和$$
$$= 各种生产要素所得到的收入的总和$$
$$= 工资 + 利息 + 租金 + 利润$$
$$= 消费 + 储蓄$$

即: $Y = C + S$

这就是储蓄—投资恒等式。

3. 储蓄—投资恒等式

由前面的分析中可以看出,从这两种角度核算的国内生产总值应该相等。

即: $C + I = Y = C + S$

从上式可以得出:

$$I = S$$

即: 投资 = 储蓄

4. 对储蓄—投资恒等式的说明

储蓄—投资恒等式是根据储蓄和投资的定义得出的。根据定义,国内生产总值等于消费加投资,国民总收入等于消费加储蓄,国内生产总值又等于总收入,因此,才有了储蓄—投资的恒等关系。这种恒等关系就是两部门经济中的总供给(C+S)和总需求(C+I)的恒等关系。只要遵循这些定义,储蓄和投资一定相等,而不管经济是否处于充分就业状态,是

否处于通货膨胀状态,是否处于均衡状态。然而,这一恒等式决不意味着人们意愿的或者说事前计划的储蓄总会等于企业想要得到的或者说事前计划的投资。在实际经济生活中,储蓄主要由居民户进行,投资主要由企业进行,个人储蓄动机和企业投资动机也不相同。这就会形成计划储蓄和计划投资的不一致,形成总需求和总供给的不均衡,引起经济的收缩和扩张。分析宏观经济均衡时所讲的投资要等于储蓄,是指只有计划投资等于计划储蓄,或者说事前投资等于事前储蓄时,才能形成经济的均衡状态,这和储蓄—投资恒等不是一回事。这里讲的储蓄和投资恒等,是从国民收入会计角度看,事后的储蓄和投资总是相等的。

还要说明,这里所讲储蓄等于投资,是指整个经济而言,至于某个人、某个企业或某个部门,则完全可以通过借款或贷款,使投资大于或小于储蓄。

二、三部门经济的收入构成及储蓄—投资恒等式

1. 三部门经济假设

这是指由厂商、居民户与政府这三种经济单位所组成的经济。在这种经济中,政府的经济活动表现在:一方面有政府收入(主要是向企业和居民征税),另一方面有政府支出(包括政府对商品和劳务的购买以及政府给居民的转移支付)。

2. 三部门经济条件下的国民收入构成

(1) 从支出(总需求)角度看,可得出以下结论:

$$国内生产总值 = 消费需求 + 投资需求 + 政府需求$$
$$= 消费支出 + 投资支出 + 政府支出$$
$$= 消费 + 投资 + 政府购买$$

即:
$$Y = C + I + G$$

说明:按理说,政府给居民的转移支付同样要形成对产品的需求,从而应列入公式。但可以把这一需求看作已包括在消费和投资中,因为居民得到了转移支付收入,无非是仍用于消费和投资(主要是消费,因为转移支付是政府给居民的救济性收入及津贴)。

(2) 从收入(总供给)角度看,国内生产总值仍等于所有生产要素获得的收入总和,即工资、利息、租金和利润的总和。总收入的一部分用作消费,一部分当作储蓄,一部分还要纳税。但居民还要得到政府的转移支付收入,税金扣除了转移支付才是政府的净收入,也就是国民收入中归于政府的部分。假定用 T_0 表示全部税金收入,用 TR 表示政府转移支付,用 T 表示政府净收入,则 $T = T_0 - TR$。于是,从收入看的国民收入构成为:

$$国民收入 = 各种生产要素的供给$$
$$= 工资 + 利息 + 租金 + 利润$$
$$= 消费 + 储蓄 + 税收$$

即:
$$Y = C + S + T$$

3. 储蓄—投资恒等式

总需求,即:
$$Y = C + I + G$$

总供给,即:
$$Y = C + S + T$$

从而推出:

$$I + G = S + T$$
$$I = S + (T - G)$$

在这里，(T-G) 可看作政府储蓄，因为 T 是政府净收入，G 是政府购买性支出，两者差额即政府储蓄，这可以是正值，也可以是负值，这样，$I = S + (T - G)$ 的公式，也就表示储蓄（私人储蓄和政府储蓄的总和）和投资的恒等，即：

$$投资 = 储蓄 = 私人储蓄 + 政府储蓄$$

三、四部门经济的收入构成及储蓄—投资恒等式

1. 四部门经济假设

这是指由厂商、居民户、政府和国外四种经济单位所组成的经济。在这种经济中，国外这一经济单位的作用是：作为国外生产要素的供给者，向国内各部门提供产品与劳务，对国内来说，这就是进口；作为国内产品与劳务的需求者，向国内购买，对国内来说，这就是出口。

2. 四部门经济条件下的国民收入构成

（1）从支出角度看，由于有了对外贸易，于是国内生产总值的构成如下：

$$国内生产总值 = 消费需求 + 投资需求 + 政府需求 + 国外需求$$
$$= 消费支出 + 投资支出 + 政府支出 + 国外支出$$
$$= 消费 + 投资 + 政府购买 + 净出口$$

即：
$$Y = C + I + G + (X - M)$$

（2）从收入角度看，国内生产总值仍等于所有生产要素收入总和。总收入的一部分用作消费，一部分用作储蓄，一部分用作纳税，一部分用作进口。于是，从收入看的国民收入构成为：

$$国民收入 = 各种生产要素的供给$$
$$= 工资 + 利息 + 租金 + 利润$$
$$= 消费 + 储蓄 + 税收 + 进口$$

即：
$$Y = C + S + T + Kr$$

这里，C+S+T 的意义和三部门经济中的意义一样，Kr 则代表本国居民对外国人的转移支付。例如，对外国遭受灾害时的救济性捐款，这种转移支付也来自生产要素的收入。

3. 储蓄—投资恒等式

总需求，即：
$$Y = C + I + G + (X - M)$$

总供给，即：
$$Y = C + S + T + Kr$$
$$C + I + G + (X - M) = Y = C + S + T + K$$
$$I + G + (X - M) = S + T + Kr$$
$$I = S + (T - G) + (M - X + Kr)$$

其中：S 代表居民私人储蓄，(T-G) 代表政府储蓄，(M-X+Kr) 代表外国对本国的储蓄。因为从本国的立场看，M（进口）代表其他国家出口商品，从而这些国家获得收入；X（出口）代表其他国家从本国购买商品和劳务，从而这些国家需要支出；Kr 代表其他国

家从本国得到收入。可见，当（M＋Kr）＞X时，外国对本国的收入大于支出，于是就有了储蓄；反之，则有负储蓄。这样，I＝S＋(T－G)＋(M－X＋Kr) 的公式就代表四部门经济中总储蓄和投资的恒等关系，即：

$$投资 = 储蓄 = 私人储蓄 + 政府储蓄 + 国外储蓄$$

本章小结

1. 国民收入支出循环流程既是宏观经济分析的框架，又为国民收入核算提供了理论基础，包括两部门经济、三部门经济和四部门经济国民收入支出循环流程。
2. 国民生产总值和国内生产总值是国民收入核算的重要指标，两者的不同在于其计算依据不同，前者是按"国民原则"计算，后者则是按"国土原则"计算的。
3. 国内生产总值可通过支出法、收入法、生产法进行计算。
4. 在国民收入核算中，除了国民生产总值之外，还有另外四项重要指标：国民生产净值、国民收入、个人收入和个人可支配收入。
5. 从国民生产总值的核算方法中可以得出这样一个恒等式：总需求≡总供给；而由总需求＝总供给这一公式，以及储蓄和投资的定义，可以推出"储蓄＝投资"。这一恒等关系在宏观经济学分析中是十分重要的。

复习思考题

1. 试述四部门经济收入流量循环模型。
2. 什么是国民生产总值？理解时应注意哪几个方面？
3. 什么是国内生产总值？理解时应注意哪几个方面？
4. 说明五项基本的国民收入指标及其之间的关系。
5. 试述核算国内生产总值的三种方法。
6. 试述四部门国民收入决定的主要内容。

第三章 国民收入决定理论

【学习目标】

- 理解均衡产出及国民收入的决定。
- 掌握凯恩斯的消费理论。
- 了解生命周期消费理论、持久收入消费理论、相对收入消费理论、理性预期的消费函数理论。
- 掌握两部门、三部门、四部门经济中的国民收入决定。
- 掌握乘数理论及各种乘数的计算。

国民收入决定理论是凯恩斯学说的中心内容。凯恩斯理论框架下的国民收入决定理论有三个基本假设:
(1) 现有的资源不变、技术水平不变,不涉及长期中的增长问题;
(2) 各种资源没有得到充分利用,因而总需求可以无限扩大;
(3) 价格水平不变,不考虑价格水平的决定及对国民收入的影响。

本来,根据前面"总收入=总产出=总支出"的均衡原理,国民收入 GDP 的增长受双重因素的制约。但根据上述三个假设,社会生产始终处于生产可能性边界,供给不受任何制约,因此,国民收入的大小就由总需求的强度决定,与总需求相等的产出也称为均衡产出或收入,因此,简单的国民收入决定也就是均衡的国民收入决定。

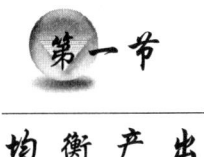

第一节 均衡产出

一个国家的国民收入来源于哪里?其变动受制于哪些因素?这是一个有待于深入讨论的问题。上一章提出的"总收入=总产出=总支出"的核算等式,实际上是凯恩斯关于国民收入的来源与去向的分析思路。从右等式"总产出=总支出"来看,产出受制于消费、投资、政府支出、净出口四个因素,因此,与社会由购买力决定的总意愿相一致的总产出——

国民收入取决于总需求；从左等式"总产出＝总收入"来看，产出受制于资本、劳动、土地、企业家才能四个因素，一定时期的总产出要归属于诸生产要素所有者，因此，与社会由购买力决定的总意愿相一致的总产出——国民收入取决于诸生产要素所有者的总收入，也即是总供给。在凯恩斯时代，总需求是制约总产出的关键因素，因此，凯恩斯提出一个社会的总产出要与社会由购买力决定的意愿中的产出保持一致，这样就不会出现积压与脱销；在这种思路下，国民收入决定于总需求。因此，宏观经济学对于国民收入决定的分析也就从对均衡的国民收入分析开始。

一、最简单的经济关系

（1）两部门经济假设：假定所分析的经济中不存在政府、也不存在对外贸易，只有居民户和企业部门，即两部门经济。在一个只有居民户部门与厂商部门的两部门经济也就是经济关系最简单的经济社会中，居民户部门的经济行为是消费与储蓄，厂商部门的经济行为是投资与生产。

（2）假定折旧与公司未分配利润都为零，从而使得 GDP、NDP、NI、PI 在数量上都相等。

（3）假定不论需求量为多少，经济制度均能以不变的价格提供相应的供给量；或者说，在价格粘性的条件下，社会总需求的变动只会引起社会产量的变动，从而使社会总供求相等，价格总水平则不发生变动。这也就是所谓的凯恩斯定律：（产品市场资源闲置时）需求会创造供给（且价格不变化）。凯恩斯的巨著《就业利息与货币通论》的产生背景是 1929～1933 年的资本主义世界经济大萧条时期，资源大量闲置，产品大量积压，大批工人失业。此时，社会总需求的增加，或者使闲置资源得到利用从而增加生产，也会增加就业；或将积压产品销售出去，但产品成本和产品价格基本上保持不变。所以，凯恩斯的研究均以资源大量闲置为条件。

（4）假定投资是个外生变量，即在模型之外决定的一个固定不变的常量。厂商的投资是自主的，不随利率和产量而变动。

在上述假定下，经济社会的产量或者说国民收入就决定于总需求。

二、均衡产出的概念

（一）均衡产出的定义

均衡产出，也称均衡国民收入，是指与总需求相等的产出。此时，国民产出的大小由总需求来决定，经济社会的产量或国民收入就取决于总需求。

均衡产出条件下，经济社会总收入刚好等于所有居民和全体厂商想要的消费支出与投资支出。这就是说，企业的产量以至于整个社会的产量一定稳定在社会对产品的需求的水平上。由于两部门经济中的总需求只包括居民的消费需求和厂商的投资需求，因此，均衡产出用公式就表示为：

$$y = c + i$$

式中，y、c、i 分别表示剔除了价格变化因素的实际产出、实际消费与实际投资。同时，c 和 i 分别代表居民、厂商实际想要的消费与投资，即意愿消费和意愿投资的数量，而不是国民收入构成公式中实际发生的消费与投资。因为企业的产量如果比市场的需求量多出一部分价值,多出来的这部分价值就成为企业的非意愿存货投资或非计划存货投资。在国民收入核算中,这部分存货投资是投资支出的一部分,但不是计划投资,故国民收入核算中的实际产出就等于计划支出与非计划存货投资之和,但在国民收入决定理论中,由于均衡产出是指与计划支出相等的产出,故在均衡产出水平上,计划支出和计划产出正好相等,非计划存货投资也就等于零。

(二)"实际产出"和"均衡产出"的区别

$$均衡产出 = 计划总需求(支出)$$
$$实际产出 = 计划总需求(支出) + 非计划存货投资$$

即:

$$实际产出 = 均衡产出 + 非计划存货投资$$

例如,假定在两部门经济中,家庭和企业的计划支出为1 000亿美元,但由于企业错误地估计了形势,生产了1 200亿美元的产品,于是有200亿美元的产品成为非计划存货投资。即:

$$均衡产出 = 计划总需求 = 1\ 000\ 亿美元$$
$$实际产出 = 计划总需求 + 非计划存货投资$$
$$= 1\ 000\ 亿美元 + 200\ 亿美元 = 1\ 200\ 亿美元$$

(三)均衡产出的图形表示

均衡产出可用图3-1来表示:图中的横轴表示总收入,纵轴表示总支出;45°线上的任何一点都表示总支出与总收入相等。假定总支出即包括总消费与总投资的总需求为100,图中的A点表示总支出与总收入相等,都是100,A点也就是均衡点,表明生产总额正好等于总需求;B点表示总收入大于总支出,非计划存货投资大于零,产生库存,企业就要削减生产,直到总供求相等的A点表示的100为止,实现总供求相等。反之,C点表示总收入小于总支出,社会生产额小于社会需求量,企业就要增加生产,也是到总供求相等的A点表示的100为止,实现总供求相等。当然,总支出即总需求发生了变化,总收入也就相应发生变化。

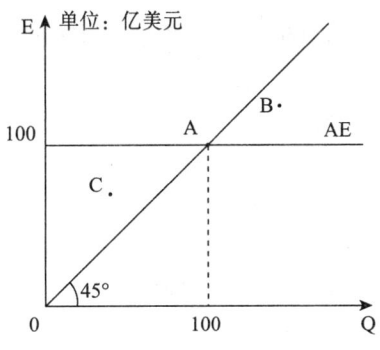

图3-1 支出决定收入

(四)均衡产出的条件

均衡产出是和总需求相一致的产出,也就是经济社会的收入正好等于全体居民和企业想要的支出。或者说,当国民经济处于均衡收入水平上时,实际收入一定与计划支出量相等。

若用 E（Expenditure）代表总支出，y 代表总收入，则经济均衡条件就是 E = y。E = y 也表示总支出即总需求决定总收入。这一关系可用图 3-2 来表示。图中 IU 指非意愿存货投资。

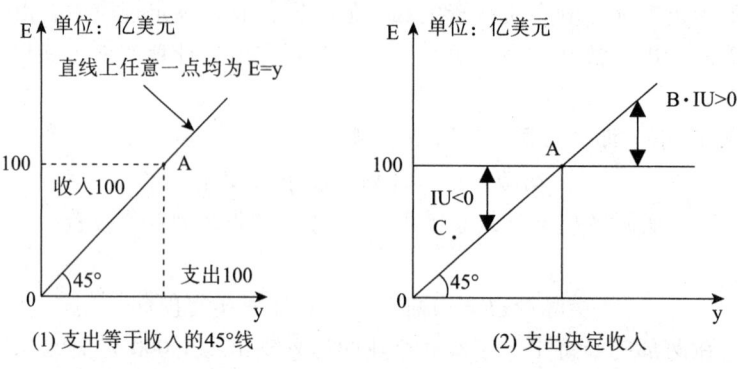

图 3-2　均衡产出

由于计划支出用 E = c + i 表示，生产创造的总收入等于计划消费与计划储蓄之和，即 y = c + s，所以均衡产出的条件就是 E = y，即：

$$i = s$$

这表示计划投资等于计划储蓄。当计划投资与计划储蓄相等时，国民收入就达到均衡状态。

这里的投资等于储蓄，是指经济达到均衡，计划投资必须等于计划储蓄，而国民收入核算中的 I = S，则是指实际发生的投资（包括计划投资和非计划存货投资）始终等于储蓄。前者为均衡条件，即计划投资不一定等于计划储蓄，只有二者相等时，收入才处于均衡状态；而后者所指的实际发生的投资和储蓄是根据定义而得到的实际数字，从而必然相等。

三、国民收入的决定

（一）潜在的国民收入与均衡的国民收入

潜在的国民收入是指经济中实现了充分就业时所能达到的收入水平，又称充分就业的国民收入。

均衡的国民收入是指总需求与总供给达到平衡时的国民收入。均衡的国民收入并不一定等于潜在的国民收入。一般情况下，均衡的国民收入小于潜在的国民收入。本章中的国民收入决定理论要说明的只是均衡的国民收入由何决定以及均衡的国民收入水平如何变动。

（二）国民收入的决定

在凯恩斯之前，经济学家信奉"供给创造需求"的萨伊定律。萨伊定律认为，只要有供给，就有需求。但 20 世纪 30 年代的大危机使萨伊定律遭到了来自现实的挑战，凯恩斯否定了萨伊定律，建立了以总需求分析为中心的国民收入决定理论。即凯恩斯主义宏观经济分析的重点是短期中的宏观经济状况。而且，凯恩斯认为，在短期中决定宏观经济状况的关键因素是总需求。也就是说，凯恩斯的基本命题是：有效需求水平决定国民收入水平。因此，总需求分析是凯恩斯主义宏观经济学的中心。凯恩斯的国民收入决定理论引发了经济学上著名的"凯恩斯革命"，这场革命的结果就是建立了现代宏观经济学。

在以上前提假设条件下，社会总产出（国民收入）只取决于总需求。与总需求相等的产出（国民收入）称为均衡产出（均衡国民收入）。当产出水平等于总需求水平时，企业生产就会稳定下来。若生产（供给）超过需求，企业的存货就会增加，企业就会减少生产。反之，若生产（供给）低于需求，企业库存减少，企业就会增加生产。总之，由于企业要根据产品销路来安排生产，一定会把生产定在和产品需求相一致的水平上。

第二节　消费理论

消费理论对于宏观经济分析是非常重要的，这是因为：第一，宏观的总量不与构成宏观经济基础的微观经济行为人的行为联系在一起，就很难揭示问题的本质；第二，消费是构成一个国家总需求的主要部分，消费波动对总需求影响极大；第三，研究消费有助于探索一些对宏观经济运行具有重要意义的问题。

不同的经济学家提出了不同的消费理论。本节首先介绍凯恩斯的消费函数理论——绝对收入假说。绝对收入假说的中心是消费取决于绝对收入水平与消费倾向；随着消费者的收入水平上升，消费倾向及边际消费倾向递减。

一、消费函数

（一）消费函数

要分析均衡产出的决定，就要分析总需求的各个组成部分是如何决定的。首先必须分析消费如何决定。因为消费是总需求中最主要的部分；而且，经济均衡的条件是计划投资等于计划储蓄，要找出储蓄量的大小，必须先找出消费量的大小，一旦知道了消费的数额，便可从国民收入中减去这一数额从而求得储蓄量。

消费是一个国家或地区一定时期内，居民个人或家庭为满足消费欲望而用于购买消费品和劳务的所有支出。在现实生活中，影响家庭消费的因素很多，如收入水平、商品价格水平、利率水平、收入分配状况、消费偏好、家庭财产状况、消费信贷状况、消费者年龄结构、季节与气候、社会制度、风俗习惯等，上述几个指标中，凯恩斯认为有决定意义的是收入水平（现期绝对实际收入水平）。所以，凯恩斯的消费理论被称为绝对收入假说。

消费函数，广义上指消费支出与决定消费诸因素之间的依存关系。狭义上指消费与收入的依存关系。如果用 c 代表消费，用 y 代表收入，则狭义的消费函数可以表示为：

$$c = f(y)$$

消费最大的特点是不能为零，即使收入为零，也有消费，所以与收入无关，单纯用于维持生活的消费，称基本消费（或自发消费），即与收入没有关系的消费，即使借债或者动用过去的储蓄也要必须进行的基本生活消费支出，即我国的最低生活保障线，用 α 表示。

（二）消费倾向

消费与收入有着密切关系，但也存在一个消费比重问题即消费倾向。消费倾向是指消费在收入中所占的比例。凯恩斯认为，存在一条基本心理规律：随着收入的增加，消费也会增加，但消费的增加不及收入增加的多。消费倾向又可以分为平均消费倾向与边际消费倾向两个指标。

(1) 平均消费倾向（Average Propensity to Consume，APC）。平均消费倾向是指消费支出在收入中所占的比重，可用公式表示为：

$$APC = \frac{c}{y} = \frac{\alpha + \beta y}{y} = \frac{\alpha}{y} + \beta$$

由于消费可能大于、等于、小于收入，则平均消费倾向可能大于、等于、小于1。例如，一个社会收入为2万亿元，消费支出为1.5万亿元，APC = 1.5/2 = 0.75。

(2) 边际消费倾向（Marginal Propensity to Consume，MPC）。边际消费倾向是指增加的消费和增加的收入之比率，也就是增加的1单位收入中用于增加消费的比率。其可以用公式表示为：

$$MPC = \frac{\Delta c}{\Delta y}$$

例如，上例中，收入增加到3万亿元（增加了1万亿元），消费增加到2万亿元（增加了0.5万亿元），则MPC = 0.5。

由于边际消费倾向会被经常用到，为书写方便，就用β代替MPC，于是，边际消费倾向可以表达为：

$$\beta = \frac{\Delta c}{\Delta y},$$

如果收入增量为极小时，边际消费倾向又可以表达为：

$$MPC = \frac{dc}{dy}$$

或

$$\beta = \frac{dc}{dy}$$

关于边际消费倾向，有以下两方面说明：①数值范围。由于消费增量只是收入增量的一部分，故边际消费倾向的取值范围是0~1之间。②变动规律。MPC是有递减规律的。消费随着收入的增加而增加，但消费的增加不如收入增加的多，这就是边际消费倾向递减规律。凯恩斯认为，边际消费倾向递减规律是引起总需求不足的三个基本心理规律之一。

边际消费倾向递减规律的意义：①凯恩斯把边际消费倾向递减看成是经济危机的根源之一。由于收入增加时增加的消费所占比例逐步减少，故经济扩张会带来消费需求不足，从而形成生产过剩的经济危机。②一些西方学者利用该规律为资本主义制度辩护。他们认为，既然收入增加时增加的消费所占比例减少，表明高收入的资本家会比工人拿出更大比例的收入用于储蓄。他们的结论是，分配有利于资本家是合理的，可以促进资本循环，促进经济发展。③还有一些西方学者认为，边际消费倾向递减体现出经济制度的稳定性功能。经济衰退时人们收入水平较低，在增加的收入中将较大的比例用于消费；经济繁荣时人们收入水平较高，在增加的收入中将较小的比例用于消费。这样，该规律在衰退时有利于扩大总需求，在繁荣时有利于缩小总需求，具有使经济自动趋向稳定的作用。

(3) MPC与APC的特点。①MPC、APC都递减。②APC始终大于MPC，即：APC > MPC。因为，$APC = \frac{c}{y} = \frac{\alpha + \beta y}{y} = \frac{\alpha}{y} + \beta$，由于α和y都是正数，因而$\frac{\alpha}{y} > 0$，所以APC > MPC。③MPC始终大于0而小于1。④APC可能大于、等于或小于1（因为消费可能大于、等于或小于收入）。

(三) 消费曲线

消费与收入的关系也可以用消费曲线表示，消费曲线包括线性的消费曲线与非线性的消费曲线。

消费与收入存在线性关系的消费函数可用公式表示为：

$$c = \alpha + \beta y$$

式中，α 为生活中必不可少的消费部分，被称为自发消费，即与收入没有关系的消费，即使收入为 0 时借债或者动用过去的储蓄也要必须进行的基本生活消费支出；β 为边际消费倾向，边际消费倾向为常数；β 与 y 之积是引致消费，这是边际消费倾向既定条件下与收入相联系的消费。$c = \alpha + \beta y$ 这一公式的经济含义是：消费等于自发消费加上引致消费。如果 $\alpha = 200$，$\beta = 0.8$，则 $c = 200 + 0.8y$；即收入增加 1 单位，其中的 80% 就被用于消费，只要知道了收入 y，就可以计算出消费者的全部消费量了。

图 3-3 所示为线性消费曲线图。在图中，横轴表示收入 y，纵轴表示消费 c，45°线上任何一点都表示消费等于收入。$c = f(y)$ 曲线是消费曲线，表示消费和收入之间的函数关系。E 点是消费曲线与 45°线的交点，表示此时的消费等于收入。位于消费曲线上 E 点左下方的点比如 A 点表示消费大于收入，而位于 E 点右上方的点比如 B 点则表示消费小于收入。消费曲线向右上方倾斜，表示消费随收入的增加而增加。OF 或 Gy_b 为自发消费 α，BG 为引致消费 βy_b，By_b 为消费总量即自发消费与引致消费之和。

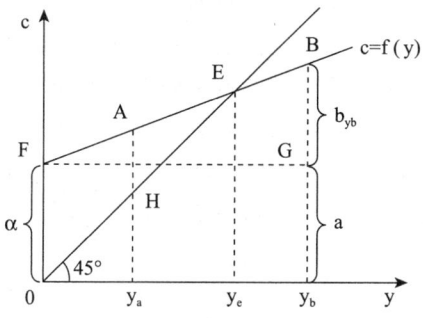

图 3-3 线性消费曲线

显然，消费曲线上某一段或某一点的斜率，就是边际消费倾向，所以，线性的消费曲线上任意一段或一点的斜率都相等，都等于数值不变的边际消费倾向。消费曲线上任一点与原点连线的斜率，是与该点相对应的平均消费倾向。随着消费曲线向右上方延长，曲线上各点与原点连线的斜率越来越小，即平均消费倾向是递减的。

从图 3-3 中还可看到，消费曲线上任意一点与原点连线的斜率都比线性的消费曲线的斜率大，说明平均消费倾向总是大于边际消费倾向，即 APC > MPC。即使从公式看，APC > MPC 也是成立的。因为：

$$APC = \frac{c}{y} = \frac{\alpha + \beta y}{y} = \frac{\alpha}{y} + \beta，由于 \alpha 和 y 都是正数，因而 \frac{\alpha}{y} > 0，所以 APC > MPC。$$

当然，随着收入的增加，$\frac{\alpha}{y}$ 会越来越小，表明 APC 逐渐接近于 MPC。

图 3-4 所示为非线性消费曲线。同样，横轴表示收入 y，纵轴表示消费 c，45°线上任

何一点都表示消费等于收入。c = f (y) 曲线是消费曲线，表示消费和收入之间的函数关系。消费曲线上某一段或某一点的斜率，也就是边际消费倾向；消费曲线上的任一点与原点连线的斜率，也是与该点相对应的平均消费倾向。E 点是消费曲线与 45°线的交点，表示此时的消费等于收入。消费曲线上的点比如 A 点表示消费大于收入，B 点表示消费小于收入。从图中也可以看到，随着非线性消费曲线向右上方延伸，曲线上各点与原点连线的斜率越来越小，即平均消费倾向也是递减的。消费曲线上任意一点与原点连线的斜率都比消费曲线的斜率大，说明平均消费倾向总是大于边际消费倾向的，亦即 APC > MPC。

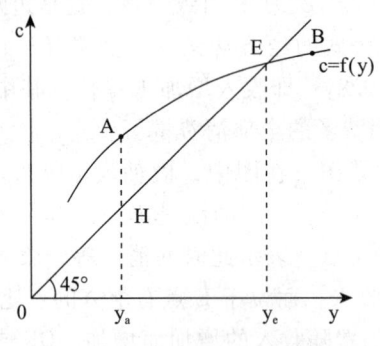

图 3 - 4　非线性消费曲线

但是，与线性消费曲线相比，非线性消费曲线的特殊性在于：随着收入的增加，非线性消费曲线的斜率越来越小，即非线性消费曲线上各点的切线越来越平缓，各点的切线的斜率越来越小，非线性消费曲线越来越以递减的速率向右上方倾斜，这表现出边际消费倾向的递减。这一点在图 3 - 3 上也能看得出来：随着收入增加，非线性消费曲线在 E 点和 45°线相交之前，与 45°线的距离越来越小，而在相交之后，与 45°线的距离越来越大，表示消费增加的幅度越来越小于收入增加的幅度——边际消费倾向递减。

二、储蓄函数

储蓄是收入中未被消费的部分。储蓄函数是与消费函数密切相关的一个概念。

（一）储蓄函数

储蓄是一个国家或地区一定时期内，居民个人或家庭收入中未用于消费的部分。影响储蓄的因素很多，如收入、分配状况、消费习惯、社会保障体系、利率水平等。储蓄函数广义上指储蓄与决定储蓄的各种因素之间的依存关系。狭义上指储蓄与收入的依存关系，在其他条件不变的情况之下，储蓄随着收入的变动而同方向变动。由于 $y = c + s$，所以 $s = y - c$，故储蓄是收入减去消费后的剩余部分。储蓄函数表示的是储蓄与收入的关系，其公式是：$s = f (y)$。

（二）储蓄倾向

储蓄倾向是指储蓄在收入中所占的比例。储蓄倾向又分为平均储蓄倾向与边际储蓄倾向两项指标。

（1）边际储蓄倾向是指储蓄增量与收入增量之比，是储蓄曲线上任一点的斜率，是该点上储蓄增量对收入增量的比率。其可用公式表示为：

$$MPS = \frac{\Delta s}{\Delta y}$$

如果收入增量极小时,边际储蓄倾向又可以表达为:

$$MPS = \frac{ds}{dy}$$

(2) 平均储蓄倾向是指任一收入水平上储蓄在收入中的比例,是储蓄曲线上任一点与原点相连而成射线的斜率,是指任一收入水平上储蓄在收入中所占的比率。其可用公式表示为:

$$APS = \frac{s}{y}$$

(三) 储蓄曲线

与消费函数一样,储蓄与收入的关系也可以用储蓄曲线表示,储蓄曲线包括线性储蓄曲线(如图3-5所示)与非线性储蓄曲线(如图3-6所示)。

储蓄与收入存在线性关系的储蓄函数可表示为:

$$s = -\alpha + (1-\beta)y$$

这是因为 $s = y - c$,$c = \alpha + \beta y$,故:

$$s = y - c = y - (\alpha + \beta y) = -\alpha + (1-\beta)y$$

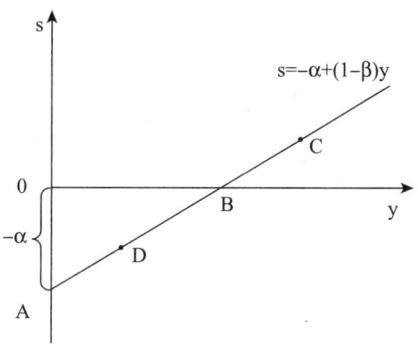

图 3-5 线性储蓄曲线

图3-5为线性储蓄曲线。横轴表示收入,纵轴表示储蓄,储蓄曲线向右上方倾斜,表明储蓄随收入的增加而增加。OA 为 $-\alpha$,表示收入为0时储蓄的减少量,即储蓄是自发消费的来源。B 点是储蓄曲线与横轴的交点,表示收入为 OB 时全部的收入都用于消费,此时的储蓄为0;位于储蓄曲线上横轴以上的点,如 C 点表示存在正储蓄,而位于储蓄曲线上横轴以下的点,如 D 点表示存在负储蓄。

储蓄曲线上任意一段或任一点的斜率,就是边际储蓄倾向,所以,线性储蓄曲线上任意一段或任一点的斜率都相等,都等于数值不变的边际储蓄倾向。储蓄曲线上任何一点与原点连线的斜率,就是平均储蓄倾向。

图3-6为非线性储蓄曲线。与线性储蓄曲线相比,非线性储蓄曲线有自己的特殊性。随着收入的增加,非线性储蓄曲线的斜率越来越大,即非线性储蓄曲线上各点的切线越来越陡峭,各点的切线的斜率越来越大,非线性消费曲线越来越以递增的速率向右上方倾斜,这表现出边际储蓄倾向递增的状况。图3-6中,随收入的增加,非线性储蓄曲线向右上方延伸,在 B 点与横轴相交后,与横轴的距离越来越大,表示储蓄增加的幅度越来越大,边际

储蓄倾向是递增的。

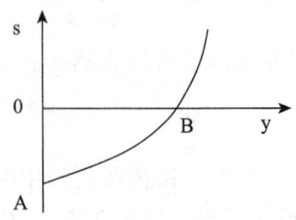

图 3-6 非线性的储蓄曲线

三、消费函数和储蓄函数的关系

从 $y = c + s$、$s = y - c$ 中可以看到消费函数与储蓄函数的关系。

第一，消费函数与储蓄函数互为补数，消费与储蓄之和总是等于收入。

由于 $c = \alpha + \beta y$、$s = -\alpha + (1-\beta)y$，故：

$$c + s = (\alpha + \beta y) + [-\alpha + (1-\beta)y] = y$$

消费与储蓄的这一关系可用图 3-7 来表示。图中，消费者的收入等于 Oy_0 时，消费曲线与 45°线相交于 A 点，储蓄曲线与横轴相交于 y_0 点，此时消费等于收入，储蓄等于 0；A 点左下方、在 45°线以上的消费曲线上的各点，表示消费大于收入，相应的储蓄曲线位于横轴以下，有负储蓄；A 点右上方、位于 45°线下方的消费曲线上的各点，表示消费小于收入，相应的储蓄曲线位于横轴以上，有正储蓄。

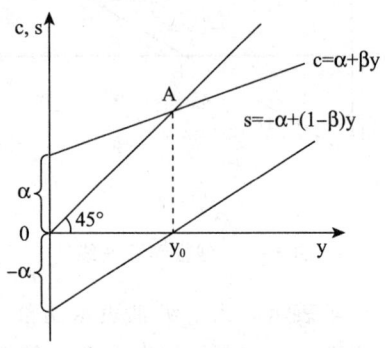

图 3-7 消费曲线与储蓄曲线的关系

第二，由于 APC、MPC 都随着收入的增加而递减，但 APC > MPC，相应地，APS、MPS 都随着收入的增加而递增，但 APS < MPS。这一点在图 3-7 上表现为：消费曲线上任何一点与原点连线的斜率都大于消费曲线上该点的斜率，同时，y_0 点右上方的储蓄曲线上任何一点与原点连线的斜率都小于消费曲线上该点的斜率。

第三，APC 与 APS 之和恒等于 1，MPC 与 MPS 之和也恒等于 1。

这两个恒等式可以证明如下：

$y = c + s$，等式两边都除以 y，得 $\dfrac{y}{y} = \dfrac{c}{y} + \dfrac{s}{y}$，即：

$$APC + APS = 1$$

由上式可得：$1 - APC = APS$，$1 - APS = APC$。

同样，由于 $\Delta y = \Delta c + \Delta s$，等式两边都除以 Δy，得 $\dfrac{\Delta y}{\Delta y} = \dfrac{\Delta c}{\Delta y} + \dfrac{\Delta s}{\Delta y}$，即：

$$MPC + MPS = 1$$

由上式可得：$1 - MPC = MPS$，$1 - MPS = MPC$。

根据以上消费函数与储蓄函数的关系，只要知道其中的一个，另一个就可以推算出来。

四、节约悖论

这里的节约是指减少消费或增加储蓄。由于储蓄可以获得利息，故一个家庭越是节约，就越富有。然而，如果所有家庭都节约（增加储蓄）的话，国民收入不仅不增加，而且会减少，从而引起社会经济萧条。所有居民户增加消费减少储蓄，会增加总需求，引起国民收入增加，经济趋于繁荣；反之，所有居民户减少消费增加储蓄，会减少总需求，引起国民收入减少，经济趋于萧条。因此，节约对个人来说是件好事，对整个社会来说却是件坏事。引起个人收入增加的节约却导致了国民收入的减少，这种现象就是所谓的"节约悖论"。

节约悖论的产生是由于投资没有随着储蓄的增加而增加。如果在储蓄增加的同时，投资也等量地增加，国民收入就不会减少。因此，节约悖论并不是真正的悖论，它只是储蓄增加时，投资没有增加而产生的结果。

节约悖论是凯恩斯提出的。在凯恩斯收入决定模型中，储蓄并不一定完全转化为投资，即储蓄与投资并不总是相等的。

凯恩斯模型产生于 20 世纪 30 年代空前的经济大危机，那时，发达国家的产品与生产能力大量闲置，经济缺乏对投资的刺激。消费的减少或储蓄的增加没有转化为投资，使得总需求下降，最终引起国民收入的减少。这样就产生了节约悖论。

但是，危机毕竟是短期性的。实际上，节约悖论仅仅是短期内储蓄无法转化为投资时的一种特例。在长期，储蓄终将转化为投资，节约悖论也就不存在了。

五、家庭消费函数和社会消费函数

在以上分析的单个消费者的消费函数基础之上，可以得出整个社会的消费函数，也就是总消费与总收入之间的函数关系。毫无疑问，社会消费函数是单个消费者消费函数之和，但社会消费函数并不是单个消费者消费函数的简单加总，社会消费函数的形成除了受消费者消费函数影响之外，还受到其他因素的影响，从家庭消费函数求取社会消费函数时，要考虑以下限制条件：

第一，国民收入的分配平等程度。社会成员因拥有的财富数量不同，而具有不同的消费能力与储蓄能力。国民收入分配越不平等，富有者拥有的社会财富越多，其储蓄能力越强，但其边际消费倾向较低，社会消费曲线的位置就较低。反之，国民收入分配较为平等，社会成员的边际消费倾向就较高，社会消费曲线的位置也就较高。

第二，政府的税收政策。如果实行的是累进个人所得税制，富有者一些可能的储蓄就会转化成政府税收，政府将这部分税收以政府购买支出和政府转移支付的方式花费掉，会直接或间接增加消费，最终使得社会消费总量增加。这样，社会消费曲线就较高。

第三，公司未分配利润的数量。公司利润中未分配的数量较少，意味着股东得到了更多的红利，从而消费就多，社会消费曲线位置就较高。反之，公司利润中未分配的数量较多，社会消费数量就少，社会消费曲线就靠下。

第四，消费者的消费预期。如果消费者心理很悲观，预期未来收入未有很大增长，目前消费就不能增加。

尽管社会消费曲线并非个人消费曲线的简单相加，但在考虑了种种因素以后所得到的社会消费函数，仍将保留上述居民户消费函数的基本特征，社会消费曲线的形状仍和居民户的消费曲线的形状相类似。

六、对凯恩斯消费函数理论的评价

（一）凯恩斯消费函数的理论意义

凯恩斯在1936年出版的《就业、利息和货币通论》中，将消费函数作为其经济波动理论的中心，从那时起这种消费函数在宏观经济分析中起到了关键作用。尽管他的某些观点受到质疑，但他的消费函数在理论上具有以下重要的意义：

第一，消费与收入之间的关系。凯恩斯以前的经济学家分析消费问题时，是从微观经济学的角度来分析个人消费行为的，中心是要说明在收入水平既定时，把消费支出作为收入水平的函数，并用平均消费倾向和边际消费倾向这些概念来说明消费与收入之间的关系。以后的消费函数理论正是沿着这一基本思想发展起来的。

第二，边际消费倾向的概念与乘数原理之间的关系。凯恩斯用乘数原理说明投资增加对国民收入倍增的作用。凯恩斯的重要贡献就在于把乘数与边际消费倾向联系在一起，指出乘数大小取决于边际消费倾向的大小。边际消费倾向这一概念的提出使乘数的作用具体化。

第三，消费函数理论与经济的稳定性。凯恩斯认为消费函数是比较稳定的，因此在有效需求中，与消费相比，投资更加重要。凯恩斯没有把边际消费倾向作为有效需求的最重要因素，而是强调资本边际效率递减。这一点对以后的消费函数理论和经济周期理论的发展有重要影响，后来的消费函数理论都证明消费函数的稳定性，而经济周期理论都把投资波动作为经济周期波动的主要根源。凯恩斯还用边际消费倾向递减规律来说明资本主义经济体系的稳定性。由于边际消费倾向递减，当社会的实际收入增加时，消费量不会同比例增加，这样就不会刺激经济过度膨胀；相反，当社会的实际收入减少时，消费量不会同比例减少，从而不会使经济过度萧条。边际消费倾向递减实际上起了一种自动稳定器的作用。

（二）凯恩斯消费函数理论的缺陷

凯恩斯的绝对收入假说的意义在于指出了影响消费的最重要因素，并且该理论也得到了一些短期经验消费函数的验证。不过，绝对收入假说的最大缺点就是这一假说是以心理分析为基础，在相当大的程度上是一种主观推测，从而缺乏坚实的基础，使它的一些结论与事实不相符合。例如，经验性的事实似乎证明了短期收入与消费水平之间的稳定关系：由于消费习惯的作用，人们的消费结构并不能随收入的变动而得到相应的调整，当收入增加时，消费可能不会与收入一样也调整到新水平；当收入减少时，消费也一般不会立即调整到类似的低水平。而且，目前仍然缺乏足够的证据来证明消费倾向一定是随着收入的增加而递减的。另外，如果从长期来观察，消费函数同目前收入的关系可能不如某些长期收入或资本财富的关系那样密切。再者，凯恩斯的消费函数抹杀了资本主义社会消费的阶级区别。他根据"先验的人性"断言存在基本心理的消费倾向规律，即在收入增量中消费部分越来越小而储蓄部分越来越大,并以此作为消费不足论的根据。事实上,资本家的消费和劳动者的维持最低生活的消费在性质上和变化趋势上是不同的。劳动者收入的增加常常落后于最低生产费用的增加,而不是消费的增加落后于收入的增加。最后,绝对收入假说认为边际消费倾向本身是随收入增加而递减的,但美国经济学家库茨涅兹对于 1869~1933 年间美国每 30 年左右的长期消费资料进行统计分析之后(如表 3-1 所示),认为从长期来看,随着收入的提高,平均消费倾向相当稳定;从长期来看,自发消费数额不大,可以忽略不计;在任何收入水平上,边际消费倾向和平均消费倾向基本相当。因为这个结论与凯恩斯的绝对收入假说不一致,而被称为"消费函数之谜"。为说明这一消费函数之谜,经济学家提出了各种消费理论,从而丰富和发展了消费理论。

表 3-1　　　　　　　　　　　　美国长期平均消费倾向

时　　间	1869~1898 年	1884~1913 年	1904~1933 年
平均消费倾向	0.867	0.867	0.879

七、消费函数的其他理论

"消费函数之谜"推动了对消费函数理论的研究,出现了各种消费函数理论。其中最有影响的是美国经济学家弗朗科·莫迪利安尼提出的生命周期假说和弗里德曼提出的持久收入假说。这两位经济学家都部分由于这种贡献而获得了诺贝尔经济学奖。20 世纪 70 年代之后,理性预期学派兴起,属于这一派的美国经济学家罗伯特·霍尔提出了理性预期的消费函数理论。

(一) 生命周期消费理论

生命周期理论又称消费与储蓄的生命周期理论,是由美国经济学家弗朗科·莫迪利安尼提出来的。在凯恩斯的消费函数理论中,决定消费的收入为绝对收入;而莫迪利安尼认为,决定消费的收入是人一生中的全部预期收入。

弗朗科·莫迪利安尼根据新古典经济学理性消费者和效用最大化的假设,使用边际效用分析工具对个人消费行为进行分析,然后从个人消费之和中得出社会总消费,从而建立起生命周期消费理论。

生命周期消费理论认为,人一生中的收入将会有规律地波动。一般来说,个人收入在生命的早期与末期较低,而在生命的中期较高。为了在一生中维持一个稳定的并略趋于上升的消费水平,人们会将一生的预期收入合理地分配在不同的生命周期阶段上。在生命的早期,消费大于收入,人们靠借贷来维持消费水平;在生命的中期,收入大于消费,其剩余部分用于偿还生命早期的债务或储蓄起来留作养老;在生命的末期,消费大于收入,其差额动用壮年时期的储蓄来弥补。因此,个人的消费与储蓄行为,主要不是取决于现期收入,而是取决于一生的预期收入,取决于个人所处的特定的生命周期阶段。人们会在相当长时期的跨度内计划自己的消费开支,以便于在整个生命周期内实现消费的最佳配置。生命周期理论把人的一生分为工作时期和退休时期,人一生的劳动收入就是整个工作期间的劳动收入。除了劳动收入之外,消费者还有财产收入。这二者是人一生中能够用于消费的全部收入。因此,消费函数的基本形式可以写为:

$$C = \alpha \cdot WR + c \cdot YL$$

式中，WR是财产收入，α是财产收入的边际消费倾向，YL是劳动收入，c是劳动收入的边际消费倾向。消费者为了使一生的消费总效用最大化，就要使每年的消费都相等，这样，现期的消费就不取决于现期的收入，而是取决于一生的收入。于是，工作期的消费者不会消费掉全部收入，而会储蓄一部分用于退休期的消费，从而保证退休期的消费与工作期的消费相等。在工作期，收入大于消费，储蓄不但为正，而且还是一个增加的过程；退休期，收入小于消费，储蓄不但为负，而且还是一个减少的过程。当生命结束时，储蓄用完，一生的收入等于消费，工作期的正储蓄等于退休期的负储蓄。消费者一生中消费与储蓄的这种规律，也就是消费与储蓄的生命周期的含义。这正是生命周期理论对凯恩斯绝对收入假说的重要修正。

例如，假定一个人20岁开始工作，60岁退休，预期寿命80岁。这样，这个人的工作时期 $T_W = 60 - 20 = 40$（年），生活年数 $N_L = 80 - 20 = 60$（年），人生前20年受父母抚养的时期不算入生活年数中；如果每年工作收入 $y_W = 24\,000$（元），则终生收入 $y_H = 24\,000 \times 40 = 960\,000$（元）。一生安稳生活的心理与追求，使得人们在60年的生活年数中有计划地、均匀地消费终生收入960 000元，则每年的消费额为：

$$c = \frac{960\,000}{60} = 16\,000 = \frac{T_W}{N_L} \cdot y_W = \frac{40}{60} \cdot 24\,000 = \frac{2}{3} \cdot 24\,000 \,(\text{元})$$

以上例子表明，这个人在生活年数（60年）内每年消费年工作收入 y_W（24 000元）的 $\frac{2}{3}$，$\frac{2}{3}$ 正好也是其工作时期 T_W（40年）占生活年数 N_L（60年）的比例；另外 $\frac{1}{3}$ 的年工作收入 y_W 用于储蓄，年储蓄额等于 $\frac{1}{3} \cdot y_W = \frac{1}{3} \cdot 24\,000 = 8\,000$（元），40年的工作时期累计的储蓄额达到 $8\,000 \times 40 = 320\,000$（元），320 000元储蓄用于退休后的20年的消费，按照工作时期年消费16 000元计，320 000元储蓄可以使用20年，在预期生命结束时正好花完。

以上例子暗含一些假定，比如，工作时期的年收入保持不变、人生前20年没有积累、储蓄没有利息、不给后代留遗产、人的一生不经历大的社会动荡等。即使加进更符合现实的因素比如储蓄有利息、给后代留遗产等，生命周期消费理论也是成立的。

生命周期理论认为，在短期内，在各个不同的生命周期阶段，平均消费倾向随着收入的增加而递减。但在长期内，即在整个生命周期内，平均消费倾向保持不变。

生命周期消费理论还得出另外一个结论：整个社会不同年龄段人群的比例会影响总消费与总储蓄。比如，社会中的年轻人与老年人所占比例大，则社会的消费倾向就较高、储蓄倾向就较低；中年人比例大，则社会的储蓄倾向较高、消费倾向较低。

生命周期消费理论也分析了其他一些影响消费与储蓄的因素，比如高遗产税率会促使人们减少欲留给后代的遗产从而增加消费，而低的遗产税率则对人们的储蓄产生激励、对消费产生抑制，健全的社会保障体系会使储蓄减少等。

生命周期理论可以解释一些实际问题。例如，家庭预算的横截面资料表明，高收入家庭的平均消费倾向低于低收入家庭。根据生命周期理论，大部分高收入家庭的主要成员可能正处于一生收入的高峰时期，为了使退休后的消费水平不下降，他们的储蓄倾向较高。而低收入家庭的主要成员或者是刚参加工作，或者已经退休，因而他们的储蓄倾向较低，甚至是负储蓄。

显然,生命周期消费理论与凯恩斯的消费理论是不一样的,生命周期消费理论强调或注重长时期甚至是一生的生活消费,人们对自己一生的消费作出计划,以达到整个生命周期的最大满足;凯恩斯的消费理论则把一定时期的消费与该时期的可支配收入联系起来,是短期分析。

生命周期消费理论的重要含义如下:

第一,经济增长是国家储蓄率的主要决定因素。当经济增长迅速时,人们会感到至少不必为未来储蓄,因为将来的收入会更好。这样储蓄率会骤然下降。相反,当收入和经济产出缓慢增加时,人们就不得不从收入中挤出钱来储蓄,那么储蓄率就会提高。

第二,当想要对消费者支出进行解释和预期时,财产应当被考虑在内。对任何人而言,财产的价值仅仅是未来会从财产中获得的预期回报。财产可以算作未来预期收益的一部分,也将会既影响家庭的支出行为又影响家庭的储蓄行为。财产总额发生较大变化将意味着人们有更多的财产且可以减少为退休而准备的储蓄。

第三,生命周期理论支持凯恩斯理论。该理论能解释为什么对未来收入的预期提高会刺激个人消费,而对未来收入较差的预期会减少消费。

第四,生命周期理论同样能解释为什么暂时的政策变化既不能影响支出也不能影响整个经济活动。例如,税收暂时的变化可能对当前的收入有很大的影响,但它对一生的收入却没有什么影响,所以,暂时的税收变化不太会影响消费者的支出。

第五,生命周期理论对宏观经济学分析是一个非常有用的理论性工具,因为它使经济学家们在试图解释和预期家庭所作的消费决策时将财产和对未来收入的预期考虑在内,正是这个原因使得经济学家们从生命周期理论开始理解总的消费和储蓄行为。

第六,生命周期理论不仅可以用于分析货币政策和财政政策的效应,而且还可以用于研究人力资本投资、社会保障的效果、收入分配和劳动力供给的生命周期等许多问题。因此,生命周期理论被认为是莫迪利安尼最重要的贡献,也是新古典综合派的重要理论内容之一。

(二) 持久收入消费理论

持久收入消费理论由美国经济学家弗里德曼于1957年在他的《消费函数理论》中提出。持久收入消费理论认为,消费者的消费支出主要不是由他的现期收入决定,而是由他的持久收入决定。多数家庭希望在长期内保持消费水平的相对稳定。

家庭收入可以分为持久收入与暂时收入,持久收入是指消费者能够预计到的、在较长时期内可以维持的、较为固定的长期收入。它包含着家庭对未来收入的预期。持久收入可以运用加权平均方法来计算,所用权数的大小由时间的久远性决定,离现在越近,权数越大,离现在越远,权数越小。可用下面的公式表达某消费者的持久收入:

$$yp = \phi y + (1 - \phi)y_{-1}$$

式中,yp 为持久收入,ϕ 为权数,y 为当前收入,y_{-1} 为持久收入。假定 $\phi = 0.8$,$y = 25\,000$(元),$y_{-1} = 20\,000$(元),则:

$$yp = 0.8 \times 25\,000 + (1 - 0.8) \times 20\,000 = 24\,000 \text{(元)}$$

暂时收入指偶然变动的意料之外的收入,它可能是正值,如意外获得的奖金;也可能是负值,如偶然失窃造成的损失。家庭任一年可观察到的收入可以大于持久收入(暂时收入大于零),也可以小于持久收入(暂时收入小于零)。

与家庭收入分为持久收入和暂时收入相对应,家庭消费也可以分为持久消费和暂时消费。持久消费指家庭在长期计划中确定的正常消费；暂时消费指计划之外的偶然的消费，它可能是正值，也可能是负值，取决于家庭在正常消费基础上是增加了还是减少了消费。任何时期内，家庭消费等于持久消费与暂时消费之和。

弗里德曼认为持久收入和暂时收入之间不存在相关关系，暂时收入是使家庭收入围绕持久收入随机波动一个变量。同样，持久消费和暂时消费之间也不存在相关关系，暂时消费是使家庭消费围绕持久消费随机波动的一个变量。

暂时消费和暂时收入之间也不存在固定关系。暂时性收入的增加或减少不会导致消费的增加或减少，只会引起储蓄的增加或减少，即暂时收入的边际消费倾向等于零。

但持久收入和持久消费之间存在固定的比例关系，这种比例关系并不随收入的变动而变动。因此，持久消费是持久收入的稳定函数。而且，不同收入水平的家庭的平均消费倾向相同。只要储蓄的意图在于拉平各年的消费，那么，持久收入水平差距悬殊的家庭必然具有相同的储蓄率，从而必然具有相同的平均消费倾向。

消费取决于持久收入，比如，$C = \beta_p \cdot y_p$，β_p 为持久收入的边际消费倾向，则当前收入的边际消费倾向仅仅为 $\beta_p \cdot \phi$，低于持久收入的边际消费倾向 β_p。当前收入的短期边际消费倾向低的原因是，当现期收入增加时，人们无法确定这种收入的增加能否长期维持，从而就不能根据这种收入的增加来充分调整自己的消费。但是，如果下一期的收入仍像上一期的收入那样增加，人们就会在下一期根据已经提高了的收入水平来充分调整自己的消费。相反，如果消费者的收入减少，消费者也不能断定收入会持续减少，故消费者也不会马上减少消费。当然，如果消费者能够判定收入的增多或减少的变动是持久的，其消费最终就会调整到与变化后的收入相对应的水平上。

如果一个人认为自己的事业很有前途，这项事业将来会有更大发展，今后他会挣到更多的钱，他就会在当前不多的收入之外借债消费。又如，经济繁荣时期，居民的收入水平提高，由于不能断定今后的收入会持续增长，故居民基本上按照持久收入来消费，消费不会增加太多，所以，经济繁荣时期的消费倾向低于长期平均消费倾向。反之，经济萧条时期，消费者不会减少太多的消费，此时消费倾向是高的，高于长期平均消费倾向。

持久收入消费理论与生命周期消费理论既有区别又有相同之处。两者的区别在于分析的侧重点不同，持久收入消费理论主要从消费者个人对自己收入的预测方面来分析消费，生命周期消费理论偏重对储蓄动机的分析，并在此基础上分析了包括工作收入与储蓄在内的财富对消费的影响。由于都认为单个消费者是前向预期决策者，即单个消费者对今后的收入状况进行预测，从而决定自己的消费，因此，这两个理论在以下三个方面是相同的：

第一，消费既与当期收入有关，又主要与一生的收入或持久收入相联系，当期收入特别是持久收入是消费者消费决策的依据。

第二，经济繁荣时期或经济萧条时期的暂时性收入变化，只对消费产生较小的影响，暂时性收入的边际消费倾向很小甚至接近于零，而持久收入的边际消费倾向则接近于1。

第三，如果政府的税收政策是临时性的，就不会对消费产生什么影响，消费变化就很小；持久性的税收政策才会影响持久收入，从而影响个人消费。消费不只是同现期收入相关，而是以一生或永久的收入作为消费决策依据。

美国财政政策的两种变动——1964年的减税和1968年的附加税——说明了持久收入的消费理论。美国1964年的减税受到了欢迎。美国宣布税率大幅度和持续下降，这大大刺激了经济。1964 年实际 GDP 增长是 5.3%，而 1965 年是 6%。失业率从 1963 年的 5.7% 下降到 1964 年的 5.2% 和 1965 年的 4.5%。而 1968 年的附加税产生于完全不同的政治气候。它成为法律是因为林登·约翰逊总统的经济顾问认为，越南战争支出的增加已经大大刺激了总需求，为了抵消这种影响，他们建议增税。但约翰逊总统认识到这场战争已经不得人心，因而担心高税收的政治反应。约翰逊总统最后同意一种暂时的附加税——从本质上说，是一年的税收增加。但附加税并没有减少总需求。失业继续减少，而通货膨胀开始上升。

（三）相对收入消费理论

相对收入消费理论由美国经济学家杜森贝利创立，这一理论因认为消费习惯和消费者周围的消费水平决定消费者的消费，当期消费是相对地被决定的而得名。

第一个相对收入假设认为，一个家庭的消费，不仅取决于自己的绝对收入水平，还取决于该家庭的收入在整个国民收入中的比重，或者取决于该家庭在国民收入分配中的地位，即该家庭的相对收入。这是消费"示范效应"的结果。

人们总是具有一种不断提高自己消费水平的冲动。另外，人们又总是希望取得较高的社会地位，赢得他人的尊重。而较高的社会地位常常通过较高的收入水平与较高的消费水平表现出来。因此，高收入家庭的高消费会对低收入家庭的消费产生示范效应：低收入家庭为了维持并提高自己的社会地位，常常在消费方面努力向高收入家庭的高消费水平看齐。

消费的"示范效应"不仅表现为低收入家庭努力向高收入家庭的高消费水平看齐，还表现为同一收入集团内各个家庭在消费方面相互模仿。在同一收入集团内，如果一个家庭收入的增加幅度与其他家庭相同，即这个家庭的相对收入不变，则该家庭的平均消费倾向保持不变；如果一个家庭收入的增加幅度低于其他家庭，即这个家庭的相对收入下降，该家庭仍将维持与其他家庭相同的消费水准。此时，该家庭平均消费倾向将上升；如果一个家庭收入的增加幅度高于其他家庭，即这个家庭的相对收入上升，该家庭可能仿效其他家庭的消费行为，将自己的消费水准保持在其他家庭的平均消费水准上。此时，该家庭的平均消费倾向下降。

由于在家庭消费中存在示范效应，所以当收入长期增加时，如果人们的相对收入不变，平均消费倾向并不一定下降。

第二个相对收入假设认为，家庭在本期的消费不仅受其本期收入的绝对水平和相对地位的影响，还受其前期收入与消费水平的影响。这是消费"棘轮效应"的结果。

杜森贝利认为，消费者的消费决策往往不是理性的，在很大程度上受消费习惯的影响。消费习惯的形成受各种因素倾向，特别重要的是个人在收入最高时期所达到的消费标准对消费习惯的形成有重要影响。这种不可逆性就是"棘轮效应"。

消费水平常常具有不可逆性，从而消费本身也就有不可逆性，即易于向上调整而难于向下调整。尤其是在短期中，暂时性收入的减少并不会使消费减少相应的量。消费的这种不可逆性，被称作消费的"棘轮效应"。

"棘轮效应"使消费的变动与现期收入的变动不对称：收入增加时，消费会相应增加；但收入减少时，家庭的消费并不会相应减少，而是减少储蓄，来努力维持原来的消费水平。

长期内，消费与收入保持较为固定的比率，故而长期消费曲线是从原点出发的直线；短期内，消费随收入的增加而增加，但难以随收入的减少而减少，故短期消费曲线是具有正截距的曲线。

对保持高水平收入的人来说，消费水平会随着自己收入的增加而增加，增加消费是容易的;当收入减少时,因较高的消费水平所形成的消费习惯使得消费具有惯性,降低消费水平就有一定的难度,不太容易把消费水平降下来,消费者几乎会继续在原有的消费水平上进行消费。这就是说,消费容易随着收入的增加而增加,但难以随收入的减少而减少。仅就短期而言,在经济波动的过程中,低收入者收入水平提高时,其消费会增加至高收入者的消费水平,但收入减少时,消费的减少则相当有限。因而,短期消费曲线与长期消费曲线是不同的。这一理论可以用图 3－8 来说明。

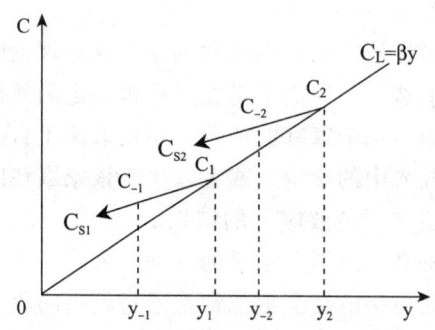

图 3－8 短期消费曲线和长期消费曲线

图 3－8 中,横轴为收入,纵轴为消费。当收入逐步增加时,消费在收入中的比例较为固定,长期消费函数表示为 $C_L = \beta y$,C_L 是长期消费曲线。当经济发生周期性波动时,短期消费函数与长期消费函数具有不同的变化状况。例如,当收入为 y_1 时,消费为 C_1。当经济因衰退或萧条而使收入由 y_1 减少到 y_{-1} 时,消费不会沿着 C_L 曲线减少,而是循 C_{S1} 的路径减少,即消费不是沿 C_L 曲线向左下方移动,而是沿 C_{S1} 曲线向左下方移动,即移动到 C_{-1} 的水平。显然,C_{S1} 曲线表现出的平均消费倾向大于 C_L 曲线表现出的平均消费倾向,即 $\frac{C_{-1}}{y_{-1}} > \frac{C_1}{y_1}$,这说明相对于收入的减少,消费减少得不是太多。如果经济逐步复苏,收入由 y_{-1} 恢复至原来的 y_1 水平,消费就由 C_{-1} 沿 C_{S1} 路径向右上方移至 C_1 的水平。经济由 y_1 再继续增长时,消费就沿着 C_L 曲线增加。如果经济在收入为 y_2 的水平上又发生衰退或萧条,收入由 y_2 减少时(如减少到 y_{-2}),消费沿 C_{S2} 路径向左下方移动(如移动到 C_{-2}),消费仍然减少得不是太多 ($\frac{C_{-2}}{y_{-2}} > \frac{C_2}{y_2}$)。如此反复的结果,实际上表现出两种不同的长期消费函数与短期消费函数。长期消费函数就是 $C_L = \beta y$。短期消费函数可以表达为:

$$C_S = C_0 + \frac{C_D}{y_t} \cdot y_t$$

式中,C_S 为短期消费,C_0 为短期消费路径在纵轴的正截距,C_D 为短期消费与 C_0 的差额,t 表示时期,$t = 1, 2, \cdots, n$。

短期消费函数的正截距的产生,是因为消费者决定当期消费特别是决定经济衰退或萧条时期的消费时,相当大程度上受到经济景气时期消费习惯(或者说是消费支出水平)以及当期收入的影响。

(四) 理性预期的消费函数理论

理性预期是 20 世纪 60 年代初出现的一个概念,指理性的经济主体可以作出合乎理性的预期。合乎理性的预期就是预期值与以后发生的实际值相一致的预期。20 世纪 70 年代以后，这一概念被运用于宏观经济学。属于理性预期学派的经济学家霍尔根据理性预期概念提出了理性预期的消费函数理论（Rational Expectations Theory of the Consumption Function）。

这种消费函数理论的出发点与生命周期假说和持久收入假说相同：消费不仅取决于收入而且取决于财产。霍尔把这两种消费函数理论称为前向预期消费理论，即已经考虑到了消费者对未来的预期。在生命周期理论中是对未来不同生命阶段收入与财产的预期，在持久收入假说中是对未来持久性收入变动的预期。霍尔则要用理性预期来解释收入与财产对消费支出的影响。财产取决于所有的未来收入。未来收入越多的人（无论这种收入是财产的利息收入还是劳动的工资收入），也就越富裕，人们并不知道他们未来可以得到多少收入，但他们必须作出现期消费的决策。为此，他们就必须形成有关未来收入的预期。人们在形成这种预期时，可以利用所有可以得到的信息。这种预期合乎理性，即可以作出关于未来收入与财产的最好估算。这种估算的预期值与以后发生的实际值总体上是一致的，因为预期是理性的。根据这种预期，人们可以作出消费计划，这种计划可以达到在未来时期他们认为最好的消费配置。这种根据理性预期而作出的消费计划就是长期消费函数稳定的原因。

当然，预期也是变动的，但预期只是由于信息的变动而变动。这种引起预期变动的新信息就是以前所不知道的信息。信息的获得是随机的。因此，人们对未来收入与财产的估算也会发生随机性的变动。由于消费计划取决于未来收入与财产的预期，所以，消费计划也会发生随机性的变动。

不同时期消费的变化既反映了莫迪格利安尼和弗里德曼所说的消费计划的变化，又反映了新信息所引起的消费计划的变化。因此，不同时期消费的变化也是随机的。平均值反映了平均长期消费计划，而每年的变化反映了关于未来收入与财产的信息与预期的变化。除了现期消费之外没有一个变量能成为预期未来消费的可靠参数。

霍尔引进理性预期的概念来解释消费函数理论，成为解释消费与储蓄的思路的一块最新的里程碑。现在这种消费函数理论受到了广泛关注。

八、影响消费的其他因素

1. 利率变动

利率提高会如何影响储蓄要考虑利率变动对储蓄的替代效应和收入效应而定。利率变动对储蓄会产生替代效应与收入效应。利率变动对储蓄的替代效应为：当利率提高时，人们会减少目前消费，增加将来消费（即用将来的消费替代目前的消费），从而储蓄增加。利率变动对储蓄的收入效应为：当利率提高时，人们认为自己的收入会增加，因此增加目前的消费，从而储蓄减少。所以，最后的结果既取决于收入效应又取决于替代效应。利率提高既可能鼓励储蓄，也可能抑制储蓄。

2. 价格水平

这里指的是整体价格水平对消费的影响，而不是指个别商品价格对消费的影响。如果消费者只注意到货币收入增加，而忽弱了物价的上升，则会误以为实际收入增加，从而平均消费倾向也会上升，这种现象称为消费者的"货币幻觉"（Monetary Illusion）。

价格水平对消费的影响表现在：一方面，货币收入不变时，物价上升，则实际收入下降，平均消费倾向将上升；反之，物价下降，平均消费倾向下降。另一方面，物价与货币收入以相同比例提高,实际收入不变,但由于存在"货币幻觉",则平均消费倾向会上升。

3. 收入分配

一般来说,高收入集团家庭的边际消费倾向低,低收入集团家庭的边际消费倾向高。因此,如果收入分配更加平等,则会提高整个社会的边际消费倾向,从而扩大内需。

4. 消费品存量

消费品存量的大小对不同商品消费量多少的影响是不同的。对于耐用消费品而言,消费品存量大,对它的现期购买就少,因此,消费品存量的大小与消费支出的多少成反方向变动;对于非耐用消费品而言,在其他条件不变的情况下,过去在非耐用消费品上的支出越大,其现期支出也越大。而且,非耐用消费品支出对收入变动的依赖程度小于耐用消费品。

5. 流动资产

随着一个家庭拥有的流动资产的增加,这一家庭增加流动资产的迫切性递减,这样,拥有流动资产多的家庭其消费倾向要高于拥有流动资产少的家庭。

6. 减税政策

罗伯特·巴罗认为减税对消费并没有影响,因为减税并不会影响持久收入,也就不会影响消费,人们只是把减税引起的收入增加储蓄起来以支付以后的增税,只是增加了储蓄。但实证研究表明,人们一般不重视未来增税,认为那是以后几代人的事。

第三节 均衡国民收入的决定

一、两部门经济中的国民收入决定

两部门经济中总需求与总供给组成部分中的任何一项,都会对国民收入产生影响。如果假定投资为自发投资,即投资是一个固定的量,不随收入的变动而变动,或者说投资 i 是一个常数,则可以分别依据消费函数与储蓄函数来求得均衡国民收入。

(一) 消费与均衡国民收入的决定

由于收入恒等式为 $y = c + i$,$c = \alpha + \beta y$,将这两个方程联立并求解,就得到均衡收入:

$$y = \frac{\alpha + i}{1 - \beta}$$

根据上式,如果已知消费函数与投资,便可求出均衡的国民收入。例如,消费函数为 $c = 600 + 0.8y$,自发投资为 200 亿美元,则均衡收入为:

$$y = \frac{600 + 200}{1 - 0.8} = 4\,000 \text{(亿美元)}$$

表 3-2 所示说明了消费函数 $c = 600 + 0.8y$ 和自发投资为 200 亿美元时的均衡收入决定情况。

表 3-2　　　　　　　　　　均衡收入决定　　　　　　　　　单位：亿美元

（1）收入 y	（2）消费 c	（3）储蓄 s	（4）投资 I
1 000	1 400	-400	200
2 000	2 200	-200	200
3 000	3 000	0	200
4 000	3 800	200	200
5 000	4 600	400	200
6 000	5 400	600	200
7 000	6 200	800	200

表 3-2 数据表明，y = 4 000 亿美元时，c = 3 800（亿美元），i = 200（亿美元），y = c + i = 3 800 + 200 = 4 000（亿美元），说明 4 000 亿美元是均衡收入。在收入小于 4 000 亿美元时，c 与 i 之和都大于相应的总供给，这意味着企业的产量小于市场需求。于是，企业增加雇佣工人的数量，增加生产，使均衡收入增加。相反，收入大于 4 000 亿美元时，c 与 i 之和都小于相应的总供给，这意味着企业的产量比市场需求多，产生了存货投资，这会迫使企业解雇一部分工人，减少生产，使均衡收入减少。两种不同情况变化的结果都是产量正好等于需求量，即总供求相等，收入达到均衡水平。

均衡收入的决定还可用图 3-9 来表示。

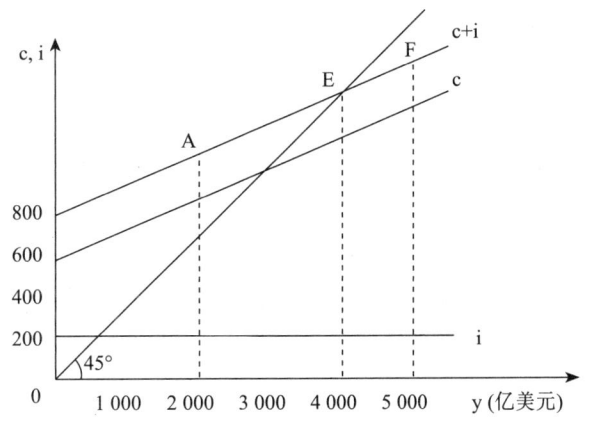

图 3-9　均衡国民收入的决定

图 3-9 中的横轴表示收入，纵轴表示消费、投资。消费曲线（c）上加投资曲线（i）就得到总支出曲线（c+i），因投资为自发投资，自发投资总等于 200 亿美元，故总支出曲线（c+i）与消费曲线（c）是平行的，两条曲线在任何收入水平上的垂直距离都等于自发投资 200 亿美元。总支出曲线与 45°线相交于 E 点，E 点为均衡点，E 点决定的收入是均衡收入 4 000 亿美元。如果经济处于总支出曲线 E 点之外的其他点上，就出现了总供求不相等的情况，这会引起生产的扩大与收缩，直至回到均衡点。比如，A 点的总需求为 2 400 亿美元，比总供给 2 000 亿美元多出 400 亿美元，这会使得国民收入增加，直到达到均衡的 4 000 亿美元为止。F 点的总需求为 4 800 亿美元，比总供给 5 000 亿美元少 200 亿美元，国民收入就会减少，直到达到均衡的 4 000 亿美元为止。

由上述分析中，可看出两部门收入的决定过程或决定机制是存货调节机制（与价格机制相对应）。

如果实际收入大于均衡收入，则实际收入就大于总需求，意味着产品供大于求，导致企业的非计划存货增加。为了把存货减少到正常或计划水平，企业必然减少生产，从而使实际收入下降。

如果实际收入小于均衡收入，则实际收入就小于总需求，意味着产品供不应求。为了满足市场需求，企业必须增加生产，从而使实际收入上升。

可见，任何不等于均衡收入的收入都是不稳定的，它们将朝着均衡收入移动。在均衡收入上，总需求等于总收入，即产品供求相等，实际存货等于意愿存货，企业既不扩大也不缩小生产，收入便稳定下来。故与总需求相等的收入就是稳定的均衡收入。如果其他条件不变，则该收入水平将被一直维持下去。

在上述均衡收入的决定过程中，起调节作用的不是价格机制（价格已经事先被假定不变），而是数量机制或存货机制。实际上，市场机制可分为价格机制与存货机制两大类。它们虽然不可分割地联系在一起，共同调节经济，然而，在不同的经济条件下两者所起作用的大小不尽相同。例如，在经济非常萧条的时候，价格机制所起的作用相当微弱以至于可以忽略不计，而存货机制却积极地发挥作用，使总供求趋于均衡。在这种条件下，当然可以假定价格不变。

（二）储蓄与均衡国民收入的决定

由于 y = c + i，y = c + s，得 i = y - c = s，而 s = -α + (1 - β) y，将以上两个方程联立并求解，就得到均衡收入：

$$y = \frac{\alpha + i}{1 - \beta}$$

上例中，c = 600 + 0.8y，s = -600 + (1 - 0.8) y = -600 + 0.2y，i = 200，令 i = s，即 200 = -600 + 0.2y，得 y = 4 000（亿美元）。这一结果在表 3 - 2 中也体现出来，即 y = 4 000（亿美元）时，投资 i 与储蓄 s 正好相等，从而实现了均衡。可以看到，这一结果与使用消费决定均衡收入的方法得到的结果是一样的。

储蓄与均衡国民收入的决定也可以用图 3 - 10 来表示。

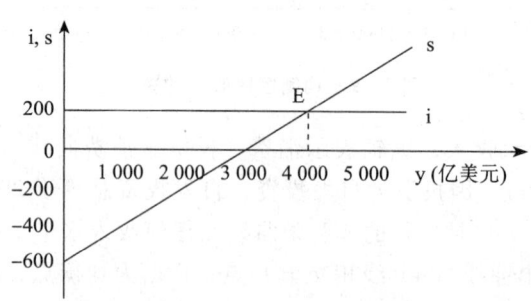

图 3 - 10　储蓄曲线与投资曲线相交决定均衡国民收入

图 3 - 10 中的横轴表示收入，纵轴表示投资、储蓄。s 为储蓄曲线，由于储蓄随收入增多而增多，故储蓄曲线向右上方倾斜。i 代表投资曲线，由于投资为自发投资，自发投资又不随收入变化而变化，其值总等于 200 亿美元，故投资曲线是一条平行线。储蓄曲线与投资

曲线相交于 E 点，E 点为 i=s 的均衡点，由 E 点决定的收入是均衡收入，即 4 000 亿美元。如果实际产量小于均衡收入，比如实际产量为 2 000 亿美元，此时的投资大于储蓄，社会总需求大于总供给，产品供不应求，存货投资为负，企业就会扩大生产，社会收入水平就会增加，直至均衡水平。反之，实际产量大于均衡收入，如实际产量为 5 000 亿美元，此时的投资小于储蓄，社会总需求小于总供给，产品过剩，产生了非计划存货投资，企业就会缩小生产，社会收入水平因此而减少，直至均衡水平。只要投资与储蓄不相等，社会收入就处于非均衡状态，经过调整，最终达到均衡收入水平。

由于消费函数与储蓄函数的互补关系，无论使用哪种函数决定收入的方法，最后得到的均衡收入结果都是相同的。

同样，在用储蓄函数分析两部门收入的决定过程中，决定机制仍为存货调节机制。如果实际收入大于均衡收入，储蓄就大于投资。储蓄恒等于实际投资。因此，储蓄大于投资，意味着实际投资大于意愿投资，从而存在非意愿投资，即存在非计划存货投资。为了把实际存货量减少到意愿或计划的水平，企业必然缩减生产，从而使收入下降。

如果实际收入小于均衡收入，实际投资小于意愿投资，产品供不应求，企业必然扩大生产，从而使国民收入上升。

(三) 两部门经济中国民收入决定的意义

两部门的国民收入决定实际上是凯恩斯国民收入理论的一个缩影。凯恩斯认为，在两部门经济中，消费是收入的函数，投资是利率的函数，当计划支出和实际收入相等时，市场就处于产品市场均衡的状态。而产品市场和货币市场均衡共同决定了经济的平衡，从而拉开了宏观经济学研究的序幕。其意义主要表现在以下两个方面：

第一，两部门国民收入决定表明，国民收入的决定和支出需求具有很大的关系，供给并不能自动创造需求。在凯恩斯以前的经济学理论，都认为供给能自动创造需求，总供给总是和总需求保持均衡的。

第二，两部门国民收入决定理论表明，储蓄和投资并不会自动调整。凯恩斯以前的经济学家认为，储蓄和投资自然会有相等的趋势。因为储蓄形成资本供给，投资形成资本需求，当储蓄大于投资即当资本供给超过需求时，利率下降，从而抑制储蓄，刺激投资，使储蓄大于投资的局面得到改变；反之，当投资大于储蓄即资本供不应求时，利率会上升，从而刺激储蓄，抑制投资，使投资大于储蓄的局面得到改变。两部门国民收入决定理论表明，储蓄和投资只有在产品市场均衡时才会相等。投资和储蓄之间并无管道相连。投资未必经常等于充分就业状态时的储蓄，总供给未必经常等于总需求。消费函数中的边际消费倾向递减规律说明：随着收入的增加，收入中用于消费的部分越来越少，储蓄越来越多，造成总需求不足。

二、三部门经济中的国民收入决定

(一) 三部门经济均衡国民收入的决定公式

三部门经济中，从总支出即总需求的角度看，国民收入由消费、投资、政府购买支出构成，从总收入即总供给的角度看，国民收入由消费、储蓄、税收组成。因此，三部门经济的国民收入均衡条件是消费、投资、政府购买支出之和等于消费、储蓄、税收之和，即：

$$c+i+g=c+s+t$$

消去等号两边的 c，便得到：

$$i + g = s + t$$

这是三部门经济均衡国民收入的决定公式，在此条件下的国民收入就是均衡收入。

（二）不同税收形式下的收入决定

在公式 $i + g = s + t$ 中，由于 t 有定量税与比例税两种形式，于是，三部门经济中均衡的国民收入决定又应分为定量税与比例税两种情况讨论。定量税是不随收入变动而变动的税收，比例税则是与收入变动相关的税收，定量税与比例税对均衡收入产生不同的影响。

1. 定量税条件下三部门经济中均衡国民收入的决定

假设消费函数为 $c = \alpha + \beta y_d$，y_d 表示居民可支配收入，定量税为 t，投资为 i，政府购买为 g，试求均衡的国民收入水平。

因为 $y_d = y - t$，根据均衡方程式，有：

$$y = c + i + g = \alpha + \beta y_d + i + g = \alpha + \beta(y - t) + i + g$$

整理后得到：

$$y = \frac{\alpha + i + g - \beta t}{1 - \beta}$$

假如有消费函数 $c = 1\,000 + 0.8 y_d$，y_d 为可支配收入，定量税 $t = 50$，投资 $i = 100$，政府购买性支出 $g = 150$，以上数字的单位均为亿美元。

根据以上条件可得：

$y_d = y - t = y - 50$；又由于 $s = -\alpha + (1 - \beta) y_d = -1\,000 + (1 - 0.8) \cdot (y - 50) = 0.2y - 1\,010$

将已知和已求出的变量代入经济均衡的公式 $i + g = s + t$ 中，即：

$$100 + 150 = (0.2y - 1\,010) + 50$$

求解，得出均衡收入：

$$y = 6\,050 \text{（亿美元）}$$

2. 比例税条件下三部门经济中均衡国民收入的决定

假设消费函数为 $c = \alpha + \beta y_d$，y_d 表示居民可支配收入，比例税为 t，投资为 i，政府购买为 g，试求均衡的国民收入水平。

因为 $y_d = y - ty$，根据均衡方程式，有：

$$y = c + i + g = \alpha + \beta y_d + i + g$$
$$= \alpha + \beta(y - ty) + i + g$$
$$= \alpha + \beta(1 - t)y + i + g$$

整理后得到：

$$y = \frac{\alpha + i + g}{1 - \beta(1 - t)}$$

上例中，如果其他条件不变，税收形式由定量税改为比例税，税率为 0.25，则税收 $t = 0.25y$，可支配收入 $y_d = y - 0.25y = 0.75y$，相应地，可得出：

$$s = -\alpha + (1 - \beta) y_d$$
$$= -1\,000 + (1 - 0.8) \cdot 0.75y$$
$$= 0.15y - 1\,000$$

此时也将已知和已求出的变量代入经济均衡的公式 i+g=s+t 中，即：
$$100+150=0.15y-1\,000+0.25y$$
求解，得出均衡收入：
$$y=3\,125（亿美元）$$
从以上的例子中可以得出如下结论：定量税下的均衡收入大于比例税下的均衡收入。

三、四部门经济中的国民收入决定

（一）四部门经济中国民收入均衡公式

四部门经济是开放经济，国家之间通过对外贸易等形式与其他国家建立了经济联系。国与国之间的经济联系多种多样，本章仅考察其中的商品与服务的贸易关系，即仅仅考察商品的进口与出口。所以，一个国家均衡的国民收入不仅决定于国内的消费、投资、政府购买支出，还决定于其净出口，从需求方面说，y=c+i+g+(x-m)，设净出口为 nx=x-m，则：
$$y=c+i+g+nx$$

其中，由于出口（x）取决于外国的购买力和购买要求，可视为外生变量，而进口（m）却随本国收入提高而提高。故净出口（nx）随国民收入的提高而减少，反之，随国民收入的下降而增加。
$$c=\alpha+\beta y_d$$
$$y_d=y-T+TR$$

式中，T 为总税收，TR 为政府转移支付。
$$T=T_0+ty$$

式中，T_0 为定量税，ty 为比例税收量。

$i=\bar{i}$（假定投资既定）

$g=\bar{g}$（假定政府购买既定）

$TR=\overline{TR}$（假定政府转移支付既定）

$x=\bar{x}$（假定出口既定）

$$\begin{aligned}y&=\alpha+\beta y_d+\bar{i}+\bar{g}+(\bar{x}-m)\\&=\alpha+\beta(y-T+\overline{TR})+\bar{i}+\bar{g}+(\bar{x}-m)\\&=\alpha+\beta[y-(T_0+ty)+\overline{TR}]+\bar{i}+\bar{g}+(\bar{x}-m)\\&=\alpha+\beta[y-(T_0+ty)+\overline{TR}]+\bar{i}+\bar{g}+(\bar{x}-m)\end{aligned}$$
$$m=m_0+\gamma y$$

式中，m_0 为自发进口，即不受国民收入变化影响的进口；γ 为边际进口倾向，$\gamma=\dfrac{\Delta m}{\Delta y}$；若 m=0.2，则表示收入每增加 100 美元，进口增加 20 美元。γy 为引致进口。

经整理，得到四部门经济的均衡国民收入：
$$y=\dfrac{1}{1-\beta(1-t)+\gamma}(\alpha+\bar{i}+\bar{g}-\beta T_0+\beta TR+\bar{x}-m_0)$$

（二）出口函数与进口函数

1. 出口函数

（1）出口的决定因素。出口是在一国生产而出售给其他国家的产品与劳务。出口量的大小取决于四个因素：①其他国家的收入。如果其他因素既定，其他国家的国民收入越高，对一国的产品与劳务的需求就越大，则该国的出口越多。从这个意义上说，整个世界经济的发展，对任何国家都是有利的。②国际专业化程度。世界范围内的生产分工协作与专业化程度越高，国与国之间的贸易联系就越密切，各国的出口量就越多。国际专业化的程度在一直提高。例如，世界的飞机制造业集中于美国，许多国家都购买波音飞机；而其他家用电器在日本、中国或其他国家制造，美国则向这些国家购买这类产品。各国日益集中于生产某些产品，这就增加了相互之间的出口量。③一国产品价格的相对高低。在国际市场上，相对价格决定了一国产品的竞争能力。如果其他条件不变，一国产品的价格相对于其他国家类似的产品价格越低，其竞争力越强，出口就越多。④汇率。一国货币的汇率越低，在国际市场上，用他国货币衡量的本国产品的价格也越低，从而该国的出口量就越大。例如，美元对日元的汇率下降就会增加美国产品的出口。此外，一国的出口量还取决于该国的外贸制度、世界市场对该国产品的需求弹性以及其他政治经济因素。

（2）出口函数。假定一国的出口不受该国收入水平的影响，为自发变量，即出口函数：$X = X_0$。

2. 进口函数

（1）进口的决定因素。进口是指一个国家购买其他国家的产品与劳务。进口取决于四个主要因素：一国的实际国民生产总值，国际专业化的程度，外国物品与劳务相对于国内同类物品与劳务的价格，汇率。

在其他条件不变的情况下，一国实际国民生产总值越高，进口也就越多。一般而言，一国的进口在实际国民生产总值中占相对固定的比例。进口量与实际国民生产总值之间是同方向变动的关系。国际专业化程度越高，国外产品的进口也就越多。

外国产品与劳务相对于同类本国产品与劳务的价格越低，一国货币的汇率越高，进口就越多。

此外，一国的进口量还取决于该国的外贸制度，该国对外国产品的需求弹性等因素。

（2）进口函数。假定一国的进口仅受该国收入水平的影响，是该国收入的线性函数，即：$M = M_0 + mY$。

式中，$M_0 > 0$，为一常量，与收入无关，称为自发进口。自发进口（M_0）与消费函数中的自发消费（C_0）相对应：在可支配收入为零时的自发消费中，包含着对进口产品或劳务的消费，这部分进口就包含在自发进口之中。

m 为边际进口倾向，表示每增加一单位收入所增加的进口量，或者表示进口增加量在收入增加量中的比例：$m = \dfrac{\Delta M}{\Delta Y}$。$0 < m < 1$。$m > 0$，表示进口随着收入的增加而增加。$m < 1$，表明进口的增加量小于收入的增加量。$mY$ 为引致进口，即由收入引起的进口。

出口与进口之差就是净出口。显然，净出口是收入的函数，即：$X - M = X_0 - M_0 - mY$。

第四节 乘数理论

不论从总需求看,还是从总供给看,组成国民收入的任何一个因素(比如投资、政府购买、税收等)在数量上的变动都会对国民收入数量的变动产生影响。乘数理论就是要说明国民收入变动量与引起这种变动量的某一因素变动量在数量上的对比关系。

一、乘数理论

1920~1930年,英国陷入了严重的经济危机,失业人口多达100万并给政府形成很大的压力。1929年,劳埃德·乔治提出由政府举办公共工程来消除失业的竞选宣言,由此引发争论。

英国剑桥大学学生卡恩提出:总需求(Aggregate Demand)的任何变动,如消费的变动、政府支出的变动、税收的变动、净出口的变动等,都会引起国民收入(National Income)的更大变动,即:AD↑→NI↑。卡恩将这一现象称为乘数现象,并于1931年发表的《国内投资与失业的关系》中首先提出。凯恩斯在《就业、利息和货币通论》一书中采用这一概念来说明收入与投资之间的关系,他在卡恩的基础上完善了乘数理论,并把乘数作为国民收入决定理论的一个重要部分。乘数指某一自变量变动一个单位时引起因变量变动过程的度量,即变量的百分比。在宏观经济学中是指国民收入的增加量与引起这种增加的自发总需求增加量之间的比率,即:

$$K = \Delta Y / \Delta AD$$

式中,K是乘数,ΔY是国民收入的增加量,ΔAD是自发总需求的增加量。

乘数效应通常是指自变量的变化对因变量具有倍数作用,即因变量的改变量是自变量增量的倍数。乘数效应也称倍数效应或放大效应。

二、投资乘数

1. 投资乘数的含义与公式表达

投资乘数就是收入的变化量与带来收入变化量的投资变化量的比率。它表明投资的变动将会引起国民收入若干倍的变动。

如果用k_i表示投资乘数,用Δy表示收入的增量,用Δi表示投资的增量,则投资乘数的公式可表达为:

$$k_i = \frac{\Delta y}{\Delta i}$$

由于收入与投资是同方向变动关系,故$k_i > 0$,即投资乘数为正数。

投资之所以具有乘数作用,是因为各经济部门是相互关联的。某一部门的一笔投资不仅会增加本部门的收入,而且会在国民经济各部门中引起连锁反应,从而增加其他部门的投资与收入,最终使国民收入成倍增长。

2. 投资乘数公式推导

$$K_I = \frac{\Delta Y}{\Delta I} = \frac{1}{1-c}$$

$$\Delta Y = \Delta I + c\Delta I + c^2\Delta I + \cdots + c^{n-1}\Delta I = \Delta I(1 + c + c^2 + \cdots + c^{n-1}) = \frac{1}{1-c}\Delta I$$

当总投资增加时，收入的增量将是投资增量的数倍。假定增加 100 亿美元投资，是用来购买生产所用的劳动、资本、土地、企业家才能等生产要素的，于是，100 亿美元就相应以工资、利息、地租、利润等形式成为要素所有者即居民的收入而流入到居民手中，社会收入就增加了 100 亿美元。居民收入增加了 100 亿美元后，因 β = 0.8，故居民会有 80 亿美元的消费支出，生产部门相应得到出售产品的 80 亿美元。生产部门用此 80 亿美元购买 80 亿美元的生产要素，80 亿美元就以工资、利息、地租、利润等形式又流回到居民手中，即社会收入增加了 80 亿美元。在边际消费倾向仍然是 0.8 的条件下，居民会有 64 亿美元的消费支出，生产部门就相应得到 64 亿美元，而生产部门又用此购买 64 亿美元的生产要素，64 亿美元便以工资、利息、地租、利润等形式流回到居民手中，社会收入因此而增加了 64 亿美元。在 β = 0.8 不变的条件下，居民消费会有 51.2 亿美元，生产部门得到 51.2 亿美元。生产部门再购买 51.2 亿美元的生产要素——51.2 亿美元以工资、利息、地租、利润等形式又流回到居民手中，社会收入再次增加，增加了 51.2 亿美元。这样的过程不断持续下去，投资、收入、消费就一轮一轮地增加，最终的社会收入会增加 500 亿美元。可以用以下公式表示出收入的增加：

$$\Delta y = 100 + 80 + 64 + 51.2 + \cdots$$
$$= 100 + 100 \times 0.8 + 100 \times 0.8^2 + 100 \times 0.8^3 + \cdots + 100 \times 0.8^{n-1}$$
$$= 100(1 + 0.8 + 0.8^2 + 0.8^3 + \cdots + 0.8^{n-1})$$
$$= 100 \times 1/(1 - 0.8)$$
$$= 500（亿美元）$$

$K_i = 500/100 = 5$ 就是投资乘数。

用公式推导如下：

$$y = c + i$$
$$\Delta y = \Delta c + \Delta i$$
$$\Delta i = \Delta y - \Delta c$$

$$K_i = \frac{\Delta y}{\Delta i} = \frac{\Delta y}{\Delta y - \Delta c} = \frac{1}{1 - \frac{\Delta c}{\Delta y}} = \frac{1}{1 - MPC} = \frac{1}{1 - 边际消费倾向} = \frac{1}{1 - \beta} = \frac{1}{MPS}$$

可见，投资乘数与边际消费倾向成正比、与边际储蓄倾向成反比，且 $k_i > 0$，亦即收入的变化量与投资变化量成同方向变动。

消费比例越高越好，这是凯恩斯的一个很重要的理论依据，引导人们更加注重提高消费倾向。

整个国民收入的增长只看乘数不行，还要看投资。如果投资固定，β 越高，投资越大。

本例中，为什么乘数是 5 而不是其他数呢？这是因为得到收入的各部门都是把收入的 80% 用于支出，增加的支出与增加的收入之比，我们称为边际支出倾向，若支出为消费支出就是边际消费支出倾向。乘数效应的大小取决于边际支出倾向的大小。在该例中，当边际支出倾向为 0.8 时，乘数是 5，如果把边际支出倾向改为 0.5，乘数就变为 2。

3. 投资乘数效应的图示（如图 3-11 所示）

图 3-11 中，横轴表示收入，纵轴表示消费与投资，$c+i$ 表示原有的总支出曲线，相应的均衡收入为 y_1；$c+i_n$ 表示新的总支出曲线，$i_n = i + \Delta i$，相应的均衡收入为 y_n，$y_n - y_1 = \Delta y = k_i \cdot \Delta i$。当投资增加 100 亿美元，即 $\Delta i = 100$ 时，收入增加 500 亿美元，即 $\Delta y = 5 \times 100 = 500$（亿美元）。

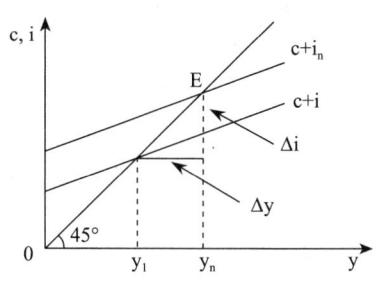

图 3-11 乘数效应

4. 投资乘数是一把"双刃剑"

以上例子和图示说明投资增加对收入成倍增多的影响，但是，如果投资减少，收入则成倍减少。这就是说，无论是增加的投资还是减少的投资，都具有乘数作用，都会对收入产生或增加或减少的作用，因而，投资乘数是一把"双刃剑"。

5. 投资乘数发挥作用的条件

根据凯恩斯的论述，收入可以分解为消费和投资，又可以分解为消费和储蓄。由于收入和消费之间的关系在相当长的时期内是稳定的，从而作为收入与消费之间差额的储蓄和收入之间的关系（储蓄函数）在相当长的时期内也是稳定的。

发挥投资乘数作用有如下三个前提条件：

（1）在消费函数或储蓄函数为既定的条件下，一定的投资可以引起收入在某种程度上的增加，即投资的乘数作用可以相当顺利地发挥出来。

（2）要有一定数量的劳动可以被利用。如果没有可以利用的劳动力，那么投资增加后，并不能使产量和收入增加。

（3）要有一定数量的存货可以被利用。下面根据希克斯的解释，从封闭经济条件和开放经济条件两种不同的情况来分析这一问题。

在封闭经济条件下，如果某些产品存货不足，那么只能依靠下述两种方式来弥补产品不足的困难。一是用劳动代替资本。这种方式仅限于生产设备不足的情况，因为生产设备不足，可以靠多雇用劳动力来替代。但这种替代的规模毕竟是有限的，只要存货不足，乘数作用就会发生障碍。二是从其他工业部门抽调产品来满足某一部门的需求。如果是从投资品工业中抽调，那么某一种投资的扩大是以牺牲另一种投资为代价而进行的。如果是从消费品工业中抽调，那么投资的增加引起消费的缩减，从而使就业的增加发生困难。总之，无论是从哪一类工业部门中抽调产品，投资能否净增加，都难以确定。所以，存货不足将使凯恩斯的乘数理论变得无效。

在开放条件下，一国在增加投资后，如果发现物资供给不足，便可以从国外进口，以满足由于投资增加所造成的对投资品和消费品的追加需求,使乘数的作用充分发挥出来。或者,也可以通过减少出口,截留某些部门的出口产品,满足国内经济需要。但实际问题并非如此简单,在开放经济条件下,应当注意初期的外汇储备和从国外取得信贷的可能性。假定一国有充足的外汇储备,或者有把握从国外取得足够的信贷,或者能对世界市场上的价格施加有力的影响,增加投资以后,一旦发生了产品供给不足的情况,就可以用增加进口或减少出口的办法来弥补国内的产品短缺。这时,凯恩斯的乘数理论将是有效的。假定一国没有足够的外汇储备,也没有把握从国外取得足够的信贷,或者它无法影响世界市场上的价格,那么增加投资以后,既不能靠增加进口,也不能靠减少出口来弥补国内的产品短缺,投资的乘数作用也就发挥不出来,凯恩斯的乘数理论在这种场合同样会变得无效。

由此可见,凯恩斯经济学之所以被某些经济学家说成是萧条经济学,一个重要的理由就是,只有在经济萧条时期,才有闲置的设备和原料,才有过剩的劳动力,才有足够的消费品存货,从而才能使投资的乘数作用不受阻碍地发挥出来。

三、对乘数理论的评价

凯恩斯主义的乘数理论主要是支出乘数理论。这一理论说明了经济中各种支出变动对国民收入变动的影响,其中支出的变动既包括私人投资和政府购买的变动,也包括税收和政府转移支付的变动。乘数理论揭示了现代经济的特点,即由于经济中各部门之间的密切联系,某一部门支出(需求)的增加不仅会使该部门的生产和收入相应增加,而且还会引起其他部门的生产、收入和支出的增加,从而使国民收入增加数量数倍于最初增加的支出。乘数的大小取决于边际消费倾向和税率。

乘数理论在凯恩斯就业理论中具有重要地位,因为凯恩斯认定,由于消费需求不足而造成的总需求不足,只能靠投资来弥补;在私人投资不足的情况下,尤其要靠政府增加公共工程投资支出来解决。这里,说明增加投资或政府支出会使收入和就业若干倍增加的理论就是乘数理论。应当看到,在社会化大生产中,投资、政府支出、消费、收入和就业,这些变量之间确实有一定连锁反应,然而,这种连锁反应的效果远没有达到凯恩斯主义者所说的那种程度,在现实生活中,乘数作用的大小要受到一系列条件的限制。

乘数理论发挥作用的条件是经济中的资源没有得到充分利用。乘数效应以社会存在足够的闲置资源为前提。一般来说,需求的增加有两个后果,一是价格水平的上升,二是供给或收入的增加。只有当经济因需求不足而存在大量的闲置资源时,需求的增加才有可能不提高价格水平,而全部作用于收入的增加,乘数效应才得以充分发挥。如果经济已经实现了充分就业,社会没有闲置资源。此时,需求的增加只提高价格,不会增加供给,即没有乘数效应。可见,乘数理论仅仅适用于由需求不足导致的萧条经济。

在存在闲置资源条件下,乘数效应的发挥也受以下因素的影响:

(1)如果某种重要资源(我国的能源、交通等)处于"瓶颈状态",乘数作用的发挥也会受到限制。如果存在个别部门短缺制约的瓶颈状态,使得利用其他闲置资源成为不可能,就会降低甚至限制各部门之间的关联性,这必然会影响经济部门之间的连锁反应,从而限制了乘数的作用,限制了对闲置资源的利用。

(2)投资和储蓄决定的独立性程度。如果储蓄和投资的决定有一定的联系,即储蓄不仅与收入有关,而且还与利率有关,则由投资增加引起的利率上升会增加储蓄减少消费,降低边际消费倾向，从而部分地抵消由投资增加所引起的收入增加，缩小乘数效应。

（3）货币供给量能否适应支出增加的需要。如果在投资增加时，货币供给不能随着货币需求的增加而增加，利率就会上升。更高的利率不但鼓励储蓄抑制消费，而且会减少投资，最终将缩小乘数效应。

此外，一些西方学者也指出，对政府增加的公共工程支出，也可能存在一些抵消作用。例如，如果政府为增加公共工程方面支出而提高税收，则在公共工程方面那些就业者已增加的开支就将由于纳税人在不同程度上减少支出而被抵消。又如，假使政府的支出是靠举债而不是靠提高税收，则可能影响私人投资，因为收入增加时，消费者和工商企业通常都要增加货币储备，从而增加货币需求，这就会提高利率，进而排挤私人投资。

四、政府购买支出乘数

（1）定义。政府购买支出乘数是指每增加一单位政府购买支出所增加的收入量。

（2）公式。$K_G = \dfrac{dY}{dG} = \dfrac{1}{1-c}$（定量税）或 $K_G = \dfrac{dY}{dG} = \dfrac{1}{1-c(1-t)}$（比例税）。

可见，在定量税条件下，政府购买支出乘数和投资乘数相等，为正值，等于1减边际消费倾向的倒数。

此外，政府购买支出乘数的大小与边际消费倾向 c 正相关，与边际税收倾向 t 负相关。

由于 $0 < c < 1$，$0 < t < 1$，$K_G = \dfrac{dY}{dG} = \dfrac{1}{1-c(1-t)} < K_G = \dfrac{dY}{dG} = \dfrac{1}{1-c}$。

这就意味着，采用定量税比采用比例税可导致更大的乘数。其原因可以这样理解：乘数效应意味着一系列的收入变化，在定量税的情况下，收入变化不会引起税收变化。在比例税的情况下，收入的每一变化都会引起税收的变化，而税收的变化会对消费与总需求从而也对总收入与总产出产生影响。

说明：①投资对国民收入的影响与政府购买对国民收入的影响一致。乘数大小取决于 β（边际支出倾向）。②K_G 对国民收入影响的作用也是双向的，若 K_G 上升，y 多倍增加，若 K_G 下降，引起 y 多倍下降。但政府购买的增加是否一定会引起 y 多倍增加？不一定，比如，我国1988年政府的大量购买引起经济增长，出现了全民抢购风且控制不住，政府购买全停以使经济紧缩，抑制通货膨胀。

五、税收乘数

（1）定义。税收乘数是指收入变动与引起收入变动的税收变动的比率。

（2）公式。$K_T = \dfrac{dY}{dT} = \dfrac{-c}{1-c}$（定量税）或 $K_T = \dfrac{dY}{dT} = \dfrac{-c}{1-c(1-t)}$（比例税）。

可见，在定量税条件下，税收乘数等于边际消费倾向与1减去边际消费倾向之比的负值，$K_T < 0$ 表明收入变动与税收变动成反方向变动关系，即收入随税收的增加而减少，随税收的减少而增加。所以，当经济不景气时，减税；当经济过热时，增税。在比例税条件下，税收乘数与比例税 t 成正比。显然，比例税条件下的税收乘数的绝对值小于定量税条件下的税收乘数的绝对值。

（3）税收乘数的绝对值小于政府购买乘数的绝对值的原因。税收乘数与政府购买乘数相比，不仅符号相反，而且绝对值也不同——税收乘数的绝对值小于政府购买乘数的绝对值。

这是因为，政府购买的增加量直接就是支出的增加量，而税收的减少量并不直接等于支出的增加量，其中一部分作为储蓄在收入的增加的过程中"漏出"了，没有发挥增加收入的作用。例如，政府增加购买 ΔG，总需求就直接增加 ΔG。如果边际消费倾向为 c，那么在定量税收条件下，从最初的政府购买增量 ΔG 中产生的一系列收入增量为：ΔG、$c\Delta G$、$c^2 \Delta G$、…、$c^{n-1} \Delta G$。

如果政府税收减少 ΔT，个人可支配收入就直接增加 ΔT。个人把新增加的可支配收入分成两部分：一部分即 $s\Delta T$ 作为储蓄，另一部分即 $c\Delta T$ 用于消费。因此，政府税收减少 ΔT 直接引起的总需求增加量为 $c\Delta T$。这样，从最初的税收减少量 ΔT 中产生的一系列收入增量为：$c\Delta T$、$c^2 \Delta T$、$c^3 \Delta T$、…、$c^n \Delta T$。

如果 ΔG 与 ΔT 的绝对值相等，政府购买增加 ΔG 所引起的每一轮收入增加量都大于税收减少 ΔT 所产生的每一轮收入增加量，因此，政府购买乘数的绝对值必然大于税收乘数的绝对值。

六、政府转移支付乘数

政府转移支付的增加，会增加居民的可支配收入，社会消费因此而增加，从而国民收入增加。所以，政府转移支付也具有乘数作用。

（1）政府的转移支付不包含在国民收入之中的原因。在国民收入核算体系中，作为实际总需求四个组成项目之一的政府支出，只包括政府的购买支出，并不包括政府的转移支付，因为政府的转移支付已经包含在个人的消费与企业的投资之中。与此相联系，在国民收入决定理论中，作为意愿总需求的四个组成项目之一的政府购买，同样不包括政府的转移支付。

但政府转移支付的变动会改变个人的可支配收入，影响消费需求，最终影响均衡收入。为了说明政府转移支付对收入的影响，必须使政府转移支付这个变量进入国民收入决定模型之中。

（2）净税收、实际税收与转移支付的关系。令实际税收（T_g）减去转移支付（TR）的差额等于净税收（T），即 $T = T_g - TR$，则有：

$$C = C_0 + c(Y - T) = C_0 + c(Y - T_g + TR)$$

于是，转移支付就进入了简单国民收入决定模型之中。并且假定政府的实际税收是收入的函数，转移支付为自发变量，与收入无关，即：$T_g = T_{g0} + tY$，$TR = TR_0$。

（3）加入政府转移支付以后的收入决定模型为：

$$\begin{cases} Y = C + I + G + (X - M) \\ C = C_0 + c(Y - T) = C_0 + c(Y - T_g + TR) \\ T_g = T_{g0} + tY \\ TR = TR_0 \\ I = I_0 \\ G = G_0 \end{cases}$$

则均衡收入：

$$Y = \frac{1}{1-c(1-t)}(C_0 + I_0 + G_0 + cTY_0 - cT_{g0})$$

（4）政府转移支付乘数的定义。政府转移支付乘数是指收入变动与引起收入变动的政府转移支付变动的比率。

（5）转移支付乘数公式。

$$K_{TR} = \frac{dY}{dTR} = \frac{c}{1-c}$$

或

$$K_{TR} = \frac{dY}{dTR} = \frac{c}{1-c(1-t)}$$

可见，在定量税条件下，政府转移支付乘数等于边际消费倾向与1减去边际消费倾向的倒数，政府转移支付乘数与边际消费倾向成正比，且政府转移支付乘数为正值，表明收入变动与政府转移支付变动成正比。在比例税条件下，政府转移支付乘数与比例税t成反比。显然，比例税条件下的政府转移支付乘数小于定量税条件下的政府转移支付乘数。

（6）转移支付乘数与政府购买乘数、税收乘数的比较。政府转移支付乘数与政府购买乘数都大于零，表明政府转移支付与政府购买对收入的作用方向相同。但政府转移支付乘数小于政府购买乘数。其中的原因与税收乘数的绝对值小于政府购买乘数的绝对值的原因相似，这里不再赘述。

政府转移支付乘数与税收乘数相比较，两者符号相反，表明对收入的作用方向相反；但绝对值相同，表明对收入的作用力度相同。

七、平衡预算乘数

（1）定义。当政府同时等量地增加购买与税收时，每增加一单位购买或税收所增加的收入量称为平衡预算乘数。

（2）公式。假定政府购买增加 ΔG，税收增加 ΔT，并且 $\Delta G = \Delta T$，且税收为定量税收。则政府购买增加 ΔG 而增加的收入为：

$$\Delta Y_G = K_G \cdot \Delta G = \frac{1}{1-c}\Delta G$$

税收增加 ΔT 而增加的收入为：

$$\Delta Y_T = K_T \cdot \Delta T = \frac{-c}{1-c}\Delta T$$

政府同时等量地增加购买与税收所增加的收入为：

$$\Delta Y = \Delta Y_G + \Delta Y_T = \Delta G(\Delta T)$$

$$K_B = \frac{\Delta Y}{\Delta G} = K_G + K_T = 1$$

或

$$K_B = \frac{\Delta Y}{\Delta G} = K_G + K_T = \frac{1-c}{1-c(1-t)}$$

本章小结

1. 关于国民收入的决定理论，有众多的经济学家提出了不同角度的研究理论。本章以凯恩斯的理论为分析框架。

2. 均衡产出指与总需求相等的产出。均衡产出条件下，经济社会总收入刚好等于所有居民和全体厂商想要有的消费支出与投资支出。

3. 不同的经济学家提出了不同的消费理论。如凯恩斯的消费函数理论、生命周期消费理论、持久收入消费理论、相对收入消费理论、理性预期的消费函数理论等，其中凯恩斯的消费函数理论具有重要地位，边际消费倾向递减规律的揭示，为推翻"供给会自行创造其需求"的萨伊定理提供了理论基础。

4. 国民收入决定包括两部门经济、三部门经济、四部门经济中的国民收入决定。

5. 乘数理论说明国民收入变动量与引起这种变动量的某一因素变动量在数量上的对比关系，其中凯恩斯乘数理论占有重要地位。

复习思考题

1. 什么是消费函数、平均消费倾向和边际消费倾向？
2. 什么是储蓄函数、平均储蓄倾向和边际储蓄倾向？
3. 什么是"节约悖论"？
4. 什么是"消费函数之谜"？
5. 评述凯恩斯消费函数理论。
6. 试述两部门经济中国民收入的决定及其意义。
7. 假设某经济社会的消费函数为 $c = 100 + 0.8y$，投资为50（单位：10亿美元）。
   (1) 求均衡收入、消费和储蓄。
   (2) 如果当时实际产出（即收入）为800，试求企业非意愿存货积累。
   (3) 若投资增到100，试求增加的收入。
   (4) 若消费函数为 $c = 100 + 0.9y$，投资仍为50，收入和储蓄各为多少？投资增到100时，收入增加多少？
   (5) 消费函数变动后，乘数有何变化？
8. 假设某经济的消费函数为 $c = 100 + 0.8y$，投资（i）为50，政府购买性支出（g）为200，政府转移支付（TR）为62.5（单位均为10亿美元），税率（t）为0.25。
   (1) 求均衡收入。
   (2) 试求投资乘数，政府支出乘数，税收乘数，转移支付乘数，平衡预算乘数。
   (3) 假定该社会达到充分就业所需要的国民收入为1 200，试问：①增加政府购买；②减少税收；③增加政府购买和税收同一数额（以便预算平衡）实现充分就业，各需多少数额？

第四章 产品市场与货币市场的一般均衡：IS—LM 模型

【学习目标】

- 明确 IS 曲线和产品市场均衡的关系、IS 曲线的形成和移动的原因。
- 掌握凯恩斯的利率决定理论和货币需求函数。
- 理解 LM 曲线和货币市场均衡的关系、LM 曲线形成和移动的原因。
- 掌握 IS 和 LM 曲线相互连接的机制和 IS—LM 模型中均衡点的经济含义及均衡点的移动和调整。

上一章我们介绍了凯恩斯的有效需求决定模型，但该模型存在一个很大的缺陷，即模型中没有包括利率水平这一重要经济参数。或者说，在凯恩斯有效需求模型中，利率水平被看作一个外生的经济变量。按凯恩斯的分析，一个社会的有效需求决定于消费支出与投资支出规模。当消费规模既定时，有效需求主要取决于社会投资（I）能否等于社会储蓄（S）的规模。但投资又是被什么决定的呢？根据凯恩斯自己的说法，投资是利率水平的函数，也就是说，投资是被利率水平高低所决定的。利率水平的高低则取决于货币需求与货币供给的均衡，即货币市场的均衡。但货币市场的均衡又离不开一个社会的产出和收入水平，即有效需求的规模。这样一来，凯恩斯的有效需求决定模型就陷入一个循环推论的逻辑误区。

凯恩斯有效需求决定模型的上述缺陷，最初是由英国经济学家约翰·希克斯发现的。1937 年，希克斯把利率水平作为内生经济变量引入凯恩斯的有效需求决定模型，把产品市场和货币市场结合起来，建立了一个产品市场和货币市场相统一的均衡模型——IS—LM 模型。这一模型后来经过许多经济学家的补充和扩展，成了阐述凯恩斯理论的重要工具和现代宏观经济学的基础。

第一节 投资的决定

第三章关于国民收入决定的简单模式里，投资和消费及政府支出都已作为总需求的组成部分，但那时净投资只是作为外生变量，由模型之外的力量决定的。但现实生活中，投资并不是一个外生变量，而是一个应当放到模型中来分析的内生变量，因此，要研究国民收入如何决定，就必须研究投资本身如何决定。

在西方国家，人们购买证券、土地和其他财产，都被说成投资，但在经济学中，这些都不算投资，而只是资产权的转移。经济学中所讲的投资，是指资本的形成，即社会实际资本的增加，包括厂房、设备和存货的增加，新住宅的建筑等，其中主要是厂房、设备的增加，因此下面分析的就是指这方面的投资。

一、投资函数

投资是总需求中最容易变动的部分，它虽然在数量上小于消费，但波动远远大于消费。投资的波动会通过乘数效应引起产量的波动，因而人们普遍把投资当作引起经济周期波动的一个重要变量。

决定投资的因素有很多，主要有实际利率水平、预期收益和投资风险等。其中利率是最重要的一个影响因素。投资函数就是反映投资与利率之间的这种关系。

凯恩斯认为，是否要对新的实物资本如机器、设备、厂房、仓库等进行投资，取决于这些新投资的预期利润与为购买这些资产而必须借进的款项所要求的利率的比较。前者大于后者，投资是值得的，前者小于后者，投资就不值得。因此，在决定投资的诸因素中，利率是首要因素。这里的利率是指实际利率。实际利率大致上等于名义利率减去通货膨胀率。假定某年的名义利率为8%，通货膨胀率为3%，则实际利率为5%。在投资的预期利润率既定时，企业是否进行投资，首先取决于实际利率的高低：利率上升时，投资需求量就会减少，利率下降时，投资需求量就会增加。这是因为，企业用于投资的资金多半是借来的，利息是投资的成本。即使投资的资金是自有的，投资者也会把利息看成是投资的机会成本，从而把利息当作投资的成本。因此，利率上升时，投资者自然就会减少对投资品的购买。投资函数可写作：

$$i = i(r)$$

例如，可假定 $i = i(r) = 1\,250 - 250r$（亿美元）。这里，1 250 表示利率（r）即使为零时也有的投资量，称自主投资；250 是系数，表示利率每上升或下降一个百分点，投资就会减少或增加的数量，可称为利率对投资需求的影响因素。如果把投资需求函数写成：

$$i = i(r) = e - dr \tag{4-1}$$

式中，e 即自主投资，-dr 即投资需求中与利率有关的部分，投资与利率之间的这种函数关系可用图 4-1 来表示。

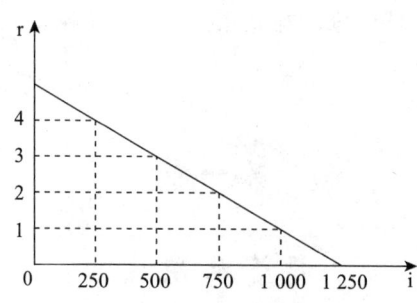

图 4-1 投资需求曲线

图4-1中投资需求曲线,又称为投资的边际效率曲线,投资的边际效率曲线是从资本边际效率这一概念引申而来的。

二、资本边际效率

(一) 资本边际效率的概念

资本边际效率是凯恩斯提出的一个概念,按照他的定义,资本边际效率(MFC)是一种贴现率,这种贴现率正好使一项资本物品的使用期内各预期收益的现值之和等于这项资本品的供给价格或者重置成本。

什么叫贴现率和现值?下面举例说明。

假定本金为100美元,年利率为5%,则:

第1年本利和为:$100 \times (1+5\%) = 105$(美元)。

第2年本利和为:$105 \times (1+5\%) = 100 \times (1+5\%)^2 = 110.25$(美元)。

第3年本利和为:$110.25 \times (1+5\%) = 100 \times (1+5\%)^3 = 115.70$(美元)。

以此类推,现在以 r 表示利率,R_0 表示本金,R_1、R_2、R_3 分别表示第1年、第2年、第3年的本利和,则各年本利和为:

$$R_1 = R_0(1+r)$$
$$R_2 = R_1(1+r) = R_0(1+r)^2$$
$$R_3 = R_2(1+r) = R_0(1+r)^3$$
$$\cdots\cdots$$
$$R_n = R_0(1+r)^n$$

现在把问题倒过来,设利率和本利和为已知,利用公式求本金。假定利率为5%,1年后本利和为105美元,则利用公式 $R_n = R_0(1+r)^n$ 或 $R_1 = R_0(1+r)$ 可求得本金:

$$R_0 = \frac{R_1}{1+r} = \frac{105}{1+5\%} = 100 \text{(美元)}$$

这就是说,在利率为5%时,1年后105美元的现值是100美元;在同样利率下,两年后110.25美元以及3年后115.76美元的现值也是100美元。一般说来,n年后的 R_n 现值是:

$$R_0 = \frac{R_n}{(1+r)^n}$$

现在再来说资本边际效率,假定某企业投资30 000美元购买1台机器,这台机器的使用期限是3年,3年后全部耗损,再假定把人工、原材料以及其他所有成本(如能源、灯光等,但利息和机器成本除外)扣除以后,各年的预期收益是11 000美元、12 100美元和13 310美元,这也是这笔投资在各年的预期收益,3年合计为36 410美元。

如果贴现率是10%,那么3年内全部预期收益36 410美元的现值正好是30 000美元,即:

$$R_0 = \frac{11\,000}{(1+10\%)} + \frac{12\,100}{(1+10\%)^2} + \frac{13\,310}{(1+10\%)^3} = 10\,000 + 10\,000 + 10\,000 = 30\,000 \text{(美元)}$$

由于这一贴现率(10%)使3年的全部预期收益(36 410美元)的现值(30 000美元)正好等于这项资本品(1台机器)的供给价格(30 000美元),因此,这一贴现率就是资本边际效率，它表明一个投资项目的收益应按何种比例增长才能达到预期的收益，因此，它也代表该投资项目的预期利润率。

假定资本物品（如上述机器）不是在3年中而是在n年中报废，并且在使用终了时还有残值，则资本边际的效率的公式就是：

$$R = \frac{R_1}{1+r} + \frac{R_2}{(1+r)^2} + \frac{R_3}{(1+r)^3} + \cdots + \frac{R_n}{(1+r)^n} + \frac{J}{(1+r)^n} \quad (4-2)$$

式中，R为资本物品的供给价格；价格R_1，R_2，$R_3 \cdots R_n$为不同年份（或时期）的预期收益；J代表该资本品在n年中年末时的报废价值；r代表资本边际效率。

（二）资本边际效率曲线

如果R_0、J和各年预期收益都能估算出来，那么就能算出r，如果资本边际效率（r）大于市场利率（i），则投资就值得；否则，就不值得。

从公式（4-2）可知，r的数值取决于资本物品供给价格和预期收益，预期收益既定时，供给价格越大，r越小；而供给价格既定时，预期收益越大，r越大。在实际生活中，每一个投资项目的资本边际效率是不一样的，每一个企业都会面临一些可供选择的投资项目，假定这些项目的资本边际效率如图4-2所示。

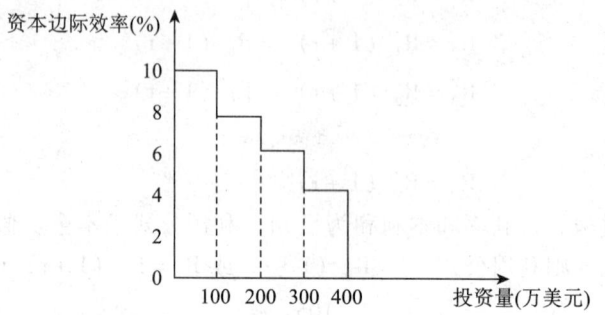

图4-2 某企业可供选择的投资项目

图4-2表示某企业有可供选择的4个投资项目，项目A的投资量为100万美元，资本边际效率为10%；项目B的投资量为50万美元，资本边际效率为8%；项目C的投资量为150万美元，资本边际效率为6%；项目D的投资量为100万美元，资本边际效率为4%。显然，如果市场利率为10%，只有A项目值得投资；如果市场利率为8%或稍低些，则A和B都值得投资，投资总额可达150万美元；如果市场利率降到4%或4%以下，则D也值得投资，投资总额可达400万美元。可见，对这个企业来说，利率愈低，投资需求量会越大。图中各个长方形顶端所形成的折线就是该企业的资本边际效率曲线。

一个企业的资本边际效率曲线是阶梯形的，但经济社会中所有企业的资本边际效率曲线如果加总在一起，分阶梯的折线就会逐渐变成一条连续的曲线，因为总合过程中所有起伏不平会彼此抵消而转为平滑，这条曲线就是凯恩斯所讲的资本边际效率曲线。如图4-3中的MEC曲线。

这条资本边际效率曲线表明，投资量（i）和利息率（r）之间存在反方向变动关系：利率越高，投资量越小；利率越低，投资量越大。

(三) 投资边际效率曲线

西方经济学家认为，MEC曲线还不能准确代表企业的投资需求曲线，因为当企业利率下降时，如果每个企业都增加投资，资本品的价格会上涨，就是说，公式（4-2）中的R（资本品供给价格）要增加，在相同的预期收益情况下，r必然缩小；否则，公式两边无法相等，即这一贴现率（资本边际效率）无法使未来收益折合成等于资本供给价格的现值。这样，由于R上升而被缩小了的r的数值被称为投资的边际效率（MEI）（如图4-3所示）。因此，在相同的预期收益下，投资的边际效率小于资本的边际效率。例如，在图4-3中，一笔投资量i所带来的预期收益量，其资本边际效率为r_0，但投资的边际效率只为r_1，$r_1 < r_0$，因此按照资本的边际效率，市场利率要降到r_1时才可以有i_0的投资量。

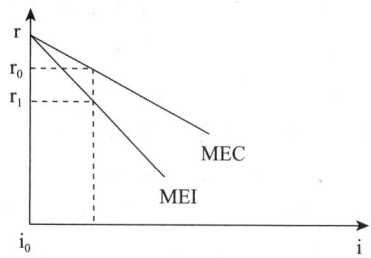

图4-3 资本边际效率曲线（MEC）和投资边际效率曲线（MEI）

由于投资的边际效率小于资本的边际效率。因此，投资边际效率曲线较资本边际效率曲线更为陡峭。尽管如此，MEI曲线和MEC曲线一样也能表示利率与投资量之间存在着反方向变动关系，只是在使用投资的边际效率曲线的情况下，利率变动对投资量变动的影响较小一些而已。西方学者认为，更精确地表示投资和利率间关系的曲线，是投资的边际效率曲线。因此西方经济学著作一般都用曲线MEI来表示利率与投资量之间的关系，投资需求曲线指的是MEI曲线，这条曲线即公式（4-1）所说的投资需求函数。

三、预期收益与投资

上述实际利率水平会影响投资需求，其实是从投资使用的资金成本角度探讨投资需求。影响投资需求的另一个重要方面就是公式（4-2）中的预期收益，即一个投资项目在未来各个时期估计可得到的收益，影响这种预期收益的因素也是多方面的。

1. 对投资项目产出的需求预期

企业决定对某项目是否投资及投资多少时，首先会考虑市场对该项目产品在未来的需求情况，因为这种需求情况不但会决定产品能否销售出去，还会影响产品的价格走势，如果企业认为投资项目产品的市场需求在未来会增加，就会增加投资，假设一定的产出量会要求有一定量的资本设备量来提供，则预期市场需求增加多少，就会相应要求增加多少投资。产出量与投资之间的关系可称加速数，说明产出变动与投资之间关系的理论称为加速原理，以后的章节还会对这一原理加以叙述，这里仅指出对产出的需求预期会影响投资的预期收益，进而影响投资意愿。

2. 产品成本

投资的预期收益在很大程度上也取决于投资项目产品的生产成本，尤其是劳动者的工资成本，因为工资成本是产品成本中最重要的构成部分，工资成本上升在其他条件不变时会降低企业利润,减少投资预期收益,尤其对那些劳动密集型产品的投资项目而言,工资成本上升显然会降低投资需求。然而,对于那些可用机器设备代替劳动力的投资项目,工资上升又意味着多用设备比多用劳动力更有利可图,因而实际工资的上升又等于是投资的预期收益增加从而增加投资需求。可见,工资成本的变动对投资需求的影响具有不确定性。但就多数情况来说,随着劳动成本的上升,企业会越来越多地考虑采用新的机器设备,从而使投资需求增加,新古典经济学之所以认为投资需求会随工资的上升而上升,理由就在这里。

3. 投资税抵免

在一些国家,政府为鼓励企业投资,会采用一种投资税抵免的政策,即政府规定投资的厂商可从其所得税中扣除其投资总值的一定百分比。例如,假定某企业在某一年投资1亿元,若规定投资抵免率是10%,则该企业就可少缴所得税1 000万元,这1 000万元等于是政府为企业所支付的投资项目的成本。如果该企业在这一年的所得税不足1 000万元,只有600万元,则所余的400万元可以到来年甚至第3年再抵扣,这种投资抵免政策对投资的影响在很大程度上取决于这种政策是临时的还是长期的。如果是临时性采取的,则此政策的效果也是临时的,过了政策期限,投资需求可能反而下降。比方说,政府为刺激经济,如果宣布在某一年实行投资抵免,则该年的投资可能大幅度增加,甚至本来准备来年投资的项目也可能提前到该年进行投资,但来年投资需求会明显下降;或在政策实行的前一年,企业会把一些项目推迟到有政策鼓励时进行投资。

4. 风险与投资

投资需求还与企业对投资的风险考虑密切相关。这是因为投资是现在的事,收益是未来的事,未来的结果究竟如何,总有不确定性。人们对未来的结局会有一个预测,企业正是根据这种预测进行投资决策的。然而,即使是最精明的企业家,也不可能完全准确无误地预测到将来的结果,因此,投资总有风险,并且高收益往往伴随着高风险,如果收益不足以补偿风险可能带来的损失,企业就不愿意投资。这里的所谓风险,包括未来的市场走势、产品价格变化、生产成本的变动、实际利率的变化、政府宏观经济政策变化等,都具有不确定性。一般来说,整个经济趋于繁荣时,企业对未来会看好,从而认为投资风险小;而经济呈下降趋势时,企业对未来的看法悲观,从而会感觉投资风险大。因而凯恩斯认为,投资需求与投资者的乐观和悲观情绪大有关系,这说明投资需求会随人们承担风险的意愿和能力变化而变动。

四、托宾的"q"理论

除了以上所述投资需求理论,美国经济学家詹姆斯·托宾还提出了股票价格会影响企业投资的理论。按他的说法,企业的市场价值与其重置成本之比,可作为衡量是否进行新投资的标准,他把此比率称为"q"。企业的市场价值就是这个企业的股票市场价格总额,它等于每股的价格乘总股数之积。企业的重置成本指建造这个企业所需要的成本。因此,q = 企业的股票市场价值/新建造企业的成本。如果企业的市场价值小于新建造成本时,q < 1,说明买旧的企业比新建设便宜,于是就不会有投资;相反,当 q > 1 时,说明新建造企业比买旧企业要便宜,因此会有新投资。也就是说,当 q 较高时,投资需求会较大。托宾这种"q"理论,实际上是说,当股票价格上升时,投资会增加。然而,一些西方经济学家认为,股票价格与投资之间并不存在这种因果关系,相反,倒是由于厂商有较好的投资前景才引起该股票价格的上升。

上面叙述了几种投资需求理论，下面根据理论表述的需求，仍然根据凯恩斯的投资需求理论来说明国民收入决定的 IS—LM 模型。

第二节　产品市场均衡：IS 曲线

一、IS 曲线

把投资当作利率的函数以后，西方经济学者进一步用 IS 曲线来说明产品市场均衡的条件。所谓产品市场的均衡，是指产品市场上总供给与总需求相等。前面已说过，三部门经济中，总需求等于总供给是指 c + i + g = c + s + t，经济均衡的条件是 i + g = s + t，而两部门经济中总需求等于总供给是指 c + i = c + s，均衡的条件是 i = s，假定消费函数为 c = α + βy，则无论从总供给等于总需求分析，还是从投资等于储蓄分析，两部门经济中均衡收入决定的公式都是 $y = \dfrac{\alpha + i}{1 - \beta}$，在这一公式中，投资（i）是作为外生变量参与均衡收入决定的。现在把投资作为利率的函数，即 i = e − dr，则均衡收入的公式就变为：

$$y = \frac{\alpha + e - dr}{1 - \beta} \qquad (4-3)$$

这一公式是从投资（i = e − dr）等于储蓄〔s = y − c = y − α − βy = − a +（1 − β）y〕的均衡条件中得来的。从公式（4 − 3）可以看到，要是产品市场保持均衡，即储蓄等于投资，则均衡的国民收入与利率之间存在着反方向变化的关系。

现举例来说明，假定投资函数 i = 1 250 − 250r，消费函数 c = 500 + 0.5y，即储蓄函数 s = y − c = − 500 + 0.5y，则：

$$y = \frac{\alpha + e - dr}{1 - \beta} = \frac{500 + 1\,250 - 250r}{1 - 0.5} = 3\,500 - 500r$$

当 r = 1 时，y = 3 000
当 r = 2 时，y = 2 500
当 r = 3 时，y = 2 000
当 r = 4 时，y = 1 500
当 r = 5 时，y = 1 000
……

如果画一个坐标图形，以纵轴代表利率，以横轴代表收入，则可以得到一条反映利率和收入间相互关系的曲线。如图 4 − 4 所示。这条曲线上任何一点都代表一定的利率和收入的组合，在这样的组合下，投资和储蓄都是相等的，即 i = s，从而产品市场是均衡的，因此这条曲线称为 IS 曲线。

从上例可看到，IS 曲线是从投资与利率的关系（投资函数）、储蓄与收入的关系（储蓄

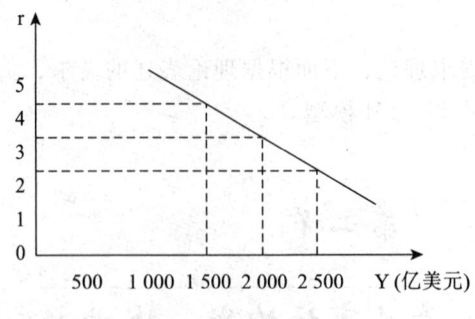

图 4-4 IS 曲线

函数）以及储蓄与投资的关系（储蓄等于投资）中推导出来的。西方学者常常用图 4-5 中的四个象限图形法来描述和推导这个过程。

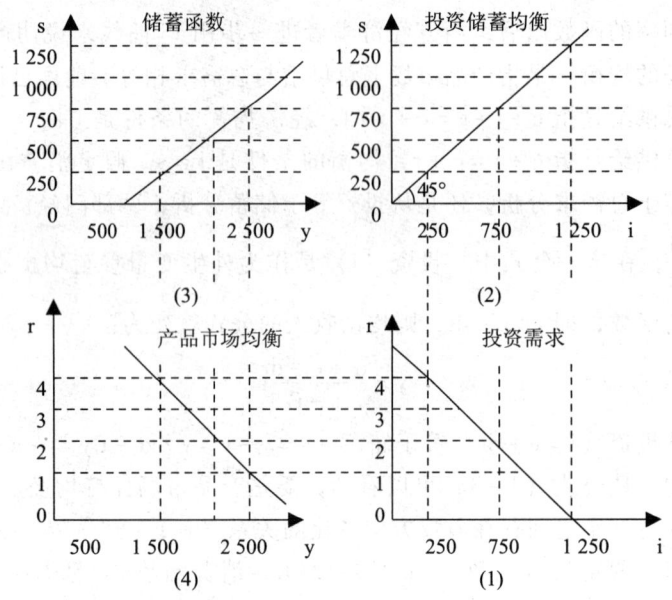

图 4-5 IS 曲线推导图示

图 4-5 中象限（1）的曲线表示，投资需求是利率的减函数，纵轴表示利率 r，横轴表示投资量 i，该曲线就是根据上例中的投资需求函数 $i = 1\,250 - 250r$ 画出来的。

图中象限（2）表示投资和储蓄的均衡状态，纵轴表示储蓄 s，横轴仍表示投资 i，那条起自原点的 45°倾斜的直线，表示投资始终等于储蓄的组合点的集合。例如，r=3% 时，投资 i=500 亿美元，储蓄 s 也等于 500 亿美元；利率下降时，投资增加，储蓄也相应增加，才能达到均衡。

图中象限（3）的曲线表示储蓄是国民收入的增函数，这条曲线就是根据上例中 $s = -500 + 0.5y$ 画出来的，例如，象限（1）中，当 r=3% 时，i=500；在象限（2）中，由于 i=s，必然有 500 亿美元储蓄；在象限（3）中，由储蓄函数计得，应有收入 2 000 亿美元才能有 500 亿美元储蓄（$500 = -500 + 0.5y$，所以 y=2 000）。如果利率下降到 2%，投资上升到 750 亿美元，从而均衡收入就是 2 500 亿美元（$750 = -500 + 0.5y$，所以 y=2 500）。

最后，图中象限（4），便得到了产品市场的均衡点，就是说，当利率 r=3 时，使储蓄与投资恰好相等的国民收入是2 000亿美元；若利率上升到4%，投资和相应的储蓄下降到250亿美元，从而均衡收入必须是1 500亿美元；同样，利率下降到2%时，投资和相应的储蓄将上升到750亿美元，从而均衡收入水平一定是2 500亿美元。总之，当利率分别为2%、3%、4%、5%时，只有国民收入分别为2 500、2 000、1 500、1 000亿美元时，才能满足 i = s 这一产品市场均衡的条件。将满足产品市场均衡条件的利率和收入的各个组合点联结起来，就得到 IS 曲线。可见，IS 曲线是产品市场均衡状态的一幅简单图像，它表示的是与任一给定的利率相对应的国民收入水平，在这样的水平上，投资恰好等于储蓄，因此，这条曲线称 IS 曲线。

由于利率下降意味着一个较高的投资水平，从而有一个较高的储蓄和收入水平，因此，IS 曲线的斜率是负值。

二、IS 曲线的斜率

从以上可知，如果知道了一个经济体系的消费函数（从而得储蓄函数）和投资函数，就不难求得 IS 曲线。从图 4-4 或图 4-5 中可以看到，IS 曲线的斜率大小，或者说倾斜的程度，取决于投资函数和储蓄函数的斜率，这从 IS 曲线的代数表达式中可以看出。

上面说过，在两部门经济中，均衡收入的代数表达式为：

$$y = \frac{\alpha + e - dr}{1 - \beta} \tag{4-4}$$

上式可化为：

$$r = \frac{\alpha + e}{d} - \frac{1 - \beta}{d} y \tag{4-5}$$

公式（4-4）就是 IS 曲线的代数表达式，因为 IS 曲线图形上的纵轴代表利率，而横轴代表收入。公式（4-5）中 y 前面的系数 $\frac{1-\beta}{d}$ 就是 IS 曲线的斜率，显然，IS 曲线的斜率既取决于 β，也取决于 d。

d 是投资需求对于利率变动的反应程度，它表示利率变动一定幅度时投资变动的程度，如果 d 的值较大，即投资对于利率变化比较敏感，IS 曲线的斜率就小，即 IS 曲线较平缓。这是因为，投资对利率较敏感时，利率的较小变动就会引起投资较大的变化，进而引起收入较大的变化，反映在 IS 曲线上就是：利率较小变动就要求收入较大变动与之相配合，才能使产品市场均衡。

β 是边际消费倾向，如果 β 较大，IS 曲线的斜率也会较小。这是因为，β 较大，意味着支出乘数较大，从而当利率变动引起投资变动时，收入会以较大幅度变动，因而 IS 曲线就较平缓。从图 4-4 和图 4-5 也可看出，当边际消费倾向 β 较大时，就是边际储蓄倾向较小，即储蓄曲线较平缓，因而 IS 曲线也较平缓。

在三部门经济中，由于存在税收和政府支出，消费成为可支配收入的函数，即 c = − a + β (1 − t) y，于是上述 IS 曲线的斜率就要相应地变为 $\frac{1-\beta(1-t)}{d}$。在这种情况下，IS 曲线的斜率除了和 d 和 β 有关外，还和税率 t 的大小有关：当 d 和 β 一定时，税率 t 越小，IS 曲线越平缓；t 越大，IS 曲线就会越陡峭。这是因为在边际消费倾向一定时，税率越小，乘数会越大；税率越大，乘数会越小。

西方学者认为,影响 IS 曲线斜率大小的,主要是投资对利率的敏感度,原因是边际消费倾向比较稳定,税率也不会轻易变动。

三、IS 曲线的移动

从图 4-5 中可以看到,如果投资函数或储蓄函数变动,IS 曲线就会变动。

先看投资需求变动,如果由于种种原因(例如投资边际效率提高,或者出现了技术革新,或企业家对经济前景预期乐观等),在同样利率水平上投资需求增加了。比方说上例中的 $i = 1\,250 - 250r$ 变成了 $i = 1\,500 - 250r$,即投资需求曲线向上移动,于是 IS 曲线就会向上移动,移动量等于投资需求曲线移动量乘以乘数。在上例中,投资需求线移动 250 亿美元,即 $1\,500 - 1\,250 = 250$,乘以 $k = \dfrac{1}{1-0.5} = 2$,因此 IS 曲线右移 500 亿美元;反之,若投资需求下降,则 IS 曲线向左移动。

图 4-6 中,投资需求曲线从 i_1 提高到 i_2,则 IS_1 则相应右移到 IS_2,$\Delta y = k \cdot \Delta i$,IS 曲线左移的情况可以同样画出。

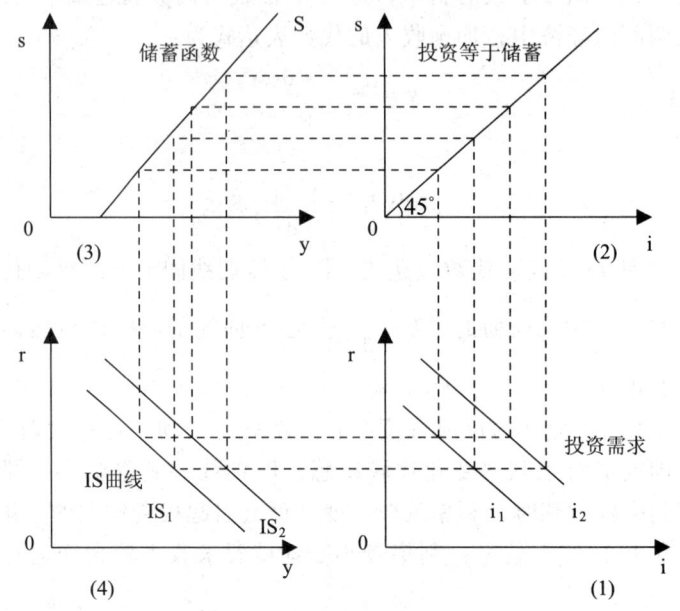

图 4-6 投资需求变动使 IS 曲线移动

再看储蓄函数变动,假定人们的储蓄意愿增加了,即人们更节俭了,比方说,储蓄函数从 $s = -500 + 0.5y$ 变成 $s = -250 + 0.5y$(即消费函数从 $c = 500 + 0.5y$ 变成 $c = 250 + 0.5y$),这样储蓄曲线就要向左移动;如果投资需求不变,则同样的投资水平现在要求的均衡收入水平就要下降,因为同样的储蓄,现在只要有较低的收入就可以提供,因此 IS 曲线就会向左移动,其移动量等于储蓄增量乘以乘数。图 4-7 描述了这一情况,当储蓄意愿增加,S_1 左移到 S_2 时,IS_1 相应左移到 IS_2。

图 4-6 和图 4-7 中的 IS 曲线移动,只是考虑两部门经济中产品市场均衡的情况。在三部门经济中,IS 曲线则是根据国民收入均衡的条件从 $i + g = s + t$ 的等式推导出来的,因

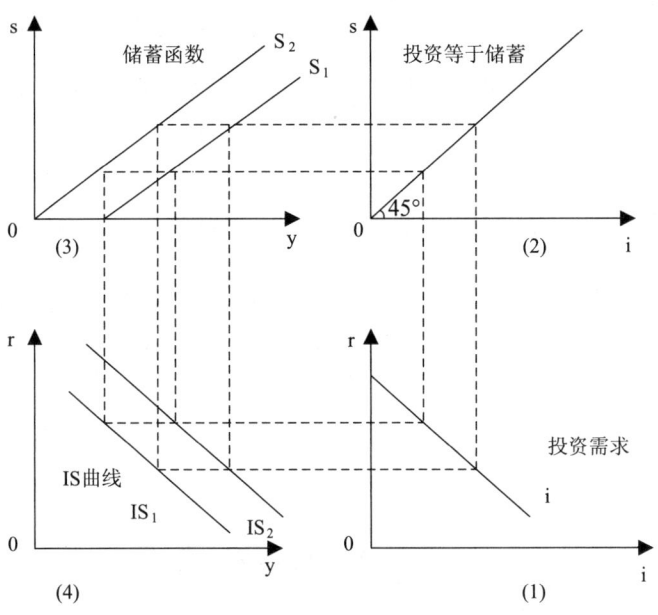

图 4-7 储蓄变动使 IS 曲线移动

此，不仅 i 曲线和 s 曲线的移动会使 IS 曲线移动，而且 i、g、s、t 中任何一条曲线的移动或几条曲线同时移动，都会引起 IS 曲线移动；如果考虑开放经济情况，则 IS 曲线移动因素还有包括进出口的变动。总之，一切自发支出量变动，都会使 IS 曲线移动。下面分析税收和政府支出变动如何使 IS 曲线移动。

增加政府购买性支出，在自发支出量变动的作用中等于增加投资支出，因此，会使 IS 曲线向右平行移动。IS 曲线移动的幅度取决于两个因素：政府支出增量和支出乘数的大小，即均衡收入增加量 $\Delta y = k_g \Delta g$。假定把上述投资需求从 $i = 1\,250 - 250r$ 变为 $i = 1\,500 - 250r$ 看成是原来的投资加一笔政府购买 250（亿美元），即 $i + g = 1\,250 - 250r + 250$，则 IS 曲线同样向右移动 500（亿美元），即 $\Delta y = k_g \Delta g = \dfrac{1}{1 - 0.5} \times 250 = 500$（亿美元）；相反，减少政府支出，则会使 IS 曲线左移。

政府增加一笔税收，则会使 IS 曲线向左移动，这是因为，一笔税收的增加，如果是增加了企业负担，则会使投资相应减少，于是这笔增税无疑是减少投资需求，从而会使 IS 曲线向左移动；同样，一笔税收的增加，如果是增加了居民个人的负担，则会使居民可支配收入减少，从而使居民消费支出相应减少，从而也会使 IS 曲线向左移动。相反，如果政府减税，则会使 IS 曲线右移，移动幅度为 $\Delta y = -k_t \Delta T$。

关于增加或减税及政府支出如何使 IS 曲线移动，也可以从下面的公式中得到说明。假定 T 和 g 分别代表税收和政府支出额，则国民收入等于：

$$y = c + i + g = \alpha + \beta(y - T) + e - dr + g$$
$$= \alpha + e + g - \beta T + \beta y - dr$$
$$y = \frac{\alpha + e + g - \beta T}{1 - \beta} - \frac{dr}{1 - \beta}$$

从上式中可见，当政府支出（g）增加或减少 Δg 时，国民收入增加或减少量为 $\Delta y = \frac{1}{1-\beta}\Delta g$；而当税收（T）增加或减少 ΔT 时，国民收入减少或增加量为 $\Delta y = \frac{\beta}{1-\beta}\Delta T$，即 IS 曲线左移或右移 $\frac{\beta}{1-\beta}\Delta T$。

增加政府支出和减税，都属于增加总需求的膨胀性财政政策；而减少政府支出和增税，都属于降低总需求的紧缩性财政政策。因此，政府实行膨胀性财政政策，就表现为 IS 曲线向右上方移动；实行紧缩性财政政策，就表现为 IS 曲线向左下方移动。实际上西方经济学家提出 IS 曲线的重要目的之一，就在于分析财政政策如何影响国民收入变动。

第三节 货币市场及利率的决定

一、货币市场的利率

在一定条件下，利率可以决定投资，并进而影响国民收入。但是，利率本身又是怎样决定的呢？IS 曲线的分析并没有解决这个问题。在 IS 曲线分析中，利率被认为是由外生变量所决定的。

凯恩斯理论出现以前的新古典经济学派认为，投资与储蓄都只与利率相关。投资是利率的减函数，储蓄是利率的增函数。而且，储蓄是对资金的供给，投资是对资金的需求。当投资与储蓄相等时，均衡的利率就被决定了。

凯恩斯否定了新古典经济学的观点，他认为，储蓄不仅决定于利率，更重要的是受收入水平的影响。收入是消费和储蓄的源泉，只有收入增加了，消费和储蓄才会增加；收入不增加，即使利率提高，储蓄也无从增加。如果不知道收入水平高低，就无法建立储蓄与利率的函数关系，而如果不能确定储蓄函数，也就不能确定利率，从而也不能确定投资水平和国民收入水平。凯恩斯提出，如果利率不是由投资和储蓄的对比关系确定，而是由别的因素决定的，则投资和收入的决定问题就有可能得以解决。他认为，利率不是由储蓄和投资决定的，而是由货币的供给量和货币的需求量所决定的。货币的实际供给量一般由国家（货币当局）加以控制，是一个外生变量，因此，需要分析的主要是货币需求。

二、货币需求

对货币的需求就是人们在不同条件下出于各种考虑对持有货币的需求或要求。

首先是人们作为财产来持有货币的考虑。由于人们在一定时期所拥有的财富的数量总是有限的，他们必须决定自己以何种形式来拥有财富。人们如果以货币形式拥有财富的比例越大，则他们以其资产形式拥有的财富的数量就越少。由于人们拥有其他资产形式（如证券、实物资本）能带来一定的收益，因而会使他们减少对货币的需要。所以，不管人们持有货币的动机多么强烈，都得仔细权衡以货币形式保存财富所花费的成本。

持有货币的成本主要是利息。对于一个想借款的人来说,利息是他为获得一定量货币所必须支付的价格。而一个对货币持有者来说,利息则表示他持有货币的机会成本,也就是持有货币而得不到的利息收入。

既然持有货币会失去利息收入,人们为什么还要把不能生息的货币保留在手中呢?凯恩斯认为,人们需要货币是出于以下三种不同的动机:

第一,交易动机,是指个人和企业为了进行正常的交易活动而需要货币的动机。在经济生活中,由于收入和支出在时间上不同步,因而个人和企业必须有足够的货币资金来支付日常需要的开支。个人或企业出于这种交易动机所需要的货币量,决定于他们的收入水平、经济生活惯例和商业制度。经济生活惯例和商业制度在短期内一般可假定为固定不变。按凯恩斯的说法,出于交易动机的货币需求量 i 主要决定于收入。收入越高,交易数量越大。交易数量越大,所交换的商品和劳务的价值越高,从而为应付日常开支所需的货币量就越大。

第二,谨慎动机或预防动机,指为预防意外支出而需要持有一部分货币的动机。在经济生活中,个人或企业为应付事故、失业、疾病等意外事件而需要事先持有一定数量的货币。货币的交易需求产生于收入和支出间缺乏同步性,而货币的预防性需求则产生于未来收入和支出的不确定性。凯恩斯认为,个人对货币的预防性需求数量主要决定于他对意外事件的看法。但从全社会来看,这一货币需求大体上和收入成正比,是收入的增函数。

因此,如果 L_1 表示交易动机和谨慎动机所产生的全部实际货币需求量,y 表示实际收入,则货币需求量和收入的关系可表示为:

$$L_1 = L_1(y) = ky$$

式中,k 是出于上述两种动机所需要的货币量同实际收入的比例,y 为具有不变购买力的实际收入。

第三,投机动机,指人们为了抓住有利的购买有价证券的机会需要持有一部分货币的动机。假定人们暂时不用的财富只能用货币形式或债券形式来保存,债券能带来收益,而闲置货币则没有收益,人们为什么不全部购买债券而要在两者间作选择呢?因为人们想利用利率水平或有价证券价格水平的变化进行投机获利。在实际生活中,债券价格高低以反比例关系表现利率的高低。假定 1 张债券 1 年可获得利息 10 元,而利率是 10% 的话,这张债券的市价就是 100 元。如果市场利率为 5%,这张债券的市价就是 200 元。因为在利率为 5% 时,把 200 元存入银行也可得到利息 10 元。可见,债券价格一般会随利率变化而变化。由于债券市场的价格经常波动,预计债券价格上涨(即预期利率将下降)的人,就会用货币买进债券以便以后以更高的价格卖出。反之,预计债券价格下跌的人,就会卖出债券保存货币,以备日后债券价格下跌时再买进。这种预计债券价格下跌(即利率上升)而需要把货币保留在手中的情况,就是对货币的投机需求。可见,有价证券价格的未来不确定性是产生货币投机需求的必要前提。这一需求与利率成反方向变化:利率越高,有价证券价格就越低。人们如果认为这一价格已降低到正常水平以下,并预计很快会回升,就会抓住机会及时买进有价证券。于是,人们手中出于投机动机而需要持有的货币量就会减少。相反,利率越低,有价证券价格越高。人们如果认为这一价格已涨到正常水平以上,预计就要回跌,于是他们就会抓住时机卖出有价证券。这样,人们手中出于投机动机而持有的货币量就会增加。

总之,对货币的投资需求取决于利率。如果用 L_2 表示货币的投机需求,用 r 表示利率,则这一货币需求量和利率关系可以表示为:

$$L_2 = L_2(r) = -hr$$

式中，h 表示投机动机所需要的货币量同利率的比例。

三、流动偏好陷阱

对利率的预期是人们调节货币和债券配置比例的重要依据。利率越高，货币需求量就越小。当利率极高时，这一需求量等于零。因为人们认为这时利率不大可能再上升，或者说有价证券价格不大可能再下降，因而他们会将所持有的货币全部换成有价证券。反之，当利率极低时，人们会认为这时利率不大可能再下降，或者说有价证券市场价格不大可能再上升，而只会跌落，因而会将所持有的有价证券全部换成货币。人们有了货币也决不肯再去买有价证券以免证券价格下跌时遭受损失。人们不管有多少货币都愿意保留在手中的情况称为凯恩斯陷阱或流动性陷阱。流动偏好是凯恩斯提出的概念，是指人们持有货币的偏好。人们之所以产生对货币的偏好，是由于货币是流动性或者灵活性最大的资产。货币随时可作交易之用，随时可应付不测之需，随时可作投机用，因而人们对货币的偏好被称作流动性偏好。货币需求关于利率的系数也称流动性偏好的利率系数（即货币需求的利率弹性）。当利率极低时，人们手中无论增加多少货币，都不会再去购买有价证券，都要留在手中，因而流动性偏好趋向于无穷大。这时候，即使银行增加货币供给，也不会再使利率下降。

四、货币需求函数

综合以上观点可以知道，对货币的总需求是人们对货币的交易需求、预防需求和投机需求的综合。货币的交易需求和预防需求决定于收入，而货币的投机需求决定于利率，因此，对货币的总需求函数可表示为：

$$L = L_1 + L_2$$
$$= L_1(y) + L_2(r)$$
$$= ky + hr$$

式中，L、L_1 和 L_2 都代表对货币的实际需求，即具有不变购买力的实际货币需求量。名义货币需求量和实际货币需求量是有区别的。名义货币需求量是不管货币购买力如何，而仅计算其票面值的货币量。把名义货币量折算成具有不变购买力的实际货币量，必须用价格指数加以调整。如用 M、m 和 P 依次代表名义货币量、实际货币量和物价水平，则：

$$m = \frac{M}{P}$$

或 $$M = Pm$$

由于 $L = ky - hr$ 仅代表对货币的实际需求量，因此，名义货币需求函数应是实际货币需求函数乘以价格指数，即：

$$M = (ky - hr)P$$

该式代表名义货币需求函数，而公式 $L = L_1 + L_2 = L_1(y) + L_2(r) = ky - hr$ 则代表实际货币需求函数。式中 k 和 h 是常数。k 衡量收入增加时，货币需求增加多少。这是货币需求关于收入变动的系数（货币需求的收入弹性）。h 衡量利率提高是货币增加多少，这是货币需求关于利率的变动系数（货币需求的利率弹性）。如果知道了 k、h、y、r 和 P 之值，就不难求得货币需求量。

货币需求函数可用图 4-8、图 4-9 来表示。

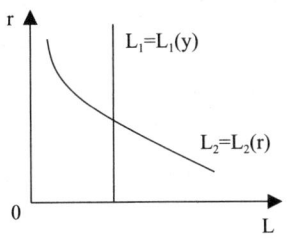

图 4-8 货币需求曲线（1）

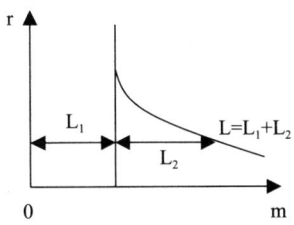

图 4-9 货币需求曲线（2）

图 4-8 中，垂线 L_1 表示为满足交易动机和谨慎动机的货币需求曲线，它和利率无关，因而垂直于横轴。L_2 线表示满足投机动机的货币需求曲线。它起初向右下方倾斜，表示货币的投机需求量随利率下降而增加，最后趋于水平状，表示流动性陷阱。图 4-9 中 L 线则是包括 L_1 和 L_2 在内的全部货币需求曲线，其纵轴表示利率，横轴表示货币需求量。由于具有不变购买力的实际货币一般用 m 表示，因此横轴也可用 m 表示。这条货币需求曲线表示在一定收入水平上货币需求量和利率的关系。利率上升时，货币需求量减少；利率下降时，货币需求量增加。

货币需求量和收入水平的正向关系可以通过在同一坐标图上画若干条货币需求曲线来表示，如图 4-10 所示。

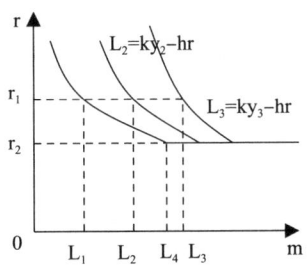

图 4-10 不同收入的货币需求曲线

图 4-10 中三条货币需求曲线分别代表收入水平为 y_1、y_2 和 y_3 时的三条货币需求曲线。可见，货币需求量与收入的正向变动关系是通过货币需求曲线向右上和左下移动来表示的，而货币需求量与利率的反向变动关系则是通过每一条需求曲线都是向右下方倾斜来表示的。例如，当利率相同，即都为 r_1 时，由于收入水平不同，实际货币需求量分别为 L_1、L_2、L_3，即 $y=y_1$ 时，$L=L_1$；$y=y_2$ 时，$L=L_2$；$y=y_3$ 时，$L=L_3$。反之，当收入水平相同，例如都为 y_1 时，由于利率水平不同，实际货币需求量也不同。$r=r_1$ 时，$L=L_1$；$r=r_2$ 时，$L=L_4$。

五、货币供求均衡和均衡利率的决定

货币供给有狭义和广义之分。狭义的货币供给是指硬币、纸币和银行活期存款的总和（一般用 M 和 M_1 表示）。活期存款可随时提取，并可当作货币在市面上流通，因而它是货币的一个组成部分。狭义的货币供给再加上定期存款，便是广义的货币供给（一般用 M_2 表示）。再加上个人和企业所持有的政府债券等流动资产或"货币近似物"，便是意义更为广泛的货币供给（一般用 M_3 表示）。下面所讲的货币供给是指 M_1。

货币供给是一个存量概念，它是一个国家在某一时点上所保持的不属于政府和银行所有的硬币、纸币和银行活期存款的总和。绝大多数经济学家认为，货币供给量是由国家用货币政策来调节的，因而是一个外生变量，其大小与利率高低无关。因此，货币供给曲线是一条垂直于横轴的直线，如图4-11中的m直线。这条货币供给曲线和货币需求曲线（L）相交的点（E）决定了利率的均衡水平（r_0）。这表示，只有当货币供给等于货币需求时，货币市场才达到均衡状态。当市场利率低于均衡利率（r_0）时，货币的供求处于不均衡状态，对货币的需求大于货币的供给。这也说明经济处于均衡状态时所要求的货币需求，超过了市场现有的货币需求。这时人们感到手中持有的货币太少，就会卖出有价证券。因此证券价格就要下降，同时也就是利率要上升。这种超过市场现有利率水平所对应的货币供给量的货币需求量的消失一直要到均衡利率所对应的货币供求相等时为止。相反，当市场现有利率高于均衡利率（r_0）时，说明货币供给暂时超过了货币需求，这时人们感到手中持有的货币太多，就会以多余的货币买进有价证券。于是，证券价格要上升，亦即利率要下降。这种情况也一直要持续到均衡利率对应的货币供求相等时为止。当然，只有当货币供求相等时，利率才不再变动。

实际上，货币需求曲线和货币供给曲线都会变动。例如，当人们对货币的交易需求或投机需求增加时，货币需求曲线就会向右上方移动；当政府增加货币供给量时，货币供给曲线则会向右移动。在图4-12中，若货币供给不变，货币需求曲线从L移动到L′，均衡利率则会从r_0上升到r_1；相反，如果货币需求不变，货币供给曲线从m右移到m′，均衡利率则会从r_0下降到r_2。如果货币需求和供给同时变动，利率就会受到两者的共同影响，在移动后的需求曲线和供给曲线的焦点上达到均衡。

从图4-12中可以看到，当利率降低到一定程度时，货币需求曲线呈接近于水平状态，这就是凯恩斯所说的流动性陷阱。这时候，不管货币供给曲线向右移动多少，即不管政府增加多少货币供给，都不可能再使利率下降。

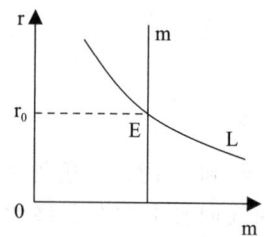

图4-11 货币供给和需求的均衡

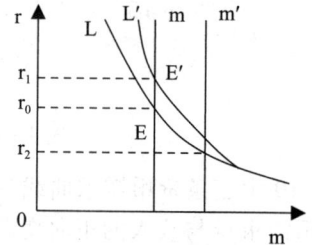

图4-12 货币需求和供给曲线的变动

第四节

货币市场均衡：LM曲线

一、LM曲线

上一节已经提到，利率是由货币市场的供给和需求的均衡决定的，而货币供给量是由货

第四章 产品市场与货币市场的一般均衡：IS—LM 模型

币当局控制，即由代表政府的中央银行所控制，因而假定它是一个外生变量。在货币供给量既定情况下，货币市场的均衡只能通过调节对货币的需求来实现。

假定 M 代表实际货币供给量，则货币市场的均衡就是 $m = L = L_1(y) + L_2(r) = ky - hr$。从这个等式中可知，当 m 为一定量时，$L_1$ 增加时，L_2 必须减少，否则不能保持货币市场的均衡。L_1 是货币的交易需求（由交易动机和谨慎动机引起），它随收入增加而增加。L_2 是货币的投机需求，它随利率上升而减少。因此，国民收入增加使货币交易增加时，利率必须相应提高，从而使货币投机需求减少，才能维持货币市场的均衡。反之，收入减少时，利率必须相应下降，否则，货币市场就不能保持均衡。

总之，当 m 给定时，$m = ky - hr$ 的公式可表示为满足货币市场的均衡条件下的收入与利率 r 的关系，这一关系的图形就被称为 LM 曲线。由于货币市场均衡时 $m = ky - hr$，因此：

$$y = \frac{hr}{k} + \frac{m}{k}$$

或

$$r = \frac{ky}{h} - \frac{m}{h} \qquad (4-6)$$

这两个公式都可以表示 LM 曲线的代数表达式，由于该曲线图形的纵坐标表示的是利率，横坐标表示的是收入，因此一般用式（4－6）代表 LM 曲线。

现在举一例子来说明 LM 曲线。假定对货币的交易需求函数 $m_1 = L_1 = 0.5y$，对货币投机需求函数 $m_2 = L_2(r) = 1\,000 - 250r$，货币供给量 $m = 1\,250$（亿美元），并假定这一实际货币供给量就是名义货币供给量 M（这暗含价格指数 P=1），则货币市场均衡时，$1\,250 = 0.5y + 1\,000 - 250r$，得 $y = 500 + 500r$ 或 $r = 0.002y - 1$，因此：

当 y = 1 000 时，r = 1
当 y = 1 500 时，r = 2
当 y = 2 000 时，r = 3
当 y = 2 500 时，r = 4
……

根据这些数据，可作一个如图 4 – 13 的坐标图形。图中这条向右上方倾斜的曲线（在这里，此曲线代表的是一线性方程，故是直线）之所以称为 LM 曲线，是因为此曲线上任一点都代表一定的利率和收入的组合，在这样的组合下，货币需求与供给都是相等的，亦即货币市场是均衡的。

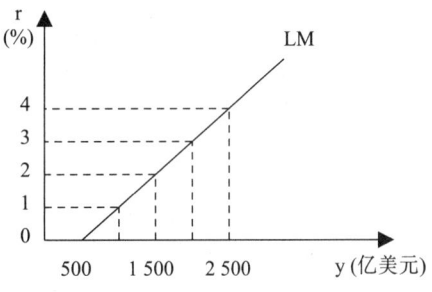

图 4 – 13 LM 曲线

从上例可以看到，LM 曲线实际上是从货币的投机需求与利率的关系、货币的交易需求与收入的关系以及货币需求与供给相等的关系中推导出来的。这个推导过程，西方学者也常用包含 4 个象限的图 4-14 来表现。

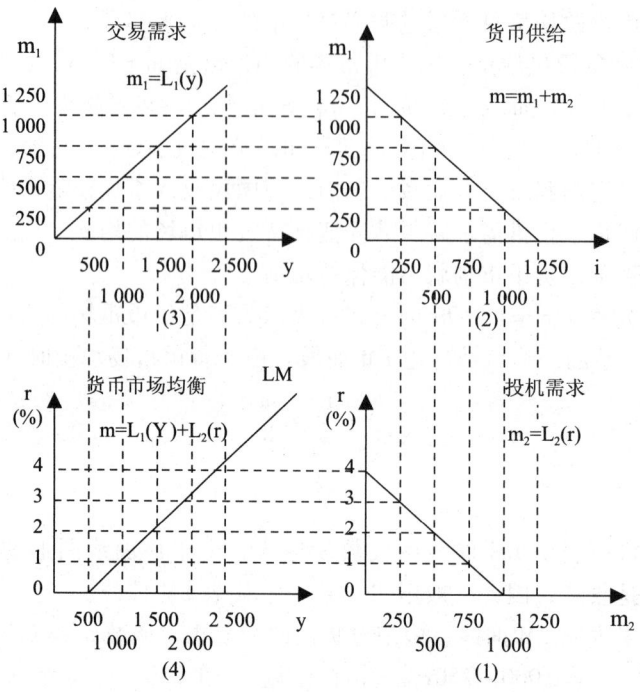

图 4-14 LM 曲线推导

图 4-14 的象限（1）中向右下倾斜的曲线是货币投机需求函数 $m_2 = L_2(r) = 1\,000 - 250r$，利率（r）从 4% 向 3%、2%、1% 逐渐下降时，货币投机需求量从 0、250 亿美元、500 亿美元、750 亿美元逐渐增加。

象限（2）则表示货币供给为一定量（1 250 亿美元）时，应如何来划分用于交易需求的货币。由于 $m = m_1 + m_2$，所以 $m - m_1 = m_2$，或 $m - m_2 = m_1$，那条和纵横轴都成 45°的直线就表示这种关系。例如，当投机需求为 250 亿美元（在横轴上表示），则留作交易之用的货币就为 1 000 亿美元（在纵轴上表示）。

象限（3）的曲线是货币的交易需求函数 $m_1 = L_1(y) = 0.5y$，当 $y = 2\,000$ 亿美元时，$m_1 = 1\,000$ 亿美元；当 $y = 1\,500$ 亿美元时，$m_1 = 750$ 亿美元。

象限（4）表示与货币市场均衡相一致的利息与收入的一系列组合，当 $r = 3$ 时，$m_2 = 250$ 亿美元；由于 $m = 1\,250$ 亿美元，因此 $m_1 = 1\,250 - 250 = 1\,000$ 亿美元；当 $m_1 = 1\,000$ 亿美元时，需要有收入 2 000 亿美元相适应。这是（1）、（2）、（3）象限中说明的内容。象限（4）将以上 3 个象限内容总结起来，说明当货币供给为 1 250 亿美元时，货币市场达到均衡。同样，当利率在 2% 和 1%，收入为 1 500 亿美元和 1 000 亿美元时，货币市场才达到均衡。将一系列使货币市场均衡的利率和收入组合连结起来，就描绘出一条 LM 曲线。之所以称其为 LM 曲线，是由于这条曲线上的任一点所指示的利率与相应的国民收入都会使货币供给（M）等于货币需求（L）。

二、LM 曲线的斜率

从图 4-14 可以看到，LM 曲线的斜率取决于货币的投机需求曲线和交易需求曲线的斜率，实际上也就是取决于 $r = \left(\dfrac{k}{h}\right) y - \dfrac{m}{h}$ 式（4-7）中 k 和 h 之值。这一公式是 LM 曲线的代数表达式，而 $\dfrac{k}{h}$ 是 LM 曲线的斜率，而 k 为定值时，h 越大，即货币需求对利率的敏感度越高，则 $\dfrac{k}{h}$ 就越小，于是 LM 曲线越平缓；另一方面，当 h 为定值时，k 越大，即货币需求对收入变动的敏感度越高，则 $\dfrac{k}{h}$ 就越大，于是 LM 曲线越陡峭。从图 4-14 来看，h 越大，就是象限（1）中货币投机需求曲线越平缓，因而 LM 曲线越平缓，而 k 越大，就是象限（3）中货币交易曲线越陡峭，因而 LM 曲线越陡峭。

西方学者认为，货币的交易需求函数一般比较稳定，因此，LM 曲线的斜率主要取决于货币的投机交易需求函数。出于投机动机的货币需求是利率的减函数。

上一节里说过，当利率降得很低时，货币的投机需求将成为无限的，这就是"凯恩斯陷阱"或"流动偏好陷阱"，由于在这一极低的利率水平上（比方说 2%）货币投机需求量成为无限的，因此货币的投机需求曲线成为一条水平线，这会使 LM 曲线也成为水平的。

在图 4-15 中，当利率降到 r_1 时，象限（1）中货币投机需求曲线成为一条水平线，因而 LM 曲线上也相应有一段水平状态的区域，这一区域称为"凯恩斯区域"，也称"萧条区域"。理由是，如果利率一旦降到这样低的水平，政府实行扩张性货币政策，增加货币供给，不能降低利率，也不能增加收入，因而货币政策在这时无效。相反，扩张性财政政策，使 IS 曲线向右移动，收入水平会在利率不发生变化的情况下提高，因而财政政策有很大效果。凯恩斯认为 20 世纪 30 年代经济大萧条时期西方国家的经济就是这种情况，因而 LM 曲线水平状这个区域称为"凯恩斯区域'"或"萧条区域"。

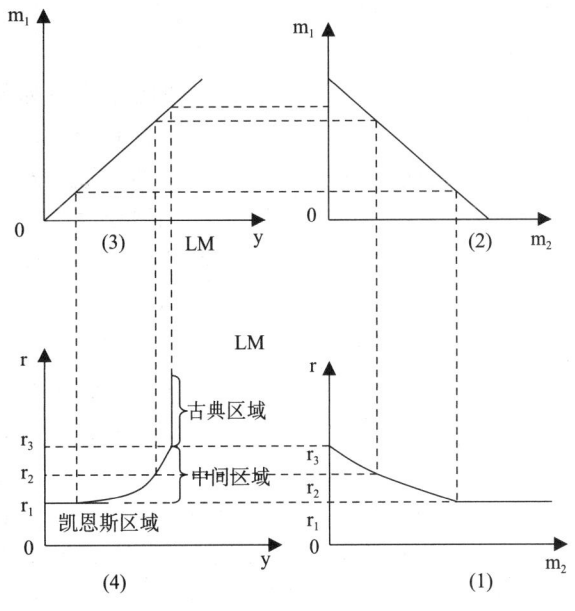

图 4-15 LM 曲线的三个区域

相反，如果利率上升到很高水平时，货币的投机需求量将等于零，这时人们除了为完成交易还必须持有一部分货币（即交易需求外），再不会为投机而持有货币。由于货币的投机需求等于零，因此，图 4-15 象限中的货币投机曲线表现为从利率为 r_3 以上是一条与纵轴相重合的垂直线，不管利率再上升 r_3 以上多高，货币投机需求量都是零，人们手持货币量都是交易需求量。这样，象限（4）中 LM 曲线从利率为 r_3 开始，就成为一段垂直线。西方学者认为，这时候如实行扩张性财政政策使 IS 曲线向右上移动，只会提高利率而不会使收入增加；但如果实行使 LM 曲线右移的扩张性货币政策，则不但会降低利率，还会提高收入水平。因此这时财政政策无效而货币政策有效，这符合"古典学派"以及基本上以"古典学派"理论为基础的货币主义者的观点。因而 LM 曲线呈垂直状态的这一区域被称为"古典区域"。

古典区域和凯恩斯区域之间这段 LM 曲线是中间区域，LM 曲线的斜率在古典区域为无穷大，在凯恩斯区域为零，在中间区域则为正值。这从图 4-15 上可以清楚看出。从 LM 曲线的代数表达式 $r=\left(\dfrac{k}{h}\right)y-\dfrac{m}{h}$ 中也能得到说明。LM 曲线的斜率 $\dfrac{k}{h}$，h 是货币需求关于利率变动的系数，当 $h=0$ 时，$\dfrac{k}{h}$ 为无穷大。因此，LM 曲线在古典区域是一条垂直线，当 h 为无穷大时，$\dfrac{k}{h}$ 为零。因此，LM 曲线在凯恩斯区域是一条水平线，而当 h 介于零和无穷大之间的任何值时，由于 k 一般总是正值，因此 $\dfrac{k}{h}$ 为正。

三、LM 曲线的移动

从图 4-15 及图 4-16 可见，货币投机需求、交易需求和货币供给量的变化，都会使 LM 曲线发生相应的变动。

第一，货币投机需求曲线移动，会使 LM 曲线发生方向相反的移动，即如果投机需求曲线右移（即投机需求增加），而其他情况不变，则会使 LM 曲线左移，原因是同样利率水平上的投机需求量增加了，交易需求量必减少，从而要求的国民收入水平下降了。

第二，货币交易需求曲线移动，会使 LM 曲线发生方向相同的移动，即如果交易需求曲线右移（即交易需求减少）而其他情况不变，则会使 LM 曲线也右移，原因是完成同样交易量所需要的货币量减少了，也就是说，原来一笔货币现在能完成更多国民收入的交易了。

需要指出，上述 LM 曲线移动的两种情况是在货币投机需求曲线和交易需求曲线斜率不变时发生的，即 h 和 k 之值都不变时发生的。如果 h 和 k 发生变化，则会使 LM 曲线发生转动而不是移动，如 h 之值由小变大即货币需求对利率的敏感度逐渐增强，则会使 LM 曲线逐渐变得平缓，即发生顺时针方向转动；反之，则发生逆时针方向转动。如果 k 之值由小变大，即货币需求对收入的敏感度逐渐增强，则会使 LM 曲线逐渐变陡，发生逆时针方向转动；反之，则会发生顺时针方向转动。

第三，货币供给量变动将使 LM 曲线发生同方向变动，即货币供给增加，LM 曲线右移，原因是在货币需求不变时（包括投机需求和交易需求），货币供给增加必使利率下降，利率下降又刺激投资和消费，从而使国民收入增加。这种情况可用图 4-16 来表示。在图中，当货币供给量从 m 增加到 m′时，LM 曲线从 LM 右移到 LM′。

使 LM 曲线移动的三个因素中，特别要重视货币供给量变动的因素。因为货币供给量是国家货币当局可以根据需要而调整的，通过这种调整来调节利率和国民收入，正是货币政策的内容。

还要指出的是,当价格水平 P=1 时,或者说不变时,名义货币供给就可以代表实际货币供给,因为 $m = \dfrac{M}{P} = M$;但是,如果价格水平不等于1,或者说变动时,名义货币供给就不能代表实际货币供给。P>1 时,货币的实际供给小于名义供给;P<1 时,货币的实际供给大于名义供给。因此,当名义货币供给量不变时,价格水平如果下降,意味着实际货币供给增加,这会使 LM 曲线向右移动;相反,如果价格水平上升,LM 曲线向左移动。认识这一点,对于以后认识总需求曲线的推导很有意义。

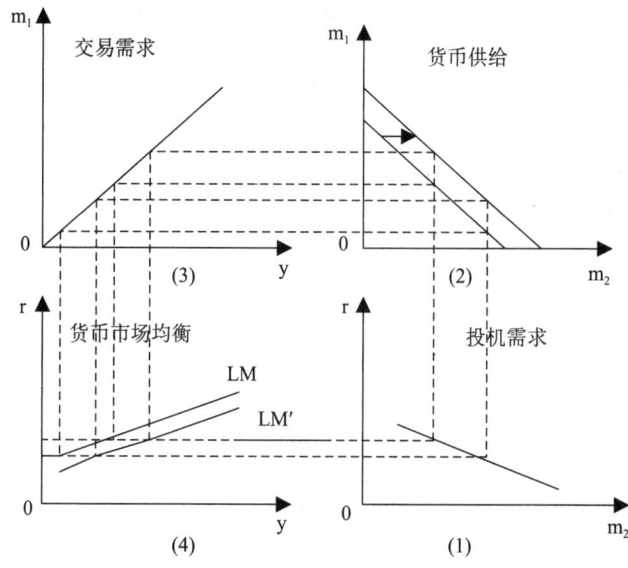

图 4-16 货币供给量变动使 LM 曲线移动

第五节

产品市场与货币市场的一般均衡:IS—LM 分析

一、两个市场同时均衡的利率和收入

凯恩斯在《就业、利息和货币通论》中说明了总收入决定于与总供给相等的总有效需求,因而有效需求决定于消费支出和投资支出。由于消费倾向短期内是稳定的,因而有效需求主要决定于投资引诱。投资量又决定于资本边际效率和利率的比较。若资本边际效率为一定,则投资决定于利率,利率决定于货币数量和流动性偏好即货币需求。货币需求由货币的交易需求(包括预防动机)和投机需求构成。交易货币需求决定于收入水平,而投机需求决定于利率水平。可见,在商品市场上,要决定收入必须先决定利率,否则投资水平无法确定;而利率是由货币市场决定的,在货币市场上,如果不先确定一个特定的收入水平,利率

又无法确定，而收入水平又是由商品市场决定的，因此利率的决定又依赖于商品市场。这样，凯恩斯的理论就陷入了循环推论：利率通过投资影响收入，而收入通过货币需求又影响利率；或者反过来说，收入依赖利率，而利率又依赖收入。凯恩斯的后继者发现了这一循环推论的错误，并把商品市场和货币市场结合起来，建立了一个商品市场和货币市场的一般均衡模型，即 IS—LM 模型，以解决循环推论的问题。

从前面的分析中已经知道，在 IS 曲线上，有一系列利率与相应收入的组合可使产品市场均衡；在 LM 曲线上，又有一系列利率和相应收入的组合可使货币市场均衡。但能够使商品市场和货币市场同时达到均衡的利率和收入却只有一个。这一均衡的利率和收入可以在 IS 曲线和 LM 曲线的交点上求得，其数值可通过求解 IS 和 LM 的联立方程得到。

仍以图 4-5 和图 4-14 中的例子来说，图 4-5 说的是产品市场均衡：

$$i = 1\,250 - 250r$$
$$s = -500 + 0.5y$$

$i = s$ 时，$y = 3\,500 - 500r$ ··· IS 曲线

图 4-14 说的是货币市场均衡：

$$M = m = 1\,250$$
$$L = 0.5y + 1\,000 - 250r$$

$L = m$ 时，$y = 500 + 500r$ ··· LM 曲线

两个市场同时均衡时：

$$y = 3\,500 - 500r$$
$$y = 500 + 500r$$

得：$r = 3\%$，$y = 3\,500 - 500 \times 3 = 2\,000$（亿美元）

一般来说，

$i(r) = s(y)$ ·· IS 曲线

$M = L(y) + L(r)$ ··· LM 曲线

由于货币供给量（M）被假定为既定，因此，在这个二元方程组中，变量只有（r）和收入（y），解出这个方程组，就可得到 r 和 y 的一般解。

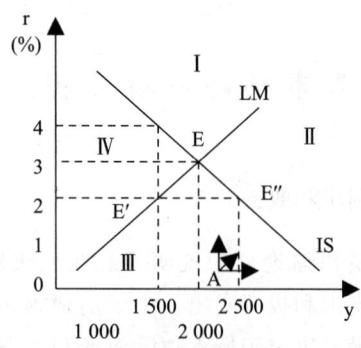

图 4-17 产品市场和货币市场的一般均衡

上述一般解可在图 4-17 中 IS 曲线和 LM 曲线的交点 E 上获得。

在图 4-17 中，由 E 点代表的 2 000 亿美元和 3% 是能使商品市场和货币市场同时实现均衡的收入和利率。这时候投资 $i = 1\,250 - 250 \times 3 = 500$（亿美元），储蓄 $s = -500 + 0.5 \times$

2 000 = 500（亿美元），因而实现了产品市场均衡。再说，货币的需求为 L = 0.5 × 2 000 + 1 000 − 250 × 3 = 1 250（亿美元），正好等于货币供给量，因而实现了货币市场均衡。在 E 点上，由于同时实现了两个市场的均衡，因此只要投资、储蓄、货币需求和供给的关系不变，任何失衡情况的出现也都是不稳定的，最终会趋向均衡。

为了理解这一点，可考察两个失衡状况。一是在上图的 E′ 点上，r = 2%，y = 1 500 亿美元，由于 E′ 在 LM 线上，因此货币市场是均衡的，但投资和储蓄不相等。因为 y = 1 500 时，s = −500 + 0.5 × 1 500 = 250；而投资在利率为 2% 时，i = 1 250 − 250 × 2 = 750。因此，这时投资大于储蓄，即总需求大于总供给，生产和收入会增加。收入增加时，货币交易需求增加，在货币供给量不变时，货币投机需求量减少，而投机需求量只有在利率上升时才会减少。在实际生活中的情况是：人们为获得更多从事交易的货币，只能出售有价证券，从而引起证券价格下降，即利率上升。收入上升和利率上升二者结合起来，使 E′ 点向 E 点趋近，这一趋近过程一直要到利率为 3% 而收入为 2 000 亿美元时才会停止。

再考察一个 r = 2% 而 y = 2 500 亿美元时的 E″ 点情况，由于 E″ 点在 IS 线上，因此投资和储蓄是相等的，但货币市场不均衡。因为 r = 2% 并且 y = 2 500 亿美元时，货币需求 L = 0.5 × 2 500 + 1 000 − 250 × 2 = 1 750 亿美元，它大于货币供给量 1 250 亿美元，这样，利率会上升，利率上升抑制了投资，进而使收入下降。利率上升和收入下降相结合，使 E″ 向 E 逐渐靠拢，这一过程同样一直要到 E 点才会停止。

从上述两种情况可看到，E′ 由于在 IS 线左下方，因此投资大于储蓄。进而可知，IS 曲线右上方区域中利率和收入的任何结合点上，投资一定小于储蓄。再看 E″ 点，由于是处在 LM 曲线右下方，因此货币需求大于供给，进而可知，在 LM 曲线左上方的利率和收入的任何结合点上，货币需求一定小于货币供给。因此，从图 14 − 17 中可以看到，IS 曲线和 LM 曲线把坐标平面分成四个区域——Ⅰ、Ⅱ、Ⅲ、Ⅳ。在这四个区域中都存在产品市场和货币市场的非均衡状态。例如，区域Ⅰ中的任何一点，一方面在 IS 曲线右上方，因此有投资小于储蓄的非均衡；另一方面又在 LM 曲线左上方，因此有货币需求小于供给的非均衡。其余三个区域中的非均衡关系也可这样推知。这四个区域中的非均衡关系如表 4 − 1 所示。

表 4 − 1　　　　　　　　　产品市场和货币市场的非均衡

区　　域	产品市场	货币市场
Ⅰ	i < s 有超额产品供给	L < M 有超额货币供给
Ⅱ	i < s 有超额产品供给	L > M 有超额货币需求
Ⅲ	i > s 有超额产品需求	L > M 有超额货币需求
Ⅳ	i > s 有超额产品需求	L < M 有超额货币供给

各个区域中存在的各种不同组合的 IS 和 LM 非均衡状态会得到调整。IS 不均衡会导致收入变动：投资大于储蓄会导致收入上升，投资小于储蓄会导致收入下降。LM 不均衡会导致利率变动：货币需求大于货币供给会导致利率上升，货币需求小于货币供给会导致利率下降。这种调整最终都会趋向均衡利率和均收入。

例如，在图 4 − 17 中，假定经济处于 A 点所表示的收入和利率组合的不均衡状态，A 点在Ⅲ区域中，一方面有超额产品需求，从而收入会上升，收入从 A 点沿平行于横轴的箭头向右移动;另一方面有超额货币需求,从而利率会上升,利率从 A 点沿平行于纵轴的箭头向上移动。这两方面调整的共同结果是引起收入和利率的组合沿对角线箭头向右上方移动到 E″点。在 E″点,产品市场达到均衡,货币市场仍不均衡,于是,仍会再调整,这种调整直到 E 点才会停止。

二、均衡收入和利率的变动

IS 曲线和 LM 曲线的交点上同时实现了产品市场和货币市场的均衡。然而,这一均衡不一定是充分就业的均衡。例如,在下图 4-18 中,IS 和 LM 的交点 E 所决定的均衡收入和利率是 $\bar{y}$ 和 $\bar{r}$,但充分就业的收入则是 y^*,均衡收入低于充分就业收入,在这种情况下,仅靠市场自发调节,无法实现充分就业均衡,这就需要国家依靠财政政策或货币政策进行调节。财政政策是政府变动支出和税收来调节国民收入,如果政府增加支出,或者降低税收,或二者双管齐下,IS 曲线就会向右上移动。当 IS 上移到 IS′和 LM 线交于 E′点,就会达到充分就业的收入水平。货币政策是政府货币当局(中央银行)用变动货币供给量的办法来改变利率和收入,当中央银行增加货币供给时,LM 曲线向右下方移动。如果移动到 LM′时和 IS 曲线交于 E″点,也会达到充分就业的收入水平。当然,国家也可以同时改变税收(t)、政府支出(g)和货币供给量(M)来同时改变 IS 和 LM 位置,使二者相交于 y^* 垂直线上,以实现充分就业。

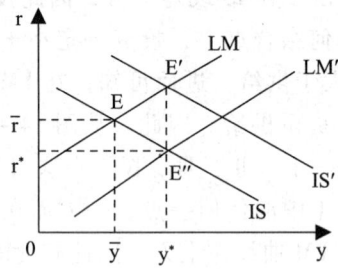

图 4-18 均衡收入和均衡利率的变动

从图 4-18 中可以看到,IS 曲线和 LM 曲线移动时,不仅收入会变动,利率也会变动。当 LM 曲线不变而 IS 曲线向右上方移动时,则不仅收入提高,利率也上升。这是因为,IS 曲线右移是由于投资、消费或政府支出增加(上面分析的只是政府支出增加),一句话即总支出增加,总支出增加使生产和收入增加,收入增加了,对货币交易需求增加。由于货币供给不变(假定 LM 不变),因此人们只能出售有价证券来获取从事交易增加所需货币,这就会使证券价格下降,即利率下降。同样可以说明,LM 不变而 IS 曲线向左下移动时,收入和利率都会下降。

当 IS 曲线不变而 LM 曲线向右下移动时,则收入提高,利率下降。这是因为,LM 曲线右移,或者是因为货币供给不变而货币需求下降,或者是因为货币需求不变,货币供给增加。在 IS 曲线不变,即产品供求情况没有变化的情况下,凡 LM 曲线右移,都意味着货币市场上供过于求,这必然导致利率下降。利率下降刺激消费和投资,从而使收入增加。相反,当 LM 曲线向左上方移动时,则会使利率上升,收入下降。

如果 IS 曲线和 LM 曲线同时移动,收入和利率的变动情况则由 IS 曲线和 LM 曲线如何同时移动而定。如果 IS 曲线向右上移动，LM 曲线同时向右下移动，则可能出现收入增加而利率不变的情况。这就是所谓扩张性财政政策和货币政策相结合可能出现的情况。

第六节 凯恩斯的基本理论框架

前面几节介绍产品市场均衡、货币市场均衡及两个市场的同时均衡，实际上是西方经济学家对凯恩斯经济理论整个体系所做的标准阐释。凯恩斯的经济理论奠定了现代西方宏观经济学的基础，这一理论发表于他的《就业、利息和货币通论》一书中，由于该书晦涩难懂，因此不少西方学者对其做了不少诠释工作，下图 4－19 所示是对凯恩斯理论作出的一种通俗化的概括和阐述。

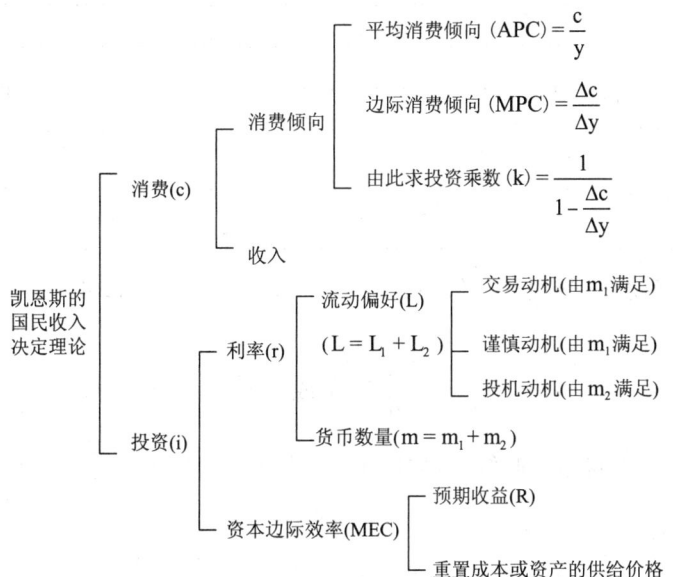

图 4－19 凯恩斯理论概括图

图 4－19 所概括的凯恩斯经济理论纲要，包括以下几点：

（1）国民收入决定于消费和投资。

（2）消费由消费倾向和收入决定。消费倾向分为平均消费倾向和边际消费倾向。边际消费倾向大于 0 而小于 1，因此收入增加时，消费也增加。但在增加的收入中，用来增加消费的部分所占比例可能越来越小，用于增加储蓄部分所占比例可能越来越大。

（3）消费倾向比较稳定。因此，国民收入波动主要来自投资变动。投资的增加或减少会通过投资乘数引起国民收入的多倍增加或减少。投资乘数与边际消费倾向有关。由于边际消费倾向大于 0 而小于 1，因此，投资乘数大于 1。

（4）投资由利率和资本边际效率决定，投资与利率成反方向变动关系，与资本效率成正方向变动关系。

（5）利率决定于流动性偏好与货币数量。流动偏好是货币需求，由 L_1 和 L_2 组成，其中 L_1 来自交易动机和谨慎动机，L_2 来自投机动机。货币数量（m）是货币供给，由满足交易动机和谨慎动机的货币和满足投机动机的货币组成。

（6）资本边际效率由预期收益和资本的供给价格或者说重置成本决定。

凯恩斯认为，形成资本主义经济萧条的根源是消费需求和投资需求所构成的总需求不足以实现充分就业。消费需求不足是由于边际消费倾向小于 1，即人们不会把增加的收入全用来增加消费，而投资需求不足来自资本边际效率在长期内递减。为解决有效需求不足，必须发挥政府作用，用财政政策或货币政策来实现充分就业。财政政策就是政府通过增加支出或减少税收以增加总需求，通过乘数原理引起收入多倍增加。货币政策是政府通过增加货币供给量以降低利率，刺激投资从而增加收入。由于存在"流动性陷阱"，因此货币政策效果有限，增加收入主要靠财政政策。

凯恩斯经济理论的要点还可以用上面说过的表示产品市场和货币市场同时均衡的数学模型来表示。

1. $s = s(y)$ ·· 储蓄函数
2. $i = i(r)$ ·· 投资函数
3. $s = i$ 或 $s(y) = i(r)$ ································ 产品市场均衡条件
4. $L = L_1 + L_2 = L_1(y) + L_2(r)$ ···················· 货币需求函数
5. $\dfrac{M}{P} = m = m_1 + m_2$ ······················· 货币供给函数
6. $m = L$ ·· 货币市场均衡条件

根据 1、2、3 可求得 IS 曲线。例如，设 $s = -\alpha + (1-\beta)y$，$i = e - dr$，则 $i = s$ 时，得 IS 曲线为：

$$r = \frac{\alpha + e}{d} - \frac{1-\beta}{d} \cdot y \quad \text{或} \quad y = \frac{\alpha + e - dr}{1-\beta}$$

根据 4、5、6 可求得 LM 曲线。例如 M、P 为已知，则 $m = \dfrac{M}{P}$，$L = ky - hr$，则 $m = L$ 时，得 LM 曲线为：

$$r = \frac{k}{h} \cdot y - \frac{m}{h} \quad \left(\text{或} \; r = \frac{k}{h} \cdot y - \frac{1}{h} \cdot \frac{M}{P}\right)$$

或

$$y = \frac{m}{k} + \frac{h}{k} \cdot r \quad \left(\text{或} \; y = \frac{1}{k} \cdot \frac{M}{P} + \frac{h}{k} \cdot r\right)$$

求解 IS 和 LM 的联立方程，即刻求得产品市场和货币市场同时均衡的利率和收入。

本章小结

1. 本章论述了凯恩斯的基本理论体系；根据这一体系凯恩斯得出了资本主义可以出现严重的失业和经济萧条的结论。他的结论虽然符合事实，但是其论证方法却存在着缺陷、甚至错误。对于这些缺陷和错误，我们将在这里结合本章内容说明其中两点：

第一，从本章介绍的理论体系看，凯恩斯认为，资本主义国家的国民收入（或产量）

之所以经常低于充分就业水平,其原因在于三个变量的数值不能相互协调和配合。不能相互协调和配合的原因是三个变量的数值都受到人们自发的心理状态的影响,而现实中并不存在任何使自发的心理状态所决定的三个变量的数值必然相互协调和配合的情况。因此,失业和经济萧条会经常出现。

这三个变量顺次为:消费函数、资本边际效率和灵活偏好。关于消费函数,凯恩斯说:"我们具有很大的信心来使用一条基本心理规律。"该规律认为:在一般情况下,当人们收入增加时,他们的消费会增加,但消费的增加不像收入增加的那么多。关于资本边际效率,凯恩斯说:"信心状态之所以重要,其原因在于:它是决定前者(指资本边际效率)的主要因素之一。"关于灵活偏好,他指出,是人们的交易动机、谨慎动机和投机动机所造成的结果,而后者又取决于人们的心理判断。由此可见,归根结底,凯恩斯认为,失业和萧条是由人们的心理判断所造成的。正是由于这一点,《通论》一书直到今天还被西方学者认为是研究经济周期的一本权威著作,把凯恩斯的理论划入心理经济周期的理论。

很显然,经济周期的主要原因绝不可能是人们的心理状态;否则,我们就难以解释,除资本主义以外,在其他经济制度中(如封建社会)同样存在人们的心理状态,但为什么没有造成失业和经济危机。

从这里可以看出,凯恩斯虽然正确地指出了资本主义的弊端,但是,他对弊端产生原因所作出的解释却是错误的。

第二,IS—LM模型来源于英国经济学者希克斯发表于1937年的文章,目的在于使凯恩斯的利息论和他的整个理论体系协调一致,以后逐渐演变成在教科书中说明该理论体系的一个重要工具。作为一种说明工具,该模型在西方被认为至少具有三个缺点:

首先,如果IS和LM两条曲线的交点能真正代表y(国民收入)的均衡点,那么,必须假设两个市场的均衡是独立形成的,即一条曲线的移动不会引起另一条曲线的移动,但这一假定并不存在,因为,IS曲线与LM曲线并不是相互独立,而是相互依存的。例如,在经济萧条时期,投资前景暗淡使投资水平下降,从而使IS曲线向左移动,按IS—LM模型,移动的IS曲线与不变的LM曲线相交于一个新的均衡点,在这一点上,利率和收入都比以前降低了。有人认为,这种说法并不正确,因为在萧条时期,悲观气氛的增加使资本家减少对资本产品的需求,同时增加了对货币的需求。这样,在IS曲线左移时LM曲线也相应左移,因此收入将以更大的幅度减少,但利率不一定下降。还有许多例子可以说明IS曲线与LM曲线的相互依存性。如果这两条曲线不是相互独立而是相互有关时,IS—LM模型就失去了它的政策和理论意义。因为,它不能决定国民收入的均衡值,从而也就不能预测经济前景和政策效果。又例如,IS曲线向右下方倾斜是建立在投资是利率的减函数这一条件之上。可是,在资本主义经济中,投资要同时受到许多因素(如利率、利润、社会环境、制度等)的影响。因此,投资和利率不可能必然存在一种反比例关系,投资需求曲线不一定向右下方倾斜,从而IS曲线也不一定向右下方倾斜。同样,储蓄也受到收入、利率和消费习惯等多种因素的影响,因此,储蓄也不一定是收入的增函数,这也可能使IS曲线不一定向右下方倾斜。

其次,英国剑桥学派则坚决反对IS—LM模型分析,其原因是IS—LM模型用一套联立的方程体系代替了凯恩斯的因果次序关系,从而模糊了凯恩斯理论中最本质的东西。凯恩斯理论中最本质的东西是投资决定收入,收入决定储蓄;而利率在凯恩斯有效需求理论中是极不重要的，它在收入创造过程中系由外生因素所决定。但 IS—LM 模型实际上把利率看成是决定储蓄和投资的主要因素，这就把凯恩斯理论划入到古典经济学范畴中了。

最后，IS—LM 模型分析得出的结论也不一定与事实相符。例如，按 IS—LM 模型分析，投资的崩溃（即 IS 曲线猛烈地左移）时，LM 的右移可使 y 保持不变，这就是说，当严重的投资危机到来时，扩张性货币政策能够加以补救，这种说法显然违反事实。如 1992 年开始的大萧条，西方银行存在多余准备金，并不缺乏资金来源。可见，这时货币政策不能使 LM 曲线右移以解决投资崩溃带来的经济萧条。

该模型作为一种教学手段，它可以简明扼要地说明问题，特别是在说明理论与政策效果之间的关系上，使读者能得到较为直观和明晰的印象。但是，它对问题的说明和现实情况之间却存在着很大的差距；经济问题是复杂的，解决办法也是如此。在利用 IS—LM 模型了解凯恩斯的理论和政策之后，我们必须记住，现实情况远不像理论所显示的精确与美妙。

2. 从产品市场均衡要求计划投资等于计划储蓄这一点出发，可以得到一条反映利率和收入相互关系的曲线，即 IS 曲线。IS 曲线的斜率主要由边际消费倾向和投资需求对利率变动的敏感程度决定，也受税率等因素影响。当投资意愿、储蓄意愿、政府支出、税收以及净出口发生变化时，IS 曲线就会发生移动。

3. 利率取决于货币需求和货币供给，货币需求根据凯恩斯理论取决于交易、谨慎和投机三大动机，并由此得到货币需求函数，表示这一关系的曲线称为 LM 曲线。这条曲线的斜率取决于货币需求对利率和收入变动的敏感程度，即 h 和 k。LM 曲线移动的因素则是名义货币供给和价格水平。

4. IS 曲线和 LM 曲线交点的利率和收入就是产品市场和货币市场同时达到均衡的利率和收入。任何不再均衡水平上的利率和收入在两个市场充分自由的条件下总会有走向均衡的趋势。IS 曲线和 LM 曲线移动会使均衡利率和收入发生变动。

5. IS 曲线和 LM 曲线分析是对凯恩斯经济理论整个体系最流行的解释。

复习思考题

1. 流动性陷阱是如何产生的？当货币需求处于流动性陷阱时会出现什么状态？
2. 投资曲线在坐标系中水平移动的经济含义是什么？其主要原因是什么？
3. 请用 IS—LM 模型说明如何弥补财政赤字。
4. LM 曲线有哪三个区域？其经济含义是什么？分别与什么样的经济状况相对应？
5. 已知某小国在封闭条件下的消费函数为 $c = 305 - 0.8y$，投资函数为 $i = 395 - 200r$，货币的需求函数为 $L = 0.4y - 100r$，货币供给 $m = 150$。根据已知条件，解答以下问题：
(1) 求出 IS 曲线和 LM 曲线的方程；
(2) 计算均衡的国民收入和利息率。
6. 假定货币需求为 $L = 0.2y - 5r$，请回答以下问题：
(1) 画出利率为 10%、8% 和 6% 而收入为 800 亿美元、900 亿美元和 1 000 亿美元时的货币需求曲线；
(2) 若名义货币供给量为 150 亿美元，价格水平 $P = 1$，找出 $y = 100$、950、900 亿美元

时的货币需求与供给相均衡的利率;

(3) 画出 LM 曲线;

(4) 若货币供给为 200 亿美元, 再画一条 LM 曲线, 这条 LM 曲线与 (3) 中的 LM 曲线相比, 有何不同?

(5) 对于 (4) 中这条 LM 曲线, 若 r = 10%, y = 1 100 亿美元, 货币需求与供给量是否均衡? 若不均衡利率会怎样变动?

第五章 总需求—总供给模型：AD—AS 模型

【学习目标】

- 掌握总需求函数的含义和 AD 曲线的推导、移动及其经济含义。
- 掌握总供给函数的含义和 AS 曲线的推导、移动及其经济含义。
- 理解总需求—总供给模型及其经济含义。

在以前的分析中，我们假定总供给可以适应总需求的增加而增加而物价水平不变，从而也没有分析物价水平对产出水平的影响。本章既要从商品市场和货币市场均衡的角度来研究产出水平与物价水平之间的关系，又要从劳动市场均衡的角度研究产出水平与物价水平之间的关系，最后还要在总需求—总供给模型中来决定均衡的产出水平和物价水平。

第一节 总需求与 AD 曲线

一、总需求函数与 AD 曲线的推导

（一）总需求函数

在微观分析里，需求曲线是消费者根据自己对某一特定产品的偏好程度和自己的收入能力对该产品价格变动作出的反应，现在我们讨论的是人们对所有产品的需求与总价格水平的关系，这个关系同时满足产品市场和货币市场的均衡条件。从这一点出发，我们可以通过 IS 曲线和 LM 曲线找出总需求与价格的关系。

在前面的分析中，我们已经知道 IS 曲线表明的是在产品市场上总需求与总供给相等时利率（r）与收入（产出）（Y）之间的一种函数关系，其数学表达式为：

$$r = \frac{a+\alpha}{\beta} - \frac{1-b}{\beta} y$$

而 LM 曲线表明的是货币市场上货币的总供给与总需求相等时利率（r）与收入（产出）

（Y）之间的一种函数关系，其数学表达式为：

$$r = -\frac{m}{h} + \frac{k}{h}y$$

但在 LM 曲线的推导中我们假定物价水平 P = 1，因此名义货币供给（M）就等于实际货币供给（m），即 $m = \frac{M}{P}$，如此 LM 曲线的数学表达式改写为：

$$r = -\frac{1}{h} \cdot \frac{M}{P} + \frac{k}{h}y$$

从 IS 曲线和 LM 曲线数学表达式中可以看出，它们的等式左边都是 r，于是我们可以判定这两式的右边应该相等，并且满足产品和货币市场的均衡条件：

$$-\frac{1}{h} \cdot \frac{M}{P} + \frac{k}{h}y = \frac{a+\alpha}{\beta} - \frac{1-b}{\beta}y \tag{5-1}$$

进而我们可以把这个等式整理成一个关于总需求（y）和价格（P）之间的关系式：

$$y = \theta_1 + \theta_2 \frac{M}{P} \tag{5-2}$$

其中：

$$\theta_1 = \frac{h(a+\alpha)}{\beta k + h(1-b)}$$

$$\theta_2 = \frac{\beta}{\beta k + h(1-b)}$$

公式（5-2）就是总需求函数，该式表明总收入（总产出）水平（y）与总价格（P）之间成反比关系。所以在纵轴代表价格水平（P）、横轴代表总收入（总产出）水平（y）的坐标中，AD 曲线是一条向右下方倾斜的曲线如图 5-1 所示。

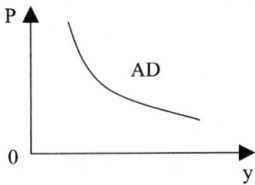

图 5-1 AD 曲线的形态

如果 IS 曲线和 LM 曲线已知，则我们可以求出某一经济状态 AD 曲线的方程；如果 AD 曲线已知，则我们可以根据一定的价格水平推测该经济状态的总收入水平或总产出水平。

【例 5-1】 已知 IS 曲线方程为 $r = 80 - 0.4r$，LM 曲线的方程为 $r = -\frac{4}{5}\frac{M}{P} + 0.4y$，其中，名义货币供给量 M = 5 000，求 AD 曲线方程及其图像。

解：由 IS = LM，可得：

$$80 - 0.4Y = -\frac{4}{5}\frac{M}{P} + 0.4y$$

再由 M = 5 000，代入上式并化简后可得 AD 曲线的方程为：

$$y = 100 + \frac{5\,000}{P}$$

如果 P = 10，则 y = 600；如果 P = 5，则 y = 1 100。其图像如图 5-2 所示。

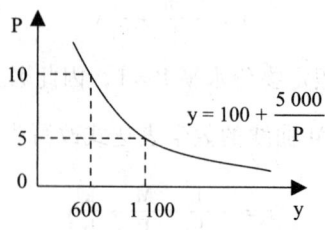

图 5-2　AD 曲线方程

上述 AD 曲线的方程及图像表明，当价格水平为 10 时，总产出水平为 600；当价格水平下降为 5 时，总产出水平为 1 100，两者成反方向变化关系。

(二) 总需求曲线

上面我们已经推导出总需求函数，显然根据总需求函数可以直接得出总需求曲线。现在我们再介绍一种直接根据 IS—LM 模型推导总需求曲线的方法。

在 IS—LM 模型中，物价水平被假定为不变，由于实际货币供给量 = 名义货币供给量 ÷ 物价水平，所以在名义货币供给量不变的情况下，实际货币供给量也不变。如果令物价水平发生变化，那么在名义货币供给量不变的情况下，实际货币供给量与物价水平呈反方向变化，即物价水平下降，实际货币供给量增加；物价水平上升，实际货币供给量减少。实际货币供给量的变化会引起 LM 曲线的移动，从而使均衡的产出水平发生变动；而 IS 曲线一般不受物价水平的影响。因此，我们可以根据不同物价水平下的 LM 曲线来确定不同的均衡产出或收入水平，如图 5-3 所示。

图 5-3 分上下两部分。图 (1) 为 IS—LM 图，图 (2) 表示价格水平和总需求量之间的关系，即总需求曲线。当价格 P 的数值为 P_1 时，此时的 LM 曲线 LM (P_1) 与 IS 曲线相交于 E_1，E_1 点所表示的产出或收入水平和利率顺次为 y_1 和 r_1，将 P_1 和 y_1 标在图 (2) 中便得到总需求曲线上的一点 D_1。现在，假设 P 由 P_1 下降到 P_2。由于 P 的下降，LM 曲线移动到 LM (P_2) 的位置，它与 IS 曲线的交点为 E_2。E_2 点所表示的产出或收入水平和利率顺次为 y_2 和 r_2。对应于上图中的点 E_2，我们又可在图 (2) 中找到 D_2。按照同样的程序，随着 P 的变化，LM 曲线和 IS 曲线可以有许多交点，每一个交点都标志着一个特定 y 和 r，于是就有许多 P 与 y 的组合，从而构成了图 (2) 中的一系列点，把这些点连在一起所得到的曲线便是总需求曲线 AD。

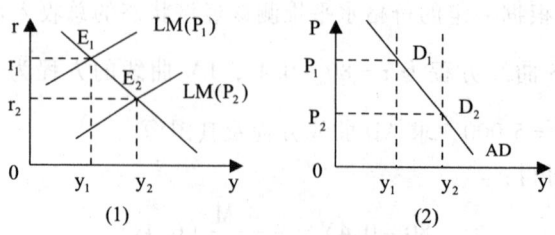

图 5-3　总需求曲线的推导

从以上关于总需求曲线的推导中我们看到，总需求曲线表示社会的需求总量和价格水平之间相反方向的关系，即总需求曲线是向右下方倾斜的。向右下方倾斜的总需求曲线表示，价格水平越高,需求总量越小;价格水平越低,需求总量越大。

二、AD 曲线及其经济含义

从形状上看,总需求曲线与微观经济分析中需求曲线 D 相似,但两者的内涵不同。在微观分析里,需求曲线是消费者根据自己对某一特定产品的偏好程度和自己的收入能力对该产品价格变动作出的反应,表示的是特定商品的需求量与其价格的关系,而总需求曲线 AD 则表示全社会总需求量与物价水平的关系。需求曲线简单地反映需求法则,总需求曲线则反映物价水平—实际货币供给—利率水平—投资水平—收入水平变动这样一个复杂而迂回的传导机制。价格水平的提高会使实际货币供给减少而使货币需求提高(即居民由于价格水平的上涨而需要持有比原来更多的货币余额),于是货币市场出现了非均衡,结果是利率提高。伴随着较高的利率,投资支出下降,从而导致产量下降。相反,较低的价格水平使实际货币供给增加而使货币需求减少,进而导致利率下降,较低的利率刺激了投资,从而导致产量的提高。

三、AD 曲线的变动

物价水平的变化使总需求量在总需求曲线上滑动。如果物价水平不变,其他因素的变化使 IS 曲线移动,或 LM 曲线移动,或两条曲线同时移动,那么将导致总需求曲线的移动。如图 5-4 所示,假定 IS 曲线不变,物价水平不变,货币供给增加使 LM_1 右移到 LM_2,则国民收入从 y_1 增加到 y_2,则总需求从 AD_1 右移到 AD_2。

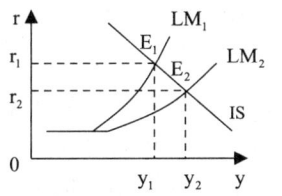
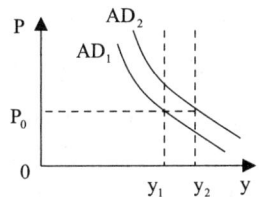

图 5-4 总需求曲线的移动

引起总需求变动的因素很多,既有来自商品市场的,也有来自货币市场的。进一步研究总需求曲线,就必须对这些因素的变化进行具体分析。但总的说来,总需求曲线移动的幅度取决于以下两个因素:①IS 曲线和 LM 曲线移动的幅度,这又取决于初始变动额和各种变动的乘数值;②IS 曲线和 LM 曲线的斜率。

四、AD 曲线的斜率及其经济含义

如果 AD 曲线在坐标系中作旋转式移动,则意味着 AD 曲线斜率的变动,如图 5-5 所示。

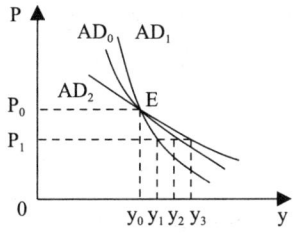

图 5-5 AD 曲线的斜率

顺时针方向旋转所产生的 AD_1，其斜率大于 AD_0；逆时针方向旋转所产生的 AD_2，其斜率小于 AD_0（这里的斜率指的是 AD 曲线经过 E 点切线的斜率）。AD 曲线斜率的经济意义是收入或产出对价格变动的敏感程度。斜率越大，收入或产出对价格变动的反应越迟钝，图 5-5 中价格由 P_0 降至 P_1 时，AD_0 所反应的收入或产出由 y_0 增加至 y_2，而斜率更大的 AD_1 所反应的收入或产出只是由 y_0 增加至 y_1，增加幅度要小。反之，斜率较小的 AD_2 所反应的收入或产出则由 y_0 增加至 y_3，增加幅度较大。

根据 AD 曲线的函数表达式 $y = \theta_1 + \theta_2 \frac{M}{P}$，我们可以求得 AD 曲线的斜率 $\frac{dP}{dY} = -\frac{P^2}{\theta_2 M}$，其中 $\theta_2 = \frac{\beta}{\beta k + h(1-b)}$。从这里我们可以看出，在同一条 AD 曲线上（此时 θ_2，M 为固定值）由于价格水平 P 的不同，其斜率是一样的，而在不同的 AD 曲线上，即使在同一价格水平 P 上，由于参数以及外生变量 M 值的不同，其斜率大小也是不同的。若我们把具体的参数表示出来，则可以求得 $\frac{dP}{dy} = -P^2 \left[\frac{k}{K} + \frac{h(1-b)}{\beta M} \right]$。从中我们可以发现，当价格水平固定时（即 P 为固定值），AD 曲线斜率的绝对值大小主要取决于参数 k，b，h，β 以及外生变量 M 数值的大小。参数 k 代表的是由交易需求动机与预防动机所产生的货币需求量与名义收入的比例关系，该值越大 AD 曲线的斜率也越大，该值越小，AD 曲线的斜率越小；参数 b 表示的是边际消费倾向；外生变量 M 代表的是名义货币供给量，他们与 AD 曲线斜率成负相关，即该数值越大，AD 曲线斜率越小，该数值越小，AD 曲线斜率越大。但一般认为，k，b 的数值在短期内是稳定的，而外生变量 M 在短期内也可以看作固定不变，因此决定 AD 曲线斜率大小的主要因素是利率对投资需求的影响系数 β 以及利率对投机性货币需求的影响系数 h。其中，投资需求系数 β 的值越大，AD 曲线的斜率就越小，经济状态对价格水平变动的反应就越敏感；反之，投资需求系数 β 的值越小，AD 曲线的斜率就越大，经济状态对价格水平变动的反应就越迟钝。总之，投资需求系数 β 与 AD 曲线斜率大小间呈负相关关系。而投机性货币需求系数 h 则与 AD 曲线斜率大小间呈正相关关系，即 h 值越大，AD 曲线的斜率也越大，经济状态对价格水平变动的反应越迟钝；h 值越小，AD 曲线的斜率也越小，经济状态对价格变动的反应也就越敏感。这样，AD 曲线的斜率大小就取决于投机性货币需求系数 h 与投资性货币需求系数 β 的比值大小，也即取决于 $\frac{h}{\beta}$ 的大小，若该比值越大，则 AD 曲线斜率也越大，经济状态对价格水平变动反应越迟钝；反之，若该比值越小，则 AD 曲线斜率也越小，经济状态对价格水平变动的反应就越敏感。这一结论受到经济运行的支持：如果 $\frac{h}{\beta}$ 的数值较大，就意味着价格水平下降将导致实际货币供给的增加，从而导致利率的下降，但利率的下降却并没有把大量的由价格水平下降而增加的货币吸引到投资上去（因为 β 的数值较小），相反，这些增加的货币被大量地用于投机性需求（因为 h 的数值较大），即人们在债券市场上大量地抛出有价债券，把货币放在口袋中。这意味着，当利率降低时，实际投资规模并没有大幅度扩大，因此，收入或产出增加的幅度也就不大；相反，当 $\frac{h}{\beta}$ 的比值较小时，就意味着 h 的数值较小，β 的数值较大。这样，当价格水平下降进而引发利率下降以后，实际的投资规模将有较大幅度的扩大，因而收入或产出也将发生大幅度的增加。

第二节 总供给与 AS 曲线

一、总供给曲线的推导

总供给函数表示总产出水平与价格水平之间的关系,总供给函数图像叫做总供给曲线,它可以利用劳动的总供给曲线、劳动的总需求曲线和总生产曲线推导出来。一般地,根据人们是否相信劳动市场的货币工资是否具有完全的伸缩性,可以把总供给曲线划分为长期总供给曲线和短期总供给曲线两类。

(一) 长期总供给曲线

长期总供给曲线在宏观经济学中也称为古典总供给曲线。因为古典经济学家相信,长期内人们对经济的变化有充分的认识,并能够对经济活动进行充分的调整,也即长期内货币工资是具有完全伸缩性的。这意味着,当劳动力市场存在超额劳动供给时,货币工资就会降低;反之,当劳动市场存在超额劳动需求时,货币工资就会提高。这样,我们就可以借助图5-6来说明长期总供给曲线的推导。

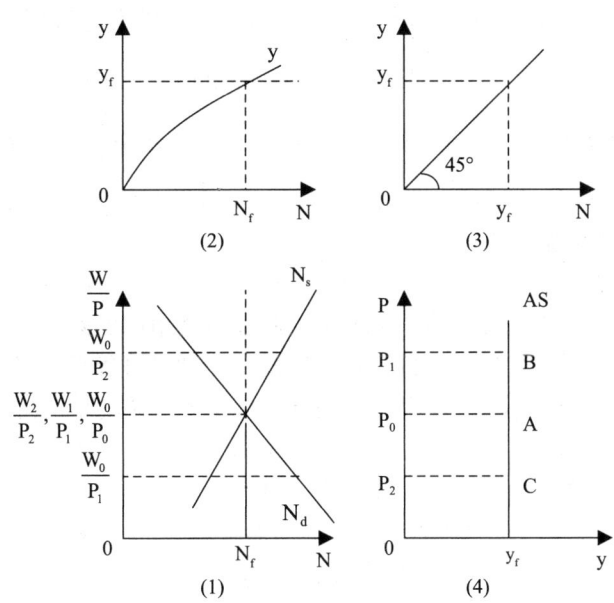

图 5-6 长期总供给曲线的形成

在图 5-6 中,图 (1) 表示劳动力市场的情况,坐标系的横轴表示总就业量 N,纵轴表示实际工资 $\frac{W}{P}$。图 (2) 表示总生产函数的图像,坐标系的横轴表示总就业量 N,纵轴表示总产出或总收入 y。图 (3) 是 45°线,横轴和纵轴都表示产出或收入 y,它的作用是把图 (2) 中得到的产出或收入水平反应到图 (4)。图 (4) 用来推导总供给曲线,坐标系的横轴表示产出或收入 y，纵轴表示价格水平 P。

由于长期内人们对经济的变化有充分的认识，并能够对经济活动进行充分的调整。这意味着如果存在失业，实际工资将趋于下降，从而使就业量达到充分就业的水平。因此，在图（1）中，劳动的总供给曲线 N_s 和总需求曲线 N_d 的交点所形成的均衡就业量，是充分就业的就业量 N_f。按照图（2）的总生产曲线，在就业量为 N_f 时，总产出为 y_f，通过图（3）的 45°线把图（2）得到的 y_f 反映到图（4），便得到产出或收入 y_f。因为劳动市场处于充分就业的状态，所以图（4）中的产出或收入 y_f 是充分就业的产出或收入。充分就业的产出或收入 y_f 是在一定水平下如 P_0 下形成的，这样便得到价格水平 P_0 和国民收入 y_f 的一个对应点 A。

假定价格水平从 P_0 上升到 P_1，在货币工资 W_0 没有进行调整以前，实际工资 $\frac{W_0}{P_1}$ 出现下降，劳动的总需求量增加，总供给量减少，劳动力市场出现了供不应求的现象。长期内由于人们对价格水平的上升和实际工资的下降有着清醒的认识，并且对劳动力市场的失衡有足够的时间进行调整，因而货币工资将上升。当货币工资 W_1 上升到其与价格水平 P_1 之比 $\frac{W_1}{P_1}$ 所达到的初始的实际工资 $\frac{W_0}{P_0}$ 的水平时，劳动力市场恢复均衡，总就业量仍达到充分就业的水平 N_f。根据总生产曲线，产出或收入为充分就业的国民收入 y_f。这样，在图（4）中又可以得到价格水平 P_1 和收入水平 y_f 的另一个对应点 B。

相反，假定价格水平从 P_0 下降到 P_2，在货币工资 W_0 没有进行调整以前，实际工资 $\frac{W_0}{P_2}$ 上升，劳动的总需求量减少，总供给量增加，劳动力市场发生了供过于求的现象。在劳动过剩的压力下，货币工资将下降。当实际工资 $\frac{W_2}{P_2}$ 回复到原有水平 $\frac{W_0}{P_0}$，总就业量为 N_f，收入水平为 y_f。这样，在图（4）中还可以得到价格水平 P_2 和收入水平 y_f 的又一个对应点 C。

（二）短期的总供给曲线

短期总供给曲线在宏观经济学中也称为凯恩斯总供给曲线。凯恩斯认为，劳动者具有货币幻觉。这就是说，劳动者只注意货币的面值而不注意货币的实际购买力，或者劳动者只注意货币工资的高低而不注意实际工资的高低。因此，劳动者对货币工资不变但价格水平上升和货币工资下降但价格水平不变这两种均能引起实际工资下降的情况持不同的态度，他们会反对后者，但不会反对前者。由于劳动者具有货币幻觉，反对货币工资下降而不反对货币工资上升，货币工资的下降呈刚性，即货币工资上升容易下降难。

按照上述条件，短期的总供给曲线具有不同的形状。图 5-7 中的 4 个图形分别和图 5-6 中的 4 个图形相同。劳动总供给曲线 N_s 和总需求曲线 N_d 的交点，形成了均衡的实际工资 $\frac{W_0}{P_0}$ 和均衡就业量 N_f，根据总生产曲线 y，收入为 y_f。假定价格水平为 P_0 和收入 y_f 的对应点为 A。

假定价格水平从 P_0 上升到 P_1，在货币工资仍为 W_0 的情况下，实际工资下降 $\frac{W_0}{P_1}$ 小于 $\frac{W_0}{P_0}$。实际工资的下降使劳动总供给量减少，总需求量增加，劳动市场出现供不应求的现象。

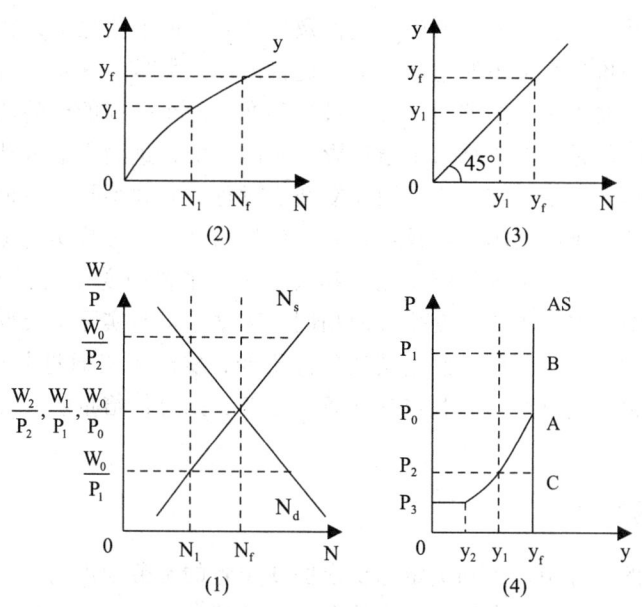

图 5-7 短期总供给曲线的形成

厂商为了雇佣到劳动者，不得不提高货币工资。货币工资 W_1 上升到价格变化后的实际工资 $\dfrac{W_1}{P_1}$ 等于原来的实际工资 $\dfrac{W_0}{P_0}$ 的水平，形成均衡的新实际工资 $\dfrac{W_1}{P_1}$ 和均衡的就业量 N_f，根据总生产曲线，经济社会所生产的收入仍为 y_f。这样在图 (4) 又得到了价格水平 P_1 和收入 y_1 的对应点 B。用同样的方法可以证明，在价格水平高于 P_0 的情况下，价格水平和收入水平的对应点都在一条垂直线上。

假定价格水平从 P_0 下降到 P_2，在货币工资仍为 W_0 的情况下，实际工资上升，$\dfrac{W_0}{P_2}$ 大于 $\dfrac{W_0}{P_0}$。实际工资上升使劳动总供给量增加，总需求量减少，劳动力市场出现供过于求的现象。如果货币工资具有弹性，它将趋于下降。但是货币工资的下降呈刚性，因此不会下降。价格水平的下降使实际工资保持在 $\dfrac{W_0}{P_2}$ 的水平，结果发生了失业，实际的就业量为 N_1。根据总生产曲线，对应于 N_1 就业量的收入量为 y_1。这样，在图 (4) 中，可得到价格水平 P_2 和收入 y_1 的对应点 C。用同样的方法，还可以得到在价格水平下降时，价格水平和收入的其他对应点。当然，由于经济系统自身存在内在的调节功能，价格水平也不可能无限制地下调，这样，当价格降到一定点比如 P_3 时，产出也相应地减到 y_2，此时便不可能再下降，价格与产出便趋于稳定，这时我们得到一段水平的总供给曲线。

把所有价格水平和收入水平的对应点连接起来，便得到短期的总供给曲线 AS。它是根据凯恩斯提出的前提条件推导出来的，故称作凯恩斯短期总供给曲线。

二、AS 曲线的经济含义

总供给曲线 AS 虽与微观经济分析中的供给曲线有些类似，但其内涵不同。微观经济学的供给曲线表明的是生产者在既定的生产规模及生产要素的价格之下，在追求利润最大化动机下所实现的在每一价格水平下愿意而且能够提供的产品数量。这意味着，生产者所提供的产品数量是在既定价格水平下能够给他带来最大利润或最小亏损的产品数量。而宏观经济学中的总供给曲线反映的是一般价格水平通过影响实际工资，进而影响劳动市场的供求关系以及就业量而最终影响总产量这样一个迂回而复杂的过程，它并不是简单地体现供求法则。

价格水平影响总产出的基本过程是：首先，价格水平变化影响实际工资，假定名义工资不变，则实际工资与一般价格水平成反比。其次，实际工资的变化又影响劳动市场的供求。一般来说，劳动供给与实际工资的变化方向相同，劳动需求与实际工资变化方向相反。劳动供求决定了实际的就业量。因此，假定其他条件不变，实际工资通过劳动市场影响就业量。最后，就业量的变化影响总产出。假定其他条件不变，则总供给量随实际就业量的增加而增加。反之亦然。

三、AS 曲线的变动

从总供给曲线的推导中，可知决定总供求曲线位置的是劳动市场的均衡状态和总生产函数。因此，这两者的变化，都会引起总供给曲线的位移。

（一）劳动市场均衡变动对总供给曲线的影响

在经济的发展过程中，如果劳动总供给增加，或者劳动总需求增加，都会引起劳动市场均衡点发生变动（右移），从而导致长期总供给曲线向右方移动。反之，则导致长期总供给曲线向左方移动。我们可以借助图 5-8 来具体说明劳动需求是如何影响总供给曲线的。

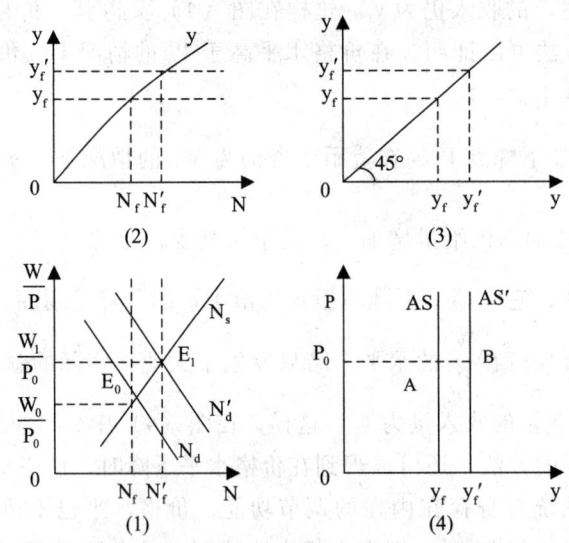

图 5-8 劳动市场均衡变动对总供给曲线的影响

在图 5-8 中，当劳动需求曲线从 N_d 移到 N'_d，由劳动市场上的新均衡点 E_1 所决定的充分就业量是 N'_f，它大于原劳动市场均衡点 E_0 所决定的充分就业量 N_f。若总生产函数不变，则总供给曲线由 AS 右移至 AS′，也就是说，在同一物价水平 P_0 上，收入从 y_f 增至 y'_f。

（二）总生产函数变动对总供给曲线的影响

若生产技术进步使劳动生产率提高，引起总生产函数向上移动，则在同一充分就业水平下，总供给曲线也将右移，即在物价水平不变的情况下，充分就业的收入水平将提高。如图 5-9 所示，总生产函数曲线从 y = f（N）向上移至 y' = f'（N），总供给曲线 AS 将右移至 AS'，即在同一物价水平 P_0 上，充分就业的收入从 y_f 增加到 y'_f。

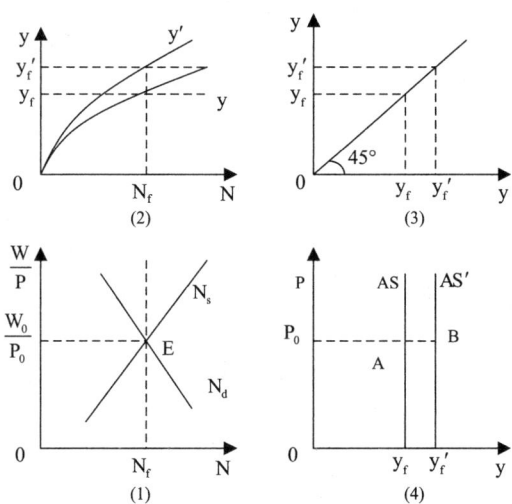

图 5-9 总生产函数变动对总供给曲线的影响

第三节

总需求与总供给的均衡

一、总需求与总供给的均衡

总需求曲线表示的是商品市场和货币市场同时达到均衡时的物价水平与收入之间的关系；总供给曲线表示的是劳动市场达到均衡时物价水平与收入之间的关系。将总需求曲线和总供给曲线放在同一个平面图上，就构成总需求—总供给模型，简称 AD—AS 模型。AD—AS 模型既可反映三种市场均衡与不均衡的状况，同时又能决定均衡的收入与物价水平（如图 5-10 所示）。

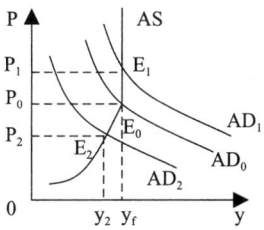

图 5-10 AD—AS 模型

图 5-10 中总供给曲线 AS 分为两部分即 E_0 以上的垂直曲线部分和 E_0 以下斜率为正的曲线部分。总需求曲线 AD_0 与总供给曲线 AS 相交于 E_0，决定了均衡收入即为充分就业收入 y_f，物价水平为 P_0，此时，商品、货币和劳动三个市场同时达到均衡。当总需求曲线 AD_1 与 AS 曲线垂直部分相交于 E_1 时，决定国民收入水平仍为充分就业的国民收入 y_f，但物价水平 P_1 要大于 P_0，此时，三种市场也同时达到均衡。当总需求曲线 AD_2 与 AS 曲线的斜率为正的部分相交于 E_2 时，决定均衡的国民收入为 y_2，小于充分就业收入 y_f，物价水平 P_2 要小于 P_0，此时，由于货币工资呈向下刚性，劳动市场处于不均衡状态，所以，虽然总需求等于总供给，但三种市场并没有同时达到均衡。

综上所述，如果货币工资存在向下刚性，那么，在总需求等于或大于 AD_0 时，存在非自愿失业和充分就业的收入，三种市场同时达到均衡；在总需求小于 AD_0 时，存在非自愿失业，均衡的收入小于充分就业的收入，三种市场不能同时达到均衡。

二、宏观经济均衡的变动

1. AD 曲线的右移与通货膨胀

在图 5-11 中，我们观察 AS 曲线保持不变，AD 曲线不断向右方移动所产生的均衡点的变动情况：AD_1 向右移动至 AD_2 与 AS 曲线产生的交点表明，价格水平由 P_1 上升至 P_2，产出水平则由 y_1 扩大至 y_2，由于价格的上涨伴随着产出水平的扩大，我们可以把这里的价格上涨称为"价格的恢复性上涨"；AD_2 向右移动至 AD_3 与 AS 曲线产生的交点则表明，价格水平虽然由 P_2 上升至 P_3，但产出水平则仍然维持在原有的水平 y_2，我们把这种价格上涨称为"通货膨胀"。

AD 曲线向右移动的原因可能有许多，比如投资和需求的扩大、政府采取的宏观扩张政策、货币（通货）流通的增长（膨胀）等，但主要的原因是货币流通的增长超过了经济增长的正常需要，而且由其他原因造成的通货膨胀也必然伴随着货币流通的非正常增长。（关于通货膨胀的具体分析我们将在后面加以展开）

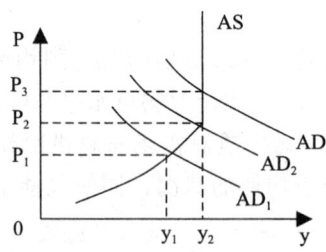

图 5-11 AD 曲线的右移

2. AD 曲线的左移与通货紧缩（经济衰退）

在图 5-12 中，我们观察 AS 曲线保持不变，AD 曲线不断向左移动所产生的均衡点变动情况：AD_1 向左移动至 AD_2 与 AS 曲线产生的交点表明，价格水平由 P_1 下降至 P_2，产出水平由 y_1 缩减至 y_2；AD_2 继续向左移动至 AD_3 与 AS 曲线产生的交点表明，价格水平进一步由 P_2 下降至 P_3，而产出水平则由 y_2 缩减至 y_3。我们把这种价格的持续下跌并伴随着产出水平收缩的经济现象称为"通货紧缩"或"经济衰退"。

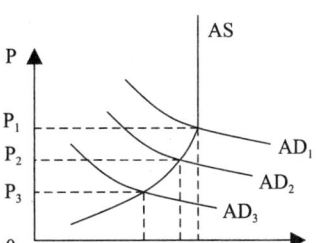

图 5-12　AD 曲线的左移

AD 曲线向左移动的原因可能有许多，比如投资和需求的萎缩、政府采取的宏观紧缩政策、货币（通货）流通的收缩（紧缩）等，但主要的原因是货币流通的收缩，而且由其他原因造成的通货紧缩和经济衰退也必然伴随着货币流通的非正常收缩。

3. AS 曲线的左移与滞涨

在图 5-13 中，我们观察 AD 曲线保持不变，AS 曲线向左方移动所产生的均衡点的变动情况：AS_1 向左移动至 AS_2 与 AD 曲线产生的交点表明，价格水平由 P_1 上升至 P_2，但产出水平则由 y_1 缩减至 y_2，我们把这种价格上涨（通货膨胀）与经济衰退（增长停滞）同时并存的现象称为"滞涨"。

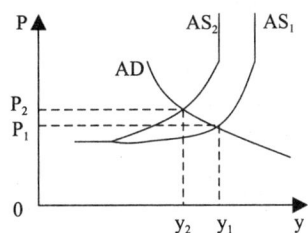

图 5-13　AS 曲线的左移

导致 AS 曲线向左移动的原因主要是生产要素包括劳动力和资源价格上升对经济造成的紧缩作用。例如，20 世纪 70 年代初期，由于中东石油危机导致全球原油价格的暴涨，从而使包括美国、日本和西欧在内的主要工业化国家经历了长达 10 年的滞涨。

4. AS 曲线的右移与创新

在图 5-14 中，我们观察 AD 曲线保持不变，AS 曲线向右方移动所产生的均衡点的变动情况：AS_1 向右移动至 AS_2 与 AD 曲线产生的交点表明，价格水平由 P_1 下降至 P_2，但产出水平则由 y_1 扩大至 y_2。由于 AS 曲线垂直段在横轴的投影意味着一个国家在现有资源条件下的生产可能性边界，而 AS 曲线向右方移动则意味着这一边界的扩大，所以带来了宏观经济的良性发展。

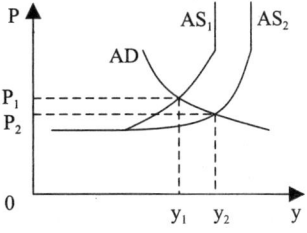

图 5-14　AS 曲线的右移

导致 AS 曲线向右移动的原因主要是创新，因为一个国家的生产可能性边界首先是受到现有资源状况的制约，虽然在极偶然的情况下一个国家有可能因为发现新的、大规模的资源而导致 AS 曲线的右移，使潜在的生产能力大幅度提高。创新可以包括生产方式的创新、生产技术的创新、需求市场的创新以及制度的创新。20 世纪 80 年代以后中国的经济体制改革，20 世纪 90 年代以后美国所谓的"新经济"，都是创新导致了长期经济增长的经典例子。

本章小结

1. 总需求和总供给曲线的交点决定整个社会的产量和价格水平。

2. 总需求曲线表示社会需求方面的产量与价格水平之间的关系。这一关系来自假设价格不变 IS—LM 模型。去掉该模型中价格不变的假设，即可得到需求方面的产量（y）与价格（P）之间的关系。总需求曲线向右下方倾斜。

3. 短期总供给曲线表示社会供给方面的产量与价格水平之间的关系。这一关系来自总量生产函数和劳动市场。把总量生产函数和劳动市场结合在一起，可以得到表示社会总供给方面的产量与价格水平之间的总供给曲线。

4. 总供给曲线向右上方倾斜取决于工资和价格水平之间的调整速度。古典学派认为调整速度很快，甚至可以立即调整；在能够立即调整的假设下，总供给曲线成为一条垂直线，构成总供给曲线的古典学派的极端，称为古典总供给曲线。

5. 凯恩斯认为货币工资和价格水平之间的调整速度很慢，甚至根本不能进行调整，在根本不能进行调整的假设下，总供给曲线成为一条水平线，构成供给曲线的凯恩斯极端。由于凯恩斯研究短期情况，所以水平的总供给曲线也被称为短期总供给曲线的极端状态。在一般情况下，总供给曲线位于古典和凯恩斯这两种曲线之间。

6. 总需求曲线和总供给曲线的交点决定总产量和价格水平。在短期内，总需求曲线的移动比较频繁。它向左和向右的移动造成产量的减少和增加以及相应的价格水平的下降和上升。在短期内，供给曲线不易移动，但是来自外部的冲击可以使它从充分就业的位置向左移动，从而导致失业和价格的上升，即导致滞涨状态。

复习思考题

1. 微观经济学中的需求曲线和宏观经济学中的总需求曲线有何不同？
2. 为什么总供给曲线分为古典、凯恩斯和常规这三种类型？
3. 用总需求和总供给曲线的互动，说明宏观经济中的萧条、高涨（或过热）和滞涨的状态。
4. 假设有一个三部门经济存在以下关系：

消费：$c = 800 + 0.8y_d$；税收：$t = 0.25y$；投资：$i = 200 - 5r$；政府支出：$g = 200$；货币需求：$L = 0.4y - 100r$；名义货币供给：$M_s = 900$。求：

（1）总需求函数；

(2) P=1.5时的均衡收入和利率。

5. 设总供给函数为 $y_s = 200 + P$，总需求函数 $y_d = 2\,400 - P$。求：

(1) 供求均衡点；

(2) 如果总需求曲线向左（平行）移动10%，求新的均衡点并把该点与（1）的结果相比较；

(3) 如果总需求曲线向右（平行）移动10%，求新的均衡点并把该点与（1）的结果相比较；

(4) 如果总供给曲线向左（平行）移动10%，求新的均衡点并把该点与（1）的结果相比较；

(5) 本题的总供给曲线具有何种形状？属何种类型？

第六章 开放经济理论

【学习目标】

- 熟记外汇及其构成，汇率及其标价法，浮动汇率制度，利率影响汇率变动的主要因素。
- 理解国际收支概念，能推导 BP 曲线，掌握汇率的变动对 BP 曲线的影响。
- 掌握 IS—LM—BP 模型及浮动汇率下产品市场、货币市场和国际收支的自动均衡。
- 了解当代主要经济发展理论。

第一节 外汇与汇率

一、凯恩斯主义的开放经济模型

在《就业、利息和货币通论》一书中，凯恩斯主要研究的是封闭经济。把国民收入均衡理论扩展于开放条件下的经济，是凯恩斯的学生和追随者们在宏观经济分析方面对凯恩斯学说所作的补充和发展。在凯恩斯主义的三部门的国民收入决定模型基础上，加上进出口函数，就可以得到简单的凯恩斯主义的开放经济模型。

（一）开放经济

开放经济就是参与国际经济活动的经济，在这些国际经济活动中最重要的是国际贸易，所以开放经济最简单的定义就是"参与国际贸易的一种经济"。

在国际经济活动中还有资本与劳务的往来。所以开放经济也可以说是与各国之间存在密切物品、劳务、资本等往来的经济。

衡量一个国家（或地区）开放程度的标准是进口与国内生产总值之间的比率，即：

$$开放程度 = \frac{进口}{国内生产总值}$$

开放程度也可以定义为一国与国际市场存在直接联系的部门在该国整个经济中所占的比重。

（二）出口函数

当今世界各国的经济都是不同程度的开放经济。在开放经济中，总支出不仅取决于国内消费、投资和政府购买支出，还取决于净出口。

所谓净出口是指出口与进口的差额，如果用 NX 代表净出口（Net Export），用 EX 代表出口（Export），用 IM 代表进口（Import），则净出口用公式表示为：

$$NX = EX - IM$$

出口通常被看作本国货币对外币汇率的函数，不与本国的国民收入发生直接的关系。在不考虑外汇市场的情况下，可以将出口看成常数。

进口的大小则与本国国民收入的大小直接相关，本国的国民收入越高，购买外国的产品就越多，进口就增加，反之，进口就减少。因此，进口可以看作本国国民收入的增函数，其用公式表示为：

$$IM = \overline{IM} + MPM \times NI$$

式中，$\overline{IM}$ 为不随国民收入变动而变动的自主进口量（为常数）；MPM 为边际进口倾向（Marginal Propensity to Import），是指进口的增量（ΔIM）占国民收入的增量（ΔNI）的比重，即增加一单位国民收入所引起的进口的增加。其用公式表示为：

$$MPM = \frac{\Delta IM}{\Delta NI}$$

在建立了进口函数之后，把出口作为外生变量的前提下，便可以建立一个与国民收入相关的净出口函数，即：

$$NX = EX - IM = EX - (\overline{IM} + MPM \times NI)$$

上述函数表明，在出口一定的前提下，净出口随国民收入的变动而反方向的变动。即，国民收入增加，净出口减少；国民收入下降，净出口增加。

二、外汇及其构成

一般地说，每个国家都有自己的货币，在本国使用自己的货币充当交换媒介、计价标准、支付手段等。但当货币在国家间流动时必须伴随有不同货币间的兑换，这就涉及外汇。

外汇（Foreign Exchange）是国际汇兑（Foreign Exchange）的简称，本意是指不同国家货币之间的兑换活动，现在人们使用外汇这一术语，通常不取其本意，而是把它当作一类特殊的资产和债权来看待。国际货币基金组织（IMF）对外汇的含义作了解释："外汇是货币行政当局（中央银行、货币机构、外汇平准基金组织、财政部）以银行存款、财政部国库券、长短期政府证券等形式所保有的在国际收支逆差时可以使用的债权。"

概括地说，所谓外汇，就是在国际经济交往中形成的以外国货币表示的用于国际收支和国际结算的支付手段。

一般而言，外汇由以下几类构成：

（1）外国货币：包括钞票、铸币等；

（2）外币有价证券：包括政府公债、国库券、公司债券、股票、息票等；
（3）外币支付凭证：包括票据、银行存款凭证、邮政储蓄凭证等；
（4）其他有外汇价值的资产，如黄金。

充当外汇的资产或债权，一般应具有如下条件：
（1）必须以外币计价表示；
（2）具有可兑换性，即可以转换为其他货币计价表示的等值资产；
（3）在国外其债权能得到偿付。

根据可转换程度的不同，外汇可分为两类：
（1）自由外汇。这种外汇是指可自由兑换成其他国货币或能够向第三者办理支付的外汇。美元、日元、欧元等一些主要西方国家的货币属于这一类。
（2）记账外汇（协定外汇）。它是指不经有关国家当局批准不能自由兑换成其他货币，也不能向第三者进行支付的外汇。例如，我国过去与苏联、东欧国家以及不少第三世界国家签订过这样的协定。协定通常规定双方进出口商品的价款只在双方银行开立的账户上记载，或者使用本国货币计价结算，或者使用对方货币或用第三国货币计价结算，到一定时期，集中冲销双方账户之间的债权债务，余下的差额由双方协商处理。在一般情况下，这种双方银行账户上所记载的外汇，不能转让给第三国使用，也不能转成自由外汇。

三、外汇市场与汇率

包括本国货币在内的国际间进行货币兑换交易形成的相互关系，构成外汇市场。外汇市场是由经营外汇交易业务的银行及其他金融机构共同的活动形成。

（一）汇率及其标价法

两种不同的货币之间的兑换比率就是汇率。

一种货币的汇率通常有两种表示方法：

第一种表示方法是"间接标价法"，即用一定量外币表示本国货币的"价格"。例如，对于美国，用日元、欧元等在外汇市场上为美元标价，如 1 美元 = 100 日元。

注意：用间接标价法，当汇率上升时，说明本国货币对外国货币升值；反之，汇率下降时，表示本国货币对外国货币贬值。

第二种表示方法是"直接标价法"，即用本币为外币标价。我国的人民币汇率通常采用的就是直接标价法，例如，2000 年 12 月 13 日，人民币汇率为 100 美元 = 827.71 元人民币，100 日元 = 7.4513 元人民币。

注意：用直接标价法，当汇率下降时，表示本币对外币升值；反之，当汇率上升时，则表示本币对外币贬值。

（二）本币在外汇市场上的供求曲线

本国货币在外汇市场上的需求量是与本国的出口联系在一起的，当外国人要购买本国的产品和服务时，他必须用外币兑换本国的货币，或者说，在外汇市场上购买本国的货币以便用来购买本国的产品和服务，这就构成了外汇市场上对本币的需求。当本国人购买外国的产品和服务时，也就是产品进口，需要用本币兑换外币，买入外汇，这就构成了外汇市场上对本币的供给。因此，外汇市场上本币的供给与本国的进口直接相连，外汇市场上本币的需求与本国的出口直接相连。需要注意的是，这里的进出口，不仅仅是指经常项目的进出口，因为本国购买外国的金融资产（如债券和股票）时也需要卖出本币，买进外币，也是外汇市场上本币供给的源泉。同样，当外国人购买本国的金融资产时，也会在外汇市场上买入本币，也会形成外汇市场上对本币的需求。

现以英、美两国为例来说明本币在外汇市场上的需求曲线。我们用间接标价法来表示汇率。假定我们站在美国人的角度来考虑，美元为本币，英镑为外币，间接标价法就是用美元的英镑价格来表示美元的汇率。这样美元汇率上升就意味着美元升值，美元汇率下降就意味着美元贬值。当美国人向英国出口商品和服务时，英国进口商人必须在外汇市场上买入美元，这就构成了对美元的需求。当美元贬值时，同量的英镑所能购买的美国商品就会增加，于是英国进口商对美国商品的购买量就会增加，也就是美国的出口增加，美国出口增加意味着外汇市场上对美元的需求增加。显然，随着美元汇率的降低，美国的出口会增加，外汇市场上对美元的需求也会增加。于是，美元在外汇市场上的需求曲线就是向右下倾斜的，如图 6-1 所示中的 $D_\$$。

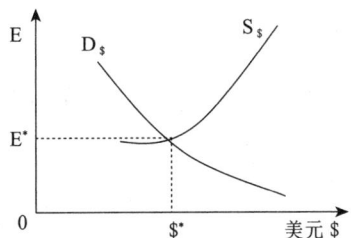

图 6-1 美元在外汇市场上的供求

当美国进口英国的产品和劳务的时候，美国商人必须在外汇市场上卖出美元，买入英镑。这时如果美元汇率下降，就意味着同量美元所购买的英国商品和服务的减少，于是进口减少，需要在外汇市场上卖出美元的数量减少，美元的供给减少。美元在外汇市场上的供给随汇率的下降而下降，随汇率的上升而上升，美元的供给曲线为一条向右上倾斜的曲线，如图 6-1 所示中的 $S_\$$。

四、浮动汇率制度与均衡汇率

浮动汇率制度是指在政府不对外汇市场进行干预的条件下，任由外汇市场上各种货币的供求来决定其汇率的一种制度。在图 6-1 中，一旦美元的供给曲线和需求曲线确定了，那么就有唯一的均衡汇率 E^*。这时外汇市场上的供求相等，同时也意味着美国的国际收支均衡。美元的供求均衡数量为 $\$^*$，这也是美国进出口的均衡数量。因为美元的供给就是美国的进口，美元的需求就是美国的出口，美元的供求相等也就是美国的进口、出口相等。如果不考虑美国以外的其他国家之间的进出口使用美元结算（许多国家的货币就是如此），那么，从理论上说，只要实行浮动汇率制度，国际收支总是可以自动调整到均衡状态。但是美元汇率将会随国际收支的变动而变动。

外汇市场如同其他市场一样，一种货币的价格也是由供求决定的，如果汇率偏离了均衡水平，供求机制会将汇率调整到均衡水平，只是这种调整过程总是伴随着国际收支的变化。我们仍然用上面的例子来说明均衡的调整过程。如图 6-2 所示，假定由于某种原因，美元汇率处于非均衡利率 E_1 上，这时，同均衡汇率相比，实际汇率提高了，英国进口商用同量英镑能购买的美国商品的数量减少了,于是英国商人要减少对美国商品的购买,购买量将从原来的 $\$^*$ 下降到 $D_{\$1}$ 水平,这也是对美元的需求量。与此同时,美国人发现,其货币能够兑换更多的英镑,英国的产品和劳务相对于均衡状态下的价格水平要便宜得多,于是,美国的进口增加,由原来的 $\$^*$ 增加到 $S_{\$1}$ 的水平,这也是美元在外汇市场上的供给量。美国的出口减少、进口增加会导致其国际收支出现逆差,也就是美元在外汇市场上的供给大于需求。美元供给多,需求少造成了美元汇率下降的压力。由于美元需求不足,会导致美元汇率下跌,直到消除逆差,重新达到国际收支平衡,这时会回到原来的均衡汇率水平。

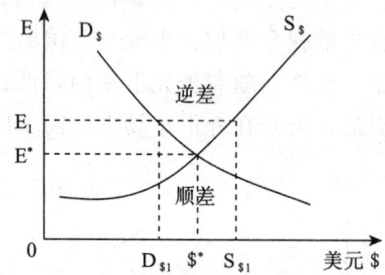

图6-2 国际收支出现差额时,外汇市场上汇率的变化

而当汇率低于均衡利率的时候,情况正好相反。由于英国进口商用同量的英镑能够购买更多的美国商品,美国出口会增加,导致对美元的需求增加;美国进口商用同量的美元只能购买更少英国商品,美国的进口减少,导致美元的供给减少。结果美国的国际收支出现盈余。美国的国际收支盈余造成了美元升值的压力,或者说,美元供给不足会导致美元汇率上升,直到美国的国际收支盈余消失,汇率重新达到均衡汇率的水平。

概括地说,浮动汇率制度下,汇率将处于经常的变动之中;也正是汇率的灵活性使得国际收支总是能够自动调节到均衡的状态。浮动汇率的好处是国际收支总是处于均衡状态,其不足是汇率不稳定。

五、固定汇率制度与对汇率的干预

固定汇率制度是根据历史沿革的情况以及目前的对外贸易关系,将本币与其他国家货币的兑换率维持在固定不变的比例上的一种汇率制度。目前固定汇率主要依靠货币当局对外汇市场的干预来维持。

如图6-3所示,假设最初的均衡汇率为 E_1^*,货币当局试图将此汇率固定化。在国际收支不发生变化的时候,由于这个汇率下的国际收支均衡,也就不存在汇率上升或下跌的压力,货币当局也不必采取任何干预措施。

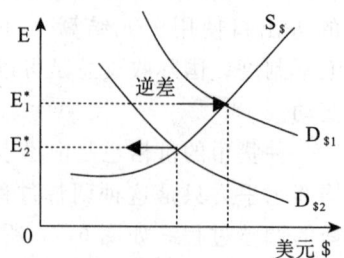

图6-3 国际收支状况引起的汇率变动

假定由于某种原因，如外国发生经济危机，导致本国出口锐减，会使得对本国货币的需求曲线由 $D_{\$1}$ 向左移动到 $D_{\$2}$ 的位置。由于出口锐减，而进口不变，出现了国际收支逆差。这时外汇市场上本币的需求小于供给，出现汇率下跌的压力。如果任由汇率自由波动，新的均衡汇率会下降到 E_2^*。但是货币当局需要维持固定汇率不变，仍然保持 E_1^* 的汇率水平，它就必须设法将对本币的需求曲线拉回到原来的 $D_{\$1}$ 的位置。为了做到这一点，货币当局可以用本国的外汇储备在外汇市场上买回本币，提高本币的需求；也可以与其他国家的货币当局协商，共同干预，即共同在外汇市场上收购美元（沿用美元为本币的例子），推动美元需求上升。至于其他国家能否协作，除去谈判技巧之外，核心问题是联合干预的利益。由于汇率是两国间货币兑换的比率，其变化将影响双方，影响一个区域，甚至影响整个世界，往往有两国间和多国间的共同利益，这种共同利益往往是联合干预的动力基础。

六、购买力平价与汇率

浮动汇率制度下，在短期中，市场汇率会对货币政策、政治事件和预期变化作出反应而表现得很不稳定。但经济学家们相信，在长期中，汇率基本上是由各国商品的相对价格来决定的。一个很重要的理论是汇率的购买力平价（Purchasing-Power Parity，简称 PPP）理论。这个理论是上世纪初由瑞典经济学家卡塞尔提出的。PPP 理论有两种形式：绝对购买力平价说和相对购买力平价说。前者说明在某一时点上汇率的决定，后者说明汇率的变动。

PPP 理论的基本观点是：本国人之所以需要外国货币，是因为它在外国（货币发行国或第三国）具有对一般商品的购买力。外国人之所以需要本国货币，也因为在国内有购买力。因此，一国货币对外汇率，主要由两国货币在其本国所具有的购买力决定的，两国货币购买力之比决定了两国货币的交换比率。其计算公式如下：

$$R = \frac{P_a}{P_b}$$

式中，R 表示两种货币的汇率（此汇率常被称为购买力平价水平，或 PPP 水平，简称为购买力平价或平价），P_a 与 P_b 分别表示两国各自的物价水平。这里的前提是各国实行自由贸易，国际价格（即不同货币的相对购买力）保持稳定，国际收支趋于平衡。这样就可以从两国的物价水平求得均衡汇率，这就是绝对购买力平价说。

一个特殊的情况是一价定律（Law of One Price），即在没有运输成本和贸易壁垒的情况下，相同商品在所有市场上的价格一定相同。

PPP 理论可由一个简单的例子来说明。假定一篮子商品（珠宝、石油、食品等）在美国值 1 000 美元，在墨西哥值 10 000 比索，若汇率为 100 比索兑换 1 美元，则这批商品的价值在墨西哥就是 100 美元。给定这些相对价格，并假定两国间实行自由贸易，我们可以预计到，美国的公司和消费者将会越过边界以较低的墨西哥价格购买商品。结果是美国来自墨西哥的进口上升，对墨西哥比索的需求也会增加，而这将导致墨西哥比索对美元升值，因此，需要用更多的美元来购买同样数量的比索。其结果便是，即使墨西哥商品的比索价格没有变动，其美元价格也会上升。

此过程何时终止？如果一价定律成立，那么在两国商品价格不变的情况下，比索的汇率将降到 10 比索兑换 1 美元。只有在此汇率下，这一篮子商品价格才会在两国间相等。即只有 10 比索兑换 1 美元，两种货币对所交易的商品才具有同样的购买力。

相对购买力平价说把汇率的升降归因于物价的变动。这就是说，在某一时期内，汇率的变化要与同一时期两国物价水平的相对变化成比例。其计算公式为：

$$R' = \frac{P_a^1/P_a^0}{P_b^1/P_b^0} \cdot R^0 = \frac{g\,P_a}{g\,P_b} \cdot R^0$$

式中，R'为新汇率，P_a^1/P_a^0和P_b^1/P_b^0分别为 A 国与 B 国现期与基期的物价变动率，$g\,P_a$和$g\,P_b$分别为 A 国与 B 国的通货膨胀率，R^0为旧汇率。

该理论认为，通货膨胀率高的国家将倾向于使其货币贬值。举个例子，假定 A 国的通货膨胀率为 10% 而 B 国的通货膨胀率为 2%，两国通货膨胀的差异将使 A 国货币相对于 B 国货币每年贬值 8%。我们也可以假定急剧的通货膨胀使俄罗斯的物价在一年中翻了 100 倍，而美国的物价保持不变。根据 PPP 理论，卢布应贬值 99% 才能恢复美俄两国的物价均衡。

应该注意的一点是，PPP 理论只是一个近似的、不能准确预测汇率变动的理论。PPP 理论的误差可从过去十几年中美元与日元的关系中看到，该汇率曾高达 168 日元兑 1 美元，也曾低至 85 日元兑 1 美元，尽管大多数经济学家计算出 PPP 水平大约为 120 日元兑 1 美元。贸易壁垒、运输成本以及非贸易服务的出现，使得国家之间的价格出现明显背离。另外短期内金融商品的流动也可以大大压倒贸易商品的流动。因此，尽管 PPP 理论在长期中是汇率波动的有用向导，但汇率仍能在许多年里背离 PPP 水平。

七、汇率和利率

汇率的短期波动同本国和其他国家的利率密切相关。一般地说，如果汇率采用间接标价法，利率和汇率具有正相关的关系。现在我们来说明这个结论。

（一）利率平价

利率平价用于解释本国和其他国家的利息差与本国货币贬值率之间的关系。

以证券为例，投资者要比较在美国持有美元证券和在德国持有马克证券的收益。如果两国证券的固定利率都是 10%，汇率为 1 美元 = 3 马克，那么用 100 美元可以换到 300 马克，购买马克证券到年底可得本利和 330 马克。但是如果这年美元贬值了 2%，年底的汇率就是 1 美元 = 2.94 马克，那么 330 马克就能换到大约 112 美元（330/2.94 = 112.2）。这样以美元衡量的德国证券的净收益就是 12%，高于 10% 的德国证券的固定利率。而二者之间的差额是由美元的贬值造成的。

如果两国的证券的固定利率存在差额，比如，美元是 10% 的利率，马克利率是 5%，预期的美元贬值率是零，投资者显然会强烈地偏好美元证券而不愿持有马克证券。但是由于资本流动会使两种证券的短期收益具有趋于相等的态势，人们也就有理由预期，美元的贬值率将达到 5% 左右，因为这样两国投资的年收益率才会相等，资本在国际间才会停止流动。

一般地说，由于两国证券的短期收益要趋于一致，美元证券和马克证券的固定利率差就形成一个与其相等的预期美元贬值率，其计算公式为：

$$r - r_w = 预期的美元贬值率 \qquad (6-1)$$

式中，r 是美元利率，r_w 是其他国家的利率，它表明利率差和预期的货币贬值率之间要具有这种一一对应关系。不同的利率差会形成与其相应的不同的预期贬值率，这就称为利率平价。例如，$r = 0.10$，$r_w = 0.05$，那么预期的美元贬值率就是 0.05，这时在美国投资和别国投资其收益率才会相等。

如图 6-4 所示，以利率差为纵轴，预期的货币贬值率为横轴，利率差的变动一一地对等着预期贬值率的变动，两者之间有正向的函数关系。

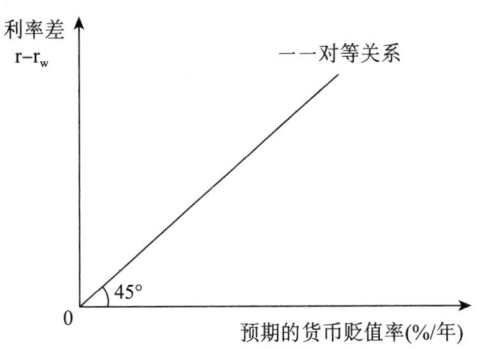

图 6-4 利率平价

(二) 汇率与预期的货币贬值率

下面我们进一步讨论在市场上对美元贬值的预期是如何形成的，以此说明预期贬值率的大小与汇率高低密切相关。

汇率一般是围绕购买力平价波动，时高时低，但总有回复到购买力平价的长期趋势，这是可以由投资者预期的。如果汇率向上偏离平价时，投资者会预期汇率最终下降到平价水平。一般地说，汇率越高，预期的汇率下降率也越大，即美元的贬值率越大；反之，汇率越低，预期的汇率上升率越大。

当然，汇率回复到购买力平价上要经历一个过程，不是短时间内能做到的。如果假定合理的预期汇率只是以每年 v（v>0）的速度回复到平价水平，则其计算公式为：

$$\text{预期的美元贬值率} = v（汇率 - 购买力平价） \tag{6-2}$$

假设购买力平价为 1.0，汇率为 1.3，v=0.1，则可算得每年预期的货币贬值率为 3%。而如果汇率为 1.2，则预期的货币贬值率为 2%。显然预期的货币贬值率与利率是正相关的。

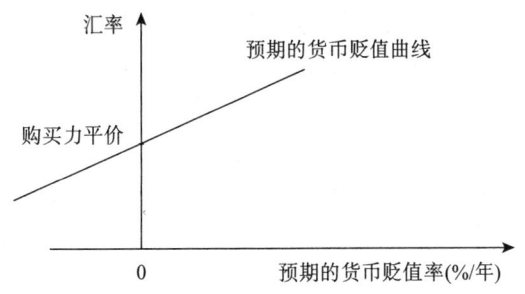

图 6-5 预期的货币贬值率和汇率水平

预期的货币贬值率和汇率水平之间的这种正相关的关系如图 6-5 所示。该图表明，如果汇率高于购买力平价水平，投资者预期会出现货币贬值；反之，汇率低于平价，投资者会预期出现货币升值。因此，汇率和预期的货币贬值率之间存在一条向右上倾斜的相关线。

(三) 利率差和利率

以上已经说明，为了维持利率平价，利率差会引起一个相等的预期美元贬值率。预期的美元贬值率又以相当慢的速度反映着实际汇率回复到购买力平价的程度，现在再回过头来讨论利率差形成的过程，说明一国利率的变动对利率差的影响程度，进而推导出一国利率变动与汇率变动之间的关系。

美国和别国的利率变动都会影响两国的利率差。美国利率的变动是由货币和财政政策等诸多因素决定的，别国利率改变也是由别国的货币和财政政策等诸多因素决定的。如果美国实行紧缩性货币政策使利率上升，别国相反实行使利率下降的扩张性货币政策，两国的利率差就会扩大。如果别国也跟随美国采取使利率上升的政策，两国的利率差就会缩小。

为简化分析，我们只讨论美国利率改变产生的结果。美国在世界经济中有重要地位，美国的利率会影响其他国家的利率，造成别国利率的改变，但其影响程度又是不完全的。这里我们用一个简单的函数来表示别国利率与美元利率之间的关系：

$$r_w = \alpha + \beta r \tag{6-3}$$

式中，r 是美元利率，r_w 是其他国家的利率，α 和 β 是常量，$0 < \beta < 1$，可称之为传递比例系数。该式表示他国利率随美元利率的变动而同方向的变动。假如 $\alpha = 0.025$，$\beta = 0.5$，则当美元利率为 $r = 0.05$ 时，他国的利率也为 0.05，利率差为零，利率保持在正常的数值之内，预期的美元贬值率为零，保持了利率平价。如果美元利率上升到 10%，则其他国家的利率将上升到 7.5%，结果产生了 2.5% 的利率差。为了维持利率平价，就要求有 2.5% 的美元贬值率。

公式 (6-3) 也可以表示成利率差的形式：

$$r - r_w = r - (\alpha + \beta r) = (1-\beta)r - \alpha \tag{6-4}$$

公式 (6-4) 表明，当美国的利率上升时，利率差也随之上升。其结果是美国的利率与其他国家的利率差之间形成一条向右上倾斜的相关曲线。

现在我们已经具备了推导利率与汇率之间关系的理论准备，下面我们进行理论推导：
由公式 (6-1) 和公式 (6-2) 得：

$$r - r_w = v（汇率 - 购买力平价） \tag{6-5}$$

由于：$\qquad r - r_w = r - (\alpha + \beta r) = (1-\beta)r - \alpha$

故，$\qquad v（汇率 - 购买力平价） = (1-\beta)r - \alpha \tag{6-6}$

所以：$\qquad 汇率 = 购买力平价 + 1/v [(1-\beta)r - \alpha] \tag{6-7}$

由于 $v > 0$，$0 < \beta < 1$，所以公式 (6-7) 中 r 的系数为正，这表明汇率和利率是正相关的。

当美国的利率因各种原因上升时，汇率也会随之而上升。原因在于，美国利率上升造成了利率差，投资者为取得最大收益会把资金转移到美国，对美元债券的大量购买会造成美元汇率上升。但为了维持利率平价，高的利率和汇率又将引起美元贬值的预期，经过逐期调整，最终伴随着利率差出现一个相等的预期美元贬值率，使持有高利率的美元资产和持有低利率的外币资产的收益率归于一致，资金在国际间的转移也暂时停止。

图 6-6 概括了利率——汇率之间关系的形成过程。(1) 图的 r_1 是开始时的利率水平，利率上升到 r_2，由其他国家的利率反应曲线确定了美国利率与其他国家的利率差，差额由经验的传递比例系数确定。(2) 图表明利率差与预期货币贬值率有一一对等关系，这由利率平价原理来决定。(3) 图表明预期货币贬值率对汇率的反应程度。(4) 图是经由上述各种机制所决定的利率变动所引起的汇率变动的结果，利率变动导致汇率正相关变动。

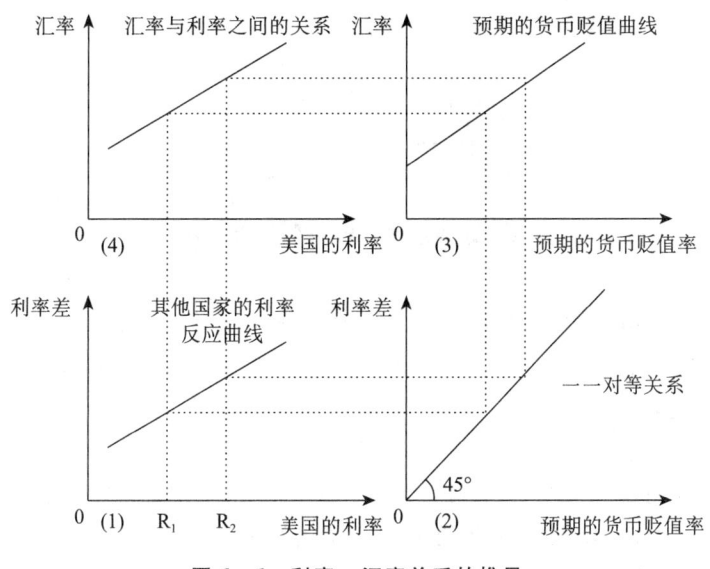

图 6-6 利率—汇率关系的推导

以上的分析基于汇率采用间接标价法标价,如果汇率采用直接法标价,则利率变动导致汇率反相关变动。

八、影响汇率变动的主要因素

汇率取决于外汇的供求关系,汇率的变动实际上反映了一国的国际收支与经济状况。影响汇率的主要因素可概括如下:

(1) 国际收支状况。这对一国汇率有直接影响。国际收支顺差引起外国对该国货币需求的增加,引起本币升值;反之,国际收支逆差引起该国对外汇需求增加,从而引起本币贬值。在固定汇率下,这一点很重要,国际收支逆差往往是货币贬值的前兆。

(2) 通货膨胀。正如 PPP 理论所说明的,通货膨胀率是决定汇率的重要因素。因为物价上涨会削弱一国商品在国际市场上的竞争能力,减少出口增加进口,引起对外汇的需求增加,导致本币贬值。

(3) 利率。利率变动引起国际间短期资本流动,从而影响国际收支与汇率。利率上升使资本流入,本币升值;利率下降,使资本流出,本币贬值。在浮动汇率下,利率是影响短期汇率的重要因素。

(4) 经济增长率。经济增长对汇率的影响实际上难以确定。如果出口不变或增长较慢,经济增长所引起的进口增加,会使国际收支恶化,本币贬值。如果经济是出口导向型的,出口增加,就会使国际收支改善,本币升值。从实际情况来看,经济增长对汇率的影响要进行具体分析。

(5) 财政赤字。财政赤字对汇率的影响也不易确定。一般来说,财政赤字增加会加剧通货膨胀,从而使本币贬值。但财政赤字又会使利率上升,使本币升值。哪一种作用更大,仍要根据具体情况进行分析。

(6) 外汇储备。外汇储备的增加可以增强一国中央银行干预外汇市场、维持汇率的能力。但这种作用只在短期内有效,而且作用有限。

此外，影响汇率的因素还有投机性、政治性因素及其他偶然性因素等。

第二节 国际收支与 BP 曲线

国际贸易与各国间的其他经济交往必然引起国际间的支付问题。在开放经济中，国际收支是一个十分重要的问题。本节着重说明国际收支平衡表和调整国际收支失衡的机制。

一、国际收支平衡表

（一）国际收支平衡表的基本结构

国际收支是一国在一定时期内（通常是 1 年内）对外国全部经济交往所引起的收支总额的对比。国际收支集中反映在国际收支平衡表中。一国的国际收支平衡表（Balance of International Payments）是对该国与世界其他各国经济交往的系统记录，其主要内容包括经常账户和资本账户。国际收支平衡表的基本结构如表 6-1 所示。

表 6-1　　　　　　　国际收支平衡表的基本要素

Ⅰ. 经常账户
商品（或"贸易余额"）
服务
投资收益
单方转移支付
Ⅱ. 资本
私人
政府
官方储备变化
其他

像其他账户一样，国际收支平衡表按复式记账原理编制，其基本的会计原则是：如果一笔交易能为该国赚得外汇，就记为贷方项目，是正值。如果一笔交易要花费外汇，就是一个借方项目，记作负值。总的来讲，出口为贷方，进口为借方。

出口能赚取外汇，所以是贷方项目；进口需要花费外汇，所以是借方项目。美国从日本进口照相机，在美国的国际收支平衡表中如何记录呢？因为美国人最终要用日元支付，显然它要记在借方。那么又如何对待美国人从国外赚得的投资利息和红利呢？显然它要记在贷方，因为像出口一样，它们为美国赚取了外汇。

（二）国际收支平衡表的详细内容

1. 经常账户

表 6-2 中第一部分是经常账户（Balance of Current Account）。它包括所有的收入和支出项目——商品和服务的出口和进口、投资收益、转移支付。

经常账户下的第一个项目是商品贸易,又称货物贸易(或有形贸易);其次是服务,服务在国际贸易中日益重要,它包括航运、金融服务、境外旅游等项目;第三个项目是投资收益,它包括国外投资收益,过去20多年来的一个重大发展就是服务贸易和投资收益的增长;最后一个项目是转移支付,它代表不需要以商品和服务作为回报的单方转移支付。

2. 资本账户

表6-2中第二部分是资本账户,资本账户下的交易是一切对外资产和负债的交易活动,包括各种投资、股票与债券的交易等。

有下述规则,我们就可以很容易地确定在资本账户中哪些项目为贷方,哪些项目为借方。设想美国总是在进口和出口股票债券或其他有价证券,或者简单地讲,总是在进口和出口以外汇作为回报的借据,这样就可把这些进口和出口像其他商品的进出口一样对待。当美国以国外借款弥补经常账户的赤字时,美国向其他国家发出借据(可以看作出口了借据),在美国的国际收支平衡表中,获得的外汇是应记贷方,还是借方呢?很显然应记贷方,因为它把外汇带入了美国。

同样,如果美国银行向国外提供贷款,资助在墨西哥建立一个工厂,那么美国银行是在从墨西哥"进口"借据从而使美国外汇流失。很显然,这在美国的国际收支平衡表中是一个借方项目。

表6-2 国际收支平衡表的基本内容

美国的国际收支平衡表,1996年(10亿美元)				
部分	项目	贷方(+)	借方(-)	净贷(+)净借(-)
Ⅰ	经常账户			-148
	a. 商品贸易	612	-803	-191
	b. 服务	237	-157	80
	c. 投资收益	206	-204	3
	d. 单方转移支付			-40
Ⅱ	资本账户[贷出(-)借入(+)]			148
	a. 私人(含统计误差)			20
	b. 政府			
	美国官方储备变动			7
	其他国家官方储备变动			121
	经常账户资本账户总计			0

资料来源:保罗·萨缪尔森《经济学》。

3. 官方储备

资本账户有个特殊之处,即有一行显示的是外汇储备变动。当一国实行固定汇率并设试图维持官方汇率时,储备就会起很关键的作用。一国维持其官方汇率,可以通过买卖外汇来达到目的,这就引起了官方储备的变动。相反,实行市场决定汇率(浮动汇率)的国家对外汇的干预就比较少,官方储备的变动也就相对较小。在当今日益一体化的资本市场上,资本流动的主导力量已经让位于私人资产的交易。

我国的国际收支平衡表的结构和内容基本与上述相同,此处不再赘述。

二、国际收支的平衡与不平衡

就国际收支平衡表来看,借贷总是平衡的,但这只是会计账面的平衡,并没有实际经济意义。有意义的是要利用它来分析国际收支失衡的情况和调整的方向。

在不考虑官方储备项目的情况下,国际收支有平衡与不平衡两种情况,不平衡又分国际收支顺差和逆差两种情况。

当经常项目与资本项目的借方与贷方相等,也就是在国际经济活动中一国的总支出与总收入相等时,就是国际收支平衡。这里要注意的是,国际收支平衡是指经常项目与资本项目的总和平衡。这就是说,如果经常项目的顺差(或逆差)与资本项目的逆差(或顺差)相等,则国际收支还是平衡的。当国际收支平衡时官方储备项目不变。

当经常项目与资本项目的借方与贷方不相等时,就是国际收支不平衡。如果贷方大于借方,即总收入大于总支出,则国际收支顺差,或者说国际收支有盈余。如果借方大于贷方,即总支出大于总收入,则国际收支逆差,或者说国际收支有赤字。

当国际收支顺差,即有盈余时,会有黄金或外汇流入,即官方储备项目增加;当国际收支逆差,即有赤字时,会有黄金或外汇流出。

三、国际收支失衡的调节

(一)国际收支调节理论

一国的国际收支如果出现了不平衡,就要进行调节。国际收支调节理论是说明国际收支调节机制及这种调节对经济可能产生的影响。

最早的国际收支调节理论是18世纪英国经济学家大卫·休谟所提出的物价—现金—流动机制论。这一理论论述了金本位条件下国际收支的调节。其前提是自由贸易和黄金在国际间的自由输出输入,理论基础是货币数量论。简单来说,当一国国际收支出现逆差时,黄金输出,国内货币量减少,价格下降,收入与消费量减少,进口减少,国际收支逆差消除。如果国际收支出现顺差,则这一过程正好相反。这一理论早已受到不少经济学家的怀疑。现在的主要国际收支调节理论是乘数论、弹性论、货币论和吸收论。

1. 国际收支调节理论的乘数论

这是在20世纪50年代由美国经济学家阿诺德·哈伯格和劳埃德·梅茨勒等人以凯恩斯的投资乘数理论为基础提出来的。这一理论所分析的实际是贸易收支平衡问题。

这一理论认为,根据国民收入决定理论,出口与进口都会影响国民收入,即出口大于进口时,国民收入会增加;出口小于进口,则国民收入会减少。进口取决于国民收入,出口是外生变量。出口增加对国民收入的影响大小取决于乘数。而国民收入变动又影响进口。这样当国际收支盈余时,即出口大于进口,这就引起国民收入增加,从而进口增加,最终实现国际收支平衡。如果国际收支有赤字,即出口小于进口,这就引起国民收入减少,进口减少,最终实现国际收支平衡。在国际范围内,一国的出口就是另一国的进口,无论一国如何扩大出口,最终会由于相互之间的影响而实现国际收支平衡。

2. 国际收支调节理论的货币论

这一理论是在20世纪70年代由货币主义经济学家所提出的。

这种理论认为,国际收支本身是一种货币现象,要用货币理论来解释。货币作为一种存量，可以通过国内信用与国际储备来调整。国际收支的调整是一个长期的过程。如果一国国际收支盈余，则国内货币量增加，这就会引起物价水平上升，使国内产品竞争能力减弱，出口减少，从而国际收支变为平衡。如果一国国际收支赤字，则国内货币量减少，物价水平下降，从而出口增加，也实现了最终的平衡。这一理论从一般均衡理论出发，认为货币市场上的超额需求最终会为其他市场上的超额需求所抵消，从而在长期中，国际收支总能自动恢复均衡。

3. 国际收支调节理论的弹性论

这种理论是由19世纪末20世纪初的经济学家阿尔弗雷德·马歇尔提出来的，以后又由美国经济学家阿尔弗雷德·勒纳加以发展。这种理论分析的也是贸易收支平衡的问题。

这种理论认为，一国在充分就业的条件下，国际收支不平衡的原因在于货币对外价值定得不合理。如果一国国际收支逆差，就是货币对外价值定得过高，这时货币贬值，如果满足出口汇率弹性与进口汇率弹性之和大于1的条件，就可以无损于国内经济而恢复国际收支平衡。

4. 国际收支调节理论的吸收论

这一理论也是以凯恩斯主义的理论为基础的，其创立者为美国经济学家西德尼·亚历山大。

这种理论强调了国内支出方向的变化，以及由此引起的国民收入的增减对国际收支的调节作用。具体来说，消费、投资和政府购买支出为国内吸收，出口与进口之差为贸易差额，国民收入为两者之和，或者说贸易差额为国民收入与国内吸收之差。在出现国际收支逆差时，要改善国际收支只有缩小国内吸收（多出口）或增加国民收入。这种理论主张由国家干预来调节国际收支。

以上理论从不同的角度论述了国际收支的调节，但基本倾向有两种：一种是主张由市场机制自发地进行调节，并相信这种自发调节最终能实现国际收支平衡。前三种国际收支调节理论属于这种倾向。另一种主张国家干预来进行调节。这种倾向认为，依靠市场自发进行调节当然也可以实现国际收支均衡，但这一过程将比较长，不利于经济的稳定，因此要国家利用经济政策来对这种市场的调节进行干预，以加快国际收支平衡的实现。第四种理论属于这种倾向。还有许多其他国际收支调节理论，尽管观点不同，分析方法不同，主张也不同，但都属于这两种倾向中的一种。这些理论也成为各国进行国际收支调节的政策依据。

（二）国际收支调节政策

根据以上理论，一国可以通过市场自发调节或国家干预来恢复国际收支平衡。但一般认为，自发调节的时间长，需要一些具体政策来调节国际收支。这些政策主要有：

1. 调整进出口

这一点很简单，就是在国际收支赤字时鼓励出口、限制进口，在有国际收支盈余时则相反。

2. 调整利率

利率影响国际资本流动，从而可以通过调节资本项目来使国际收支平衡。具体做法是，在国际收支赤字时，提高利率，吸收资本流入；在国际收支盈余时，降低利率，引导资本流出。

3. 调整汇率

调整汇率主要是通过汇率变动来影响进出口。一般来说，在有国际收支赤字时，本币贬值,可以增加出口,反之,就要使本币升值。

4. 开展国际合作

其包括各国间进行合作,帮助某个国家克服国际收支不平衡。

现代的经济是开放的经济,把封闭的经济扩展到开放经济分析就是国际经济学。西方的国际经济学包括国际贸易理论和政策、国际金融理论和政策两大部分。

上一章中已经介绍了国际贸易理论,在此基础上,本章把净出口纳入到对国民收入的均衡与变动的分析中,通过凯恩斯主义开放的经济模型分析了净出口的变化对国民收入均衡的影响,并分析了收入乘数的相应变化。但这一模型仍过于简单,它没有考虑汇率的变动对国内经济的影响,净出口仅仅看成是国民收入的函数。

当代西方经济学的国际金融理论所涉及的内容广泛,本章只涉及其中的一部分理论观点:汇率理论、国际货币体系以及国际收支平衡与调整。

影响汇率的因素很多,外汇市场上的供求关系是最直接的因素;购买力平价是长期汇率的重要决定因素,这是货币主义学派的观点,也得到大多数经济学家的认同;利率是决定短期汇率的重要因素,利率的变动会影响国际资本流动从而影响到汇率。

国际货币体系先后经历了国际金本位体系时期、布雷顿森林体系时期和目前的牙买加体系时期三个阶段,前两个体系因其内在矛盾重重,最终崩溃,目前的牙买加体系虽然对维持国际经济运转和推动世界经济发展起到一定的积极作用,但其弊端也日益明显地暴露出来,进一步改革国际货币体系,建立合理而稳定的国际货币新秩序已被提上议事日程。

自从国际收支成为一个相对独立的经济因素以后,如何实现国际收支的平衡就成为各国政策制定者和经济学家们关注的重要问题之一。早在 300 年前,大卫·休谟就提出金本位制下的国际收支的自动调节机制,从而在汇率和价格,以及国际收支和汇率变动之间建立了有机的联系。然而,休谟的理论是初步的,随着国际收支调节的弹性理论和吸收理论的提出,早期的国际收支理论开始向现代的国际收支理论过渡。

在开放经济条件下,一个国家宏观经济的均衡是将内部经济和国际收支结合在一起的均衡,即国内经济没有出现严重的通货膨胀或经济萧条,同时国际收支状况又能保证该国维持充分的开放性。而经济失衡是指一个国家的内部经济出现了严重的通货膨胀、经济萧条或国际收支状况严重恶化以至该国无法维持其开放性。随着经济的逐步一体化,各国之间的经济联系越来越紧密,一个国家出现的经济失衡,会通过各种渠道迅速地传到另一个国家,导致其他国家也出现经济失衡。本章先分析这种国际间的传导机制,然后分析对内均衡和对外均衡以及内外共同均衡的调整。

四、国际经济非均衡传导机制

所谓国际经济的非均衡传导机制指的是在开放经济条件下一个国家的通货膨胀、经济萧条(失业和经济衰退),国际收支逆差是如何通过国际贸易、资本流动、技术和劳动力的输入输出等有形和无形的渠道传导的。下面我们从商品流动、资本流动、劳动力流动等方面来说明这种传导机制。

(一) 国际商品流动中的非均衡传导机制

1. 短期内影响净出口的主要因素

一个国家的净出口数量受到一些重要的宏观经济因素的影响,在短期内主要的因素有三个：实际汇率、本国的国民收入和世界的国民收入水平。

实际汇率是用同一种货币来度量的国外与国内价格水平的比率。其计算公式为：

$$e = \frac{E \times P_f}{P} \quad （直接标价法） \quad (6-8)$$

$$e = \frac{E \times P}{P_f} \quad （间接标价法） \quad (6-9)$$

式中，e 为实际利率；P 和 P_f 分别为国内与国外的价格水平，E 为名义汇率。

从上述实际汇率的公式中我们可以看出，在名义汇率和本国价格水平一定的情况下，外国价格水平上升，则以直接法计算的实际汇率上升（以间接法计算的实际汇率下降），本币相对于外币发生贬值。相反，在名义汇率和外国的价格水平一定的情况下，如果本国价格水平上升，则本币相对于外币发生升值。

当一国的货币相对于外国的货币发生贬值，在本国价格水平基本不变的条件下，本国产品在国际市场上的竞争力增强，导致本国出口会增加，而进口会下降，相应地外国的进口会增加，而出口会下降。也就是说，一国货币相对于外国货币贬值，这会导致该国净出口的增加。

一国的国民收入的变动在短期内会直接影响其进口，但对其出口的影响较弱（一般忽略不计），本国国民收入增加，会导致进口特别是消费品的进口增加。相应地外国国民收入的增加会导致本国的出口增加。

因此，本国国民收入增加会导致本国净出口减少，而外国国民收入增加会引起本国净出口增加。

2. 国际商品流动中非均衡的传导机制

假设本国经济已经达到了内外均衡，即国内实现了充分就业和物价稳定并且国际收支平衡。现在假设外国（譬如本国的主要贸易伙伴）出现了明显的通货膨胀，这对本国会产生何种影响呢？

由于滞后效应，短期内名义汇率不会发生变化，如果汇率采用直接标价法计价，本国实际汇率上升，本国产品竞争力上升，而外国产品竞争力下降，这在短期内导致本国出口增加、进口减少；如果外国的通货膨胀伴随着国民收入增加（即所谓的经济过热），那么本国出口还会有更大的增加，这会导致净出口上升。对于本国来说，净出口是总支出的组成部分，净出口的上升会引起名义国民收入的上升。由于本国已经达到充分就业水平，即已经没有闲置的生产能力，与名义国民收入上升相伴随的只可能是物价水平的上涨，物价上涨持续一段较长的时间，就是通货膨胀。

反之，外国出现了经济衰退，失业增加、国民收入下降，那么根据上面的分析可知，这会导致外国的进口下降，即本国的出口下降，从而本国净出口减少，总支出下降，导致国民收入下降，失业增加。

从这些分析我们可以看出，外国的通货膨胀或经济衰退通过进出口这一渠道输入到了本国。这就是国际商品流动中的非均衡传导机制。

3. 浮动汇率的自动稳定器功能

在汇率能够自由浮动的情况下，外国的通货膨胀在较短的时间内就会导致名义汇率的变动（金融市场中的套利行为会加速这一过程）。如果汇率采用直接法标价，名义汇率（E）

最终会下降，即按照名义汇率计算的本币会升值，最终名义汇率（E）一直下降到使实际汇率（e）恢复到原来的水平，本国产品和外国产品的竞争力恢复到原来的水平，本国的进出口也逐渐回落到原来的水平，本国的国际贸易重新恢复均衡，国内市场也最终恢复均衡，短期内净出口增加导致的物价上涨实际上会加速这一调整过程。当外国出现经济衰退导致本国出口下降时，外汇市场上就出现了外汇供给下降，从而出现供不应求的局面，这会导致外币升值，本币贬值，即名义汇率和实际汇率会上升，这又导致本国出口竞争力提高，出口增加，因此，国内贸易和国内经济会逐步恢复均衡。这正是一些经济学家认为浮动汇率制度可以在很大程度上隔离外国经济的非均衡向国内传导的原因所在，这种自动调整机制通常被称为浮动汇率的自动稳定器功能。

4. 固定汇率制度下政府对非均衡的主动调节

在实行固定汇率制度时，上述的自动调整机制就不存在了，此时需要中央政府的主动调节来恢复本国经济的内外均衡，我们以外国的通货膨胀导致本国净出口增加和国内市场出现供不应求为例说明这一点。外国的通货膨胀及由此导致的本国净出口增加会导致名义汇率出现下降的趋势。为了维持固定汇率，本国中央银行就要在国内外汇市场上抛售本币买入外币以消除本币升值的趋势，这样国内市场上本国货币的供给增加。短期内货币供给增加会导致国内市场上总需求增加，导致供不应求，如果本国已经实现充分就业，基本没有闲置生产能力，总需求增加最终会导致国内物价水平上升，一直上升到国内市场重新恢复均衡为止。另外本国物价水平的上升会导致实际汇率下降，一直降到原来的水平，本国的进出口又重新恢复到原来的水平，重新恢复均衡。和浮动汇率制度不同的是，在固定汇率制度下，外国的物价上涨最终会传递到本国。因此，固定汇率制度不能隔离外国经济失衡对本国经济的影响。这是许多经济学家主张实行浮动汇率制度的理由之一。

5. 对国际商品流动中传导机制的作用产生影响的主要因素

下列因素会对国际商品流动中传导机制的作用产生影响：

（1）一国经济的开放程度。开放程度越高，即该国与国际市场具有直接联系的部门越多，这些部门渗入国际市场的程度越高，该国与国际市场的联系越紧密，国际经济波动对该国经济的影响越大，经济波动的传导速度就越快。

（2）一个国家在国际市场上的贸易地位。贸易地位是指一国的贸易额在世界贸易中所占的比重。一国贸易额在世界贸易中所占的比重越大，某种商品在国际市场总供求中所占的比重越大，国际经济波动通过商品流动渠道对该国的影响就越大。

（3）一国的贸易地区结构。贸易地区结构是指一国对外贸易的地区、国别分布，如果一国的贸易伙伴或贸易产品过于单一，国际经济波动对该国经济的冲击往往较大。

（4）一个国家的经济体制和经济政策。正如上面所谈到的，在不同的汇率制度下，国际经济波动对一国经济的冲击有很大的不同。

（二）国际资本流动中非均衡的传导机制

1. 影响国际资本流动的重要因素

影响国际资本流动的因素有很多，比较重要的有以下几个因素：

（1）一国的国内外利率差。在其他条件相同的情况下，一国利率高出国际资本市场利率越多，本国资本净流入越多，而一国利率低出国际资本市场利率越多，本国资本净流出就越多。如果一个国家国际收支实现了资本项目的自由兑换，为了保持国际收支平衡，该国国内利率和国际资本市场利率的差异必须很小。如果资本项目不能自由兑换,只要经济具有较大的开放性,利率差就不会太大,我国的情况就是如此。

(2) 对一国利率水平变化的预期。在其他情况相同的条件下,预期一国利率水平会提高,资本净流入会增加;预期一国利率水平会下降,资本净流出会增加。

(3) 对一国汇率水平的预期。在其他条件不变的情况下,预期一国货币相对于外国货币贬值,会导致资本净流出增加;反之,预期一国货币将会升值,则会引起资本净流入增加。

上述这些因素常常会将一个国家的经济失衡通过资本流动迅速地传导到其他的国家。

2. 国际资本流动中非均衡的传导机制

在国际资本市场上,资本总是力图流向那些收益高、风险低的地方。当一个国家出现经济失衡(通货膨胀或经济衰退)时,总会引起国内利率水平的变化,在开放条件下,尤其是该国的资本项目也实现了自由兑换时,该国利率水平的变化会引起资本流入流出的变化。这种资本流动达到一定的规模,必然会影响国际资本市场的利率水平,从而使其他国家的经济受到影响。国际资本市场利率水平的变化,会影响世界各国的资本流入流出,这样就会使各国的外汇市场发生失衡,导致各国货币出现贬值或升值压力。本币出现贬值趋势时,在固定汇率制度下,中央银行需要通过抛售外汇,买入本币来消除本币贬值趋势,这种操作等于紧缩了本国货币供给,有可能导致经济衰退;本币出现升值趋势时,中央银行就要抛售本币,买入外汇,这就增加了本国的货币供给,在本国已经实现充分就业时,这种操作会导致本国物价上涨。如果实行的是浮动汇率制度,中央银行可以不进行干预,让汇率自由浮动,但是汇率的变动会影响一国的进出口状况,引起一国的国际贸易出现失衡。因此,一个国家(尤其是开放程度较高的大国)出现经济失衡时,这种失衡会通过影响国际市场利率水平来引起国际资本流向的变化,进而影响各国经济,从而将经济失衡传递给其他国家。

一个国家国际收支发生明显的失衡也常常会影响其他国家的经济。譬如一个国家出现了大量的国际收支盈余,其结果是大量的外汇流入,这会产生本币升值的压力。如果本国让汇率自由浮动,本币升值会使本国进口增加,出口减少,这可能会引起国内市场总供求失衡,也可能会引起其他国家出现通货膨胀。另外,如果本国中央银行通过抛售本币吸纳外汇消除本币升值的压力,将会增加本国的货币供给,这往往会导致本国出现通货膨胀。相反,如果一个国家出现了大量的国际收支逆差,这意味着本国出现了大量的资金外流,本国外汇储备明显下降,为了克服这种情况,该国往往要实行紧缩政策,提高利率,紧缩信贷,这将会影响国际资本市场的供求状况,常常会对其他国家的经济产生不利的影响。

3. 布雷顿森林体系的内在矛盾

通常来说,国际收支失衡的影响,主要集中于通货膨胀的传导和国际资本市场资金供求的变化上。二战后,布雷顿森林体系的内在矛盾就很好地说明了这种传导机制:在布雷顿森林体系下,美元作为世界货币成为世界各国的主要储备资产,如果美国的国际收支出现大量的顺差,美元就不可能流入其他国家,其他国家就没有国际清偿力进行国际贸易,这些国家的经济就会受到打击。如果(由于美国国内出现通货膨胀而引起)美国的国际收支出现大量的逆差,又会出现美元过剩的危机,美元作为国际清偿力的地位将会因美元存在贬值趋势而发生动摇,实施固定汇率制度的各国不得不通过本国中央银行抛售本币买入美元的政策来消除这种趋势,这会导致本国出现通货膨胀,这等于美国将通货膨胀传导给世界各国。这是布雷顿森林体系在1973年崩溃的一个重要原因。

4. 债务危机与非均衡的传导

从二战后的情况看，发展中国家的经济失衡还会通过债务危机来影响其他国家，许多发展中国家为了发展本国经济形成大量的外债，一旦这些发展中国家经济出现问题，往往会无法按时还本付息，这就导致债务危机，如果债务拖欠数额较大，往往会引起债权国的资金紧张，这会导致债权国出现经济失衡，譬如导致债权国利率水平上升，导致债权国的投资下降，导致债权国出现经济衰退，失业增加。大规模的涉及众多国家的债务危机还会引起世界性的债务危机，导致国际市场混乱，影响许多国家的经济稳定。1982年墨西哥无力偿债引起的世界债务危机就属于这种情况。

（三）国际劳动力流动中的非均衡传导机制

随着全球经济的逐步一体化，国际劳动力流动的数量越来越大，对国际经济的影响也在逐步增强。下面我们分析一下在国际劳动力流动中的非均衡的传导机制。

在当前的世界经济中，劳动力的国际间流动主要分为两种情况：一种是发展中国家向发达国家的永久性劳动力迁移；另一种是以临时赚取较高工资收入为目的的劳动力国际流动，即所谓的"劳务输出"，当前这种劳务输出主要是面向中东产油国家。劳动力的不同流动模式对国际经济失衡的传导情况是有区别的。从整体上看，与国际商品流动和国际资本流动相比，劳动力的国际间流动和经济周期的关系不是非常密切，倒是更多的受突发性政治、军事事件的影响很大，如1991年的海湾战争及其战后的重建。

国际劳动力流动中存在的非均衡传导机制大致有如下几种情况：

（1）A国流向B国的是一些高素质人才，这些人在本国受到高等教育或者具有特殊技能，这些人不仅将自己的技能带到了B国，而且还将他们身上所凝聚的A国为他们所支付的教育和培训费带到了B国，增加了B国人力资本的同时，还节约了该国这方面的投资，从而将A国的投资对经济增长的促进效果输入到了B国。

（2）A国有大量的劳动力流入到B国工作，并且A国通过这种劳动力输出实现了经济的内外均衡。如果此时B国出现经济衰退，本国工人出现了大量失业，在本国工人的压力下，B国往往不得不解雇A国的工人，以使本国失业工人找到工作，这样A国工人在B国失去了工作，无法维持生计，可能就不得不回到A国，这必然会恶化A国的就业形势，导致A国失业增加，同时A国的外汇收入也会减少，国际收支状况恶化，这等于将B国的经济衰退和失业通过劳动力国际间流动传递到A国。

在国际经济中，除了上述所讲的商品流动、资本流动和劳动力流动所形成的传导机制之外，还有一些传导渠道，如技术输入输出、技术扩散、信息交流等无形的传导渠道。

五、国际收支的均衡——BP曲线

（一）加入实际汇率的净出口函数

假定出口一定，并且不考虑汇率的变动对净出口的影响。现在我们放松这个假定条件，把实际汇率加入到净出口函数中。

前面我们讲到，在间接标价法下（以下的分析坚持这个假定），实际汇率下降，本币实际贬值，在其他条件不变的情况下，本国产品竞争能力上升，出口增加，进口减少；反之，当实际汇率上升，本币实际升值，本国产品的竞争力下降，出口减少，进口增加。

那么，现在影响净出口的最重要因素就有两个了：国民收入和实际汇率。

对于出口（EX），若本国汇率提高（货币升值），会使本国出口商品变得相对昂贵，从而使出口变得困难。这样，出口是实际汇率（e）的减函数：

$$EX = EX(e)$$

对于进口（IM），若本国汇率提高（货币升值），则本国货币换成的外币就多，国外的货物相应地变得相对便宜，进口会增加，因此，进口与实际汇率（e）正相关。由于进口又与实际国民收入（Q）正相关，故进口函数的一般可写为：

$$IM = IM(Q, e)$$

由于净出口（NX）是出口与进口之差，所以净出口反向地取决于实际汇率，也反向地取决于国民收入。加入汇率的净出口函数的一般可写为：

$$NX = EX - IM = EX(e) - IM(Q, e) = NX(Q, e)$$

（二）净资本流出函数

在国际收支平衡表中，资本账户主要记录国际投资和借贷。国际投资包括本国的个人、企业和政府在国外购买房地产、外国企业的股票、外国政府债券，同时也包括外国的个人、企业和政府购买本国房地产、企业股票和政府债券。国际借贷包括本国企业和政府从国外银行、基金会、政府所获得的贷款，同时也包括外国企业和政府从本国拆借的款项。从经济学的角度看，国际投资和借贷的目的都是盈利。追逐较高的利润回报的动机是形成国际间资本流动的根本原因。从直观上看，国际资本的流向是由利率低的国家向利率高的国家流动。

为分析方便，将从本国流向外国的资本量与从外国流向本国的资本量的差额定义为资本账户差额或净资本流出，并用 F 表示，即：

$$F = 流向外国的本国资本量 - 流向本国的外国资本量$$

如果本国利率高于国外利率，外国的投资和贷款就会流入本国，这时净资本流出减少。反之，如果本国的利率低于外国水平，则本国的投资者就会向国外投资，或者向外国企业放贷，这时，资本就要外流，使净资本流出增加，一般地，净资本流出是本国利率（r）与国外利率（r_w）之差的函数。假定这一函数是线性的，则：

$$F = \sigma(r_w - r) = F(r)$$

式中，$\sigma > 0$ 为常数。根据上式，在国外利率水平既定时，本国利率越高，流出的资本就越少，流入的资本就越多，即净资本流出越少；反之，利率越低，净资本流出就越多，故 F 是 r 的减函数。净资本流出函数如图 6-7 所示。

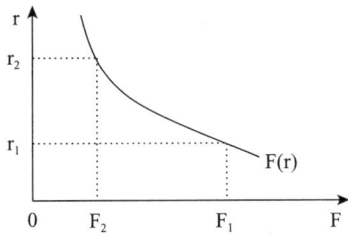

图 6-7 净资本流出函数

由图 6-7 可知，净资本流出与国内利率成反向关系，当国内利率为 r_1 时，净资本流出额为 F_1，当利率上升这 r_2 时，净资本流出减少为 F_2。

（三）BP 曲线的推导

每个国家在一定时期内都有可能产生经常账户的顺差或逆差，以及资本账户的顺差或逆差。当然这两个项目也可能分别出现平衡，但这种情况大多是偶然的。

现将净出口和净资本流出的差额称为国际收支差额，并用 BP 表示，即：

$$国际收支差额 = 净出口 - 净资本流出$$

或

$$BP = NX - F$$

按照前文的定义，一国国际收支平衡也称对外均衡，也就是指一国国际收支差额为零，即 $BP = 0$。如果国际收支差额为正，即 $BP > 0$，则国际收支出现顺差或盈余；如果国际收支差额为负，即 $BP < 0$，则国际收支出现逆差或赤字。

当国际收支平衡时，即 $BP = 0$ 时，则：

$$NX = F$$

将净出口函数和净资本流出函数代入上式中可得：

$$NX(Q, e) = F(r)$$

上式表示当国际收支平衡时收入（Q）与利率（r）的相互关系。宏观经济学称该关系式为国际收支均衡函数，简称国际收支函数。在汇率（e）既定的前提下，国际收支函数的几何表示是一条曲线，称之为国际收支曲线（BP 曲线）。

BP 曲线可利用图形的方法推导，如图 6-8 所示。

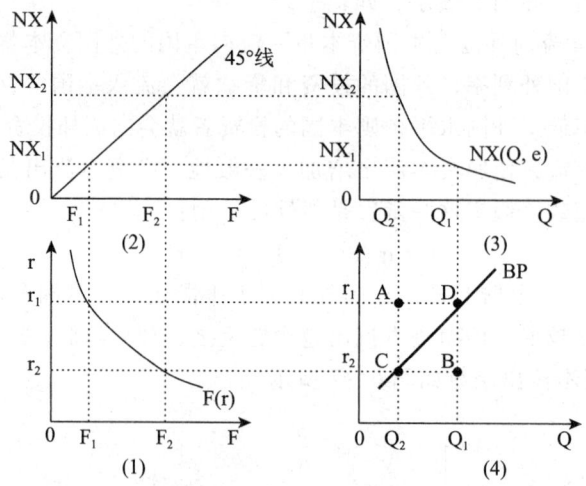

图 6-8 BP 曲线的推导

在图 6-8 中，（1）图是净资本流出曲线，它是向右下方倾斜的。（2）图是转换线，即 45°线，它表示净资本流出额与净出口额相等，两个项目的差额正好互相补偿，国际收支达到平衡。（3）图为净出口曲线，它与收入成反方向变化。当利率为 r_1 时，净资本流出额为 F_1，要使国际收支达到平衡，净出口必须等于 F_1，通过 45°线，我们可以看出，净出口必须为 NX_1；要使净出口达到 NX_1，我们从净出口曲线可以看出，收入必须为 Q_1。这样，我们就找到了一个能实现国际收支平衡的利率与收入的组合点 D（Q_1, r_1）。用同样的思路，我们还可以看出，当利率为 r_2 时，要使国际收支达平衡，收入必须为 Q_2，这样我们又找出一个能实现国际收支平衡的利率与收入的组合点 C（Q_2，r_2）。同理，我们还可以找出其他能实现国际收支平衡的利率与收入的组合点，这些组合点的轨迹便是国际收支曲线——BP 曲线。

（4）图中的 BP 线所示：BP 曲线上的每一个点都代表一个国际收支平衡的利率和收入的组合。而不在 BP 曲线上的每一个点都是使国际收支失衡的利率和收入的组合。具体而言，在 BP 上方的所有点都表示国际收支顺差，即 NX > F；在 BP 曲线下方的所有点均表示国际收支逆差，即 NX < F。在 BP 曲线上方任取一点 A，A 与均衡点 D 相比，利率相同，收入较低，因此其相应的净出口较高，即在该点 NX > F。在 BP 曲线下方任取一点 B，B 与均衡点 C 相比较，利率相同，收入较高，故相应的净出口较低，即有 NX < F。

（四）BP 曲线的斜率为什么为正

从推导出的 BP 曲线我们可以看出，BP 曲线向右上倾斜，其斜率为正。这是因为：由于净资本流出是利率的减函数，当利率上升时，净资本流出额减少；如果以前的国际收支是平衡的，那么这时会出现国际收支顺差；为保证国际收支平衡，必须减少净出口；由于净出口是国民收入的减函数，要减少净出口，就必须增加国民收入。因此，要保证国际收支平衡，利率和国民收入必须同方向的变动。

（五）汇率的变动对 BP 曲线的影响

由于净出口与汇率（e）反相关，所以汇率提高时，图 7-8（3）图中的净出口曲线 NX 向下移动（从 BP 曲线的推导过程我们可以看出），从而引起 BP 曲线向上移动；同理，汇率下降时，净出口曲线 NX 向上移动，BP 曲线向下方移动。

具体来说，汇率提高（本币升值），出口减少，进口增加，从而净出口减少，假如国际收支原来是平衡的，这时将出现逆差。为了保持国际收支平衡，必须减少净资本流出额，为此，必须提高利率。所以在汇率提高时，BP 曲线向上移动了。汇率降低时则相反。

第三节 IS—LM—BP 模型

一、IS—LM—BP 模型

现在我们将 BP 曲线加入 IS—LM 模型，建立 IS—LM—BP 模型，也就是把国际收支平衡问题引入关于国内商品市场和货币市场同时均衡问题的讨论，使原有的 IS—LM 模型更适应开放经济的分析。

图 6-9 所示为 IS—LM—BP 模型的曲线图。

在图 6-9 中，IS、LM、BP 三条曲线相交于 E 点。E 点所反映的利率（r_E）和实际国民收入（Q_E）的组合同时落在三条曲线上，因此，这时的利率和国民收入使商品市场、货币市场以及国际收支同时达到平衡。如果国际收支平衡曲线 BP 的位置高于 E 点，或低于 E 点，国内商品市场和货币市场同时均衡时的利率和国民收入组合就不能同时使国际收支达到平衡。如果国际收支曲线处在 BP_1 的位置，这时在既定的国民收入上，由于利率偏低，使资

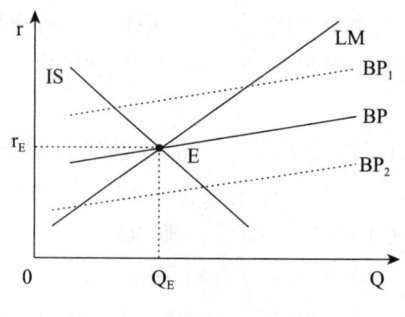

图 6-9　IS—LM—BP 模型

本净流出大于净出口，因而国际收支存在赤字。国际收支赤字的存在，会使官方储备减少。如果国际收支曲线处在 BP_2 的位置，这时在既定的国民收入上，由于利率偏高，使资本净流出小于净出口，因而国际收支存在盈余，从而使官方储备增加。

二、浮动汇率下产品市场、货币市场和国际收支的自动均衡

在浮动汇率制度下，产品市场、货币市场和国际收支三者可以通过汇率的调节自动达到均衡。如图 6-10 所示，在国际收支存在逆差的情况下，外汇市场上本国货币需求就会小于供给，致使本国货币出现贬值压力，汇率开始下降，汇率下降使商品的出口增加，进口减少。商品贸易这一变化实际上是使净出口函数曲线上移，从而引起 BP 曲线下移。

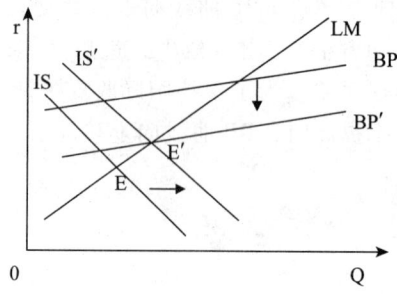

图 6-10　国际收支逆差时汇率对三重均衡的调节

在 BP 曲线下移的同时，由于净出口的增加，因而 IS 曲线向右移动，这又导致国民收入的增加和利率的上升。利率上升使资本流入增加，国民收入的增加使净出口上升趋缓。因而 BP 曲线不会下降到 E 点的位置，而是在与 IS 曲线同时向右的移动中在 LM 曲线上达到新的均衡点 E′。这时，产品市场、货币市场和国际收支共同达到新的均衡。

如果国际收支存在顺差（如图 6-11 所示），这会使汇率上升，汇率上升会导致 BP 曲线向上移动；同时汇率上升会抑制出口，鼓励进口，使实际国民收入（Q）减少，导致 IS 曲线向左下移动。结果，随着汇率的上升，BP 曲线上移；随着实际国民收入（Q）的下降，IS 曲线下移。BP 曲线和 IS 曲线总会沿着 LM 曲线相交于一点（如图中的 E′点），实现三重均衡。

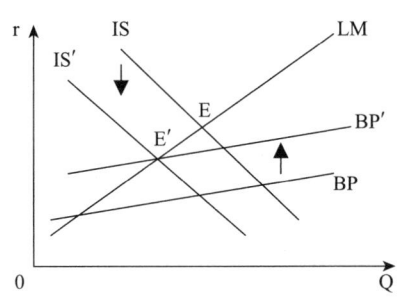

图 6-11 国际收支顺差时汇率对三重均衡的调节

上述均衡机制可概括如下：

如果 IS 曲线与 LM 曲线相交于 BP 曲线的右下方，则：

出现国际收支逆差，汇率下降，BP 曲线下移，实际国民收入（Q）上升，IS 曲线右上移。

结果：利率（r）上升，实际国民收入（Q）上升，汇率下降，IS、LM、BP 三条曲线交于一点，实现三重均衡。

如果 IS 曲线与 LM 曲线相交于 BP 曲线的左上方，则：

出现国际收支顺差，汇率上升，BP 曲线上移，实际国民收入（Q）下降，IS 曲线左下移。

结果：利率（r）下降，实际国民收入（Q）下降，汇率上升，IS、LM、BP 三条曲线交于一点，实现三重均衡。

三、资本完全流动下的 IS—LM—BP 模型

（一）资本完全流动时的 BP 曲线

在资本完全流动的假定下，如果国外利率（r_w）是既定的，则当国内的利率高于国外水平时，资本就会无限地流入本国，就会出现大量的资本账户以及国际收支的盈余。反之，若本国的利率低于国外水平时，资本就会无限外流，就会出现国际收支赤字。以上分析表明，BP = 0 一定是位于国外利率水平（r_w）上的水平线。在水平线以上的点对应国际收支盈余，以下的点对应国际收支赤字。

（二）固定汇率制度下的资本完全流动

显然，在资本完全流动条件下，极小的利率差异也会引起巨大的资本流动。在固定汇率情况下，IS—LM—BP 模型所演绎的一个结论是，一国无法实行独立的货币政策。图 6-12 所示为固定利率制度下完全资本流动的货币政策效应。

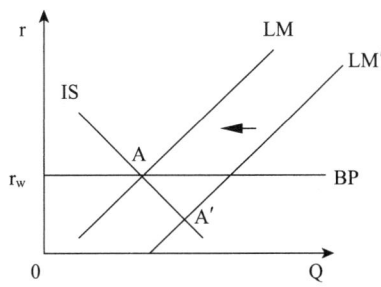

图 6-12 固定汇率制度下完全资本流动的货币政策效应

在图 6-12 中，由于资本的完全流动，BP 曲线为一条水平线，这意味着，只有在利率水平等于国外利率，即 $r = r_w$ 时，该国才能实现国际收支平衡。在任何其他利率水平上资本流动都很剧烈，以至于该国的国际收支无法实现均衡，这又迫使该国中央银行不得不进行干预以保持原有的汇率水平。这种干预在理论上使 LM 曲线发生移动。

考察图 6-12 从 A 点始的货币扩张，这使得 LM 曲线向右移动到 LM′，这时双重均衡点移到 A′点。但在 A′点发生大规模的国际收支赤字，因而存在货币贬值的压力。为了稳定汇率，中央银行必须干预，出售外国货币，同时接受本国货币。因此，本国货币供给减少，结果使 LM′曲线向左移动。这一过程会持续到最初在 A 点的均衡得到恢复时为止。同样可以说明，中央银行任何紧缩货币的政策都将导致大规模的国际收支盈余，这倾向于引起货币升值，并迫使中央银行进行干预以保持汇率稳定。中央银行的干预引起本国货币量增加，结果，最初的货币紧缩被抵消了。

（三）浮动汇率制度和资本完全流动

在浮动汇率情况下，一国的货币当局不干预外汇市场。汇率必须调整以使外汇市场出清，从而保持外汇的供求平衡。在浮动汇率和资本完全流动条件下，IS—LM—BP 模型可以用来考察出口需求变化的效应（如图 6-13 所示）。

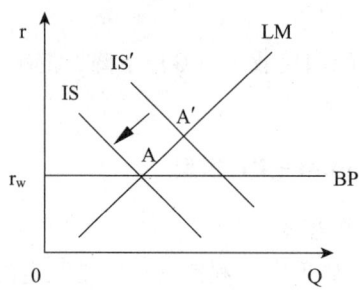

图 6-13　浮动汇率制度和完全资本流动的出口需求变动效应

在图 6-13 中 A 点的初始汇率和利率水平上，出口需求的增加使 IS 曲线向右移动到 IS′。这时双重均衡点为 A′点。但在 A′点，本国的利率超过了国外水平。作为对较高利率的反应，资本将开始流入本国，产生国际收支盈余并由此引起本国货币升值。升值意味着本国的竞争力下降，即进口商品的价格水平下降，且本国商品变得相对昂贵。对本国商品的需求减少，净出口下降。所有这一切说明，升值意味着 IS 曲线从 IS′向左方移动。只要本国的利率水平高于 r_w，汇率就将保持升值，这意味着汇率升值必须持续到 IS 曲线一直移动到最初的均衡位置为止。这种调整由沿着 LM 曲线的箭头来表示。因此，在资本完全流动和浮动汇率条件下，出口增加对均衡产出没有影响。由于资本的完全流动性，出口需求增加引起的利率上升，进而使货币升值，因此最后完全抵消了出口的增加。一旦经济回复到点 A，净出口就回到最初的水平。当然，汇率这时已经上升了。

第四节 开放经济政策

如同在 IS—LM 模型中一样，在开放的宏观经济模型 IS—LM—BP 模型中，尽管商品市场、货币市场以及国际收支有可能自动的达到均衡，但是这种均衡不一定处在没有通货膨胀的充分就业的国民收入水平上。因此，在资本不完全流动的情况下，政府仍需要运用宏观经济政策加以调节，以实现宏观经济的内外共同均衡的目标。

一、浮动汇率制度下的财政政策

财政政策的作用机制是通过政府的财政支出和税收手段，对国民经济中总支出的数量施加影响，进而改变 IS 曲线的位置，以调节均衡国民收入水平，达到宏观经济政策的目标。

（一）失业状态下均衡的调整

假定最初的商品市场、货币市场和国际收支都处于均衡状态，但这时的均衡是低于充分就业水平上的，因而政府采用扩张性的财政政策加以调节。在图 6-14 中，扩张性财政政策引起 IS_1 向右移动，使国民收入增长和利率提高。国民收入提高后会引起净出口的减少，抵消了财政政策的一部分效果。图中，有了对外经济贸易的影响，一项本可把 IS_1 曲线推至 IS_2 的扩张性财政政策，只把 IS_1 曲线推向 IS_3。因此，在开放条件下，为实现充分就业，扩张性政策需要更大的力度。图 6-14 中，财政政策引起的利率提高幅度较大，它所引起的资本流入量会超过因净进口增加而产生的货币支出增加量，国际收支出现顺差。因此，外汇市场上本国货币需求大于供给，汇率出现上升的趋势。这鼓励商品和服务的进口增加，净出口减少，从而引起 BP 曲线上移。在 IS 曲线右移和 BP 曲线上移的共同作用下，商品市场、货币市场和国际收支有可能在充分就业的条件下，同时达到均衡。这时国民收入、利率、汇率均有所提高。图中，Q_0 是原先的国民收入，Q^* 是充分就业的国民收入，E 是原先的均衡点，E' 是调整后的均衡点，在 E' 点上，消除了国内经济中的失业，宏观经济实现了内外共同均衡。

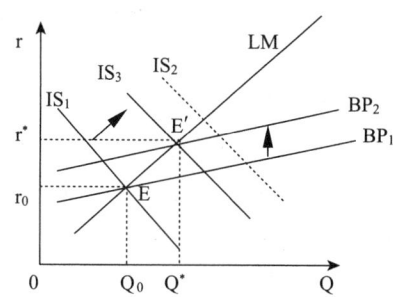

图 6-14 通过财政政策实现内外共同均衡（1）

（二）通货膨胀状态下均衡的调整

假定最初的商品市场、货币市场和国际收支都处于均衡状态，但这时的均衡是高于充分就业水平上的，经济过热，存在通货膨胀。因而政府采用紧缩的财政政策加以调节。

在图 6-15 中，紧缩性财政政策引起 IS_1 向左移动，使国民收入减少和利率下降。国民收入下降后会引起净出口的增加，抵消了财政政策的一部分效果。图中，有了对外经济贸易的影响，一项本可把 IS_1 曲线推至 IS_2 的紧缩性财政政策，只把 IS_1 曲线推向 IS_3。因此，在开放条件下，为实现充分就业，紧缩性政策也需要更大的力度。图中，财政政策引起的利率下降幅度较大，它所引起的资本流出量会超过因净出口增加而产生的货币流入增加量，国际收支出现逆差。因此，外汇市场上本国货币需求小于供给，汇率出现下降的趋势。这会鼓励商品和服务的出口增加，净出口增加，从而引起 BP 曲线下移。在 IS 曲线左移和 BP 曲线下移的共同作用下，商品市场、货币市场和国际收支有可能在无通货膨胀的充分就业的条件下，同时达到均衡。这时国民收入、利率、汇率均有所下降。图中，Q_0 是原先的国民收入，Q^* 是无通货膨胀的充分就业的国民收入，E 是原先的均衡点，E' 是调整后的均衡点，在 E' 点上，消除了通货膨胀，宏观经济实现了内外共同均衡。

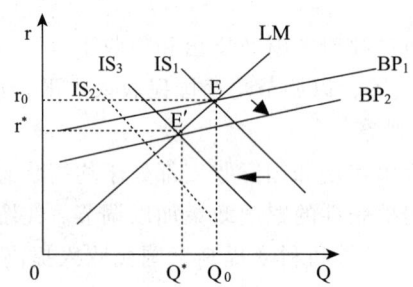

图 6-15　通过财政政策实现内外共同均衡（2）

二、浮动汇率制度下的货币政策

货币政策的作用机制是通过调节货币供应量，影响利率水平和商品需求，进而对投资和消费需求施加影响，以实现没有通货膨胀的充分就业。在开放的经济条件下，由于利率的变化会引起国际收支的变化，进而通过这一机制也能对国内经济产生影响。

（一）通货膨胀下均衡的调整

假定最初的商品市场、货币市场以及国际收支是在通货膨胀的条件下形成的均衡，政府的货币政策目标是将国民收入水平减少到没有通货膨胀的充分就业水平。政策的作用过程如图 6-16 所示。

在图 6-16 中，货币当局减少货币供给量使 LM 曲线从 LM_1 左移到 LM_2，使利率上升，国民收入下降。这样使国内两个市场的均衡点移至 BP 曲线的左上方。在这种状态下，国际收支出现顺差，引起本国货币升值，BP 曲线向上移动。其结果是：净出口的减少使总需求下降，IS 曲线左移，国民收入进一步下降。最终在 E^* 处，即国民收入（Q^*）、利率（r^*）、汇率（e^*）的组合点上实现均衡。这里的 Q^* 是没有通货膨胀的充分就业国民收入，宏观经济实现了内部和外部的共同均衡。货币政策作用的最终结果是：均衡利率、均衡汇率都有所上升，而国民收入有所下降。

由于加入了国际收支对 IS 曲线的影响，紧缩性货币政策对利率提高的作用效果减弱，而对国民收入的抑制作用加强。

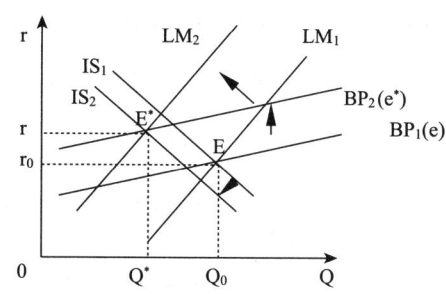

图 6-16 通过货币政策实现内外共同均衡（1）

（二）失业状态下均衡的调整

假定最初的商品市场、货币市场以及国际收支是在失业的条件下形成的均衡，政府的货币政策目标是将国民收入水平增加到没有通货膨胀的充分就业水平。政策的作用过程如图 6-17 所示。

在图 6-17 中，货币当局增加货币供给量使 LM 曲线从 LM_1 右移到 LM_2，使利率下降，国民收入上升。这样使国内两个市场的均衡点移至 BP 曲线的右下方。在这种状态下，国际收支出现逆差，引起本国货币贬值，BP 曲线向下移动。其结果是：净出口的增加使总需求上升，IS 曲线右移，国民收入进一步上升。最终在 E^* 处，即国民收入（Q^*）、利率（r^*）、汇率（e^*）的组合点上实现均衡。这里的 Q^* 是没有通货膨胀的充分就业国民收入，国内经济中的失业被消除，宏观经济实现了内部和外部的共同均衡。货币政策作用的最终结果是：国民收入上升，而均衡汇率和均衡利率有所下降。

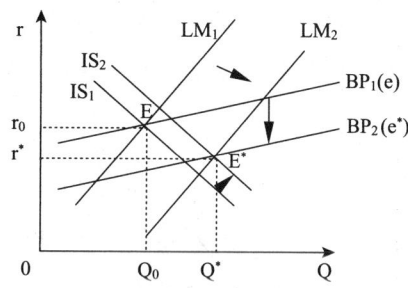

图 6-17 通过货币政策实现内外共同均衡（2）

三、在固定汇率制度下国际收支的调节

在固定汇率制度下，汇率缺乏对国际收支的调节功能，因此，为使国际收支实现平衡，只能通过国内宏观经济政策实现本国在国际经济贸易往来中的收支平衡。

（一）国际收支赤字的调节

在 IS—LM—BP 模型中，国际收支赤字表现为 IS 曲线与 LM 曲线的交点落在 BP 曲线的右下方，这时汇率出现下跌的压力。但是由于汇率固定，使贸易逆差无法通过汇率调整加以消除，因此，政府需要用紧缩的货币政策提高国内利率以吸引资本流入，进而消除国际收支的逆差。但是这样做会使国内投资下降进而使国民收入下降。如果此时国内经济处于充分就业的均衡，这种政策会导致国内经济的衰退。因此，需要用扩张性财政政策右移 IS 曲线，以便在固定汇率条件下，实现商品市场、货币市场及国际收支的均衡。上述过程如图 6-18 所示。

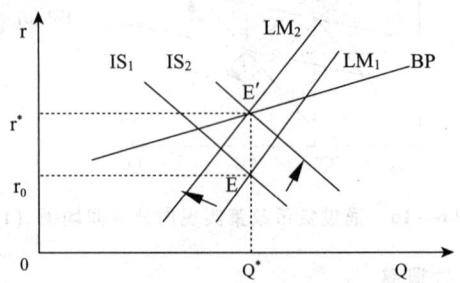

图 6-18　固定汇率下的宏观经济政策

在图 6-18 中，IS 曲线和 LM 曲线最初分别处在 IS_1、LM_1 的位置，如果单纯运用紧缩性货币政策，会使国民收入下降过多，因此，同时采取扩张性财政政策，使两线分别移至 IS_2、LM_2 的位置，在没有通货膨胀的充分就业的国民收入水平（Q^*）实现了三个市场的同时均衡。这样在不破坏内部均衡的情况下实现了外部均衡，从而实现了内外共同均衡的政策目标。

（二）固定汇率下收支盈余的调节

固定汇率下，当出现国际收支盈余时，IS 曲线和 LM 曲线的交点落在 BP 曲线的左上方。这时国际收支存在顺差，货币受到升值压力。由于汇率固定，BP 曲线不能上移，因而需要用扩张性货币政策降低利率，减少国外资本的净流入。假如经济处在无通货膨胀的充分就业的均衡状态，扩张性货币政策会引发通货膨胀，因此，需要用紧缩的财政政策进行抑制，从而实现没有通货膨胀的充分就业下的国际收支平衡。上述过程如图 6-19 所示。

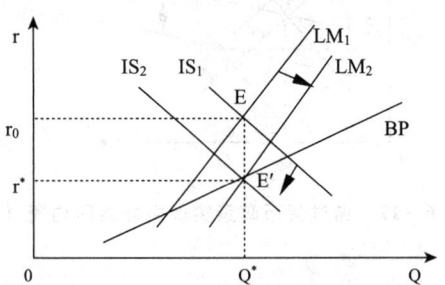

图 6-19　固定汇率下的宏观经济政策

在图 6-19 中，IS 曲线和 LM 曲线最初分别处在 IS_1、LM_1 的位置，如果单纯采用扩张性货币政策，会使经济过热，从而引发通货膨胀，因此，采用紧缩性财政政策，使两曲线分别移至 IS_2、LM_2 的位置，在无通货膨胀的充分就业的国民收入水平（Q^*）实现了三个市场的同时均衡。这样在保证内部均衡不遭破坏的同时实现了外部均衡，从而实现内外共同均衡的政策目标。

在开放的经济条件下，各国经济之间的联系越来越密切，一个国家出现的经济失衡会通过各种渠道迅速地传导到另一个国家。迄今为止，经济失衡主要是通过商品流动和资本流动两大渠道传导的，但是劳动力流动以及信息交流等传导渠道的影响也越来越大。正是由于这种国际经济传导机制的存在,所以要保持世界经济的均衡各国必须共同努力。

澳大利亚经济学家特里沃·斯旺认为理想的状态是宏观经济达到对内和对外的共同均衡。英国经济学家詹姆斯·米德指出:单独使用一种政策来追求内部和外部均衡,将会导致一国内部均衡和外部均衡的冲突,这就是所谓的米德冲突。为避免米德冲突,詹姆斯·米德提出"两种目标,两种工具"理论,即一个国家希望同时达到内部均衡和外均衡,就必须同时运用支出调整政策和支出转换政策。而美国经济学家罗伯特·蒙代尔的政策配合理论认为,用财政政策调节对内均衡,用货币政策调节对外均衡,这种政策配合也可以保证内外均衡的同时实现。

IS—LM—BP模型为分析内外共同均衡提供了分析工具。该模型表明,商品市场、货币市场和国际收支有可能自动实现均衡,即所谓的三重均衡。但三重均衡不一定是内外的共同均衡,只有三重均衡处在没有通货膨胀的充分就业的国民收入水平时,此时宏观经济才真正实现了内外共同均衡。为实现内外共同均衡的目标,政府必须用宏观经济政策干预经济。

在一个开放的经济中,一国如何实现内外共同均衡的目标,上述理论将有一定的指导作用。

本章小结

1. 外汇是在国际经济交往中形成的以外国货币表示的用于国际收支和国际结算的支付手段。外汇市场上的供求关系是影响汇率的最直接因素;购买力平价是长期汇率的重要决定因素;利率是决定短期汇率的重要因素,利率的变动会影响国际资本流动从而影响到汇率。

2. BP曲线上的每一个点都代表一个国际收支平衡的利率和收入的组合,而不在BP曲线上的每一个点都是使国际收支失衡的利率和收入的组合。

3. IS—LM—BP模型为分析内外共同均衡提供了分析工具。该模型表明,商品市场、货币市场和国际收支有可能自动实现均衡,即所谓的三重均衡。但三重均衡不一定是内外的共同均衡,只有三重均衡处在没有通货膨胀的充分就业国民收入水平时,此时宏观经济才真正实现了内外共同均衡。为实现内外共同均衡的目标,政府必须用宏观经济政策干预经济。

复习思考题

1. 用四部门的NI—AE模型分析影响国民收入均衡水平的主要因素。
2. 汇率有哪几种标价法?不同标价法下,汇率升降与本币币值之间关系怎样?
3. 说明汇率、进出口、国民收入之间的关系。
4. 国际收支调节政策有哪几种?
5. 在浮动汇率制度下,紧缩性财政政策会有怎样的结果?这一政策效应的实现机制是怎样的?

第七章 失业与通货膨胀理论

【学习目标】

- 了解失业和通货膨胀的概念及分类。
- 理解失业和通货膨胀的效应。
- 掌握失业与通货膨胀之间的关系。
- 理解菲利普斯曲线的经济含义。

总需求和总供给由于经常受到外界的干扰而经常处于变动之中,也就是说市场经济经常遭受失业和通货膨胀损害。为了避免这种损害,学者们对失业和通货膨胀进行了比较系统的研究。本章将对这方面研究的成果加以概括和说明。

第一节 失业的描述

西方国家重视失业问题,从而经常通过民间和官方组织来收集和公布失业数据。例如,美国的盖洛普公司经常进行民意调查,向人们询问美国面临的最主要问题是什么,答案可能包括毒品、犯罪、污染和核战争等。1983 年,由于美国的失业率达到了 9.5%,接受调查的大多数美国人都认为失业是当时美国面临的最主要问题。而在 1996 年,美国的失业率为 5.6%,民意调查表明,失业已不被认为是美国主要的问题。也就是说,当失业率高时,失业就被视为美国的全国性问题;而当失业率低时,失业就不被列入重要问题的名单中。

失业率是指劳动力中没有工作而又在寻找工作的人所占的比例,失业率的波动反映了就业的波动情况。当就业率下降时,由于工人被解雇,失业率上升。一般地,失业率在经济衰退期间上升,在经济复苏期间下降。1982 年美国的失业率上升到近 10%,1989 年降到 5%,1992 年再次上升至近 8%,1995 年又降到 6% 以下,2008 年上升到 8%。

一、失业的分类

宏观经济学通常将失业分为三种类型，即摩擦性失业、结构性失业以及周期性失业。

摩擦性失业是指在生产过程中由于难以避免的摩擦而造成的短期、局部性失业。这种失业在性质上是过渡性或短期性的。它通常起源于劳动力的供给方，像人们换工作或找新的工作便是例子。此种情况下，工作机会和寻找工作的人的匹配在经济中并不总是顺利地发生，结果一些人便得不到工作。摩擦性失业被认为在任何时候都存在，但对任何个人或家庭来说，它都是过渡性的。因此，摩擦性失业不被认为是严重的经济问题。

结构性失业是指劳动力的供给和需求不匹配所造成的失业，其特点是既有失业，又有职位空缺，失业者或者没有合适的技能，或者居住地点不当，因此无法填补现有的职位空缺。结构性失业在性质上是长期性的，而且通常起源于劳动力的需求方。结构性失业是由经济变化导致的，这些经济变化引起特定市场和区域中特定类型的劳动力的需求相对低于其供给。在特定市场中，造成劳动力的需求相对较低的原因可能如下：一是技术变化。尽管技术变化被认为能减少成本，扩大整个经济的生产能力，但它可能也会对某些特定市场（或产业）带来破坏性极大的影响。二是消费者偏好的变化。消费者产品偏好的改变导致在某些地区扩大了生产，增加了就业，但在其他地区减少了生产和就业。三是劳动力的不流动性。这种不流动性延长了由于技术变化或消费者偏好改变而造成的失业时间。工作机会的减少本应引起失业者流动，但不流动性却没有使这种情况发生。

周期性失业是指经济周期中的衰退或萧条产生时，因需求下降而造成的失业，这种失业是由整个经济的支出和产出下降造成的。当经济中总需求减少从而降低了总产出时，会引起整个经济体系较普遍的失业。

除了上述三种失业类型外，在宏观经济学中还有一种关于失业的分类，即所谓的自愿失业和非自愿失业。前者指工人不愿接受现行工资水平而形成的失业，后者指愿意接受现行工资但仍找不到工作的失业。

二、自然失业率和自然就业率

由于摩擦性失业的普遍性和不可避免性，宏观经济学认为，经济社会在任何时期总存着一定比率的失业人口。为此，定义自然失业率为经济社会在正常情况下的失业率。它是劳动市场处于供求稳定状态时的失业率。这里的稳定状态被认为是既不会造成通货膨胀也不会导致通货紧缩的状态。为了更好地理解自然失业率，下面给出一种自然失业率的表示方式。

设 N 代表劳动力，E 代表就业者人数，U 代表失业者人数，则有 N = E + U。相应地，失业率为 (U/N)，假定劳动力总数 N 不变，并重点考察劳动力中的人数在就业与失业之间的转换。

设 L 代表离职率，即每个月失去自己工作的就业者比例；J 代表就职率，即每个月找到工作的失业者的比例。

如果失业率既没有上升也没有下降，换句话说，如果劳动市场处于稳定状态，那么，找到工作的人数必定等于失去工作的人数。而找到工作的人数是 fU，失去工作的人数是 LE，因此，劳动市场达到稳定状态的条件就是：

$$fU = LE$$

又因为 E = N - U，上式变为：
$$fU = L(N - U)$$
解得：
$$U/N = L/(L + f)$$

上式给出的失业率就是自然失业率，因为在正常时期失业率是稳定的。上式表明，自然失业率取决于离职率 L 和就职率 f。离职率越高，自然失业率越高；就职率越高，自然失业率越低。上述公式的另一个意义在于，给出了一种估计自然失业率的方法。

与自然失业率相联系的一个概念是自然就业率，其含义是与自然失业率相对应的就业率，即充分就业量除以劳动力总量所得到的比率。按照这一界定，一个经济的自然失业率与自然就业率之和为 100%。这意味着知道两者中的一个，就可以推知另一个。从这个意义上说，自然失业率和自然就业率两者是一回事。在一些西方文献中，在不会产生混淆的情况下，就将这两者统称为自然率。

自然失业率不仅在理解充分就业和潜在产量（或充分就业产量）方面发挥作用，也在理解宏观经济学和宏观经济政策方面发挥着重要作用。

三、失业的经济学解释

失业现象从表面上看就是过多的劳动力去追逐过少的工作岗位。为了更好地理解失业问题，西方学者使用微观经济学的供给—需求分析框架对不同类型的失业加以解释（如图 7-1 所示）。

图 7-1 中，横轴为劳动力数量，纵轴为劳动力价格，即工资率。曲线 DD 为劳动需求曲线，曲线 SS 为劳动供给曲线。（1）图描述的是竞争性的劳动力供给和需求的一般情况。市场均衡点在 E 点，工资水平为 W^*。在竞争性的、市场出清的均衡状态之下，厂商愿意雇用接受市场工资水平为 W^* 的合格工人，雇用的数量为 N_E。在 W^* 的工资水平上，另有数量为 $(N^* - N_E)$ 的工人虽然愿意工作，但却要求较高的工资，由于这部分工人不愿意在现行的市场工资率下工作，所以他们被认为是自愿失业的。在现行工资率下，自愿失业者可能更偏好闲暇或其他活动，而不是工作。他们可能属于摩擦性失业，也可能正在寻找第一份工作；他们可能是生产率较低的劳动力，相对于较低收入的工作，他们更愿意享受福利和失业保险。

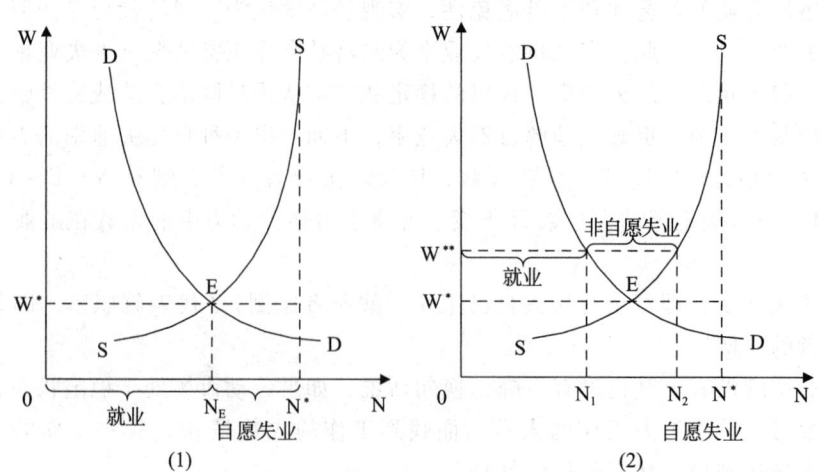

图 7-1　失业的经济学解释

（2）图显示的是非出清的劳动市场情况，它用来说明没有伸缩性的工资是怎样导致非自愿失业的。一次经济波动使劳动市场工资过高，劳动的价格是 W^{**}，而不是均衡工资或市场出清的工资 W^*。

在过高的工资率下，寻找工作的合格工人数量大于提供的工作职位数。愿意在工资 W^{**} 下工作的工人数量是 N_2，而企业愿意雇用的数量则为 N_1。由于工资高于市场出清水平，于是出现劳动供给过剩，$(N_2 - N_1)$ 表示的是这部分非自愿失业的失业者数量。在劳动力供给过剩的情况下，企业雇用劳动力时将会提出更严格的技能要求，雇用最有资格、最有经验的劳动者。

图（2）说明的非自愿失业理论假定工资是刚性的，由此引出进一步的问题：为什么工资不上下浮动以便实现市场出清？为什么劳动市场不是像谷物、玉米和普通股票那样的市场？这些问题属于现代宏观经济学中最有争议的论题，西方经济学家还没有形成共识。

第二节　失业的影响与奥肯定律

一、失业的影响

失业有两种主要的影响，即社会影响和经济影响。失业的社会影响虽然难以估计和衡量，但它最易为人们所感受到。失业威胁着作为社会单位和经济单位的家庭的稳定。没有收入或收入遭受损失，户主就不能起到应有的作用。家庭的要求和需要得不到满足，家庭关系将因此而受到损害。西方学者已经发现，高失业率常常与吸毒、高离婚率以及高犯罪率联系在一起。西方有关的心理学研究指出，解雇造成的创伤不亚于亲友的去世或学业上的失败。此外，家庭之外的人际关系也受到失业的严重影响。一个失业者在就业的人员当中失去了尊严和影响力，面临着被同事拒绝的可能性，最终，失业者在情感上受到严重打击。

失业的经济影响可以用机会成本的概念来理解。当失业率上升时，经济中本可由失业工人生产出来的产品和劳务就受到损失。衰退期间的损失，就好像是将众多的汽车、房屋、衣物和其他物品都销毁掉。从产出核算的角度看，失业者的收入总损失等于生产的损失，因此，丧失的产量是计量周期性失业损失的主要尺度，因为它表明经济处于非充分就业状态。表 7-1 给出了 20 世纪以来的高失业时期，美国实际产出相对于潜在 GDP 的减少量。

表 7-1　　　　　　　　　　失业时期的经济损失额

时　期	平均失业率（%）	产出损失	
		GDP 损失（10 亿美元，2003 年价格）	占该时期 GDP 百分比
大萧条时期（1930~1939 年）	18.2	2 560	27.6
石油危机和通货膨胀时期（1975~1984 年）	7.7	1 570	3.0
新经济跌落后的时期（2001~2003 年）	5.5	220	0.2

从表 7-1 可知，美国最大的经济损失发生在大萧条时期。20 世纪 70 年代和 80 年代的石油危机与通货膨胀也使产出损失高达 1 万多亿美元。相比之下，2001~2003 年这一时期，经济周期的损失非常小。

二、奥肯定律

20 世纪 60 年代，美国经济学家阿瑟·奥肯根据美国的数据，提出了经济周期中失业变动与产出变动的经验关系，即奥肯定律。

奥肯定律的内容是，失业率每高于自然失业率 1 个百分点，实际 GDP 将低于潜在 GDP 2 个百分点。换一种方式说，相对于潜在 GDP，实际 GDP 每下降 2 个百分点，实际失业率就会比自然失业率上升 1 个百分点。

西方学者认为，奥肯定律揭示了产品市场和劳动市场之间极为重要的联系。它描述了实际 GDP 的短期变动与失业率变动的联系。根据奥肯定律，可以通过失业率的变动推测或估计 GDP 的变动，也可以通过 GDP 的变动预测失业率的变动。例如，如果实际失业率为 8%，高于 6% 的自然失业率 2 个百分点，则实际 GDP 将比潜在 GDP 低 4% 左右。在宏观经济学中，GDP 偏离其潜在值的百分比被称为 GDP 缺口。

奥肯定律的一个重要结论是，实际 GDP 必须保持与潜在 GDP 同样快的增长，以防止失业率的上升。如果政府想让失业率下降，那么该经济社会实际 GDP 的增长必须快于潜在 GDP 的增长。

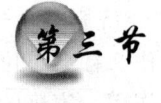

第三节 通货膨胀的种类

一、通货膨胀的描述

描述通货膨胀的主要工具是通货膨胀率的变化。例如，1981 年美国的通货膨胀率达到 10.4%，在盖洛普公司进行的民意调查中，当时接受调查的大多数美国人都认为通货膨胀是美国面临的最主要问题。1983 年以来，美国的通货膨胀率都维持在 6% 以下，相关的民意调查显示，通货膨胀在很长一段时间内都不被认为是主要问题。和失业一样，通货膨胀是经济运行状况的主要指示器。

二、通货膨胀的衡量

当一个经济中的大多数商品和劳务的价格连续在一段时间内普遍上涨时，宏观经济学就称这个经济经历着通货膨胀。按照这一说明，如果仅有一种商品的价格上升，不是通货膨胀。只有大多数商品和劳务的价格持续上升才是通货膨胀。

那么，如何理解大多数商品和劳务的价格上升呢？考虑到现实经济当中成千上万种不同商品价格加总的实际情况，以及一些商品价格上涨的同时，另一些商品的价格却可能在下降，而且各种商品价格涨跌幅度也不尽相同的复杂情况，宏观经济学运用价格指数这一概念来进行说明。

先说一下人们较熟悉的股票市场的情况。在股票市场上，在开市期间的每时每刻都有许多股票在进行交易。在同一时间里，所交易的股票价格各异，而且它们都在不断变化。有些股票价格上涨，有些股票价格下跌，且各种股票的涨跌幅度也不相同，有些涨跌幅度大，有些涨跌幅度小。在这种市场中，单用某一种股票价格的变化来描述整个股票市场的价格变动情况显然是不合适的。那么，究竟怎样描述整个股票市场的价格变动情况呢？为此，人们提出了股票价格指数的概念。股票价格指数是股票市场上各种股票价格的一种平均数，利用股票价格指数及其变化，人们就可以衡量和描述整个股票市场的价格变化情况。

与股票的情形相类似，宏观经济学用价格指数来描述整个经济中的各种商品和劳务价格的总体平均数，也就是经济中的价格水平。宏观经济学中常涉及的价格指数主要有 GDP 折算指数、消费价格指数（简记为 CPI）和生产者价格指数（简记为 PPI）。关于 GDP 折算指数，本书前文已作了说明，这里不再重复。下面简要说明一下消费价格指数和生产者价格指数。

消费价格指数告诉人们的是，对普通家庭的支出来说，购买具有代表性的一组商品，在今天要比在过去某一时间多花费多少钱。这一指数的基本意思是，人们有选择地选取一组（相对固定）商品和劳务，然后比较它们按当期价格购买的花费和按基期价格购买的花费。用公式表示，就是：

CPI ＝一组固定商品按当期价格计算的价值/一组固定商品按基期价格计算的价值

例如，设 2003 年为基年，如果 2003 年某国普通家庭每个月购买一组商品的费用为 857 美元，2007 年购买同样一组商品的费用是 1 174 美元，那么该国 2007 年消费价格指数就为：

$$CPI_{2007} = 1\ 174/857 \times 100 = 137$$

作为衡量生产原材料和中间投入品等价格平均水平的价格指数，生产者价格指数是对给定的一组商品的成本的度量。它与 CPI 的一个不同之处在于，它包括原材料和中间产品，这使得 PPI 成为表示一般价格水平变化的一个信号，被当做经济周期的指示性指标之一，受到政策制定者的密切关注。

有了价格水平这一概念，就可以将通货膨胀更为精确地描述为经济社会在一定时期价格水平持续地和显著地上涨。通货膨胀的程度通常用通货膨胀率衡量。通货膨胀率被定义为从一个时期到另一个时期价格水平变动的百分比。

三、通货膨胀的分类

对于通货膨胀，西方学者从不同角度进行了分类。

（一）按照价格上升的速度进行分类

按照价格上升的速度，学者们认为存在三种类型的通货膨胀：第一，温和的通货膨胀，指每年物价上升的比例在 10% 以内。目前，许多国家都存在着这种温和类型的通货膨胀。一些西方学者并不害怕温和的通货膨胀，甚至还认为这种缓慢而逐步上升的价格对经济和收入的增长有着积极的刺激作用。第二，奔腾的通货膨胀，指年通货膨胀率在 10%～100% 之间。这时，货币流通速度提高而货币购买力下降，并且均有较快的速度。西方学者认为，当奔腾的通货膨胀发生以后，由于价格上涨率高，公众预期价格还会进一步上涨，因而采取各种措施来保护自己，以免受通货膨胀之害，这使得通货膨胀更为加剧。第三，超级通货膨胀，指通货膨胀率在100%以上。发生这种通货膨胀时，价格持续猛涨，人们都尽快使货币脱手，从而大大加快货币流通速度。其结果是货币完全失去信任，货币购买力猛降，各种正常的经济联系遭到破坏，以至于货币体系和价格体系最后完全崩溃。在严重的情况下，还会引发社会动乱。

（二）按照对价格影响的差别分类

按照对不同商品的价格影响的大小加以区分，存在两种类型的通货膨胀：第一种为平衡的通货膨胀，即每种商品的价格都按相同比例上升。这里所指的商品价格包括生产要素以及各种劳动的价格，如工资率、租金、利率等。第二种为非平衡的通货膨胀，即各种商品价格上升的比例并不完全相同。例如，甲商品价格的上涨幅度大于乙商品的价格上涨幅度，或者利率上升的比例大于工资上升的比例等。

（三）按照人们的预期程度加以区分

按照这种区分有两种类型的通货膨胀：一种为未预期到的通货膨胀，即价格上升的速度超出人们的预料，或者人们根本没有想到价格会上涨。例如，国际市场原料价格的突然上涨所引起的国内价格的上升，或者在长期内价格不变的情况下，突然出现的价格上涨。另一种为预期到的通货膨胀。例如，当某一国家的物价水平年复一年地按5%的速度上升时，人们便会预计到，物价水平将以同一比例继续上升。既然物价按5%的比例增长成为意料之中的事，则该国居民在日常生活中进行经济核算时会把物价上升的比例考虑在内。例如，银行贷款的利息率肯定会高于5%，因为5%的利率仅能起到补偿通货膨胀的作用。由于每个人都把5%的物价上涨考虑在内，劳动者所要求的工资、厂商所要求的利率都会以相同的速度上涨。因此，预料之中的通货膨胀具有自我维持的特点，类似于物理学中的运动物体的惯性。因此，预期到的通货膨胀有时又被称为惯性的通货膨胀。

第四节 通货膨胀的原因及效应

关于通货膨胀的原因，西方经济学家提出了种种解释，可分为三个方面：第一为货币数量论的解释，这种解释强调货币在通货膨胀过程中的重要性；第二是用总需求与总供给来解释，包括从需求的角度和供给的角度来解释；第三个方面是从经济结构因素变动的角度来说明通货膨胀的原因。下面依次加以说明。

一、作为货币现象的通货膨胀

货币数量论在解释通货膨胀方面的基本思想是，每一次通货膨胀背后都有货币供给的迅速增长。这一理论的出发点是如下所示的交易方程：

$$MV = Py$$

式中，M 为货币供给量；V 为货币流通速度，它被定义为名义收入与货币量之比，即一定时期（如1年）平均1元钱用于购买最终产品与劳务的次数；P 为价格水平；y 为实际收入水平。

上式左侧的 MV 反映的是经济中的总支出，而右侧的 Py 为名义收入水平。由于经济中对商品与劳务支出的货币额即为商品和劳务的总销售价值，因而方程的两边相等。

根据以上分析，通货膨胀的原因有三个方面，即货币流通速度的变化、货币增长和产量增长。如果货币流通速度不变且收入处于其潜在的水平上，则显然可以得出，通货膨胀的产生主要是货币供给增加的结果。换句话说，货币供给的增加是通货膨胀的基本原因。

二、需求拉动通货膨胀

需求拉动通货膨胀，又称超额需求通货膨胀，是指总需求超过总供给所引起的一般价格水平持续显著的上涨。需求拉动通货膨胀理论把通货膨胀解释为过多的货币追求过少的商品。图 7-2 常被用来说明需求拉动通货膨胀。

图 7-2 中，横轴 y 表示总产量（国民收入），纵轴 P 表示一般价格水平。AD 为总需求曲线，AS 为总供给曲线。总供给曲线 AS 起初呈水平状，这表示，当总产量较低时，总需求的增加不会引起价格水平的上涨。总产量增加到 y_1，价格水平始终稳定。总需求曲线 AD_1 与总供给曲线 AS 的交点 E_1 决定的价格水平为 P_1，总产量水平为 y_1。当总产量达到 y_1 以后，继续增加总需求，就会遇到生产过程中所谓的瓶颈现象，即由于劳动、原料、生产设备等的不足而使成本提高，从而引起价格水平的上涨。

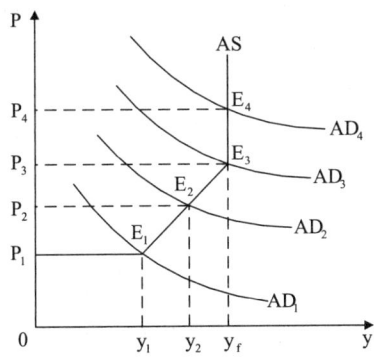

图 7-2 需求拉动型通货膨胀

图 7-2 中，总需求曲线 AD 继续提高时，总供给曲线 AS 便开始逐渐向右上方倾斜，价格水平逐渐上涨。总需求曲线 AD_2 与总供给曲线 AS 的交点决定的价格水平为 P_2，总产量为 y_2。当总产量达到充分就业的产量 y_f 时，整个社会的经济资源全部得到利用。图中总需求曲线 AD_3 同总供给曲线 AS 的交点 E_3 决定的价格水平为 P_3，总产量水平为 y_f。价格水平从 P_1 上涨到 P_2 和 P_3 的现象被称作瓶颈式的通货膨胀。在达到充分就业的产量 y_f 以后，如果总需求继续增加，总供给就不再增加，因而总供给曲线 AS 呈垂直状，这时总需求的增加只会引起价格水平的上涨。西方经济学家认为，不论总需求的过度增长是来自消费需求、投资需求，或是来自政府需求、国外需求，都会导致需求拉动通货膨胀。需求方面的原因或冲击主要包括财政政策、货币政策、消费习惯的突然改变以及国际市场的需求变动等。

三、成本推动通货膨胀

成本推动通货膨胀理论是西方学者企图从供给方面说明为什么会发生一般价格水平上涨

的一种理论。成本推动通货膨胀,又称成本通货膨胀或供给通货膨胀,是指在没有超额需求的情况下,由于供给方面成本的提高所引起的一般价格水平持续和显著的上涨。

西方学者认为,成本推动通货膨胀主要是由工资的提高造成的。他们把这种成本推动通货膨胀叫做工资推动通货膨胀,以区别于利润提高造成的成本推动通货膨胀。

工资推动通货膨胀是指不完全竞争的劳动市场造成的过高工资所导致的一般价格水平的上涨。据西方学者解释,在完全竞争的劳动市场上,工资率完全取决于劳动供求,工资的提高不会导致通货膨胀;而在不完全竞争的劳动市场上,由于工会组织的存在,工资不再是竞争环境下的工资,而是工会和雇主集体议价的工资,并且由于工资增长率超过生产率增长率,工资的提高就导致成本提高,从而导致一般价格水平上涨,这就是所谓工资推动通货膨胀。西方学者进而认为,工资提高和价格上涨之间存在因果关系:工资提高引起价格上涨,价格上涨又引起工资提高。这样,工资提高和价格上涨形成了螺旋式的上升运动,即所谓工资—价格螺旋。

利润推动通货膨胀是指垄断企业和寡头企业利用市场势力谋取过高利润所导致的一般价格水平的上涨。西方学者认为,就像不完全竞争的劳动市场是工资推动通货膨胀的前提一样,不完全竞争的产品市场是利润推动通货膨胀的前提。在完全竞争的产品市场上,价格完全取决于商品的供求,任何企业都不能通过控制产量来改变市场价格;而在不完全竞争的产品市场上,垄断企业和寡头企业为了追求更大的利润,可以操纵价格,把产品价格定得很高,致使价格上涨的速度超过成本增长的速度。

一些西方学者认为,单纯用需求拉动或成本推动都不足以说明一般价格水平持续上涨的原因,而应当同时从需求和供给两个方面以及二者的相互影响说明通货膨胀。于是又有人提出了从供给和需求两个方面及其相互影响说明通货膨胀的理论,即混合通货膨胀理论。

四、结构性通货膨胀

西方经济学家认为,在没有需求拉动和成本推动的情况下,只是由于经济结构因素的变动,也会出现一般价格水平的持续上涨。他们把这种价格水平的上涨叫做结构性通货膨胀。

结构性通货膨胀理论把通货膨胀的起因归结为经济结构本身所具有的特点。据西方学者解释,从生产率提高的速度看,社会经济结构的特点是,一些部门生产率提高的速度快,另一些部门生产率提高的速度慢;从经济发展的过程看,社会经济结构的特点是,一些部门正在迅速发展,另一些部门渐趋衰落;从同世界市场的关系看,社会经济结构的特点是,一些部门(开放部门)同世界市场的联系十分密切,另一些部门(非开放部门)同世界市场没有密切联系。现代社会经济结构不容易使生产要素从生产率低的部门转移到生产率高的部门,从渐趋衰落的部门转移到正在迅速发展的部门,从非开放部门转移到开放部门。但是,生产率提高慢的部门、正在趋向衰落的部门以及非开放部门在工资和价格问题上都要求"公平",要求向生产率提高快的部门、正在迅速发展的部门以及开放部门看齐,要求赶上去,结果导致一般价格水平的上涨。

西方学者通常用生产率提高快慢不同的两个部门说明结构性通货膨胀。由于生产率提高的快慢不同,两个部门工资增长的快慢也应当有区别。但是,生产率提高慢的部门要求工资增长向生产率提高快的部门看齐,结果使全社会工资增长速度超过生产率增长速度,因而引起通货膨胀。

五、通货膨胀的持续

上面关于需求拉动通货膨胀和成本推动通货膨胀的分析表明,对经济的冲击如何使总需求曲线和总供给曲线移动,导致一个新的更高价格水平的均衡。但是,通货膨胀不是价格水平的一次性改变,而是价格水平的持续上升。在大多数情况下通货膨胀水平有一种惯性。如果一个经济有了 8% 的通货膨胀率,那么这 8% 的通货膨胀率会有不断持续下去的趋势,这种情况被称为通货膨胀螺旋。

产生这种现象的原因在于,如果经济中大多数人都预期到同样的通货膨胀率,那么这种对通货膨胀的预期就会变成经济运行的现实。在通货膨胀时期,劳工与厂方谈判,要求保证工资水平的上升与物价水平的上涨相一致,以使他们的实际工资不会下降。银行在贷款时也希望确保一定的实际收益率,因此,它们在确定贷款利率时,要考虑到它们年末收回的货币值不低于年初贷出时的货币值这一情况。这意味着,在以货币计量的一些名义变量(如工资、租金等)的提高和价格上涨之间存在因果关系。以工资为例,工资提高引起价格上涨,价格上涨又引起工资提高。于是,工资提高和价格上涨形成了螺旋式的上升运动。

考虑到上述情况,可以说,单纯用需求拉动或成本推动都不足以说明一般价格水平持续上涨的原因。事实上,无论通货膨胀的原因如何,只要通货膨胀开始,需求拉动和成本推动几乎都发挥着作用,即使导致通货膨胀的初始原因消失了,通货膨胀也可以自行继续下去。当工人们预期物价会上涨时,他们就会坚持要求增加工资,而工资的上升,使企业成本增加,从而又导致更高的价格水平。

六、通货膨胀的经济效应

考察通货膨胀的经济效应,也就是要弄清楚通货膨胀的影响。通货膨胀是一个到处扩散其影响的经济过程,每一个公民和经济中的其他经济单位都在某种程度上受到通货膨胀的影响。这里主要从两方面来考察其效应。

(一) 通货膨胀的再分配效应

在现实经济中,产出和价格水平是一起变动的,通货膨胀常常伴随有扩大的实际产出,只有在较少的一些场合中,通货膨胀的产生伴随着实际产出的收缩。为了独立地考察价格变动对收入分配的影响,假定实际收入是固定的,然后去研究通货膨胀如何影响获得收入的所有者实际得到收入的大小。在分析之前,还要区分货币收入和实际收入。货币收入就是一个人所获得的货币数量,而实际收入则是一个消费者用他的货币收入所能买到的物品和劳务的数量。

那么,通货膨胀的再分配效应是怎样的呢?

首先,通货膨胀不利于靠固定货币收入维持生活的人。对于固定收入阶层来说,其收入是固定的货币数额,落后于上升的物价水平。其实际收入因通货膨胀而减少,他们每一元收入的购买力将随价格的上升而下降。而且,由于他们的货币收入没有变化,他们的生活水平必然相应地降低。哪些人属于固定收入阶层呢?最为明显的就是那些领取救济金、退休金的人。工薪阶层、公务员以及靠福利和其他转移支付维持生活的人,他们在相当长的时间内所获得的收入是不变的。特别是那些只获得少量救济金的老人,遇到这种经济灾难,更是苦不堪言,他们是通货膨胀的牺牲品。相反,那些靠变动收入维持生活的人,则会从通货膨胀中得益,这些人的货币收入会走在价格水平和生活费用上涨之前。例如,在扩张中的行业工作并有强大的工会支持的工人就是这样,他们的工资合同中订有工资随生活费用的上涨而提高的条款,或是有强有力的工会代表他们进行谈判,在每个新合同中都能得到大幅度的工资增加。那些从利润中得到收入的企业主也能从通货膨胀中获利,如果产品价格比资源价格上升得快的话,则企业的收益将比它的成本增长得快。

其次,通货膨胀对储蓄者不利。随着价格上涨,存款的实际价值或购买力就会降低,那些口袋中有闲置货币和在银行有存款的人受到严重的打击。同样,像保险金、养老金以及其他固定价值的证券财产等,它们本来是作为防患未然和蓄资养老的,在通货膨胀中,其实际价值也会下降。

再次,通货膨胀还可以在债务人和债权人之间发生收入再分配的作用。具体地说,通货膨胀靠牺牲债权人的利益而使债务人获利。假如甲向乙借款一万元,一年后归还,而这段时间内价格水平上升一倍,那么一年后甲归还给乙的一万元相当于借时的一半。这里假定借贷双方没有预期到通货膨胀的影响。但是,如果一旦预期到通货膨胀,则上述的再分配就会改变。实际研究表明,第二次世界大战以来,西方国家的通货膨胀从居民户手中把大量再分配的财富带到公共经济部门。原因有两点:第一,政府已经负债累累,而大量的债券是掌握在居民户手中的,也就是说政府是债务人,而居民户是债权人。于是,战后的通货膨胀就经常将财富从居民户那里转移到政府方面。第二,一般政府所得税是累进的,所以在通货膨胀期间,人们要多缴税。这不但因为纳税人的货币收入提高了,而且还因为纳税人的纳税级别提高,因此,要支付其收入的较大百分比给政府,必然出现研究表明的收入再分配结果。所以,有些西方经济学家认为,很难希望政府会努力制止通货膨胀。

最后,还必须补充两点:一是由于居民户往往同时是收入获得者、金融证券的持有者和实际财产(不动产)的所有者,因而通货膨胀对他们的影响可以互相抵消。例如,某家庭既有固定价值的货币资产,如储蓄、债券、保险等,会因通货膨胀而削减其实际价值,但同时通货膨胀又会增加其他方面的财富,如增加房产、土地的价值。总之,许多居民因通货膨胀得益的同时,又因通货膨胀受损。二是通货膨胀的再分配效应是自发的。

(二) 通货膨胀的产出效应

在通货膨胀的再分配效应中,假定国民经济的实际产出固定。而实际上,国民经济的产出水平是随着价格水平的变化而变化的。下面考虑可能出现的三种情况。

第一种情况:随着通货膨胀的出现,产出增加,收入增加。这就是需求拉动的通货膨胀的刺激,促进了产出水平的提高。许多经济学家长期以来坚持这样的看法,即温和的或爬行的需求拉动通货膨胀对产出和就业将有扩大的效应。假设总需求增加,经济复苏,造成一定程度的需求拉动的通货膨胀,在这种情况下,产品的价格会先于工资和其他资源价格的提高而提高,由此而增加了企业的利润。利润的增加就会刺激企业扩大生产,从而减少失业,增加国民产出。这种情况意味着通货膨胀的再分配后果会由更多的就业、增加产出所获得的收益所抵消。例如,对于一个失业工人来说,如果他只有在通货膨胀条件下才能得到就业机会,显然,就受益于通货膨胀。

第二种情况:成本椎动通货膨胀会使收入或产量减少,从而引致失业。这里讲的是由通货膨胀引起的产出和就业的下降。假定在原来的总需求水平下,经济实现了充分就业和物价稳定。如果发生成本推动通货膨胀,则原来的总需求条件下所能购买的实际产品的数量将会减少,也就是说,当成本推动的压力抬高物价水平时,既定的总需求只能在市场上支持一个较小的实际产出。所以，实际产出会下降，失业会上升。美国20世纪70年代的情况就证实了这一点。1973年末，石油价格翻了两番，成本推动通货膨胀的后果使1973～1975年的物价水平迅速上升，与此同时，美国失业率从1973年不到5%上升到1975年的8.5%。

第三种情况：超级通货膨胀导致经济崩溃。第一，随着价格持续上升，居民户和企业会产生通货膨胀预期，即估计物价会再度升高。这样，人们为了防止储蓄和现行的收入贬值，而宁愿在价格上升前把它花掉，从而产生过度的消费购买。这样，储蓄和投资都会减少，经济增长率下降。第二，随着通货膨胀而来的生活费用的提高，劳动者会要求提高工资，不但会要求增加工资以抵消过去价格水平的上升，而且要求补偿下次工资谈判前可以预料到的通货膨胀带来的损失，于是企业增加生产和扩大就业的积极性就会逐渐丧失。第三，企业在通货膨胀率上升时会力求增加存货，以便在稍后按高价出售以增加利润，这种通货膨胀预期除了会鼓励企业增加存货外，还可能鼓励企业增加新设备。然而，企业这些行为到无法筹措到必需的资金（增加存货和购买设备都需要资金）时就会停止，银行会在适当时机拒绝继续为企业扩大信贷，银行利率也会上升，企业得到贷款的难度会越来越大。企业被迫要减少存货，生产就会收缩。第四，当出现恶性通货膨胀时，情况会变得更糟。当人们完全丧失对货币的信心时，货币就不能执行它作为交换手段和储藏手段的职能。这时，任何一个有理智的人将不愿再花精力去从事财富的生产和正当的经营，而会把更多的精力用在如何尽快把钱花出去，或进行种种投机活动。等价交换的正常买卖，经济合同的签订和履行，经营单位的经济核算以及银行的结算和信贷活动等，都无法再实现，市场经济机制也无法再正常运行，别说经济增长，大规模的经济混乱也不可避免了。

失业与通货膨胀的关系——菲利普斯曲线

如前所述，失业与通货膨胀是短期宏观经济运行中的两个主要问题。如果经济决策者的目标是低通货膨胀和低失业，则他们会发现低通货膨胀和低失业目标往往是冲突的。利用总需求—总供给模型来理解，假设决策者想用货币或财政政策扩大总需求，在理论上，这种政策将使经济沿着短期总供给曲线变动到更高产出和更高物价水平的一点上。较高的产出意味着较低的失业，因为当企业生产更多产品时，它们需要更多的劳动力，而较高的物价水平则意味着较高的通货膨胀。因此，当决策者使经济沿着短期总供给曲线向上移动时，失业率降低了而通货膨胀率提高了。相反，当决策者紧缩总需求并使经济沿短期总供给曲线向下移动时，失业增加了而通货膨胀率下降了。因此，有必要从理论上探讨失业和通货膨胀之间的关系。在宏观经济学中，失业和通货膨胀的关系主要是通过菲利普斯曲线来说明的。

一、菲利普斯曲线的提出

1958年，在英国任教的新西兰籍经济学家威廉·菲利普斯在研究了1861～1957年的英国失业率和货币工资增长率的统计资料后，提出了一条用以表示失业率和货币工资增长率之间替换关系的曲线，在以横轴表示失业率、纵轴表示货币工资增长率的坐标系中，画出一条向右下方倾斜的曲线,这就是最初的菲利普斯曲线。该曲线表明:当失业率较低时,货币工资增长率较高;反之,当失业率较高时,货币工资增长率较低,甚至为负数。

以萨缪尔森为代表的新古典综合派随后便把菲利普斯曲线改造来表示为失业率和通货膨胀率之间的关系,并把它作为新古典综合理论的一个组成部分,用以解释通货膨胀。

新古典综合派对最初的菲利普斯曲线加以改造的出发点在于货币工资增长率、劳动生产率和通货膨胀率之间的关系,公式如下:

通货膨胀率=货币工资增长率-劳动生产增长率

根据这一关系,若劳动生产的增长率为零,则通货膨胀率就与货币工资增长率一致。因此,经改造的菲利普斯曲线就表示了失业率与通货膨胀率之间的替换关系,即:失业率高,则通货膨胀率低;失业率低,则通货膨胀率高。菲利普斯曲线如图7-3所示:

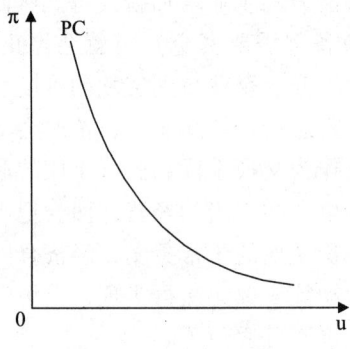

图7-3 菲利普斯曲线

图7-3中,横轴代表失业率u,纵轴代表通货膨胀率π,向右下方倾斜的曲线PC即为菲利普斯曲线。菲利普斯曲线所揭示的失业与通货膨胀的替换关系与美国20世纪60年代通货膨胀和失业的数据相吻合。

若设u^*代表自然失业率,则可以将简单形式的菲利普斯曲线表示为:

$$\pi = -\varepsilon(u - u^*)$$

式中,参数ε衡量价格对于失业率的反应程度。举例来说,如果ε是2,实际失业率相对于自然失业率每增加一个百分点,则通货膨胀率下降两个百分点。总之,上述方程描述的是,当失业率超过自然失业率,即$u > u^*$时,价格水平就下降,当失业率低于自然失业率时,价格水平就上升。

二、菲利普斯曲线的政策含义

菲利普斯曲线被修正后,迅速成为西方宏观经济政策分析的基石。它表明,政策制定者可以选择不同的失业率和通货膨胀率的组合。例如,政策制定者可以利用高通货膨胀率来达到较低的失业率的目的,或者可以通过高失业率来维持低通货膨胀率。换言之,在失业和通货膨胀之间存在着一种替换关系,即用一定的通货膨胀率的增加来换取一定的失业率的减少,或者,用后者的增加来减少前者。

具体而言,一个经济社会先确定一个社会临界点,由此确定一个失业与通货膨胀的组合区域。如果实际的失业率和通货膨胀率在组合区域内,则社会的决策者不用采取调节行动;如在区域之外,则可根据在利普斯曲线所表示的关系进行调节。现用图7-4来说明。

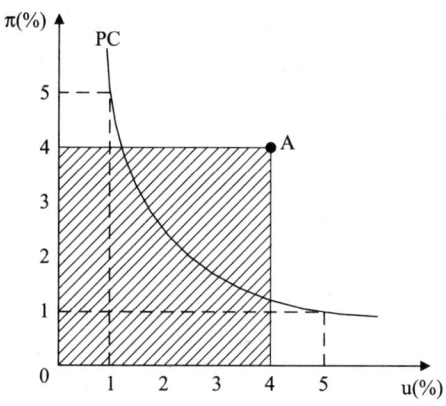

图 7-4 菲利普斯曲线与政策运用

在图中,假定当失业率和通货膨胀率在 4% 以内时,经济社会被认为是安全的或可容忍的,这时在图中就得到了一个临界点,即 A 点,由此形成一个四边形的区域,称其为安全区域,如图中的阴影部分所示。如果该经济的实际失业率与通货膨胀率组合落在安全区域内,则决策者无须采取任何措施(即政策)调节。

如果实际通货膨胀率高于 4%,例如达到了 5%,这时根据菲利普斯曲线,经济决策者可以采取紧缩性政策,以提高失业率为代价降低通货膨胀率。从图 7-4 中可以看到,当通货膨胀降到 4% 以下时,失业率仍然在可忍受的范围内。

如果经济社会的失业率高于 4%,例如为 5%,这时根据菲利普斯曲线,决策者可以采取扩张性政策,以提高通货膨胀率为代价降低失业率。从图 7-4 中看到,当失业率降到 4% 以下时,通货膨胀率仍然在可忍受范围内。

三、附加预期的菲利普斯曲线

1968 年,货币主义的代表人物,美国经济学家米尔顿·弗里德曼指出了菲利普斯曲线分析的一个严重缺陷,即它忽略了影响工资变动的一个重要因素,即工人对通货膨胀的预期。弗里德曼指出,企业和工人关注的不是名义工资,而是实际工资。当劳资双方谈判新工资协议时,他们都会对新协议期的通货膨胀进行预期,并根据预期的通货膨胀相应地调整名义工资水平。根据这种说法,人们预期通货膨胀率越高,名义工资增加越快。由此,弗里德曼等人提出了短期菲利普斯曲线的概念。这里所说的短期,是指从预期到需要根据通货膨胀作出调整的时间间隔。短期菲利普斯曲线就是预期通货膨胀率保持不变时,表示通货膨胀率与失业率之间关系的曲线。

根据以上说明,为了显示预期通货膨胀的重要性,将菲利普斯曲线方程改写为:

$$(\pi - \pi^e) = -\varepsilon \cdot (u - u^*)$$
$$\pi = \pi^e - \varepsilon \cdot (u - u^*)$$

式中,π^e 表示预期通货膨胀率。上式被称为现代菲利普斯曲线或附加预期的菲利普斯曲线。注意,附加预期的菲利普斯曲线具有一个重要性质,这就是当实际通货膨胀等于预期通货膨胀时,失业率处于自然失业率水平。这意味着,附加预期的菲利普斯曲线在预期通货膨胀率水平上与自然失业率相交。本章第一节已经以不同方式描述了自然失业率这一概念。

这里说明的是,利用上式所示的附加预期的菲利普斯曲线,可以将自然失业率定义为非加速通货膨胀的失业率。这一自然失业率的定义是西方学者使用最普遍的一个定义。附加预期的菲利普斯曲线如图7-5所示。

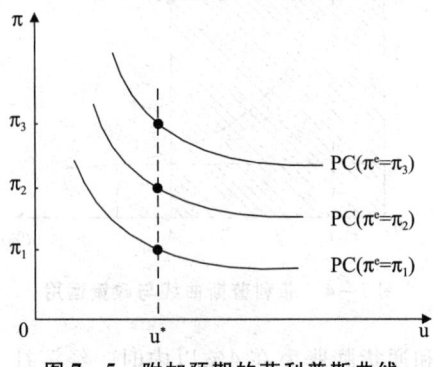

图7-5 附加预期的菲利普斯曲线

本节前面部分曾指出,菲利普斯曲线所揭示的失业率与通货膨胀率的替换关系与美国20世纪60年代通货膨胀和失业的数据相吻合。然而,20世纪70年代以来,简单的菲利普斯曲线与美国的实际情况相距甚远。而附加顶期的菲利普斯曲线在解释失业与通货膨胀的关系方面还算是成功的。

应该指出,附加预期的短期菲利普斯曲线表明,在预期通货膨胀率低于实际通货膨胀率的短期内,失业率与通货膨胀率之间仍存在着替换关系。由此,向右下方倾斜的短期菲利普斯曲线的政策含义就是,在短期内引起通货膨胀率上升的扩张性财政与货币政策是可以起到减少失业的作用的。换句话说,调节总需求的宏观经济政策在短期是有效的。

四、长期菲利普斯曲线

按照一些西方学者的说法,在长期内,工人将根据实际发生的情况不断调整自己的预期,工人预期的通货膨胀率与实际通货膨胀率迟早会一致,这时工人会要求改变名义工资,以使实际工资不变,这时较高的通货膨胀就不会起到减少失业的作用。西方学者认为,在以失业率为横坐标、通货膨胀率为纵坐标的坐标系中,长期菲利普斯曲线是一条垂直线,表明失业率与通货膨胀率之间不存在替换关系。而且,在长期内,经济社会能够实现充分就业,经济社会的失业率将处在自然失业率的水平。

可以用图7-6说明短期菲利普斯曲线不断移动,进而形成长期菲利普斯曲线的过程。

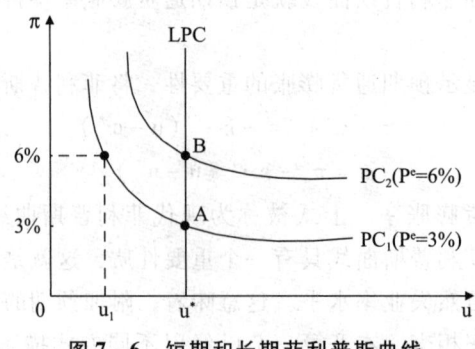

图7-6 短期和长期菲利普斯曲线

图 7-6 中，假定某一经济处于自然失业率为 u^*、通货膨胀率为 3% 的 A 点。若这时政府采取扩张性政策，以使失业率降低到 u_1。由于扩张性政策的实施，总需求增加，导致价格水平上升，使通货膨胀率上升为 6%。因为在 A 点处，工人预期的通货膨胀率为 3%，而现在实际的通货膨胀率为 6%，高于预期的通货膨胀率，因此导致实际工资下降，从而会增加生产，增加就业，于是失业率减少为 u_1。于是就会发生图 7-6 中短期菲利普斯曲线 PC_1 所示的情况，失业率由 u^* 下降为 u_1，而通货膨胀率则从 3% 上升到 6%。

但这种情况只能是短期的，经过一段时间，工人们会发现价格水平的上升和实际工资的下降，这时他们便要求提高货币工资。与此同时，工人们会相应地调整其预期，即从原来的 3% 调整到现在的 6%。伴随这种调整，实际工资回到了原有的水平。相应地，企业生产和就业也都回到了原有的水平，失业率又回到原来的 u^*。但此时经济已处于具有较高通货膨胀率预期（即 6%）的 B 点。

将以上过程重复下去，可以想象，在短期内，由于工人不能及时改变预期，存在失业与通货膨胀之间的替换关系，表现在图形上，便有诸如 PC_1、PC_2……的各条短期菲利普斯曲线。随着工人预期通货膨胀率的上升，短期菲利普斯曲线不断上升。

从长期来看，工人预期的通货膨胀与实际通货膨胀是一致的。因此，企业不会增加生产和就业，失业率也就不会下降，从而便形成了一条与自然失业率重合的长期菲利普斯曲线 LPC。从图 7-6 可知，垂直于自然失业率水平的长期菲利普斯曲线表明，在长期内不存在失业与通货膨胀的替换关系。

长期菲利普斯曲线的政策含义是，从长期来看，政府运用扩张性政策不但不能降低失业率，还会使通货膨胀率不断上升。

本章小结

1. 失业率是指劳动力中没有工作而又在寻找工作的人所占的比例，失业率的波动反映了就业的波动情况。宏观经济学通常将失业分为三种类型，即摩擦性失业、结构性失业以及周期性失业。通货膨胀的原因主要有需求拉动通货膨胀、成本推动通货膨胀和结构性通货膨胀，通货膨胀具有再分配和产出效应。

2. 凯恩斯认为，失业与通货膨胀不会并存；1958 年，菲利普斯根据英国 1861~1957 年间失业率与货币工资变动率的经验统计资料，提出了这条用以表示失业率和货币工资变动率之间交替关系的曲线。菲利普斯曲线提出通货膨胀是由于工资成本推动所引起的，这就是成本推动通货膨胀理论。正是这一理论把货币工资增长率与通货膨胀率联系起来。

3. 在此之后，货币主义与理性预期学派又对失业与通货膨胀的关系展开了详尽的研究，并提出了短期菲利普斯曲线与长期菲利普斯曲线。凯恩斯主义认为，无论在短期与长期中，失业率与通货膨胀率都存在关系，从而认为宏观经济政策在短期与长期内都是有效的；货币主义认为，短期内失业率与通货膨胀率存在交替关系，而长期内不存在这种关系，从而认为宏观宏观经济政策只在短期内有效，而在长期内无效；理性预期学派认为，无论在短期或长期内，失业率与通货膨胀率都没有交替关系，因此，宏观经济政策都是无效的。

复习思考题

1. 如何区分需求拉动的通货膨胀与成本推进的通货膨胀？对于这两类通货膨胀现象，我们可以用什么手段来分别治理？
2. 奥肯定理主要说明了什么？
3. 凯恩斯主义的失业与通货膨胀的关系是什么？
4. 推导菲利普斯曲线。
5. 长期菲利普斯曲线与短期菲利普斯曲线的政策含义有何不同？

第八章 经济周期理论

【学习目标】

- 熟悉经济周期的概念、类型及阶段。
- 掌握经济周期的相关理论。
- 理解经济周期模型。

宏观经济运行的周期性波动是一种客观必然的现象,任何一个国家的经济增长都不可能以一种一成不变的速度进行。人们用"经济周期"这一概念来描述长期实践中所观察到的带有一定规律性的由累积性上升和下降所构成的经济过程。经济周期理论是宏观经济学的重要组成部分。特别是在凯恩斯之后,西方经济学家更是加强了对经济周期的研究。

第一节 经济周期

随着时间的进展,表示宏观经济运行的经济变量经常会表现出上下波动。这些变量的上下波动是西方经济周期理论研究的对象。由于涉及变量在不同时间的状态,所以经济周期理论被区分为动态经济学的范畴,它构成了动态经济学分析的一个主要方面。本节首先说明西方学者所说的经济周期的含义及其类型,然后概述西方经济周期理论。

一、经济周期的含义与类型

(一) 经济周期的含义

经济周期(Business Cycle)也称为商业周期或经济波动,是指经济活动沿着经济发展的总体趋势所经历的有规律的扩张和收缩。

关于经济周期的含义有很多不同的说法,其中比较有代表性的是凯恩斯和密切尔。凯恩斯说:"循环运动是指当经济体系向上前进时,促使其上升的各种力量初则逐渐扩大,相互加强,继而逐渐不支,到某一点时,向下力乃代之而起,向下之力最初也是逐渐扩大,互相加强,发展到极致,又会逐渐衰退,最后也让位于相反的力量。"

美国经济学家威廉·米切尔说:"经济周期是以商业经济为主的国家总体经济活动的一种波动,一个周期是由很多经济活动的几乎同时扩张、机制已普遍的衰退、收缩与复苏所组成的,而且是重复的出现。"

由此看来,经济发展经常会出现一种开始向上,继而向下,再向上的反复周期性运动。早期研究经济周期的理论学家认为,经济周期波动在时间先后及期限长短上都具有"明显规律性"。其实,现代经济学家的研究发现,经济波动在时间先后上和期限长短上并不具有明显的"规律性"。因此,我们实际上很难给经济周期下一个准确的定义。

一般认为,经济周期是指经济活动沿着经济发展的总体趋势所经历的有规律的扩张和收缩。

(二) 经济周期的类型

西方经济学家根据一个周期的长短将经济周期分为长周期、中周期和短周期三种。

1. 长周期

长周期又称长波,是指一个周期长度平均为50年的周期。这一划分是由苏联经济学家尼古拉斯·康德拉季耶夫于1926年发表的《经济生活中的长波》一文中首先提出的,尼古拉斯·康德拉季耶夫根据美国、英国、法国100多年批发物价指数、利息率、工资率、对外贸易、煤炭产量与消耗量等的变动,认为经济发展有一种较长的周期,其周期长度为50年左右。他指出,从18世纪末起,存在三个长周期:第一个周期从1789年到1849年,上升25年,下降35年,共60年;第二个周期,从1849年到1896年,上升24年,下降23年,共47年,第三个周期,从1896年起,上升24年,1920年后趋于下降。这种50年左右的长周期又称康德拉季耶夫周期(如表8-1所示)。

表 8-1 康德拉季耶夫周期

波 次	波 谷	波 峰	波 谷	周 期
第1次	1789	1814	1849	60年(上升25年,下降35年)
第2次	1849	1873	1896	47年(上升24年,下降23年)
第3次	1896	1920	1933	37年(上升24年,下降13年)
第4次	1933	1951	1972	39年(上升18年,下降21年)
第5次	1972	1977		

2. 中周期

中周期又称中波,是指一个周期平均长度为9~10年的周期。中周期是经济学家最早提出来的一种周期。法国经济学家克里门特·朱格拉在1860年出版的《论法国、英国和美国的商业危机及其发生周期》一书中系统地分析了这种周期,故又称朱格拉周期。最初经济学家关注的并不是整个周期,而是衰退阶段所呈现出来的危机或恐慌,并且把恐慌当作一个独立的事件来加以研究。朱格拉进过细致的研究后认为:危机或恐慌不是一种独立现象,而是经济社会不断面临的三个连续阶段之一。这三个阶段是繁荣(Prosperity)、危机(Crisis)、清算(Liquidation),它们依次反复出现便形成周期现象,其周期平均为9~10年。

3. 短周期

短周期又称短波,是指一个周期平均长度为40个月的周期。它由美国统计学家约瑟夫·基钦在1923年发表的《经济因素中的周期与倾向》一文中首先提出,故又称基钦周期。基钦周期根据美国和英国的详细资料研究发现，经济周期实际上有大周期（Major）和小周期（Minor）两种。小周期平均时间长度为40个月，大周期则是若干小周期的总和，一个大周期可能包括两个或三个小周期。他所说的大周期相当于前面讨论过的中周期。由此看来，一个长周期可能包括若干个中周期，而一个中周期又包括两个或三个短周期。

除了上述三种周期外，美国著名经济学家西蒙·库兹涅茨还提出了一种20年左右的长周期。库次涅茨在1930年出版的《生产和价格的长期运动》一书中考察了美、英、德、法和比利时等国从19世纪初到20世纪初60种工农业产品的产量和35种工业主要产品的价格变动的时间序列，在着重分析了相关数列的长期变动过程之后，发现主要资本主义国家存在从15年到25年不等，而平均长度约为20年的长波或长期摆动（Long Swings），并且这些国家的产业增长呈现递减的趋势。人们根据库次涅茨的论述，把这种20年左右的周期称为库兹涅茨周期（Kuznets Cycles）。

由此可知，对于同一经济发展的历史过程，不同的经济学家从不同的角度划分了不同的经济周期。鉴于这种众说纷纭的经济周期理论，美籍奥地利经济学家约瑟夫·熊彼特在1939年出版的《经济周期》一书中对经济周期理论进行了概括和总结。他认为，在资本主义社会，长、中、短三种周期不是彼此独立的，而是相互联系、同时并存的；每一个长周期包括六个中周期，而每一个中周期又包括三个短周期，其中，短周期约为40个月，中周期约为9～10年，长周期为50～60年。他以各个时期的"创新"为标志，划分了三个长周期：第一个周期是从18世纪80年代到19世纪40年代，即产业革命时期，以纺织工业的创新活动为主导；第二个周期是从1842年到1897年，即以"蒸汽机和钢铁工业的创新活动为主导的时期"；第三个周期是1897年以后，以"电气、化学和汽车工业的创新活动为主导的时期"。由此可以看到，约瑟夫·熊彼特所划分的周期与康德拉季耶夫周期相吻合。

二、经济周期的阶段划分

西方经济学家一般把经济周期划分为四个阶段，或者两个阶段和两个转折点：衰退（Recession）、谷底（Trough）、扩张（Expansion）和波峰（Penk）。经济周期曲线如图8-1所示，图中的正斜率的自左向右递升的顺滑直线是一个国家在经济民期发展中实现充分就业的经济增长趋势线。由于一个国家的人口和资本存量一般是逐年增加的，劳动生产率也是逐步提高的，所以其经济发展的长期趋势是逐年递增的。正是由于经济在总体上保持着或多或少的增长，所以经济增长的长期趋势是正斜率的。但是历史资料表明，市场经济的发展并不是稳定增长，而是环绕长期趋势周期性地上下波动。因此，经济学家们把经济周期大体上分为周期性的四个阶段：繁荣、衰退、萧条和复苏。

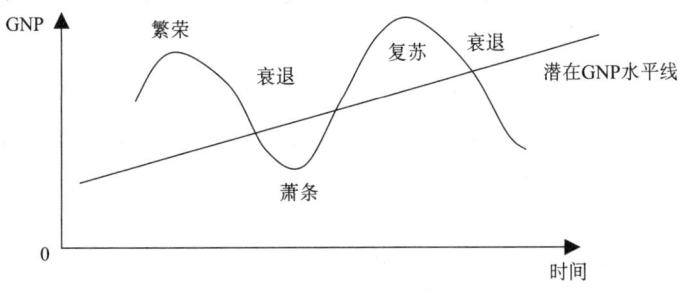

图8-1 经济周期曲线

按照西方经济学家的说法，假定开始时，经济处于繁荣阶段，这时经济活动处于高水平的时期，生产就业增加，投资扩大，市场兴旺，货币信贷扩张，物价上升，利润增加，社会总产出逐渐达到最高水平。但是经济扩张并不是一直持续下去，而是经历一定时期到达顶峰以后，危机爆发，当消费增长放慢，引起投资减少时，或投资本身下降时，经济就会开始下滑，使经济处于衰退阶段。在衰退阶段初期，由于需求，首先是消费需求与生产能力的偏离，使投资增加的势头受到抑制，随着投资减少，生产下降，失业增加；另一方面，消费减少，产品滞销，价格下降，进而使企业利润降低，致使企业的投资进一步减少，相应地收入亦不断减少，最终会使经济跌落到萧条阶段。萧条（又称谷底）阶段是指经济活动处于最低水平的时期，在这一阶段存在大量的失业，大批生产能力闲置，工厂亏损，甚至倒闭。但萧条时期也不可能无限延长，随着时间的推移，随着现有设备的不断损耗，以及由消费引起的企业存货的减少，致使企业考虑增加投资，就业开始增加，产量逐渐扩大，经济进入复苏阶段。复苏阶段是指经济走出萧条阶段并转向上升的阶段。在这一阶段，生产和销售回涨，就业增加，价格也有所提高，整个经济呈上升的势头，随着生产和就业继续扩大，价格上升，整个经济又逐步走向繁荣阶段，然后又开始经济的又一个循环。

第二节　经济周期理论

经济周期的阶段性变动特征及其每一周期的长度是宏观经济运行周期性变动的外部特征。那么，造成经济周期的原因是什么呢？西方经济学者作出了种种不同的说明和解释，其大致包括如下经济周期理论：

一、凯恩斯主义及其以前的经济周期理论

自从资本主义经济爆发第一次经济危机以来，西方经济学家对经济周期性波动的原因，曾提出了各种各样的理论解释，大致可以分为外部因素论和内部因素论。外部因素论是把经济周期原因归结为经济制度以外的各种因素的理论，也叫外生论，这些因素包括有科学发明、技术改良、资源新发现、气候变化、战争与革命、政治事件等。内部因素论是把经济周期原因归结为经济制度本身各种因素变动的理论，也叫内生论。这些理论中比较著名的经济周期理论有以下七种：

(1) 纯粹货币理论。纯粹货币理论认为，经济周期波动纯粹是货币现象，货币数量的增加或减少引起了经济的周期性变动。

英国经济学家拉尔夫·霍特里认为，经济周期的上升是由于银行货币和信用的扩张，利率下降，引起投资增加，产量与就业扩大，走向繁荣。经济周期的下降是由于信用扩张受到限制而紧缩，利息上升，引起投资减少，生产与就业减少，走向衰退。银行货币和信用的扩张与收缩成为经济周期的根本原因。

现代货币主义领袖美国经济学家米尔顿·弗里德曼认为，经济周期波动的主要原因是货币因素，即货币供给与货币需求不平衡，这是由政府推行凯恩斯主义需求管理的货币政策造

成的。20世纪70年代，资本主义经济出现了停滞膨胀，现代货币主义特别重视货币所起的作用。根据美国货币供给量增加和减少的周期性变化，得出货币因素的作用是经济周期波动的根源的结论。现代货币主义认为，萧条是货币量急剧减少造成的，而高涨在于货币量的增加。他们反对凯恩斯主义的经济周期理论，坚持用货币供应量的变化调节经济周期。

（2）熊彼特的创新周期理论。约瑟夫·熊彼特于1912年出版的《经济发展的理论》一书中提出创新理论来解释经济周期变化，把经济周期看作是由各种发明和创造带来的。按熊彼特的观点，创新不是连续平衡的，是时高时低，时多时少，而往往集中在一个较短时期，同时，各种各样的创新活动不是每一个人都力所能及的，而是全社会少数企业家才能从事的。在某一创新出现时，富有创新精神的企业家借助银行家扩大信用贷款的帮助，增雇工人，新建厂房增添设备，推动国民收入和国民财富的增长，促进消费品生产的增加，随后，由于企业家的创新利润刺激许多企业也在银行信贷的帮助下模仿，形成创新高潮，投资增加，信用扩大，经济扩张走向繁荣。在创新普及以后，盈利机会逐渐减少，投资下降，信用收缩，经济由繁荣走向萧条。熊彼特认为，如果不考虑影响经济活动的其他因素，资本主义经济活动就是由繁荣和萧条两个阶段构成的周期运动过程，实际上经济周期包括繁荣、衰退、萧条、复苏四个阶段。

熊彼特认为，由于创新的多样性、复杂性，形成了经济活动中的多周期，即短周期、中周期、长周期，并用创新理论解释三种周期。他认为，三种周期中每一个周期都是与一定创新活动紧密联系在一起的。短周期在于创新活动影响较小和实现的期限较短，中周期也根据创新作用的扩展过程来解释，长周期的根据在于影响比较深远、实现所需期限较长的创新。在一个动态社会，经济周期不但是不可避免的，而且是经济发展的唯一的可能形式。

（3）心理经济周期理论。英国经济学家亚瑟·赛斯尔·庇古和沃伦·巴吉霍特等人用人们心理因素的变化来解释经济周期，他们认为，人们心理上有一种"自生的周期"，造成了人们的情绪总是在乐观和悲观之间反复交替的出现，人们很难控制自身的周而复始的情绪的变动，人们情绪的变动影响到社会经济活动。当人们的情绪乐观时，消费者要增加消费，生产者增加投资，使经济扩张走向繁荣；反之，如果人们处于心理情绪状态时，消费和投资都要减少，从而使经济由繁荣转向萧条。由于人们心理情绪的周期性变化，导致社会经济活动也相应出现周期性变化。

（4）西斯蒙第的消费不足理论。消费不足理论把经济周期和危机归结为人们消费的不足。这种理论的早期代表有西斯蒙第、托马斯·罗伯特·马尔萨斯，近代有约翰·霍布森，现代有激进经济学派。他们认为，经济萧条或危机是由于消费的需求赶不上消费品生产的增长，消费不足的根源主要是国民收入分配不平均所造成的富有储蓄过度。解决的办法是实行收入分配均等的政策。

西斯蒙第是法国的小资产阶级经济学家。他认为，资本主义大生产破坏了自然经济，使小生产者大量破产，财富集中在少数人手中，广大民众收入不足，从而使国内市场变窄，使生产和收入比例遭到破坏，生产不能实现，最终导致生产能力过剩，经济危机爆发。托马斯·罗伯特·马尔萨斯认为，资本积累过快，生产增长速度快于购买力增长，结果引起有效需求相对缺乏而带来商品普遍过剩的危机。

在现代西方经济学中消费不足论沿着两个方向发展：一个是从西斯蒙第开始然后是洛贝尔图斯、俄国民粹派、最后是激进经济学派，主张通过国家对收入分配的调节来解决；另一个是从马尔萨斯开始，然后是凯恩斯和右派凯恩斯主义者，主张国家直接干预调节来烫平周期波动。

激进经济学派主要代表美国经济学家保罗·斯威奇在1942年出版的《资本主义发展理论》一书中讨论了资本主义经济危机的问题，认为一是消费不足引起的经济危机，二是比例失调引起的经济危机。其论证建立在总的消费不足或投资不足的基础上。激进经济学派的另一代表谢尔曼概括出消费不足理论的主要内容有：①在经济扩张中，阶级斗争引起剥削提高，反映在国民收入中工资份额下降；②工人比资本家有更高的边际消费倾向；③工资份额下降带来整个社会的平均消费倾向降低，生产能力超过需求，是由于受到资本主义经济关系的限制；④投资下降。因为投资仅仅是消费需求增加的函数。如果消费需求更加缓慢增加，那么投资就会降低。投资的降低便导致社会生产和就业的减少，因而出现经济危机。

（5）投资过度理论。投资过度理论强调经济周期的根源在于生产资料生产过多，即资本品投资的周期性波动。

这种理论认为，投资增加首先引起投资品需求的增加以及资本品价格的上涨，这就更加刺激了投资的增加，经济出现了繁荣，在这个过程中，需求和价格的增加都最先反映在资本品上，因此，投资主要是集中在生产资本品的产业，相反，生产消费品的产业没有受到重视，出现了经济比例失调，即经济资源用于资本品与消费品的比例同人们收入用于储蓄与消费的比例不相适应，结果造成了不是因为消费不足所引起的消费品供过于求，而是由于生产资料生产过多导致的经济周期波动。

投资过度理论可分为货币投资过度理论和非货币投资过度理论。货币投资过度理论是以奥地利经济学家弗里德里希·哈耶克和路德维希·冯·米塞斯为代表，用货币因素来解释生产结构的失调及由此所带来的经济波动。非货币投资过度理论以瑞典学派古斯塔夫·卡塞尔和克努特·维克塞尔为代表，用新发明、新发现、新市场开拓等因素来解释生产比例失调及由此所带来的经济波动。

（6）太阳黑点理论。这是英国经济学家廉姆·斯坦利·杰文斯在1875年提出的理论。科学研究发现，每10年左右太阳表面会出现一次黑色斑点，叫做黑子。它严重影响着地球气候。杰文斯认为，太阳黑子有规律的周期出现，地球气候变得恶劣，影响农业生产，收成减少，进而影响工业、商业、工资、利率、消费、投资等社会经济生活的各个方面，从而导致整个经济出现周期性衰退。

杰文斯之子H.S.杰文斯在1910年又对该理论加以研究，认为太阳热力变化造成农业收成的变化，周期约为3.5年，经过再次或更多的热力变化周期，农业收成积累的影响力，才能足以引起工业、商业比较大的波动，这种理论称为"太阳热力理论"。

（7）雨量理论。美国经济学家H.L.穆尔在1914年提出"雨量理论"。根据天体运行规律，金星每8年运行到太阳与地球之间时，地球不能得到充分阳光，造成雨量变化。穆尔认为，雨量变化影响农业生产的波动，又产生连锁反应，引起工商业以至整个经济的周期波动，这就是"雨量理论"的内容。这一理论对于农业国家或农业占绝大比重的国家还是有意义的，也是有根据的。

二、传统凯恩斯主义的经济周期理论

凯恩斯的经济周期理论的基本观点属于前面消费不足理论和心理经济周期理论。

凯恩斯在经济周期方面强调资本边际效率的剧烈变动引起经济危机及周期的变化。凯恩斯的追随者在凯恩斯理论的基础上又提出新的经济周期理论或经济周期模型。在此重点介绍凯恩斯的资本边际效率崩溃理论和乘数—加速数模型。

1. 凯恩斯的资本边际效率崩溃理论

凯恩斯就业理论的三个基本规律之一就是资本边际效率递减规律。凯恩斯认为经济周期的本质是资本边际效率的周期性变动所引起的投资的周期性变动。

在经济扩张时期,资本家怀着乐观心情,预计到利润率会提高,于是增加投资、扩大生产、增雇工人,经济走向繁荣。在生产和就业增加后,一方面提高了资本品的生产成本,另一方面资本品增加会使价格下降,使得收益比预期的要低,但是,资本家仍然十分乐观,还在尽量投资。结果乐观过度,代之的又是过度悲观,过度悲观使资本的边际效率突然崩溃,甚至成为负数。另外,人们都需要现金,灵活偏好增强,导致利息率上升。这样,资本边际效率下降和利息率上升的必然结果是投资减少,通过乘数作用,使收入和就业的下降幅度更大,经济出现衰退、危机。因此,凯恩斯把经济周期归因于资本的边际效率即预期利润率的波动。为消除经济波动,凯恩斯提出国家干预经济的措施,一是提高资本边际效率,千方百计地鼓励资本家积极投资,二是国家直接投资,弥补私人投资的不足。

2. 乘数—加速数模型

乘数—加速数模型又称汉森—萨缪尔森模型,这是由汉森和萨缪尔森先后提出。他们将宏观经济学乘数理论和加速数原理结合起来,指出二者的相互作用将使经济呈现出扩张—收缩—扩张—收缩……的动态过程。这是一种传统的经济周期理论。这种理论认为,经济周期的根源在于经济本身,因而是内生的。具体地说,由于乘数的作用,投资的变动会引起收入或消费的若干倍的变动;又由于加速数的作用,收入或消费的变动又会引起投资若干倍的变动。乘数和加速数的相互作用产生了经济周期。

乘数—加速数模型包括三部分内容,即消费函数、投资函数和均衡国民收入的决定关系。该模型中,t 时期的消费(C_t)被看作是上期国民收入(Y_{t-1})的函数。消费函数用公式表示为:

$$C_t = a + bY_{t-1} \tag{8-1}$$

公式(8-1)中,a 为自发性消费部分;b 为边际消费倾向(MPC);$b = \Delta C / \Delta Y$。

t 时期的投资(I_t)由自发投资(I_0)和引致投资(I)两部分组成,即:

$$I_t = I_0 + I \tag{8-2}$$

自发投资 I_0 在这里指的是人口、技术、资源、政策等外生因素的变动所引起的投资。假定每期的 I_0 不变,且 $I_0 > 0$;引致投资指的是由收入或消费的变动所引起的投资,按照加速数原理,它取决于上期消费需求的变动,即:

$$I = V(C_t - C_{t-1}) \tag{8-3}$$

公式(8-3)中,V 为加速数;$V = I / \Delta Y_0$。

由公式(8-2)和公式(8-3)可得:

$$I_t = I_0 + V(C_t - C_{t-1}) \tag{8-4}$$

公式(8-4)中,t 时期的国民收入为 Y_t,它由当期消费和当期投资决定,即:

$$Y_t = C_t + I_t = a + bY_{t-1} + I_0 + V(C_t - C_{t-1}) \tag{8-5}$$

公式(8-5)表明,t 时期的实际国民收入等于自发性消费(a)加上引致消费

(bY_{t-1})，再加上自发投资 I_0 和由加速数（V）与今年消费支出增量（$C_t - C_{t-1}$）所决定的引致投资。如果已知边际消费倾向（b）、加速数（V）、各期自发投资（I_0）和前年实际国民收入（Y_{t-1}），就可以演示出乘数和加速数相互作用下的经济周期。

现在假定 b＝0.6，V＝1.5，Y_1＝1，各期自发性消费都为10，前两年自发投资都为30，以后各年度自发投资均为40，则根据上述公式可计算出各时期的收入变化，如表8－2所示。

表 8－2　　　　　　　　　　乘数—加速数模型

时期 t	自发消费 a	引致消费 bY_{t-1}	当期消费 C_t	自发投资 I_0	引致投资 V（$C_t - C_{t-1}$）	本期收入 Y_t	经济变动趋势
1	10	60	70	30		100	—
2	10	60	70	30		100	复苏
3	10	60	70	40		110	复苏
4	10	66	76	40	9	125	复苏
5	10	75	85	40	13.5	138.5	繁荣
6（P_1）	10	83.1	93.1	40	12.15	145.25	衰退
7	10	87.15	97.15	40	6.075	143.225	衰退
8	10	85.935	95.935	40	－1.8225	134.1125	衰退
9	10	80.4675	90.4675	40	－8.2013	126.2662	衰退
10	10	73.3597	83.3597	40	－10.6617	112.698	衰退
11（T_1）	10	67.6188	77.6188	40	－8.6114	120.0178	萧条
12	10	65.4045	75.4045	40	－3.3215	129.1521	复苏
13	10	67.2498	77.2498	40	2.768	135.7122	复苏
14	10	72.0107	82.0107	40	7.1414	137.3313	复苏
15	10	77.4913	87.4913	40	8.2209	133.8561	复苏
16（P_2）	10	81.4273	91.4273	40	5.904	127.186	繁荣
17	10	82.3988	92.3988	40	1.4573	—	衰退
18	10	80.3137	90.3137	40	－3.1277		衰退

说明：表8－2中各行数字这样得出，以第5年为例。因为第4年的国民收入 Y_4＝125，所以第5年的引致消费 bY_{t-1}＝by_4＝0.6×125＝75；第5年的引致投资 V（$C_t - C_{t-1}$）＝V（C_5，$-C_4$）＝V[（a＋bY_4）－（a＋bY_3）]＝V[bY_4－bY_3]＝V_b（$Y_4 - Y_3$）＝1.5×0.6×（125－110）＝13.5；第5年的国民收入 Y_5＝C_5＋I_0＋V（$C_5 - C_4$）＝85＋40＋13.5＝138.5，即将第5年的（4）、（5）、（6）三列相加得出的数值。

从表8－2中可以看出，第3年由于自发投资 I_0 增加了10，从第2年的30增加到了40，从而使当年的国民收入增加到了110。此后国民收入逐年增长，经济复苏，到第6年国民收入为145.25，经济繁荣，达到了第一个波峰，记为 P_1。从第7年开始国民收入逐年减少，经济衰退，直到第11年国民收入为109.0075，此时经济萧条，达到了第一个谷底，记为 T_1。从第12年开始经济处于扩张阶段，到第16年经济达到了第一个波峰 P_2，从第17年开始，经济又出现衰退。从第一个波峰 P_1 到第二个波峰 P_2 为一个完整的经济周期，共10年。表中虽然没有列出第二个谷底 T_2 出现的时期，但是从第一个谷底 T_1 到第二个谷底 T_2 也是一个完整的周期，应该也是10年，据此可以推断第二个谷底T_2出现的时期是第21年，感兴趣的读者可以依据表中的算法推算之。

上述模型中，与经济周期关系密切的是边际消费倾向（b）和加速数（V），乘数—加速数模型为经济周期的内生性提供了一个有力的理论分析，然而，这一模型显然存在许多缺陷。比如，该模型假定边际消费倾向（b）和加速数（V）为常数，事实上两者都随国民收入的变化而变化；这一模型完全没有考虑到货币因素对经济周期的影响，事实上经济周期也可以是货币因素冲击的结果；这一模型分析了消费和投资之间的关系，但没有去探讨两种变动之间的可能中介，即存货对经济周期的影响。乘数—加速数模型所演示的经济周期，其周期的长短、波动的幅度以及若干周期以后的趋势都取决于乘数和加速数的值。在没有政府和外贸部门的经济中，只存在被定义为$1/(1-b)$的乘数，所以说与经济周期关系密切的是边际消费倾向和加速数，也就是说与经济周期关系密切的是乘数和加速数。因此，只要改变假定的边际消费倾向和加速数的值，就会使经济周期的长度、周期波动的幅度以及周期的长期趋势发生变化。

三、真实经济周期理论

真实经济周期理论是20世纪80年代美国经济学家提出的一种新的经济周期理论模型，其代表人物包括查尔斯·I·普劳瑟尔、爱德华·普雷斯科特和苏恩·基德兰德，其中后两人共同分享了2004年度的诺贝尔经济学奖。

与凯恩斯主义经济周期看作是规则性的且可以预测的恰好相反，真实经济周期理论认为，经济波动往往是随机的，根本无法加以预测。其基本观点如下：

（1）经济周期并非实际GDP与潜在（充分就业）GDP的背离，而是潜在GDP本身的变动。这样，周期的原因就不是总需求引起的实际GDP的变动，而是由其他原因引起的经济潜力，即总供给的变动。

（2）市场机制无论在短期还是长期中都是完善的，可以自发灵活地调节并使经济实现充分就业均衡。因此，经济周期不是由于市场机制的自发调节引起的，即经济周期的根源不在于经济体系内部。

（3）它并不否认经济周期的存在，但认为引起这种周期的原因是来自外部的冲击，即所谓的实际冲击。这种外部冲击可以是技术进步、自然灾害、战争或其他任何突发事件，这些冲击全部都来自经济体系内部，都在政策制定者的控制之外。其中技术冲击（即生产函数随时间发生变化）是最重要和最主要的冲击，通常称其为供给冲击。技术冲击包括新产品的出现，新生产方法的引进，资本或劳动质量的提高，管理技巧、组织结构的改善，新材料、新能源的发现，影响生产的政府管制的变化，以及其他影响生产效率的因素。新的技术突破带来了有利投资机会，引起投资的迅速增加，从而提高了经济的生产能力，并带动整个经济的发展，引起经济繁荣，直到这种技术突破引起的有利投资机会最终消失。如果一个技术突破接着一个技术突破，经济就会持续繁荣下去。但技术突破不可能一个接着一个。当投资逐渐减少时，这时，与繁荣相比，经济就会进入衰退，只有等待下一次技术突破，才有可能再次繁荣。技术突破是间断性的，经济也会出现繁荣与衰退的交替。据称，大多数经济繁荣是由有利的技术冲击引起的，大多数经济衰退是由逆向的技术冲击引起的。由于这些冲击往往是没有规律的，所以经济周期也没有规律。

（4）当经济发生外部冲击引起经济波动时，要靠市场机制自发调节恢复均衡。政府的宏观经济政策往往只会加剧波动，而不会有助于稳定，甚至成为引起经济波动的外部冲击之一。因此，其政策结论是，应该放弃政府对经济的干预，让市场机制自发发挥调节作用。

一些经济学家对以上理论提出批评，比如，很难想象技术退步的可能性；又如，供给冲击不会立即产生效果，一项重大的技术创新象计算机、激光或互联网，要经过吸收才会被经济所消化。另外，该理论也很难对20世纪30年代的大萧条这样的经济波动事件作出令人信服的解释。

四、货币主义者和理性预期学派对经济周期的看法

与真实经济周期理论相似，货币主义者和理性预期学派也认为，总的说来，经济体对于干扰会作出迅速而有效的反应，且这些反应无法预测。但是，他们对于干扰的来源和看法却与真实经济周期理论不同。在他们看来，真实经济周期过高地估计了技术变革在经济周期冲击来源中的作用，他们将引发大多数重要的经济周期的重大干扰主要归咎于政府。例如，当政府发动一场战争而没有通过增加税收来为战争筹措经费时，总需求的增加就会造成很大的通货膨胀压力；在战后，当政府削减支出而又没有削减税收来刺激消费时，总需求的减少会引发衰退。不仅如此，这两个学派都把不产出波动的大部分原因归结为货币的政策误导。他们提出一个重要观点是：政府不能解决问题，它反而制造问题；正是未被预期到的政府行动，尤其是货币当局的行动，才会引起经济波动，干扰市场经济的正常运行。相反，如果听其自然，经济不会大起大落。

五、新凯恩斯主义对经济周期的解释

介于传统凯恩斯主义经济周期理论和真实经济周期理论之间的是新凯恩斯主义的观点。这种观点认为，干扰的根源是外生的，但存在一些内生力量，使得波动加剧并使得干扰的影响持续下去。新凯恩斯主义者不相信市场总是能够吸收各种冲击并对冲击作出反应，从而保持充分就业。相反，他们相信，在大多数情况下，经济实际上扩大这些冲击并且使冲击的作用持续存在。

在新凯恩斯主义看来，重要的问题不是冲击的根源——经济经常受到干扰，干扰有时来自需求方面，有时来自供给方面——而是经济如何对这些冲击作出反应。新凯恩斯主义者认为，经济周期波动起因于对总需求和总供给两方面的冲击；这些外生冲击的影响由于经济体系而被扩大并且延长。要理解新凯恩斯主义的观点，我们需要理解经济体系如何扩大干扰，如投资的变动对国民产出有一种乘数效应。在信贷约束的经济中，销售额减少和价格降低会耗尽厂商的现金储备，从而削弱他们的投资能力和他们承担投资风险的意愿。

同样的过程也可以从相反方向起作用。对经济的正面冲击如对出口的需求增加，会带来更高利润，使得厂商增加投资，从而进一步刺激经济。这种正面冲击的观点除了一点重要的差别（新凯恩斯主义理论强调正面冲击对资金利润的影响）以外，类似于传统的经济周期理论的乘数—加速模型。

这种经济体系不但能扩大外在冲击，而且它也能使经济力量以缓慢的速度来恢复自己的健康。由于陷入衰退困境的厂商采用保守的生产和投资策略，他们的财务状况会改善，不过仅仅是逐渐改善。随着机器被损耗掉，推迟新投资会变得代价越来越大，最终投资开始恢

复。由于投资增加，产出便增加。随着产出增加。投资者的信心得以恢复，从而厂商的财务状况进一步并且更快地得到恢复。经济确实会复苏，但这种复苏的过程也许会需要几个月或几年时间。

六、政治经济周期理论

以凯恩斯主义为代表的干预主义者坚持认为，对宏观经济的不稳定性能够并且应该用斟酌性的货币政策和财政政策加以纠正。但是，这一观点有诸多隐含假设。其中的一个重要假定是，政治家代表着社会的利益，并确实希望宏观经济稳定，波兰经济学家米哈尔·卡莱茨基首先对这一假设提出挑战。他认为，持续的充分就业会导致工人讨价还价能力增强，为了资本主义利益，一个党派政府会有意制造由政治引致的衰退以降低工人讨价还价的能力。在卡莱茨基看来，正是居支配地位的资本家利益，通过产生一个非代仪制的政治机制，导致政治性经济周期。随后越来越多的学者开始认识到选举周期会影响经济政策和经济周期。正如经济力量不能被经济学家所忽视一样，对经济政策感兴趣的经济学家当然不能也不应该忽视政治的竞技场。或者说，经济学家应考察当选政治家从事"经济操纵以谋取政治利益"的可能性。

以威廉·诺德豪斯等为代表的经济学家认为，在选举过程和经济波动之间存在着密切关系。该理论有以下三个命题：①自从凯恩斯革命以来，政策制定者有了刺激经济的工具；②选民偏好低失业、高经济增长和低通货膨胀的时期；③政治家们也认识到了选民的以上偏好，并希望连选连任。从以上命题出发就可以推导出政治性经济周期。其运行机制如下：选举刚结束之后的头两年紧缩经济，使失业率上升，从而减轻通货膨胀的压力；然后在大选之前的一年多时间里，政治家会刺激经济，如减税、增加政府购买并促使中央银行压低利率。据说大多数选民都是健忘和目光短浅的，当广大选民走进投票站时，他们可能只记得繁荣而不记得衰退了。根据这种观点，选举过程是经济波动的主要来源。

虽然对政治影响在引起工业化民主国家的总体经济不稳定性方面的重要性仍然争论不休，但经济学家们对于以下观点一般都是承认的，即面临规则的选举周期的政治家倾向于采取短期的视界。希望连任或重新执政的愿望会使政治家谋求或许诺将导致宏观经济的不稳定的一组经济政策。

以上我们介绍了关于经济周期波动原因的各种观点。这些观点非常重要，因为它们对政策制定和执行有不同含义。一方面，如果波动的根源是外生干扰，而经济很快可以适应这些干扰，如同真实经济周期理论所说的，那么政府就无能为力，市场对于经济环境的任何变化都会提供最优的解决办法。另一方面，正如凯恩斯主义理论所主张的，如果经济扩大干扰，使得这些干扰产生很大的并且持续的影响，那么政府就有了发挥作用的余地。政府也许能抵消初始干扰，或者以干扰的影响减小并被缩短的方式改变经济结构。如果政府是经济周期波动的根源，如同货币主义者或理性预期学派所说的，那么就需要对政府在稳定经济中的作用进行重新思考。

本章小结

宏观经济周期波动是各国经济运行过程中的一种必然现象，也是所有国家的主要宏观经济问题之一。对于经济周期，不同学者往往有不同定义。一些学者认为经济周期是指实际GDP的上升和下降的交替过程，而另一些学者则认为经济周期是指经济增长是指经济增长率上升和下降的交替过程。经济学家一般把经济周期分为两个主要阶段：扩张与收缩阶段，扩张阶段亦称繁荣，收缩阶段亦称衰退。

按时间长度，可以将经济周期分为三种类型。它们分别是：基钦周期（短周期）、朱格拉周期（中周期）和康德拉季耶夫周期（长周期）。

不同的经济学家对经济周期作出了不同解释，经济周期理论有几十种之多。早在第二次世界大战前，就已经出现了诸如太阳黑子论、消费不足论等相当有影响的经济周期理论。现代经济周期理论主要有四种：传统凯恩斯主义的经济周期理论认为经济中存在引起经济波动的内在力量；真实经济周期理论认为波动不过是随机的、未预期到的外部冲击的结果；货币主义者和理性预期学派则把波动主要归结为错误的宏观经济政策的结果；而新凯恩斯主义者则进行了折中的解释。此外。政治经济周期理论也是一种颇具争议性的理论，该理论将研究的重点集中于经济政策的制定与政治考虑之间的相互作用。

复习思考题

1. 经济学家们是如何解释经济周期的原因的？其中最主要的差异何在？
2. 举例说明外部冲击是如何引起经济周期的？
3. 经济周期可以划分为哪些类型？
4. 实际经济周期有哪些特点？

第九章 经济增长和经济发展

【学习目标】

- 熟记经济增长、经济发展概念,了解二者的区别与联系。
- 掌握哈罗德—多马模型及新古典经济增长模型。
- 理解新经济增长理论的主要观点。
- 了解浮动汇率制度下的财政、货币和国际收支调节的政策。

第一节 经济增长概述

一、经济增长的含义与特征

（一）经济增长的含义

经济增长是研究经济长期的趋势。美国经济学家西蒙·史密斯·库兹涅茨曾给经济增长下了这样一个定义："一个国家的经济增长,可以定义为给居民提供种类日益繁多的经济产品的能力长期上升,这种不断增长的能力是建立在先进技术以及所需要的制度和思想意识之相应的调整的基础上的。"经济增长这一定义包含了三个含义：

（1）经济增长集中表现在经济实力的增长上,而这种经济实力的增长就是商品和劳务总量的增加,即国民生产总值的增加。如果考虑到人口的增加和价格的变动,也可以说是人均实际国民生产总值的增加。所以,经济增长最简单的定义就是国民生产总值的增加。这里要注意的是,经济增长仅仅是国民生产总值的增加,而不是其他。例如,经济增长并不等于社会福利或个人幸福的增加,因为国民收入增加当然是社会福利或个人幸福增进的基础,但在某些情况下,经济增长并不一定能增加社会福利或个人幸福。把经济增长严格限于国民收入增加,才有可能从不同的角度加以研究。

（2）技术进步是实现经济增长的必要条件。这也就是说只有依靠技术进步,经济增长才是可能的。在影响经济增长的各种因素之中,技术进步是第一位的。一部经济增长的历史就是一部技术进步的历史。

(3) 经济增长的充分条件是制度与意识的相应调整。这也就是说，只有制度与意识形态适合于经济增长的需要，技术进步才能发挥作用，经济增长才是可能的。社会制度与意识形态的某种变革是经济增长的前提。例如，在历史上，私有产权的确立实际上是经济增长的起点。只有在这种前提下，技术、资本等具体因素才能发挥作用。制度因素往往被人们所忽视，所以，提出这个充分条件是非常必要的。

应该说，这个定义是对各国经济增长历史经验的高度概括，体现了经济增长的实质，因此，这一定义已被经济学家广泛接受，并作为研究经济增长的出发点。

(二) 经济增长的基本特征

从这种定义出发，库兹涅茨总结出了经济增长的六个基本特征：

(1) 按人口计算的产量的高增长率和人口的高增长率。这一特征在经济增长过程中是十分明显的，可以用统计资料加以证明。

(2) 生产率本身的增长也是迅速的。这包括所有投入生产要素的产出率是高的，例如，劳动生产率和其他要素生产率的迅速提高。这反映了由于技术进步所引起的生产效率的提高。这也是产量高增长率，以及在人口增长迅速的情况下，人均产量高增长率的原因。这一个特征也可以用统计资料加以证明。

(3) 经济结构的变革速度是高的。这包括从农业转移到非农业，以及从工业转移到服务业；生产单位生产规模的变化；劳动力职业状况的变化；消费结构的变化，等等。

(4) 社会结构与意识形态的迅速改变。例如，城市化以及教育与宗教的分离就是整个社会现代化的一个组成部分，也是经济增长的必然结果。

(5) 经济增长在世界范围内迅速扩大。这就是发达国家凭借其技术力量，尤其是运输和通讯，通过和平或战争的形式向世界其他地方伸展，使世界都卷入增长之内，成为一个统一体。

(6) 世界增长的情况是不平衡的。从目前看，还有占世界人口 3/4 的国家是落后的，有些国家的经济成就远远低于现代技术的潜力可能达到的最低水平。在国际范围内，贫富的差距在拉大。

这六个特征中，前两个数量特征属于总和的比例，中间两个属于结构的转变，后两个属于国际间扩散。这六个特征是密切相关的，它们标志着一个特定的经济时代。

二、经济增长理论的发展与现状

如前所述，在近代经济学史上，最早系统研究经济增长问题的是英国经济学家亚当·斯密。亚当·斯密在 1776 年出版的《国富论》中论述了分工引起的劳动生产率的提高，以及资本积累使劳动者人数的增加，是使一国真实财富与收入增加的途径。另一个英国古典经济学家大卫·李嘉图也强调了资本积累在经济增长中的重要性。资本来自储蓄，储蓄者主要是资本家。以后的新古典学派研究的重点从经济增长转向资源配置。这一时期约瑟夫·熊彼特关于创新与企业家重要性的论述在经济增长理论的发展过程中是十分重要的。但经济增长理论的真正发展是在二战后，以凯恩斯主义为基础的现代增长理论的中心是生产能力的增长。

现代经济增长理论的内容十分广泛。二战后经济增长理论的发展大致分为三个时期：

第一个时期是 20 世纪 50 年代，这一时期主要是建立各种经济增长模型，探讨经济长期稳定增长的途径。

第二个时期是20世纪60年代，这一时期主要是对影响经济增长的各种因素进行定量分析，寻求促进经济增长的途径。

第三个时期是20世纪60年代之后，这一时期研究了经济增长的极限，即经济能不能无限增长与应不应该无限增长的问题。此外，美国经济学家华尔特·惠特曼·罗斯托关于经济增长阶段的研究，美国经济学家库兹涅茨关于经济增长统计资料的整理分析和关于社会经济制度与经济增长关系的研究，在经济增长理论中也产生了相当大的影响。经济增长理论的迅速发展是在20世纪五六十年代。这一时期，经济学家建立了许多增长模型。这些模型广泛探讨了经济增长中的各种问题。有些经济学家，例如，由于建立了新古典增长模型而在1987年获诺贝尔经济学奖的美国经济学家罗伯特·默顿·索洛，曾断言经济增长理论已经相当完善，以后不会有什么突破了。20世纪60年代之后，经济增长理论实际上进入停滞时期。到20世纪80年代之后，经济增长理论有了新的突破。这种突破主要体现在：①增长理论与发展理论是有区别的。前者以发达国家为对象，以国民生产总值的增加为中心，称为增长经济学。后者以发展中国家为对象，以从不发达状态过渡到发达状态为中心，称为发展经济学。这种区别的产生是基于发达国家与发展中国家国情的不同。这两个问题的研究中都强调了国家的作用，即凯恩斯主义占主流。但在现实中，发展经济学并没有指导发展中国家经济成功，无论在发达国家与发展中国家，国家干预经济的改革都引起了不同程度的问题。这样发展经济学就陷入了困境，逐步与增长问题融合。②经济增长模型中技术因素的内在化。在原来的经济增长模型中，技术作为一种外在因素或自变量，它对经济增长的影响被作为一种剩余，即在经济增长中扣除劳动与资本所作出的贡献之外剩余的部分就是技术进步的贡献。尽管所有经济学家都十分重视技术进步对经济增长的首要作用，但并没有把技术进步作为经济模型的一个内生变量。20世纪80年代之后，一批青年经济学家，例如，美国的保罗·罗默尔等人，建立了把技术作为经济增长模型内生变量的新经济模型，说明了技术因素与资本和劳动的关系，以及在经济增长中的作用，被认为是经济增长理论的一次重大突破。

关于经济增长的研究分析大体上分为三部分：首先是建立在数学模型基础上的经济增长理论。其次是在西蒙·史密斯·库兹涅茨的国民收入核算和分析的基础上对发达资本主义国家经济增长因素的定量分析，这主要是约翰·肯德里克、爱德华·富尔顿·丹尼森等人所做的工作。最后是约翰·米山等人的经济增长需要付出代价的论点和丹尼斯·麦多斯等关于经济增长可能导致人类自行毁灭的增长极限理论。

作为西方当代经济学说的一个分支，经济增长理论还有区别于其他经济理论的特点。

（1）现代经济增长理论区别于古典经济学。它将重点放在研究经济稳定的长期条件，也就是在长期中如何实现低失业率和低通货膨胀率以及适当的经济增长率这一目标。它不再只强调资本主义市场机制足以使资源达到充分利用的可能性，而只限于讨论资本主义长期发展的自然趋势。它注重研究如何控制各种经济总量使其满足稳定增长的条件，因而强调了人为控制长期经济增长的可能性。这样，现代经济增长理论建立了各自的数学模型，用模型的方法来表示有关经济总量间的相互关联，因而现代经济增长理论就是各种不同的经济增长模型，以及对这些模型所作的阐释。

（2）经济增长理论也不同于经济周期理论。经济周期理论着重研究一定时期内国民经济的收缩和扩张，而在这一时期内，生产能力被假定是不变的。这样经济的波动就可解释为是由于生产要素利用程度的不同而产生的。例如，在萧条时期，工厂开工不足，机器得不到有效利用，同时产生过高的失业率。繁荣时期，使尚未使用的生产能力充分利用，但当全部闲置的生产能力完全利用后，产量就无法再增加了。因此，西方经济学家认为，扩张是经济周期的组成部分，是短期性的增长；而经济增长则是长期的经济活动，关系到实际生产能力的提高。

三、经济增长的源泉

经济增长是产量的增加，因此，可以根据总生产函数来研究增长的源泉。

总生产函数是总产量与生产中使用的全部生产要素之间的关系。用公式来表示为：

$$y = AF(K, N)$$

式中，y 代表总产量，K 代表资本，N 代表劳动，A 代表技术，总生产函数中假定技术是不变的，所以 A 在这里是一个不变量，F 表示产量与生产要素投入量之间的函数关系。

由上式可看出，经济增长的源泉是资本、劳动与技术进步。

（1）资本。资本的概念分为物质资本和人力资本。物质资本又称有形资本，是指设备、厂房、存货等的存量。人力资本又称无形资本，是指体现在劳动者身上的投资，如劳动者的文化技术水平、健康状况等。这里研究的是物质资本。

经济增长中必然有资本的增加，英国古典经济学家亚当·斯密就曾把资本的增加作为国民财富增加的源泉。现代经济学家认为，在经济增长中，一般的规律是资本的增长速度要快于人口的增长速度，只有人均资本量的增加，才会有人均产量的提高。根据美国经济学家罗伯特·默尔顿·索洛的研究，美国在 1909～1940 年间，平均增长率为 2.9%，其中由于资本增加所引起的增长率为 0.32%，即资本在经济增长中所作的贡献占 11% 左右。应该指出，在经济增长的开始阶段，资本增加所作的贡献还要大一些。因此，许多经济学家都把资本积累占国民收入的 10%～15% 作为经济起飞的先决条件，把增加资本积累作为实现经济增长的首要任务。在以后的增长中，资本的相对作用下降了。但第二次世界大战后西方各国经济增长的事实，仍然说明了储蓄多从而资本增加大的国家，经济增长率仍然是比较高的，例如，德国、日本等都是这样。

（2）劳动。劳动指劳动力的增加。劳动力的增加又可分为劳动力数量的增加与劳动力质量的提高。这两个方面对经济增长都是重要的。

劳动力数量的增加有三个来源：①人口的增加；②人口中就业率的提高；③劳动时间的增加。劳动力质量的提高则是文化技术水平和健康水平的提高。劳动力是数量和质量的统一。一个高质量的劳动力，可以等于若干个低质量的劳动力。劳动力数量的不足，可以由质量的提高来弥补。例如，第二次世界大战后美国劳动力数量增加并不多，但美国发达的教育提高了劳动力的质量，从而使劳动对经济增长作出了重要贡献。据索洛估算，在 1909～1940 年间，美国 2.9% 的年均增长率中，由劳动引起的增长率为 1.09%，即劳动在经济增长中作出的贡献占 38% 左右。这与战后劳动力数量增长较高的西欧各国劳动对经济增长作出的贡献比例相当。还应该指出的是，在经济增长的开始阶段，人口增长率也高。因此，这时劳动的增加主要依靠劳动力数量的增加。而经济增长到了一定阶段，人口增长率下降，劳动工时缩短，这时就要通过提高劳动力的质量来弥补劳动力数量的不足。这是一个普遍规律。

（3）技术进步。技术进步在经济增长中的作用，体现在生产率的提高上，即同样的生产要素投入量能提供更多的产品。

技术进步在经济增长中起了最重要的作用。据索洛估算，在1909～1940年间，美国2.9%的年增长率中，由技术进步引起的增长率为1.49%，即技术进步在经济增长中所作出的贡献占51%左右。而且，随着经济的发展，技术进步的作用越来越重要。

技术进步主要包括资源配置的改善、规模经济和知识的进展。资源配置的改善主要指人力资源的改善，即劳动力从低生产率部门转移到高生产率部门，包括农业劳动力转移到工业中，以及独立经营者与小企业中的劳动力转移到大企业中去。劳动力的这种转移，提高了生产率。规模经济是指由于企业规模扩大而引起的成本下降与收益增加。企业规模的扩大，由于能采用新技术和最先进的设备，能采用新的生产方法而提高了生产率。尤其在一些工业部门（如汽车、机械、冶金行业），这种规模经济的效果特别明显。知识的进展是技术进步中的最重要的内容。据美国经济学家爱德华·富尔顿·丹尼森估算，技术进步引起的生产率提高中有60%左右要归功于知识进展。知识进展包括科学技术的发展及其在生产中的应用，新工艺的发明与采用，等等。特别应该强调的是，知识进展不仅应包括自然科学与技术科学的进展，而且也包括管理科学的进展。管理科学的发展，新的管理方法的应用，在经济增长中起了重要的作用。

从这种意义上说，"科学技术本身是生产力"这句名言中，应该包括管理科学。

还应该指出，这里所分析的经济增长的源泉是指经济因素，它所假定的前提是社会制度和意识形态已经符合了经济增长的要求。但在不具备这一假设条件时，社会制度和意识形态对经济增长是很重要的。非经济因素，尤其是政治因素，也是经济增长中应考虑的。一个社会只有在具备了经济增长所要求的基本制度条件，有一套能促进经济增长的制度之后，这些经济因素才能发挥其作用。第二次世界大战后许多发展中国家之所以经济发展缓慢，关键并不是缺乏资本、劳动或技术，而是没有改变封建制度，甚至奴隶制度。

经济增长理论的内容实际上是围绕对这三种决定经济增长的因素的分析展开的。经济增长模型是这三种因素之间量的关系的分析，经济增长因素分析是运用定量分析的方法分析这些因素在经济增长中的具体作用，增长极限论是分析这些因素对增长的制约。以下各节就是围绕这三个内容展开的。

经济增长模型

经济增长理论是西方最古老的经济学议题之一，它主要研究国民收入的长期变化。所谓长期变化是指国民经济的各种主要宏观经济变量在不同时期的数值的改变。由于涉及变量在不同时期的数值，所以经济增长理论在西方通常被列入动态经济学范畴。西方经济学界一般将1939年英国经济学家罗伊·福布斯·哈罗德发表的《论动态理论》一文作为经济增长理论出现的标志。经济增长理论的出现主要来自两个方面的原因：一方面在于，二战后，经济增长理论有了迅速的发展。这一理论的发展与当时的历史条件是紧密联系在一起的。首先，以美国为首的发达的资本主义国家在战后的经济实力固然有所增长，但其增长的速度至少在一段相当长的时期内却低于以苏联为首的社会主义国家。从某种意义上讲，这对资本主义社会构成了一种严重的威胁。其次，战后有许多殖民地和附属国纷纷独立，为谋求经济发展，它们必须寻找适合本国的经济发展道路。为诱使这些国家走资本主义经济发展道路，发达的资本主义国家迫切需要向第三世界表明，资本主义可以具有较高的经济增长速度。另一方面，西方学者认为，凯恩斯在1936年的《通论》一书中指出，一般情况下，资本主义经济活动所能达到的均衡总是小于充分就业的均衡，因此，经常出现危机和失业。只要政府调节总需求，就可以缓和经济危机并且使整个经济活动达到充分就业的均衡状态。凯恩斯的分析并没有考虑时间的变化，他把人口数量、资本数量和技术条件都看成是既定不变的。这种分析方法被后来的西方经济学家称为短期分析和静态分析。一些西方经济学家认为，凯恩斯的分析有一定的局限性，因为它没有把经济活动如实地看成是一种时间上具有连续性的活动，从而对于经济活动达到均衡状态以后将如何变动，无法作出回答。要克服这种局限性，就需要将凯恩斯的分析加以长期化和动态化。英国的罗伊·福布斯·哈罗德和美国的埃夫塞·多马首先在这方面作出了自己的努力，他们先后以此为出发点，提出了自己的经济增长模型。由于二者在形式上极为相似，所以西方学者往往把它们当作为大致相同的事物而称之为哈罗德—多马模型。后来，又有许多经济学家作了大量的有关经济增长问题的研究。这些有关经济增长的模型和分析构成了经济增长理论的主要内容。由于上述种种原因，关于经济增长的研究也就成了西方经济学界的热门话题。从这里我们可以再一次看到，西方经济理论的出现并非纯粹属于学术的原因，其中历史条件的变迁起着很大的作用。

西方各派经济学家先后建立自己的增长理论或增长模型，并且不同派别之间由于观点不同而进行后长期的争论。继哈罗德—多马模型之后出现的经济增长模型，主要有美国的罗伯特·默顿·索洛、英国的特雷弗·斯旺等人建立的新古典经济增长模型和英国的尼古拉斯·卡尔多、意大利的卢伊季·帕西内蒂等人建立的剑桥经济增长模型。另外，还有西蒙·史密斯·库兹涅茨、爱德华·富尔顿·丹尼森等人关于经济增长限制条件的论述和动态最优增长理论等。在本节中，我们将介绍哈罗德—多马模型、新古典增长模型，以及经济增长因素分析和最优经济增长理论。

一、哈罗德—多马经济增长模型

在论述哈罗德模型—多马模型时，由于其中的哈罗德模型被认为具有较丰富的内容，故总是以此作为哈罗德—多马模型的代表。

（一）哈罗德模型的假设前提

哈罗德模型的假设前提：①全社会只生产一种产品。②储蓄是国民收入（Y）的函数，即 $S = sY$，这里的 s 代表这个社会的储蓄比例，即储蓄在国民收入中所占有份额。③生产过程中只使用两种生产要素，即劳动（L）和资本（K）。④劳动力按照一个固定不变的比率增长。⑤不存在技术进步，也不存在资本折旧问题。⑥生产规模报酬不变，也就是说，生产任何一单位产品所需要的资本和劳动的数量都是固定不变的。

（二）哈罗德模型的基本方程

哈罗德认为，一个社会的资本（存量）和该社会的总产量或实际国民收入之间存在一定的比例，这一比例被称为资本—产量比，用 v 来表示。若 K 和 Y 依次代表资本和产量

（国民收入），则有：
$$K = vY$$

随着社会资本的增长，该社会的产量也会增长，假设二者的增长量依次为 ΔK 和 ΔY。二者之比被称为边际资本—产量比。如果原有的资本—产量比等于边际的资本—产量比，那么有：

$$\Delta K = v\Delta Y \qquad (9-1)$$

由于（假设）不存在资本折旧，资本增量 ΔK 因而全部来源于新的投资，也就是说，$\Delta K = I$，因此公式（9-1）可以写成：

$$I = v\Delta Y \qquad (9-2)$$

另一方面，从假设公式（9-2）可以得到：

$$S = sY \qquad (9-3)$$

按照凯恩斯的理论，只有当 $I = S$ 时，也就是只有当投资等于储蓄或者说储蓄全部用于投资时，经济活动才能达到均衡状态。哈罗德以凯恩斯提出的这个均衡条件为基础，进一步提出，在经济增长过程中，同样只有实现了 $I = S$ 这一条件，经济才能实现均衡增长。根据公式（9-2）和公式（9-3），可以得到：

$$v\Delta Y = sY$$

或
$$\Delta Y/Y = s/v \qquad (9-4)$$

公式（9-4）即为哈罗德模型的基本方程。它表明，要实现均衡的经济增长，国民收入增长率就必须等于社会储蓄倾向与资本—产量比二者之比。如果上述基本方程中的 v 是资本的实际变化量与国民收入的实际变化量的比例，那么在一定储蓄比例之下，由此推导致出的国民收入增长率被称为实际增长率（G_A），则公式（9-3）可写为：

$$G_A = s/v \qquad (9-5)$$

根据哈罗德的说法，要进行动态理论探讨，重要的是考虑企业家的预期和企业家是否合乎意愿等心理因素。如果考虑到这些因素，情况就会有所不同。若把资本—产量比（v）理解为企业家意愿中所需要有的资本—产量比，用 v_r 表示，那么基本方程就可以写为：

$$G_W = s/v_r \qquad (9-6)$$

这里的收入增长率是与企业家所要的资本—产量比率（v_r）适合的收入增长率，它是企业家感到满意的收入增长率，哈罗德把它称为有保证的增长率，用 G_W 表示。

根据公式（9-5），有： $G_A \cdot v = s$
根据公式（9-6），有： $G_W \cdot v_r = s$
于是得到： $G_A \cdot v = G_W \cdot v_r = s \qquad (9-7)$

公式（9-7）表明，如果现实经济活动出现的实际增长 G_A 等于企业家感到满意的增长率，即有保证的增长率 G_W，那么实际资本—产量比（v）就必然等于企业家所需要的（或希望保持的）资本—产量比率（v_r）。或者说，如果国民收入按照 G_W 比率增长，那么与实际产量或实际收入的增长相联系的实际资本增量就会等于企业家感到满意的资本增量。由于在资本主义国家中的资本积累或资本增量取决于资本的意愿，所以只要国民收入按照这个增长率增长，就会使企业家保持愿意进一步实现类似增长的心理状态，从而国民收入就会年复一年地按照 G_W 增长下去。正因为如此，哈罗德才把 G_W 称为"有保证的增长率"。这里的"有保证"显然是指"由于资本家满意而得到保证"。

但是，关于哈罗德模型的以上论述遇到了两个不容易解决的问题。

第一个问题是经济沿着均衡途径增长的可能性是否存在，或者说，就具体的经济活动来说，是否存在一条均衡增长途径。这个问题又被称为"存在问题"。

由于实际增长率是许多各不相同的决策者的预期、决策和失误等多种因素作用的结果，因此，人们没有理由期望经济活动实际上一定会长期持久地按照"有保证的增长率"增长下去。同时，还应该考虑就业水平这一因素，从而说明实际增长率与劳动力增长率二者之间的关系。要实现劳动力的充分就业，国民收入的增长率必须等于劳动力的增长率。简言之，按照哈罗德的说法，首先，国民收入要实现均衡增长就必须等于 G_W。其次，要实现充分就业的均衡增长，就必须满足：

$$G_A = G_W = s/v = s/v_r = n = G_N \tag{9-8}$$

这里的 n 为一国的人口增长率。这一等式表明了实现充分就业均衡增长的必要条件。哈罗德又把符合上述条件的增长率称为"自然增长率"，用 G_N 表示。显然，$G_N = n$ 被认为是社会所能达到的最大的、最适宜的增长率。如果公式（9-8）所表明的条件得到满足，那么经济活动就会按照 $s/v = s/v_r = n$ 这一比率增长。在现实经济活动中，$s/v = s/v_r = n$ 这一情况毕竟是有可能出现的，因此，哈罗德认为，在资本主义条件下，实现充分就业均衡增长的可能性是存在的。但另一方面，由于储蓄比例，实际资本—产量比和劳动力增长率分别是由各不相同的若干因素独立地决定的，因此，除非偶然的巧合，这种充分就业的均衡增长是不会出现的。于是，哈罗德认为，虽然 $G_A = G_W = G_N$，这种理想的充分就业均衡增长途径是存在的，但是，一般来说，实现充分就业均衡增长的可能性极小，也就是说，在一般情况下，经济很难按照均衡增长途径增长。

第二个问题是经济活动一旦偏离了均衡增长途径，其本身是否能够自动地趋向于均衡增长途径，这个问题又被称为"稳定性问题"。

由 $v \cdot G_A = v_r \cdot G_W = s$，可见，只有当实际的资本—产量比（v）等于意愿的资本—产量比（v_r）时，实际增长率（G_A）才会等于有保证的增长率（G_W）。如果（G_A）大于（或小于）G_W，那么 v 就会小于（或大于）v_r。也就是说，一旦实际增长率大于（或小于）有保证的增长率，企业的固定资产和存货就会少于（或多于）企业家所需要的数量。这种情况促使企业家增加（或减少）订货，增加（或减少）投资，从而使实际产量水平在进一步提高（或降低），使实际增长率（G_A）与有保证的增长率（G_W）之间出现更大的缺口。现有的实际经济增长就会在市场上的企业中产生相应的反应，使得 G_A 进一步大于（或小于）G_W。因此，哈罗德得出结论，实际增长率与有保证的增长率之间一旦发生了偏差，经济活动不仅不能自我纠正，而且还会产生更大的偏离。这个结论被称为哈罗德的"不稳定原理"。这意味着，资本主义经济发展很难稳定在一个不变的发展速度上，不是连续上升，便是连续下降，呈现出剧烈波动的状态。

二、新古典经济增长模型

一部分西方学者认为哈罗德的结论过于悲观，而且也不符合二战后资本主义发展的事实。二战后，西方各国的发展经验表明，各国的国民收入虽然经常处于波动之中，然而却还没有出现过哈罗德模型所指出的那种大起大落的状态。为了改变经济增长理论的这一状况，一些西方学者在20世纪50年代提出了不同的经济增长模型。其中以美国的罗伯特·默顿·

索洛提出的新古典增长模型最为有名。现在就论述这一模型。

新古典经济增长模型的假设前提大致是：①全社会只生产一种产品；②储蓄函数为 S = sY，s 为常数，且 0 < s < 1；③不存在技术进步，也不存在资本折旧；④生产的规模报酬不变；⑤劳动力按一个不变的比率 n 增长；⑥资本（K）与劳动（L）可以相互替代。

在上述假定下，索洛推导新古典经济增长模型的过程如下：

$$Y = C + I$$

即国民收入等于消费加投资，两边同时除以 L（劳动力），则有：

$$Y/L = C/L + I/L$$

该公式说明按劳动力平均的产量等于按劳动力平均的消费与投资之和。其中 I/L（按劳动力平均的投资）可分为两部分：

（1）资本的深化，即为每一个人配备更多的资本设备，也就是人均的资本增加，即：

$$K' = dk/dt$$

（2）资本的广化，即为每一个增加的人口配备每个人平均应得的资本设备 nk，其中 k = K/L，是每一个劳动力所能分摊的资本设备，n 是人口自然增长率。

因此，劳动力平均的投资有两个去向，一个是给每个人增加更多的资本设备；另一个是为新生的每一个人提供平均数量的资本设备。

则：

$$Y/L = C/L + nk + K'$$
$$K' = Y/L - C/L - nk$$
$$K' = (Y - C)/L - nk$$
$$K' = S/L - nk$$
$$K' = sY/L - nk$$

式中，K′ 是按人口平均的资本增加量，sY/L 是平均劳动力的储蓄量，nk 是按给定的资本与劳动比例来装备新增加的劳动力的资本量。如果 sY/L > nk，即平均劳动力储蓄量大于配备新增加劳动力所需要的资本量，则会使配给每个劳动力的资本量比例不断增加。索洛认为，只有 K′ = 0，经济会稳定增长，意味着 sY/L = nk，即平均劳动力储蓄量正好等于按给定资本与劳动力比例来配备新增加劳动力所需要的资本量。这说明新古典经济增长模型中，稳定的增长率就是劳动力的增长率。

当 K′ = 0 时，

$$sY/L = nk$$
$$sY/L = nK/L$$
$$n = sY/K$$

Y/K 就是资本—产量比（v），因此，n = s/v，也就是说稳定的经济增长率等于储蓄倾向与资本产量比之比。

索洛认为，资本主义经济中存在着一条稳定的均衡增长途径，就长期来说，国民收入的增长率等于劳动力的增长率。无论最初的资本—劳动比率数值如何，经济活动总是趋向于一条均衡的经济增长途径的。其中前一句话是对"存在问题"的问答，后一句话则是对"稳定性问题"的问答。

总之，新古典经济增长模型得出了与哈罗德—多马模型相反的结论：资本主义经济可以在充分就业的情况下，保持长期的稳定增长。

新古典经济增长模型与哈罗德模型的结论之所以不同，原因在于两模型中的假设条件。前者假设资本与劳动在生产上是可以相互代替的，而后者则作了资本与劳动不能替代的假设。在哈罗德模型中，v 被认为是一个常数。这就是说，要想生产出一定量的 Y，必须具备一定量的 K，因为 v = K/Y 是常数，这意味着 K 不能被 L 所代替，否则，就不需要一定量的 K 来生产一定量的 Y 了。在新古典经济增长模型中，K 和 L 是可以相互替代的。

三、新剑桥增长模型

新剑桥增长模型是由新剑桥学派的经济学家提出来的。该学派的主要人物和著作有：英国的琼·罗宾逊夫人的《资本积累》、尼古拉斯·卡尔多的《收入分配可互为代替的理论》、卢伊季·帕西内蒂的《利润率和收入分配与经济增长率的关系》。

新剑桥增长模型同新古典经济增长模型一样，都是以哈罗德经济增长模型为基础的。他们认为经济实现充分就业的均衡增长的条件是 $G_W = G_A = G_N = n$。但他们又同哈罗德不一样，他们认为资本主义经济在长期内通过调节某些经济变量可以实现充分就业的均衡增长，即解决所谓"稳定性"问题，而不像哈罗德所说的资本主义经济在长期内只会是大起大落，不能稳定地增长。但新剑桥经济增长理论同新古典经济增长模型在说明如何实现所谓"稳定性"的问题上又是不一样的。新古典增长模型认为，通过改变资本—劳动比，即在不同情况下，选择一个相应的资本—劳动比就可使经济实现充分就业的均衡增长。而新剑桥增长模型则是通过改变储蓄率（s）来实现经济均衡增长的。

（一）新剑桥增长模型的基本公式

他们假设社会成员只分为两大阶级，即利润收入者和工资收入者，其收入分别为 P、W。这两大阶级的收入之和为国民收入（Y），即：P + W = Y。它们的储蓄倾向是不同的，而且利润的储蓄倾向（S_P）大于工资的储蓄倾向（S_W），即 $S_P > S_W$。

由 P + W = Y，可得：P/Y + W/Y = 1，其中 P/Y、W/Y 分别为利润在国民收入中所占的比重和工资在国民收入中所占的比重。

由于整个社会的储蓄是由工资的储蓄和利润的储蓄所构成的，而工资的储蓄和利润的储蓄又分别是由工资的储蓄倾向（S_W）和利润的储蓄倾向（S_P）所决定的，即：$S = S_P + S_W = S_P \times P + S_W \times W$。整个社会的储蓄倾向为：$S/Y = s = S_P \cdot P/Y + S_W \cdot W/Y$，这样整个社会的储蓄倾向，即为两大阶级储蓄倾向的加权平均数，根据哈罗德增长模型，则新剑桥增长模型的最基本的公式为：

$$G = \frac{s}{v} = \frac{S_P \cdot P/Y + S_W \cdot W/Y}{v} \tag{9-9}$$

从这个公式可以看出，即使利润的储蓄倾向和工资储蓄倾向不变，只要改变利润和工资在国民收入中比例，就可改变总的储蓄倾向，以实现经济的均衡增长。同时，如果 $S_P > S_W$，则利润在国民收入中的比例 P/Y 越大，总储蓄倾向（s）也就越大，相反，如果工资的比例 W/Y 越大，总储蓄倾向（s）也就越小。

现举例加以说明：

假设 $G_N = \frac{20}{3}\%$，v = 3，利润（P）在国民收入中的比重为 40%，工资在国民收入中比重为60%，利润的储蓄倾向 $S_p = 30\%$，工资的储蓄倾向 $S_w = 5\%$，计算出两者的加权平均数，则可得出储蓄倾向为：$s = S_p \times P/Y + S_w \times W/Y = 40\% \times 30\% + 5\% \times 60\% = 15\%$，则有保证的增长率为：$G_w = \dfrac{s}{v} = 15\%/3 = 5\%$，显然 $5\% < 20/3\%$，即 $G_N > G_w$。在这种情况下，哈罗德模型证明经济处于长期繁荣状态，而新剑桥模型则证明通过改变国民收入分配中的工资和利润的比重，从而改变总的储蓄率，就可以使 $G_N = G_w$，实现经济的均衡增长。

如果把利润占国民收入的比重由40%提高到60%，工资的比重由60%降到40%，则社会总储蓄率就变为：

$$s = S_p \times P/Y + S_w \times W/Y = 60\% \times 30\% + 40\% \times 5\% = 20\%$$

这样，$G_w = \dfrac{s}{v} = \dfrac{20\%}{3} = G_N$，满足 $G_N = G_w = G_A = n$ 的长期均衡增长条件。

（二）卡尔多分配模型

从前面的论证中，我们可以得出通过变动工资和利润在国民收入中的比重，就可以实现充分就业的均衡增长这一结论。这说明新剑桥增长模型中经济增长与收入分配的关系是很密切的，通过对卡尔多分配模型的分析，就可以更加明确这一点。

同所有经济模型一样，英国新剑桥学派经济学家卡尔多也作了一些假设，主要有以下两个：第一，国民收入分为工资和利润两大部分；第二，收入均衡的条件是投资等于储蓄。

则由假设得：

$$Y = P + W$$
$$I = S$$

工资的储蓄量和利润的储蓄量分别为：$S_W = s_w \cdot W$、$S_P = s_p \cdot P$，其中 s_w、s_p 分别为工资收入者、利润收入者的储蓄倾向。

社会总储蓄 $S = S_W + S_P = s_w \cdot W + s_p \cdot P$

将 $W = Y - P$，代入上式得：

$$S = s_w \cdot (Y - P) + s_p \cdot P$$

合并同类项得：

$$S = (s_p - s_w) P + s_p \cdot s_w Y$$

在上式两边同除以 Y，又由于 $I = S$，则：

$$\dfrac{I}{Y} = (s_p - s_w) \times \dfrac{P}{Y} + s_w$$

作一变形，可得下式：

$$\dfrac{P}{Y} = \dfrac{1}{s_p - s_w} \times \dfrac{I}{Y} - \dfrac{s_w}{s_p - s_w} \tag{9-10}$$

从公式（9-10）中，我们可以分析出卡尔多分配模型的含义：在 $s_p > s_w$，s_p、s_w 不变的前提下，利润在国民收入中的比重同投资在国民收入中的比重（投资率）是正向相关的。因此，投资率的提高是经济增长的前提，而提高投资率必然要求增加利润在国民收入中的比重。这样促使收入分配不平等加剧，另外，投资率的提高也使利润率 P/Y 水平提高，更加大了收入分配不平等。因此，收入分配不平等是经济增长的原因，又是经济增长的结果。

那么，经济均衡增长导致收入分配不平等加剧的这一动态过程是如何实现的呢？除了通过一些非经济的外生因素变动影响收入分配之外（如财政补贴等），主要是通过价格的变动来实现的。在充分就业的情况下,价格取决于需求,投资增加也就是增加总需求,从而使价格上升。实际工资和工资在国民收入中的比重就会降低,利润率增加,收入分配不平等加剧。此外,如果投资减少,则总需求减少,价格下降,实际工资和工资在国民收入中的比重会提高,利润率降低,收入分配不平等则将缓解。

另外,在公式(9-10)中,如果($s_p - s_w$)越小,同样的投资率的变动引起利润的变动更大,而($s_p - s_w$)越大,投资率的变动引起的利润率变动也就越小。假设利润的消费倾向为c_p,其中$1 - c_p = s_p$,代入公式(9-10),则:

$$\frac{P}{Y} = \frac{1}{1 - c_p - c_w} \times \frac{1}{Y} - \frac{s_w}{1 - c_p - s_w} \qquad (9-11)$$

可以看出,即使投资率不变,资本家只要增加消费,提高利润的消费倾向(c_p),就可以提高利润率。如果工人储蓄率为零,则:

$$\frac{P}{Y} = \frac{1}{(1 - c_p)} \times \frac{I}{Y}$$

新剑桥学派的学者由此得出以下结论:利润在国民收入中所占比重(P/Y)取决于投资率(I/Y)和资本家的储蓄倾向(s_p)和工人的储蓄倾向(s_w)。在资本家储蓄倾向不变的前提下,由于较高的经济增长率来自较高的投资率,而较高的投资率必然伴随着较多的利润收入,所以在一定的货币工资率和一定的投资生产率的条件下,经济增长率的变化将引起国民收入分配的相对份额的变化。这就是说,经济增长率越大,国民收入中作为工资收入归于工人的份额越小,作为利润收入归于资本家的份额就越大。经济增长加剧了资本主义社会中利润和工资的分配失调,使工人的处境相对恶化。因此,随着投资和经济的增长,收入分配将会更加不利于工资收入者集团,而更加有利于利润收入者集团。

新剑桥学派认为,市场调节不可能使经济波动自行消失,必须通过改变国民收入分配的结构,从而改变全社会的储蓄率来实现储蓄与投资的均衡,并进而实现经济的稳定增长。

新剑桥学派的经济增长理论特别强调经济增长的目的和后果,认为在现实条件下,经济增长只能加剧收入分配的失调;不解决收入分配失调的问题,单纯追求经济增长就必然给资本主义社会带来"富裕中的贫困"。随着经济的增长,资本主义国民收入的分配必然越来越有利于资本家,而不利于工人,使工人的处境愈加相对恶化,并且认为,这种收入分配不公是资本主义社会矛盾的根源。因此,在他们看来,要消除资本主义的种种弊端,就应把改变收入分配制度放在首位。

新剑桥学派的经济增长理论和模型同他们的收入理论和政策是密切地联系一起的。但是他们的增长模型既然与新古典模型一样,是以哈罗德模型为基础的,因而也只能同新古典增长模型一样,是一种只停滞于表面经济现象分析的,脱离实际的,也不可能真正地解决资本主义经济充分就业均衡增长问题的资产阶级理论。当然,在分配理论上,他们从利润与工资在国民收入分配中处于此消彼长的对立状态的观念出发,并进一步得出,随着经济的增长,这种状态还有扩大的趋势,工人阶级的处境将日益相对恶化,甚至认为,资本主义是阶级冲突的社会,是符合事实的。

第三节 经济增长因素的分析

经济增长是一个复杂的经济和社会现象。影响经济增长的因素很多,正确地认识和计算这些因素对经济增长的贡献,对于理解和认识现实的经济增长和制订促进经济增长的政策都是至关重要的。经济增长因素分析就是要通过定量分析来说明各种影响经济增长因素如劳动、资本等的作用,以便寻求促进经济增长的最优途径。下面,我们将简要介绍三位美国经济学家肯德里克、丹尼森和库兹涅茨对经济增长因素的分析。

一、约翰·肯德里克的全要素生产率分析

美国经济学家约翰·肯德里克在《美国生产率发展趋势》、《美国战后 1948~1969 年生产率发展趋势》、《理解生产率:生产率变动的动态学导论》等著作中对美国不同时期生产率的发展趋势进行了研究,以确定生产率提高对经济增长的重要作用。

约翰·肯德里克所使用的是全要素生产率的概念。他认为,产量和某一种特定生产要素投入量的比率是部分生产率,例如,资本生产率或劳动生产率。产量和全部生产要素投入量的比率是全要素生产率。全要素生产率不会受要素投入量结构的变化等因素的影响,能反映出生产率提高在经济增长中的作用。

以 T_t 代表 t 年全要素生产率,则有:

$$T_t = \frac{Q_t}{W_0 N_t + r_0 K_t} \qquad (9-12)$$

式中,Q_t 代表 t 年的总产量(或总产值),N_t、K_t 分别为 t 年劳动与资本的投入量,w_0 与 r_0 为基期年的劳动实际小时工资率与资本实际小时报酬率(包括利息、地租和利润在内)。

如果用指数形式(即用 t 年的各项数值对基期年的各项数值的比率)来表示,则这一指数为:

$$\frac{T_t}{T_0} = \frac{Q_t/Q_0}{aN_t/N_0 + bK_t/K_0} \qquad (9-13)$$

式中,a、b 是劳动与资本在基期年产量中的份额,$a = \frac{W_0 N_0}{Q_0}$,$b = \frac{r_0 K_0}{Q_0}$。

根据这一公式,约翰·肯德里克计算出,1889~1957 年间,美国国内私营经济全要素生产率平均每年增长 1.7%,同期的年均经济增长率为 3.5%。这就是说,经济增长中来自要素投入量增加的比例和来自生产效率提高的比例大致为 1:1。他还计算出在 1958~1966 年间,实际产值年平均增长率为 5.3%,要素投入增长率为 2.3%,全要素生产率增长 2.99%,全要素生产率提高对经济增长的贡献已超过要素投入量的增加。

约翰·肯德里克还分析了影响全要素生产率的因素。他认为,这些因素是相当复杂的,主要有无形投资(研究、教育等的投资)、资源配置的合理化、技术革新的扩散、生产规模

的变动等。但约翰·肯德里克并没有对这些因素的具体作用的大小作出分析。这一工作是由另一名美国经济学家爱德华·富尔顿·丹尼森进行的。

二、丹尼森对经济增长因素的分析

在经济增长因素分析中，首先遇到的问题是经济增长因素的分类。爱德华·富尔顿·丹尼森把经济增长因素分为两大类：生产要素投入量和生产要素生产率。关于生产要素投入量，爱德华·富尔顿·丹尼森把经济增长看成是劳动、资本和土地投入的结果，其中土地是不变的，其他两个则是可变的。单位投入量的产出量（即产量与投入量之比），也就是要素生产率，主要取决于资源配置状况、规模的节约情况和知识进展。具体而言，爱德华·富尔顿·丹尼森把影响经济增长的因素归结为七个，即：①就业者人数和他们的年龄性别构成。②工作时数。③就业人员的受教育程度。④资本存量的规模。⑤资源配置状况。⑥规模的节约（以市场扩大来衡量）。⑦知识进展。其中前四个是投入量方面的因素，而后三个为要素生产率方面的因素。

爱德华·富尔顿·丹尼森进行经济增长因素分析的目的，就是通过量的测定，把产量的增长率按照各个增长因素所作的贡献，分配到各个增长因素上去，分配的结果用来比较长期经济增长中各个因素的相对重要性。

在1974年出版的《1929~1969年美国经济增长的核算》一书中，爱德华·富尔顿·丹尼森根据美国国民收入的历史统计数字，对上述各个经济增长因素进行了考察和分析。根据爱德华·富尔顿·丹尼森的计算，从1929到1969年，美国总的国民收入年平均增长率为3.33%。其中，1.81个百分点是由要素投入量提供的，1.52个百分点是由单位投入量的产出量提供的。也就是说，总投入量的贡献占总的平均增长率的54.4%，要素生产率的贡献是45.6%。就总投入量来看，劳动投入量所占比重最大，高达72%以上。从单位投入量来看，知识进展所占的比重最大，达到60%以上。另外，按照爱德华·富尔顿·丹尼森的计算，通过比较1929年至1969年知识进展和劳动力完成的工作量在总的平均增长率中所占的比重，则可以发现，知识进展所占的27.6%比重高于包括就业和工时在内的劳动力完成的工作量所占25.8%的比重。这种情况在1948~1969年间表现得更为明显，前者占30.9%，后者占24.9%。据此，爱德华·富尔顿·丹尼森的结论是，知识进展是发达资本主义国家最重要的增长因素。

爱德华·富尔顿·丹尼森所说的知识进展包括的范围很广。它包括技术知识、管理知识的进步和由于采用新的知识而产生的结构和设备的更有效的设计，还包括从国内的和国外的有关组织的研究、个别研究人员和发明家，或者由简单的观察和经验中得来的知识。爱德华·富尔顿·丹尼森所谓的技术知识是指关于物品的具体性质和如何具体地制造、组合以及使用它们的知识。他认为，技术进步对经济增长的贡献是明显的，但是只把生产率的增长看成大部分是采用新的技术知识的结果则是错误的。他强调管理知识的重要性。管理知识就是广义的管理技术和企业组织方面的知识。在爱德华·富尔顿·丹尼森看来，管理和组织知识的进步更可能降低生产成本，增加国民收入，因此，它对国民收入的贡献比对改善产品物理特性的影响更大。总之，爱德华·富尔顿·丹尼森认为，技术知识和管理知识进步的重要性是相同的，不能只重视前者而忽视后者。

三、西蒙·史密斯·库兹涅茨对经济增长因素的分析

西蒙·史密斯·库兹涅茨对经济增长因素的分析是运用统计分析方法，通过对国民产值及其组成部分的长期估量、分析与研究进行各国经济增长的比较，从各国经济增长的差异中探索影响经济增长的因素。

西蒙·史密斯·库兹涅茨在一系列关于经济增长的著作中提出的经济增长因素主要是知识存量的增加、劳动生产率的提高和结构方面的变化。

（1）知识存量的增加。西蒙·史密斯·库兹涅茨认为，随着社会的发展和进步，人类社会迅速增加了技术知识和社会知识的存量，当这种存量被利用的时候，它就成为现代经济高比率的总量增长和结构迅速变化的源泉。但知识本身不是直接生产力，由知识转化为现实的生产力要经过科学发现、发明、革新、改良等一系列中间环节。在知识的转化过程中需要有一系列中介因素，这些中介因素是，对物质资本和劳动力的训练所进行的大量投资；企业家要有能力克服一系列从未遇到过的障碍；知识的使用者要对技术是否适宜运用作出准确的判断等。在这些中介因素作用下，经过一系列知识的转化过程，知识最终会变为现实的生产力。

（2）劳动生产率的提高。西蒙·史密斯·库兹涅茨认为，现代经济增长的特征是人均产值的高增长率。为了弄清什么是导致人均产值的高增长率的主要因素，西蒙·史密斯·库兹涅茨对劳动投入和资本投入对经济增长的贡献进行了长期分析。他得出的结论是，以人均产值高增长率为特征的现代经济增长的主要原因是劳动生产率的提高。

（3）结构变化。西蒙·史密斯·库兹涅茨认为，发达的资本主义国家经济结构转变迅速。从部门来看，先是从农业活动转向非农业活动，后又从工业活动转移到服务性行业。从生产单位的平均规模来看，是从家庭企业或独资企业发展到全国性、甚至跨国性的大公司。从劳动力在农业和非农业生产部门的分配来看，在美国，1870年的全部劳动力的53.5%在农业部门，到了1960年则降低到7%以下。在比利时，农业劳动力从1846年占全部劳动力的51%减少到1961年的7.5%。以前要把农业劳动力降低50个百分点，需要经过许多世纪的时间，现在在一个世纪中，农业劳动力占全部劳动力的百分比减少了30到40个百分点则是由于迅速的结构变化。西蒙·史密斯·库兹涅茨强调，发达国家经济增长时期的总体增长率和生产结构的转变速度都比它们在现代化以前高得多。

西蒙·史密斯·库兹涅茨把知识力量因素和生产率因素与结构因素联系起来，以强调结构因素对经济增长的影响。不难看出，库兹涅茨对经济增长因素的分析与丹尼森分析的一个不同之处是他重视结构因素对经济增长的贡献。西蒙·史密斯·库兹涅茨认为，不发达国家经济结构变动缓慢，结构因素对经济增长影响比较小，主要表现在，不发达国家传统结构束缚着被聚集在传统的农业部门中的60%以上的劳动力，而传统的生产技术和生产组织方式阻碍着经济增长；同时，制造业结构不能满足现代经济增长对它提出的要求，需求结构变化缓慢，消费水平低，不能形成对经济增长的强有力刺激。

关于经济增长与收入分配的关系，西蒙·史密斯·库兹涅茨提出了所谓的倒U字假说。他在1954年美国经济学会年会所作的演说中，首次论述了如下一种观点，即：随着经济发展而来的"创造"与"破坏"改变着社会、经济结构，并影响着收入分配。西蒙·史密斯·库兹涅茨利用各国的资料进行比较研究，他得出的下述结论流传较广："在经济未充分

发展的阶段，收入分配将随同经济发展而趋于不平等。其后，经历收入分配暂时无大变化的时期，到达经济充分发展的阶段，收入分配将趋于平等。"

如果用横轴 y 表示经济发展的某些指标（通常为人均产值），纵轴 x 表示收入分配不平等程度的指标，则这一假说所揭示的关系呈倒 U 字形，因而被命名为库兹涅茨的倒 U 字假说，又称库兹涅茨曲线，如图 9-1 所示。西蒙·史密斯·库兹涅茨在说明这一倒 U 字形时，设想了一个将收入分配部门划分为农业、非农业两个部门的模型。在此情况下，各部门收入分配不平等程度的变化可以由三个因素的变化来说明。这三个因素是：按部门划分的个体数的比率；部门之间收入的差别；部门内部各方收入分配不平等的程度。西蒙·史密斯·库兹涅茨推断这三个要素将随同经济发展而起下述作用：①在经济发展的初期，由于不平等程度较高的非农业部门的比率加大，整个分配趋于不平等。②一旦经济发展达到较高水平，由于非农业部门的比率居于支配地位，比率变化所起的作用将缩小。③部门之间的收入差别将缩小。④使不平等程度提高的重要因素财产收入所占的比率将降低，以及以收入再分配为主旨的各项政策将被采用等，各部门内部的分配将趋于平等，总的来说分配将趋于平等。

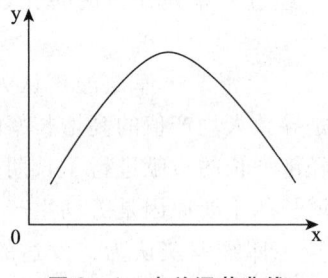

图 9-1 库兹涅茨曲线

库兹涅茨假说提出后，一些西方学者曾就有关倒 U 字形形成的过程、导致倒 U 字形的原因以及平等化过程进行过较多的讨论。但经济发展的资料表明：库兹涅茨曲线不符合第三世界国家的实际情况。换言之，随着经济发展的进程，第三世界国家的收入不平等越来越悬殊，并没有向平等方向转变。

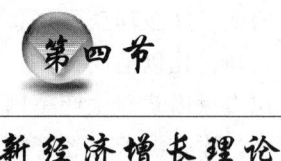

新经济增长理论

从 20 世纪 50 年代起，新古典经济增长理论逐步奠定了现代经济增长理论的基本框架，到 20 世纪 80 年代中期它一直在经济增长研究中居于主导地位，许多研究都是围绕着用数据分析来验证新古典经济增长理论的结论和推论，如对技术进步、劳动力与资本在增长贡献中的比重进行定量分析，为宏观经济政策制定提供数值根据，等等。经过 30 多年的时间考验，新古典经济增长模型的两个重要假设：一是完全竞争的市场与现实市场相悖；二是规模收益不变同经济中规模经济现实不符。欠缺在于把劳动力增长率与技术进步作为外生变量，不但对现实不能作出令人满意的解释，而且也没有提出相应的政策建议。理论逻辑的不足，实践检验的挑战，使经济增长理论必然要进行发展与完善，于是，20 世纪 80 年代中期以来，经济增长理论的研究与经济发展理论（已形成独立的发展经济学）重新联系起来，通过修正新古典经济增长理论的基本假设，把技术进步作为内生变量，把劳动力扩展为人力资本投资，增强与改善了对现实世界的解释能力，使沉默多年的经济增长理论出现了重大突破。

一、罗默的新经济增长论

美国经济学家保罗·罗默的新经济增长论被称作罗默模型，这是一个收益递增模型，把知识积累看作是经济增长的一个独立因素，特殊的知识和专业化的人力资本是经济增长的最重要源泉，它们自身不仅能形成递增的收益，而且还能使投入的劳动和资本也产生递增的收益，从而使整个经济的规模收益呈献递增的趋势。

罗默模型表示为：

$$Q^i = f(K_i K X_i)$$

式中，Q_i 表示厂商（i）的产量；f 表示所有厂商的连续微分生产函数；K_i 表示厂商生产的专业化知识；K 表示所有厂商都可使用的一般知识；X_i 表示厂商（i）的物质资本和劳动等追加生产要素投入的总和。

在模型中，保罗·罗默把知识区分为一般知识和专业化知识，前者可使全社会获得规模经济效应；而后者会给个别厂商带来超额利润，进而成为个别厂商研究与开发资金的来源，促进了技术进步，这是一种投资与知识相互促进的良性循环。作为独立因素的知识积累不仅自身产生递增收益，还使其他要素的收益递增，扩展所及还会使全社会的收益递增。因此，知识积累可以实现社会总产出的规模收益递增，这也是经济长期均衡稳定增长的重要保证和主要源泉。

保罗·罗默的研究还将社会生产划分为两大部门：消费品生产部门和研究与开发部门。因为经济增长主要源自知识积累，所以一个公司或一个国家把多少资源（物力与人力资源）用于技术研究和开发就决定其经济增长率的快慢高低，要想提高经济增长率，就必须增加用于研究与开发的资源投入，从而加快和提高知识积累。当今世界上某些大国把资源的 50%左右用在研究与开发方面。

罗默模型用于分析国际经济增长问题时，保罗·罗默认为，知识积累率的高低和由此带来的要素收益率的差距是各国经济增长率与人均收入存在巨大差别的主要原因，技术进步与资本积累有明显正相关。从世界范围看，国际贸易可以加快知识积累，提高世界总产出水平。对穷国来说，通过国际贸易可以引进其他国家的新技术来提高本国的劳动生产率，引进新技术还可以把节约的用于研究与开发的资源用于其他方面，这样，一方面可以促使穷国经济迅速发展，另一方面也可以缩小同富国的差距，所以，引进新技术是穷国迅速走上富国之路的重要途径之一。

二、卢卡斯新经济增长论

罗伯特·卢卡斯是美国经济学家（1995 年获得诺贝尔经济学奖）、芝加哥大学教授、理性预期学派主要代表。1988 年罗伯特·卢卡斯提出了一个专业化的人力资本增长模型，亦称为卢卡斯模型，该模型的特点是把经济增长中的技术进步具体化，将其体现在生产中的一般知识上，表现为劳动者劳动技能的人力资本。

罗伯特·卢卡斯在模型中把资本划分为物质资本和人力资本，把劳动划分为原始劳动和专业化的人力资本。同时,罗伯特·卢卡斯把人力资本又具体化为全社会共同拥有的一般知识形式的人力资本和表现为劳动者劳动技能的专业化人力资本。卢卡斯认为,只有专业化的、特殊的、表现为劳动技能的人力资本才是经济增长的真正源泉,才是推动经济增长的真正动力。

罗伯特·卢卡斯在模型中进一步划分了人力资本的两种效应:一是内在效应,内在效应是通过正规与非正规教育形成的,它体现在高人力资本可以产生收益递增,并获得高收入;二是外在效应,是在实际工作中"边学边干",获得经验而形成的人力资本带来的,表现为资本是增加产量的决定性因素。人力资本增长率高的国家,人均收入增长率也高。正是各国人力资本的差异导致了各国在经济增长率和人均收入方面的差异。

罗伯特·卢卡斯认为,形成人力资本除了接受正式教育或脱离生产岗位到学校学习外,还可以不离开生产岗位,通过师傅带徒弟或在工作中边干边学的方式,这也为发展中国家积累人力资本提供了一个新思路:发展对外贸易,引进高科技产品,而后通过直接操作新设备或消费新产品等方式在实践中积累经验,学习掌握新技术罗伯特·卢卡斯还认为,由于人力资本积累决定着经济增长率,因此,一个国家应该集中人力物力生产与出口具有人力资本优势的产品。罗伯特·卢卡斯还认为,由于人力资本积累率的提高可以促使资本收益率递增,因此,一个国家要吸收与引进国际资本,就必须采取各项政策措施与法律保障来提高人力资本积累率。

三、斯科特的新经济增长论

英国经济学家莫里斯·斯科特提供了一个资本投资决定技术进步的模型。罗默模型的核心是修改新古典经济增长模型使用的生产函数,引入人力资本和规模收益递增等,其理论基于新古典经济增长模型总量分析的框架上,被称为"正统"学派。莫里斯·斯科特对其持批评态度,并继承了新剑桥学派对新古典经济增长模型的批评。莫里斯·斯科特认为,运用总量生产函数的主要难题在于资本总量是不可加总的,而且是不可测量的,建议用新增投资总量与产出关系作为替代。同罗默新经济增长论一样,莫里斯·斯科特也认为,技术进步是影响经济增长的主要因素,但他强调技术进步的作用与投资不能分开,并可用投资数量来测量。

斯科特新经济增长论认为,经济增长率主要决定于资本投资率和劳动生产率的增长率。

同罗默等人的理论一样,莫里斯·斯科特也认为,经济增长的关键是技术进步,知识与技术对劳动力的质量和劳动生产效率都有重要影响,莫里斯·斯科特却反对保罗·罗默、罗伯特·卢卡斯等人过分强调技术进步、知识积累和人力资本对经济增长的作用,并反对将其与资本积累割裂开来的做法,认为技术进步与投资总是一体的,而不是单独的力量。莫里斯·斯科特强调,资本投资是技术进步的源泉,资本投资是经济增长的决定性因素。

斯科特新经济增长论还强调了国际贸易在经济增长中的重要地位。现今世界上的发展中国家通过国际贸易可以吸收外国的先进技术和人力资本,从而减少失误与走弯路,形成一种特殊的赶超效应(Catch–up Effect),加快了本国经济发展步伐。

综观上述新经济增长论,我们可以看出其在理论上还不成熟,尽管观点纷呈,争论不已,但这些却代表着一种经济学领域的新思潮和一个增长经济学的新方向,它不但拓宽了研究领域,而且还能较好地解释现实遇到的一些新问题。他们在理论上有某些突破,在实践上也反映了现代经济发展理论的新动态,适应了信息时代知识经济的要求。

新经济增长论可取之处有:直观说明了技术进步对经济增长的作用,强调知识积累与人力资本,论证了资本投资与技术进步的因果关系,说明了资本积累对促进技术进步及整个经济增长的作用,较好地解决了现代世界穷国与富国差距等现实问题,强调了国际贸易对一国经济增长的重要作用。

第五节 经济增长与经济发展

一、经济发展的涵义

经济增长与经济发展在概念上,人们最初是作为同义词交替地加以使用的,后来,经济学家们愈来愈多地注意到它们之间存在明显的区别。经济增长通常是指一国在一定时期内商品量和劳务量的增长,即产出量的增长,常以国民生产总值、国民收入、人均收入作为衡量的标准。经济发展的涵义则要广泛得多,它不仅包括产出量的增长和人均收入的提高,而且还包括不发达经济摆脱贫困、落后,实现现代化的过程,是伴随经济结构、政治体制、文化法律,甚至观念、习俗变革的经济增长。

较为系统、全面和确切的经济发展涵义,至少应包括以下几个方面的内容:

(1) 按人口平均的国民生产总值(或国民收入)和居民人均实际收入在一个长时期内持续而稳定地增长。

(2) 居民生活的环境包括全面的公共福利设施、自然生态环境、社会政治环境等不断得到改善,人们有相当程度的安全感。

(3) 生产要素数量不断增加,足以满足生产投入的客观需要,从而保证社会总产出的长期、持续和稳定增长。

(4) 经济结构包括生产的组织制度结构、生产关系结构、国民经济的产业结构、产品结构、技术结构、空间布局结构等发生重大的转变,形成持续的高级化的变化过程。

(5) 社会结构不断完善,收入分配不断趋向公平与合理,居民间的收入及实际生活水平差距日益缩小。

(6) 社会事业和社会保障发展与经济的增长相适应,在"经济—社会—自然环境"之间建立起一个良性的循环系统及运行机制。

(7) 文化发展、观念习俗与经济发展相协调,不适合或不利于经济发展的传统陋习、陈旧观念能够得以及时、彻底的废除和更新,新的文化、新的价值观念能够迅速地成长、发育起来。

(8) 经济运行及其调控的机制趋于完善和健全,经济系统、社会系统和与经济发展相关联的自然生态系统的自我控制、自我调节、自我平衡及自我发展能力以及相互间的反应能力、变化适应能力不断增强等。

二、经济增长与经济发展的关系

经济增长虽然不等于经济发展，但它是经济发展的前提，是经济发展的动力。因为如果没有经济增长，一国的经济发展就会失去物质基础，即无增长便无发展。在发达国家，已经经历了长时期的经济发展过程，生产的社会化高度发达，各部门、各地区的发展程度大体相当，其结构是均质的，加上商业和金融事业的发达，一个部门或一个地区的经济增长可以通过市场机制，自动传递到其他部门和地区，造成全面的经济发展。而在发展中国家，经济增长与经济发展的这种关系是不会自动形成的。发展中国家的人口大多处在自给或半自给的落后经济部门，少数先进生产部门也大多是与国外市场相联系的出口部门，这种结构的非均质性，形成了经济增长在各部门、各地区之间扩散的障碍，加之缺乏完善的经济增长扩散传递的市场机制，经济增长变化滞缓。因此，发展中国家应建立完善的市场机制，重视促进各种结构的变化和结构调整，推动经济发展。

三、经济发展的度量

度量经济发展是一个极其复杂的问题，从理论上说，对经济发展的度量必须符合经济发展的涵义及其基本的目标，这就要求既要反映发展的数量方面，也要体现其质的方面的改善；既要反映经济方面的增长，也要体现非经济的社会方面的进步，同时度量的标准与指标应简单易行，符合科学原则。

联合国社会发展研究所曾提出一个用于衡量全国或地区经济、社会发展水平和程度的指标体系，包括 16 项指标：①出生时的预期寿命；②2 万人以上地区人口占总人口的百分比；③人均每日消费的动物蛋白质；④中、小学生注册人数总和；⑤职业教育入学比例；⑥每间居室平均住人数；⑦每千人中读报人数；⑧从事经济活动人口中使用电、水、煤气等百分比；⑨每个男性农业工人的农业产量；⑩农业中成年劳动力的百分比；⑪人均消费电力的千瓦数；⑫人均消费钢的公斤数；⑬能源消费（折合人均消费煤的公斤数）；⑭制造业在国内生产总值中的百分比；⑮人均对外贸易额（以 1960 年美元计算）；⑯工薪收入者在整个从事经济活动人口中的百分比。

四、早期经济发展思想

古典学派以前的经济发展思想、古典学派、新古典学派和熊彼特对经济发展问题的理论分析，被西方经济学家视为当代经济发展理论可以上溯的思想根源。

（一）古典学派以前的经济发展思想

古典学派以前的经济发展思想主要包括重商学派、重农学派和威廉·配第的经济发展思想。

1. 重商主义的经济发展思想

重商主义者从商业资本的运动出发，提出他们的财富和增长观。他们认为，金银货币是社会财富的唯一形式，衡量一个国家富裕和发展程度的标准是看它所拥有的货币量多少，推动一个国家经济发展的根本动力就是积累货币。基于此，重商主义认为，国内商业既不能从国外带回金银货币，也不能将金银货币带出国外；国内商业的盛衰可以间接地影响国外贸易的状况，但决不能使国家变得更加富裕或贫困。相反重商主义者对国外贸易的重要性却倍加关注，并置其于理论和政策建议的中心地位，认为对外贸易是社会财富的唯一源泉，只有在对外贸易中保证做到商品输出大于商品输入，才能有更多的金银货币流入国内，一个国家财富才能增长。

此外，重商主义者从商业资本的利益出发，认为要促进一个国家的经济增长，必须保护幼稚工业，限制输入、鼓励输出。尽管这些措施在当时有其具体的政策目的，带有历史的局限性，但却深深地影响着当代的经济发展理论，并在一些发展中国家的经济发展实践中再度映现。

2. 重农学派的经济发展思想

重农学派在批评重商主义的基础上，阐释了他们对社会财富及其来源的看法。重农学派认为，金银货币并非国民的真正财富，因为金银既不能提供消费品，又不能不断再生产财富；货币的职能不过是作为流通手段，货币如果脱离流通过程，不和其他财富相交换，就不能促进一个国家财富的不断再生产。与重农学派的财富观相对应，他们否认对外贸易是社会财富的源泉。他们认为，对外贸易不过是以一定价值的产品去交换另一种相等价值的产品，交换双方均无损失，也均无收益。经济增长的唯一源泉是农业，社会财富是从土地上生产出来的农产品，社会财富的增加可以保证人口的增长，人口和社会财富的增长反过来又使农业发达，商业兴旺，工业繁荣，这进一步促使社会财富不断地增长。

3. 威廉·配第的经济发展思想

威廉·配第是英国古典政治经济学的奠基人。他在其著作中提出了一些有关经济增长的思想。如他认为，劳动分工可以提高劳动生产率，进而促进财富的增长；财富的物质形式是劳动产品，价值形式是纯收入，财富的大小主要决定于劳动者人数的多少。因而，人口稀少是贫困的原因，增加人口可以促进经济增长；经济增长的源泉是土地和劳动两个因素；国家应干预经济活动，利用税收政策来调节经济增长。值得注意的是配第关于在社会经济发展过程中产业比重变动的看法。他认为，随着时间的推移和社会经济的发展，从事农业的人数比起从事工业的人数将相对地减少，从事工业的人数比起从事服务业的人数又将相对地减少。

（二）古典学派的经济发展思想

西方经济学家们认为，给当代经济发展理论启示最多的是古典学派。他们所指的古典学派代表人物包括从亚当·斯密、大卫·李嘉图、托马斯·罗伯特·马尔萨斯直至约翰·穆勒等资产阶级经济学家。古典学派最关心的是经济增长和经济发展问题，他们提出的有关经济发展的八个问题，仍然是当代经济发展中的重大问题。这些问题是：①人口增长的决定因素和人口增长与粮食增长的相对速度；②经济增长中农业的作用；③部门间贸易条件的重要性；④制约生产要素价格和国民收入分配长期趋势的力量；⑤利润转化为投资对资本积累的决定性作用；⑥资本在各个部门间的最佳配置；⑦国际贸易对经济增长的贡献；⑧经济政策对经济发展的影响。

1. 亚当·斯密的经济发展思想

在西方经济学说史中，亚当·斯密无疑是把经济增长问题作为论证中心，作为分析的总题目的第一位经济学家。他在代表作《国民财富的性质和原因的研究》中论证的焦点始终是经济增长问题，始终是什么因素促进成国民财富的增加或减少。亚当·斯密提出了所谓财富明显地具有现代经济学通用的"国民生产总值"的涵义。他最先提出了区别于总量生产概念的人均产量的概念。亚当·斯密认为，国民财富的增长决定于劳动生产率和从事劳动的人数,劳动者人数的增加和劳动生产率的提高,都会促进国民财富的增长。在他看来,不论是劳动生产率的提高,还是增加生产性就业人数,都必须以资本积累作为物质条件。因此,亚当·斯密始终把储蓄和资本积累视为经济增长最根本的决定性因素。这种分析曾经给初期的经济学家强调资本形成在发展过程中的作用的看法播下了思想种子。在分析资本的作用时,亚当·斯密提出资本应该包括"所有居民所得的有用能力"。这一思想被视为当代西方经济学"人力资本"概念的起源。

2. 大卫·李嘉图的经济发展思想

大卫·李嘉图的经济理论不同于亚当·斯密的经济理论之处在于他把国民财富研究的重点从生产转向分配,而分配问题在西方经济学中已成为越来越重要的问题。大卫·李嘉图在强调分配问题重要性的同时,并没有忽视生产力的发展和经济增长问题,他是从生产的变动中去观察分配问题的。大卫·李嘉图对经济增长的看法和斯密基本一致,他们都认为,经济增长表现为社会财富的增长,社会财富的增长取决于劳动数量的扩大和劳动生产率的提高。资本积累的扩大是使国民财富增长的根本原因。特别是大卫·李嘉图的比较成本学说早已成为发展中国家设计对外贸易战略的基础。

3. 托马斯·罗伯特·马尔萨斯的经济发展思想

托马斯·罗伯特·马尔萨斯认为,人口的不断增长是经济发展的重要约束条件。虽然从短期看,工人和人均食物供应会随着生产的发展而增加,但这又会导致人口增长的加速,因而从长期看,人口将以几何级数增长,而食物的产量因受收益递减律的制约,只会以算术级数增长。因此,人口的增加不可避免地会导致人均产量的下降,以及人均消费的减少,从而产生贫困化。此外,他还提出了由于消费不足而引起的经济停滞的理论。

4. 约翰·穆勒的经济发展思想

约翰·穆勒对经济增长只是作了一些特殊论证。他集中分析了经济增长对投入要素价格的影响。他把人口增长、资本积累和技术进步逐个地作为变化条件来观察对投入要素价格升降所起的作用,他所使用的这种方法正是当代经济发展理论常用的分析方法。

5. 弗里德里希·李斯特的经济发展思想

德国经济学家弗里德里希·李斯特是第一个明确地以落后国家经济发展问题为研究主题的经济学家。他认为,对落后国家而言,经济发展就是从农村社会转变为工业化社会的过程。这个转变过程主要决于三方面的因素:①劳动力的文化水平及其掌握的科学知识,包括对劳动的态度和价值观念;②可利用的物质资源,包括公共基础设施;③各种社会制度因素。他非常强调国家和政府在促进经济发展中的作用。他主张政府应当用贸易保护政策扶植新兴工业,直到这些工业强大到足以对付外国工业。他的上述思想对后来的工业化和贸易保护性战略的理论有一定影响。

(三) 新古典学派与熊彼特的经济发展思想

从19世纪中叶到第二次世界大战这期间经济发展理论在西方经济思潮的主流中几乎完全消失,但至少有两种理论对当代发展经济学的影响相当大:一是阿尔弗雷德·马歇尔为代表的新古典学派的经济发展理论;二是约瑟夫·熊彼特的创新理论。

阿尔弗雷德·马歇尔对经济发展理论影响最大的是对经济发展过程的基本看法:经济发展是渐进的、和谐的、连续的、不中断的、会使社会全体逐步受益的过程。他还十分强调通过教育以开发人力资源的重要性,这些观点对当代经济发展理论都有重要的影响。

约瑟夫·熊彼特不同意新古典学派的经济发展理论。他认为，经济发展是对现存经济关系格局的一种突破。突破的力量来自企业家的"创新"，"创新"是生产要素的组合，包括五个方面的内容：①引进一种新产品；②采用一种新的生产方法；③开辟一个新市场；④获得一种原料或半成品的新供给来源；⑤实行一种新的企业组织形式。熊彼特认为，创新的主体不是资本家而是企业家，企业家的创新活动受三种力量的推动：①发现一个私人商业王国的愿望；②征服困难和表明自己出类拔萃的意志；③创造和发挥自己才能带来的欢乐。在这三种力量的联合推动下，企业家有一种"战斗的冲动"，一种非物质的精神力量，这就是"企业家精神"。约瑟夫·熊彼特认为，随着创新活动的增加，新的投资领域将得到开拓，从而经济发展将跳跃地、间歇地前进。创新的间歇出现，引进经济的周期波动，也促进了经济的增长和发展。发展的关键，不在于储蓄是否充裕，而在于是否有作出投资决策的创新精神。约瑟夫·熊彼特关于创新与经济发展，关于企业家职能与精神的论述，引起当今经济学家的极大兴趣，企业家的创新已经成为经济发展的重要课题。

五、当代主要经济发展理论

当代经济发展理论大体可以分为两大类：结构主义和新古典主义。前者强调国家干预，后者注重市场和价格的作用，对政府作用则存疑虑，甚至加以反对。当代经济发展理论内容繁多，包括经济增长理论、资本形成与经济发展关系的理论、人口增长与经济发展关系的理论、人力资本与经济发展关系的理论、自然资源与经济发展关系的理论、二元结构理论、工业化与经济结构变化的理论、区域发展理论、经济发展与分配关系的理论等。本节将简单介绍除经济增长理论之外的部分主要的经济发展理论。

（一）资本形成与经济发展关系的理论

1. "大力推进"理论

这是发展经济学的先驱之一保罗·罗森斯坦·罗丹提出的关于资本形成在经济发展中作用的理论。他认为，发展中国家以农业生产为主，劳动生产率和收入水平低下，要摆脱贫穷落后状态，只有发展工业。由于发展中国家缺少工业生产所需的基础条件，要实现工业化，必须进行大规模地基础设施投资。如果仅仅在个别部门进行小规模投资，是不可能走出困境的。他认为，资本的供给是不可分的，比如，基础设施是互相依存紧密联系在一起的。交通、通讯、供水、电力、学校、医院等都必须达到一定的规模而且配套才能发挥作用。这就要求投资要达到一定规模才能同时建成这些基础设施，否则是不能建成这些设施的，工业化也会因缺少基础设施条件而难以实现。罗森斯坦·罗丹认为这是一个难以超越的阶段。

2. "临界最小努力"理论

这是哈维·莱宾斯坦提出的一种理论。该理论认为，发展中国家要打破低收入与贫困之间的恶性循环，应根据其人口多且增长率高的特点，必须首先保证足够高的投资率以使国民收入的增长超过人口的增长从而使人均收入水平得到明显提高，这个投资率水平即"临界最小努力"，没有这个最小努力就难以使发展中国家的国民经济摆脱贫穷落后的困境。

哈维·莱宾斯坦指出，要进行临界最小努力必须注意四点：①需要克服由于生产要素不可分性而产生的规模的内在不经济。因为企业必须保持一个最低的生产规模，才能获得经济效益。②需要克服由于不具备外在的相互依存关系而产生的外在不经济。一个企业为了生产产品，必然要向其他企业购买原材料等，因此，一个产业的存在就要求与它有依存关系的其他产业的存在。③当一个国家处于收入仅够维持生存的最低均衡水平时，收入如果增加，人们生活条件改善了，将促使死亡率迅速下降，但人口出生率并不随之下降，反而可能有所上升，结果是人均收入水平并无提高。因此，必须通过大量投资，使收入增长冲破这个障碍。④为了在经济体系中形成一种机制，促使发展的因素能持续发挥作用，形成持久的发展，则初期的投资努力就必须达到或超过某一最低限度。

哈维·莱宾斯坦认为，发展中国家长期处于低收入水平的循环中，其国民经济中内在的推动力量过小。低下的收入水平决定了它们既使不断增加投资，也终难超越收入水平低下的束缚，资本形成的规模都小于经济起飞所需要的临界最小数量。为什么发展中国家的这种低收入均衡陷阱难以冲破呢？哈维·莱宾斯坦用提高收入的力量（Income-raising Forces）和压低收入的力量（Income-depressing Forces）的冲突来说明。他认为，经济增长中所存在的这两种力量既相互依存又相互对立，因为这两种力量受不同因素支配。提高收入的力量是由上一期的收入水平和投资水平决定的，压低收入的力量是由上一期的人口增长和投资规模决定的。只有当收入水平超过人口增长速度时，提高收入的力量才能大于压低收入的力量，人均收入水平才会大幅度提高。发展中国家的现实是，压低收入的力量往往大于提高收入的力量，收入增长滞后于人口增长导致人均收入难以打破低水平的均衡。因此，在经济发展的初始阶段只有通过大规模的投资，才能使提高收入的力量大于压低收入的力量。不仅如此，哈维·莱宾斯坦还指出，实现临界最小努力还要具备一些制度和人文条件，如人们观念的更新，形成追求利润、能承当风险的意识，适宜企业家成长和投资盈利的社会环境等。

3. 华尔特·惠特曼·罗斯托的"起飞"理论

华尔特·惠特曼·罗斯托在其《经济成长的阶段》（1960）一书中把人类社会经济发展划分为六个阶段，即传统社会、为起飞创建前提、起飞、成熟、高额消费和追求生活质量这六个阶段。其中起飞阶段是发展中国家向发达国家过渡的起始阶段。他认为，"起飞"就是要突破经济的传统停滞状态，实现在短时间内基本经济结构和生产方法的剧烈转变，使国民经济走向迅速发展的坦途。要实现经济起飞，他认为必须具备三个条件：①要有10%以上的投资增长率；②要建立主导产业部门；③要有制度上的保证。在这三个条件中，第一个条件是首要的。根据华尔特·惠特曼·罗斯托的分析，假定人口年增长率为1%~1.5%，投资与产量之比为3.5:1，要使国民生产净值增长2%，必须有10.5%的积累率，要使国民生产净值增长3%，必须有12.5%的积累率。显然，华尔特·惠特曼·罗斯托也认为投资率对经济增长率有决定性的作用，所不同的是他还强调了主导部门和制度因素，但资本形成仍是首要前提。

（二）人口增长与经济发展关系的理论

进入20世纪50年代后，马尔萨斯的命题被现代马尔萨斯主义者冠以"人口陷阱理论"（The Theory of Population Trap），用以说明发展中国家人均收入停滞不前的原因。按这一理论，在发展中国家，当人均收入增加后，由于生活条件改善，人口增长速度也必然随之提高，结果人均收入水平又会退回到原来的水平上。他们认为，只有当投资规模足够大到超过人口增长的水平，人均收入增长率才能超过人口增长率，在没有达到这一点之前，人均收入的增长都将被人口增长所抵消。在人均收入增长率上升到与人口增长率相等之前，存在一个所谓"人口陷阱"，冲破陷阱的最好方法是大规模投资。这与前面谈到的"大力推进"理论有极相似的推理逻辑。

(三) 人力资本与经济发展关系的理论

系统的人力资本理论是美国芝加哥大学的西奥多·舒尔茨提出的,他因此而获得1979年度的诺贝尔奖。西奥多·舒尔茨指出:"经济发展主要取决于人的质量,而不是自然资源的丰瘠或资本存量的多寡。"他认为在传统经济学中,资本实际上由生产活动中的厂房、机器设备、原材料等各种物质生产要素所构成。虽然包括阿尔弗雷德·马歇尔在内的许多经济学家,在他们的著作中的此处或彼处也看到人力投资的现实意义,但人力投资却很少被纳入经济学家的正规的核心内容之中。西奥多·舒尔茨认为不包括人力资本的资本概念是不完整的。人力资本投资能有效地增加劳动者的技能,就像投资于厂房和机器设备一样,可以提高劳动生产率和经济效率。

人力资本的形成是通过投资来实现的。人力资本投资形式多样,主要有:①用于教育和培训的费用。其包括用于各类学校的费用、用于职业培训、岗位培训等方面的费用。按照舒尔茨的理论,教育的总费用,还包括受教育者因学习而放弃工作所得的收入在内。②用于医疗保健的费用。广义地说,包括凡可以影响劳动者的预期寿命、体力、精力和耐久力的所有费用。③个人和家庭用于变换就业机会的迁移费用。这部分费用之所以被视为一种对人力资本的投资,是因为这种迁移将有助于解决国内人力资源的合理配置和余缺调剂问题。如果通过迁移,减少了人力资本的损失,提高人力资源的配置效益,无疑也是人力资本形成的一条途径。

在人力资本形成的各种途径中,教育和培训是最重要的,也具有最明显的投资特征。从各种统计资料来看,发展中国家兴办教育的投资的经济效益十分显著,而且越是贫困的国家,人力资本投资的社会收益率越高。根据有关调查分析,发展中国家的教育收益率(包括社会收益率和私人收益率)普遍高于发达国家3~4倍,甚至更多。这说明发展中国家要格外重视人力资本投资的重要作用。

(四) 自然资源与经济发展关系的理论

1. 增长极限论

美国科罗拉多大学的经济学教授肯尼思·艾瓦特鲍尔丁是较早探讨经济发展中生态问题的经济学家。他在20世纪60年代发表了一篇题为《一种科学——生态经济学》的论文,指出了经济发展中生态问题的严重性,引起了人们对经济发展资源支撑问题的广泛关注。1968年在意大利成立了由30位知名学者组成的专门探讨发展与资源、生态环境关系的研究机构——"罗马俱乐部"。1971年,美国麻省理工学院的詹姆斯·福雷斯特尔教授出版了《世界动态学》一书。他在该书中运用"体系动态学"的分析方法,建立了关于经济发展的动态分析模型。他的分析结果表明,人类经济发展会由于资源的枯竭而陷于停顿。麻省理工学院的另一位教授丹尼斯·麦多斯受罗马俱乐部的委托,从事对人类长远发展面临的资源供给问题的研究。丹尼斯·麦多斯于1972年发表了他们的研究成果,即《增长的极限》一书。这本书是罗马俱乐部关于人类情况研究计划的第一份研究报告。该书提出了著名的"增长极限论",认为在以往发展模式的基础上,"只要人口增长和经济增长的正反馈回路继续产生更多的人和更高的人均资源需求,这系统就被推向它的极限——耗尽地球上不可再生的资源"。詹姆斯·福雷斯特尔和丹尼斯·麦多斯的结论虽然带有浓厚的悲观主义色彩,但是他们所提的问题却引起人们普遍的关注。由于丹尼斯·麦多斯的研究内容及其所使用的分析方法,与詹姆斯·福雷斯特尔有继承关系,所以,人们把他们的理论称为福雷斯特尔-麦多斯模型。

丹尼斯·麦多斯把人口增长、粮食供应、资本投资、环境污染和资源耗竭看作是影响经济增长的五个主要因素。他沿袭福雷斯特尔的观点，认为这五种因素都呈指数增长。其计算方法同计算复利的方法是一样的。设某一增长因素的基期数量为 q，每一期的增长率为 r，第 n 期数量为 M，那么：

$$M = q(1+r)^n$$

指数增长的最好表现形式是倍增时间，所谓倍增时间就是这些因素增长一倍所需的时间。譬如当 $M = 2q$ 时，求 n 为多少。

"增长极限论"认为，由于人口增长引起粮食需要的增长，经济增长引起不可再生自然资源耗竭速度的加快和环境污染程度的加深，都属于指数增长的性质。因此，人类迟早必然会耗尽资源，他们甚至断言，在 2010 年到来之前，人类社会就将崩溃。

2. 可持续发展理论

可持续发展最早是由环境学家和生态学家提出来的。1972 年联合国大会决定每年 6 月 5 日为世界环境日。1978 年，国际环境发展委员会首次在有关文件中正式使用了可持续发展概念。可持续发展（Sustainable development）在这份文件中被定义为："在不牺牲未来几代人需要的情况下，满足我们这代人的需要。"从其产生的历史背景来看，可持续发展是作为对以往经济发展所带来的一系列生态环境问题和面临的人口、能源、资源等一系列难题的反应而提出来的。它是对过去单纯追求产量、产值增长的发展观的一种历史反思。

1987 年世界环境与发展委员会在其题为《我们共同的未来》报告中将可持续发展作为关键概念使用，并给了它 10 个以上不同"定义"和"指标"，说明其内涵的丰富与复杂。围绕这个报告，发展中国家与发达国家进行了一系列对话和辩论，终于在 1989 年 5 月联合国环境署第 15 届理事会期间达成共识，认为可持续发展系指满足当前需要而又不削弱子孙后代满足其需要之能力的发展。这一共识包含了子孙后代的需要、国家主权、国际公平、自然资源、生态抗压力、环境保护与发展相结合等重要内容。后经联合国全体成员国共同努力，1992 年的环境与发展大会以"可持续发展"为指导方针，最后制定并通过了《21 世纪行动议程》和《里约热内卢宣言》等重要文件，同时会议号召成员国制定本国的"可持续发展"战略与政策，并加强合作，以推动《21 世纪行动议程》的落实。

比较系统地论述可持续发展理论的著作当属美国农业科学家莱斯特·布朗 1981 年出版的《建设一个可持续发展的社会》一书。该书分为两大部分：第一部分对土地沙化、资源耗竭、石油枯竭、粮食短缺四大问题进行了实证分析；第二部分为"走向持续发展的途径"，提出了控制人口增长、保护资源基础、开发可再生能源三大途径，并对"持续发展社会的形态"进行了多角度的描述，探讨了向"持续发展社会"过渡的途径、阻力和观念转变等问题。

概括起来，可持续发展战略的基本思路是：①改变单纯追求经济增长、忽视生态环境保护的传统发展模式；②由资源型经济过渡到知识技术型经济，综合考虑社会、经济、资源与环境效益；③通过产业结构调整与合理布局，开发应用高新技术，实行清洁生产和文明消费，提高资源和能源的使用效率，减少废物排放等措施，协调环境与发展之间的关系，使社会经济的发展既能满足当代人的需要，又不致对后代人的需求构成危害，最终达到社会、经济、资源与环境的持续稳定的发展。

（五）二元经济结构理论

1. 刘易斯模型

与发达国家不同，发展中国家的经济增长同时受到农村劳动力过剩和城市严重失业的双重困扰。一些发展经济学家用"二元经济"，即发展中国家普遍存在的沿海和大城市的现代工业部门与广大农村传统农业部门生产和组织的各种不对称来解释劳动力大量过剩现象。其中威廉·亚瑟·刘易斯的二元经济结构模型是最著名的。他在1954年发表的《劳动力无限供给下的经济发展》一文中分析了劳动力在传统农业部门和现代制造业部门之间流动的特殊现象。在市场经济发达的国家，工资是由劳动的边际产品价值决定的，而且在一个要素有效配置的经济里，劳动在各个行业中的边际产品价值应该相等，否则就会引起劳动力在各部门之间的转移。但是，在发展中国家经济里，传统农业部门的劳动力价格并不是按边际产品价值原则决定，因此，保留着几乎可以"无限供给"的边际生产力为零的劳动力。而现代工业部门是按照资本主义生产方式经营的，企业追求的是利润最大化，因此，其对劳动力需求的原则是劳动的边际产品价值应该大于或等于现行的工资水平。由此可见，两个部门的边际产出是不一致的，现代工业部门的工资水平高于传统部门里的农民收入水平。在刘易斯看来，传统部门存在大量过剩劳动力，而工业部门则不存在，这是二元结构经济里的一种特有的失业现象。如果劳动力的流动不受限制，传统部门的劳动力必然大量涌向工业部门，经济发展就表现为现代部门通过资本积累而扩张，直到将传统农业部门的"剩余劳动"全部吸收完，二元结构消失。

2. 费景汉—拉尼斯模型

约翰·费景汉和古斯塔夫·拉尼斯认为，威廉·亚瑟·刘易斯没有足够重视农业在促进工业增长中的作用，也没有注意到农业由于生产率提高而出现剩余产品是劳动力持续流入工业部门的先决条件。从这一点出发，他们对刘易斯模型进行了补充和完善。

费景汉－拉尼斯模型明确地将二元结构归结于传统农业与现代工业的并存（这与刘易斯有所不同）。按照他们的说法，从农业社会到二元经济再到成熟经济是一种重要的增长类型。二元经济的中心特征是庞大的农业部门与活跃而生气十足的工业部门的并存。

按照费景汉－拉尼斯模型，经济发展过程可分为三个阶段。

第一阶段，其与刘易斯模型没有区别。在这一阶段，经济中存在着隐蔽性失业，即相当一部分劳动的边际生产力为零或接近于零，因而劳动力是无限供给的。当隐蔽性失业的劳动力向工业部门转移时，农业的总产量不受任何影响，这样就会出现农业剩余，它正可以满足转移到工业部门的劳动力对粮食的需求。因此，农业部门的人均收入没有改变，工业部门的工资也保持不变。当这部分劳动力转移完毕，经济发展就进入了第二阶段。

第二阶段，工业部门所吸收的劳动力是一些劳动的边际生产力低于农业部门平均产量的剩余劳动力。由于这部分劳动力的边际生产力大于零，当他们转移出去以后，农业总产量就会下降，而剩下的农业劳动力仍和以前一样消费，所以，提供给工业部门的农产品就不足以按平均消费水平来供应工业部门的劳动力。这样，经济中开始出现农产品特别是粮食的短缺，工农业之间的贸易条件变得有利于农业部门，工业部门的工资水平开始上升。

第三阶段，当农业中全部的剩余劳动力都被吸收到工业部门就业以后，经济就进入了第三阶段。在这一阶段，经济已进入商业化过程，农业已开始资本主义化了，农业和工业中的工资水平都由其劳动力的边际生产力来决定，当农业部门劳动力的边际产量与工业部门相等时，经济就进入了新古典世界。

在这个过程中，关键的问题是如何把隐蔽性失业人口全部转移到工业中去。困难在于第二阶段，随着劳动力的转移，农业总产量下降，粮食短缺，工资上涨，工业贸易条件恶化，工业劳动供给曲线逐渐陡峭，劳动力的转移受到阻碍，工业部门的扩张有可能在全部剩余劳动力被吸收完毕之前就停止。要解决这一问题，必须在工业部门扩张的同时，努力提高农业劳动生产率，使农业发展与工业发展同步进行，这样才能在劳动力转移的同时，不减少农业中的剩余产品，从而使工资水平保持不变，经济发展从第二阶段顺利地过渡到第三阶段。

费景汉-拉尼斯模型的意义在于它强调了农业对工业的贡献不仅仅在于它提供工业部门所需要的劳动力，而且它还为工业部门提供农业剩余。如果农业剩余不能满足工业部门扩张后新增工业劳动力对农产品的需求，劳动力的转移就会受到阻碍。

3. 托达罗模型

若干年前，人口从农村向城市的流动在发展经济学文献中被认为是好现象。国内的人口流动被认为是很自然的过程，通过这一过程剩余劳动力逐渐从农村部门转移出来，为城市工业增长提供所需要的人力。由于人力资源是从边际产品常常是零的区域向边际产品是正数而且迅速增长的地区转移，这种流动被认为是有益的。刘易斯模型描述的正是这样一种过程。

20世纪六七十年代以来的现实情况是城市失业不断上升，但农村到城市的流动人口有增无减，如何解释这种现象呢？麦克·托达罗在修正了刘易斯二元结构理论的基础上，对此提出了一个解释框架。

按照托达罗的模型，人口流动基本上是一个经济现象，是人们对城乡预期的收入差距的反应，而不是对实际的收入差距的反应。迁移者可以考虑城市、农村劳动力市场上的各种就业机会，选择其中能带来最大预期收益的迁移。预期收益可用城乡工作实际收入的差距和迁移者在城市获得工作的概率来计算。也就是说，劳动者比较在城市的预期收入和农村的现有收入，如果前者大于后者，他就可能选择迁移。

如果我们用 $V(o)$ 表示在某一特定时点时，迁移者预期的城市、乡村收入的净现值，$Yu(t)$、$Yr(t)$ 分别表示迁移者在时点 t 上在城市和农村的平均实际收入，n 表示迁移者的计划时间长度，r 表示贴现率，则有：

$$V(o) = \int_0^n [P(t)Yu(t) - Yr(t)]e^{-rt}dt - C(o)$$

式中，$C(o)$ 是迁移的成本，它既包括实际成本，也包括心理成本。$P(t)$ 是迁移者在时点 t 上在城市获得工作的概率。

如果 $V(o)$ 为正数，则迁移者选择迁移。

按照这一模型，迁移速度超过城市就业机会的增长速度不仅是可能的，也是合理的。要解决城市失业问题，仅仅在城市创造就业机会是不够的，还必须制定综合性的农村发展规划，缩小城乡就业机会之间的不平衡。

（六）经济发展与分配关系的理论——库兹涅茨的倒"U"型理论

西蒙·史密斯·库兹涅茨对经济发展中个人收入分配发展趋势的研究，对于发展中国家的个人收入差别问题的研究有非常重要的影响。

库兹涅茨在1955年3月出版的《美国经济评论》第45卷第1期上发表了"经济增长与收入不平等"一文。该文的主要观点是，在经济发展过程中，收入分配差别变动的长期趋势是先扩大，再缩小，即长期变动轨迹呈倒"U"型。

库兹涅茨认为，在经济发展中存在着使收入不平等扩大的因素。其中一个因素是储蓄和积累在少数高收入阶层的集中。经济增长随储蓄和积累的变化而变化。当储蓄的绝大部分集中于少数最富裕阶层时，储蓄又成为他们获得更多收入的手段，导致下一个时期收入不平等的加剧。如果没有抑制因素，收入分配将越来越不平等，个人之间收入差距将不断扩大。另一个因素是经济发展中工业化和城市化所引起的收入分配恶化，即农村与城市收入分配差距拉大，使经济中不平等的范围扩大。

库兹涅茨认为，随着收入分配不平等加剧，还会出现一些抑制因素，使收入分配不平等趋势逐步缓和。这些因素是：

（1）法律和行政干预。随着人们对社会收入分配关注的加强，对收入不平等的不满情绪也会增强，由此对国家的法律和政策产生压力，政府就会通过累进所得税、遗产税以及其他转移支付的方式来缓和收入分配差别扩大的趋势。这些干预措施使储蓄和积累集中的倾向受到抑制。

（2）人口变动因素。高收入阶层的人口增长率存在下降趋势，但高收入人口在总人口中的比例是相对固定的，于是一些来自中等收入甚至较低收入阶层的人进入高收入阶层，以维持其固定的比例。这样，导致高收入阶层整体收入水平下降，一定程度上抑制了收入分配不平等的扩大。

（3）产业结构调整因素。由于科学技术迅速发展，新兴产业不断出现并高速增长，持有这些新兴产业资产的人，其收入增长速度必然快于那些旧产业资产持有者的收入增长速度。在总资产收入中来自新产业的比例呈上升趋势，与此相对应，旧产业所占的比例是逐渐减少的。

库兹涅茨认为，在动态经济社会中，由于存在着上述因素，因此形成抑制社会收入分配差别扩大的机制。这就是随着经济发展，社会收入分配不平等先扩大后缓和呈倒"U"型轨迹的主要原因。

总之，经济增长与经济发展是不同的但又存在密切关系的两个概念。经济增长是经济发展的前提，是经济发展的动力。但经济增长不等于经济发展。经济发展是伴随着经济结构、社会结构和政治体制变革的经济增长。

本章小结

1. 经济增长是经济发展的前提，是经济发展的动力。但经济增长不等于经济发展。经济发展是伴随着经济结构、社会结构和政治体制变革的经济增长。

2. 哈罗德—多马模型其核心结论是经济不是连续上升就是连续下降；新古典增长模型认为，通过改变资本—劳动比，即在不同情况下，选择一个相应的资本—劳动比就可使经济实现充分就业的均衡增长；新剑桥增长模型则是通过改变储蓄率来实现经济均衡增长的。

3. 丹尼森把经济增长因素分为两大类：生产要素投入量和生产要素生产率。库兹涅茨对经济增长因素的分析是运用统计分析方法，通过对国民产值及其组成部分的长期估量、分析与研究进行各国经济增长的比较，从各经济增长的差异中探索影响经济增长的因素。

4. 当代经济发展理论包括经济增长理论、资本形成与经济发展关系的理论、人口增长与经济发展关系的理论、人力资本与经济发展关系的理论、自然资源与经济发展关系的理论、二元结构理论等。

复习思考题

1. 推导哈罗德—多马模型。
2. 推导索洛模型。
3. 经济增长与经济发展有什么区别与联系？
4. 衡量经济发展的主要指标有哪些？
5. 可持续发展战略的基本思路是什么？

第十章 宏观经济政策

【学习目标】

- 掌握宏观经济政策目标。
- 理解财政政策和货币政策,掌握常见的财政政策及货币政策工具。
- 能够分析财政政策效果和货币政策效果。
- 掌握财政政策与货币政策的配合模式。

第一节 宏观经济政策目标

政策是政府行为,是政府凭借其权力,为了实现一定的目标而对社会经济的某些方面或环节采取的一系列措施和行动。经济政策是国家或政府为了增进社会经济福利而制定的解决经济问题的指导原则和措施。它是政府为了达到一定经济目的而对经济活动有意识的干预。经济政策可分为行政计划型和市场调控型两类,前者通过行政命令手段予以执行,如公用事业定价,监管,审批等。后者通过市场机制来干预经济,以达到政策目标。宏观经济政策是国家进行总量调控,以达到一定目的的手段。宏观经济政策就是为了实现一定的经济政策目标而制定的。

宏观经济政策目标是指宏观经济政策最终所要达到的目的,主要包括充分就业、物价稳定、经济增长和国际收支平衡四大目标。

一、充分就业

充分就业是宏观经济政策的首要目标。

(一)失业的定义与衡量标准

失业是指劳动者处于劳动年龄、具有劳动能力、有劳动愿望并确实在寻找工作的情况下,不能得到适宜职业而失去收入的状态。失业有广义和狭义之分。广义的失业是指具有劳动能力的人找不到合适的工作岗位,即劳动力资源处于闲置状态。狭义的失业是指达到法定年龄（劳动力年龄）并有愿望和就业能力的人得不到适当的就业机会，包括已经就业而被解雇，且正在等待或寻求新的就业机会的一种社会现象。

衡量一个国家经济中失业状况的最基本指标是失业率。失业率是失业人数占劳动人数的百分比，失业率是评价一个国家或地区失业状况的主要指标。失业率高说明失业问题严重，否则相反。在西方国家，当失业率为 4%～5% 时，则视为实现了充分就业，适度失业率是调节劳动供给的蓄水池。失业率由失业水平和失业程度两个方面的因素所决定。失业水平是指社会的失业人数与社会一般劳动力之比。失业程度是指社会失业时间的平均长度，通常用失业的平均周数除以 52 周而求得。失业水平与失业程度两者相乘的结果，决定失业率的高低，能够综合地反映一个社会失业的全貌。

依据失业产生的原因可以将失业分为以下类型：

（1）摩擦性失业。其是指由于劳动力市场的功能缺陷所造成的临时性失业，一般是由于求职的劳动者与需方提供的岗位之间存在着时间滞差而形成的失业。

（2）季节性失业。其是指由于某些行业生产条件或产品受气候条件、社会风俗或购买习惯的影响，使生产对劳动力的需求出现季节性的波动而形成的失业。

（3）技术性失业。其是指由于使用新机器设备和材料，采用新的生产工艺和新的生产管理方式，导致社会生产节省了劳动力而形成的失业。

（4）结构性失业。其是指由于国民经济的产业结构的变化以及生产形式和规模的变化，劳动力结构不能与之相适应而导致的失业。

（5）周期性失业。其是指周期性的经济波动对就业产生的影响而形成的失业。

凯恩斯则把失业分为三类：摩擦性失业、自愿失业和非自愿失业。摩擦性失业是因为劳动力市场不完善、信息不畅而产生的一种暂时的、短期的失业，是人们变换工作和寻找新的工作的过程而存在的失业。自愿失业是指工人不愿意接受现行工资水平和工作条件而导致的失业。非自愿失业是指即使愿意接受现行工资水平和工作条件但仍然找不到工作的失业。

（二）充分就业

在广泛意义上，充分就业是指一切生产要素（包括劳动）都有机会以自己愿意的报酬参加生产的状态。但通常指劳动这一要素的充分就业。

狭义充分就业则有不同观点。凯恩斯认为，消除了非自愿失业，但仍存在摩擦性失业和自愿失业的就业状态就是充分就业。也就是说，经济社会实现了充分就业时，仍然有摩擦性失业和自愿失业存在。也就是非自愿失业率为零即为充分就业。货币主义者认为，失业率等于自然失业率则达到充分就业，自然失业率是指在没有货币因素干扰的条件下，让劳动市场和商品市场自发供求力量作用时，总需求和总供给处于均衡状态的失业率，此外，还有学者认为空缺职位与寻找工作的人相等即为充分就业。

二、物价稳定

物价稳定是宏观经济政策的第二个目标。物价稳定是指价格总体水平的稳定。物价稳定就是避免或减少通货膨胀，但并不是通货膨胀率为零，而是维持一种能为社会所接受的低而稳定的通货膨胀率的经济状态。在任何一个经济社会中，由于各种经济和非经济因素的影响，物价不可能保持在一个固定不变的水平上，一般来说，随着经济的发展会或多或少地有一些或高或低的通货膨胀，因此，物价稳定并不意味着每种商品和劳务的价格固定不变。

物价稳定以价格指数衡量。价格指数是指表示若干种商品价格水平的指数，用简单的百分数时间数列表示不同时期一般价格水平变化方向和变化程度。其包括消费物价指数（CPI）、批发物价指数（PPI）和国内生产总值折算指数（GDP Implicit Deflator）。

三、经济增长

经济增长是指一个经济社会在一定时期内（通常为1年）所生产的商品和劳务即产量或收入的增加，通常用总产量、人均产量或总收入、人均收入、国民生产总值的增长率来表示。经济增长是指单纯的生产增长，经济增长率并不是越高越好，经济增长的同时必须带来经济发展。

经济发展与经济增长不同，经济发展是指随着产出的增长而出现的社会、经济、政治结构的变化。这些变化主要包括：

（1）投入结构的变化。从简单劳动转到复杂劳动，从落后的手工操作转到先进的机械化操作，从传统的生活方式转到现代化的生活方式，从劳动密集型技术转到资本密集型和知识密集型技术，生活组织和管理方式从传统的小生产转到现代的社会化大生产。

（2）产出结构的变化。其主要表现为产业结构的变化，在这个转化过程中，城市化与工业化同步进行，传统的城乡二元结构逐渐瓦解。

（3）产品构成的变化与质量的变化。经济增长注重增长的速度和产品的规模，而经济发展更加注重质量问题，生产出来的产品和服务更加适应消费结构的变化，产品和服务质量不断提高，品种更加丰富。

（4）居民生活水平和生活质量的变化。人均可支配收入的持续增长，居民消费水平、消费结构、居住条件、受教育状况、医疗卫生条件、文化环境的明显改善、文化生活更加丰富等。

（5）分配状况的改善。经济发展要求收入和财产的不平等趋于下降，贫困人口趋于减少等。

经济发展包含数量扩张、结构转换和水平提高三个方面的内容，这三个方面是相互联系、相互依存、相互促进的。"经济发展"无论是从内涵上还是外延上都拓展了"经济增长"的含义。

四、国际收支平衡

国际收支表示一国在一定时期内全部对外经济往来所引起的收入和支出总额的对比。用国际收支平衡表来表示。国际收支平衡是指国际收支既无赤字又无盈余的状态。一国的国际收支状况不仅反映了这个国家的对外经济交往状况，也反映出该国经济的稳定程度。一国国际收支失衡，会对国内经济造成冲击。从长期看，一国的国际收支状况无论是赤字还是盈余对一国经济的稳定发展都会产生不利的影响，会对其他宏观经济目标的实现造成障碍。具体说来，若国际收支长期处于盈余状态，会减少国内消费与投资，使社会总需求减少，不利于实现充分就业和经济持续稳定地增长；如果出现长期的国际收支赤字，赤字将由外汇储备或通过对外举债偿还，必将导致国内通货膨胀的发生。

国际收支平衡是一个对外经济目标，必须注意和国内目标的配合使用，正确处理国内目标与国际目标的矛盾。

从长期来看,这四个宏观经济目标之间是相互促进的。经济增长是充分就业、物价稳定和国际收支平衡的物质基础;物价稳定又是经济持续稳定增长的前提;国际收支平衡有利于国内物价的稳定,有利于利用国际资源扩大本国的生产能力,加速本国经济的增长;充分就业本身就意味着资源的充分利用,这当然会促进本国经济的增长。但是,在短期中,从迄今为止的各国宏观经济政策实践来看,这几个目标之间并不总是一致的,而是相互之间存在矛盾。充分就业与物价稳定是矛盾的。充分就业不利于物价稳定。因为要实现充分就业,就必须运用扩张性财政政策和货币政策,而这些政策又会由于财政赤字的增加和货币供给量的增加而引起通货膨胀。充分就业有利于经济增长,却不利于国际收支平衡。因为充分就业的实现引起国民收入增加,而在边际进口倾向既定的情况下,国民收入增加必然引起进口增加,从而使国际收支状况恶化。经济增长不利于物价稳定和充分就业。因为经济增长过程中,通货膨胀是难以避免的。经济增长中的技术进步则会引起资本对劳动的替代,相对地缩小对劳动的需求,使部分工人,尤其是技术水平低的人失业(结构性失业)。

宏观经济政策目标之间的矛盾,给制定宏观经济政策带来了一定的困难,但宏观经济政策是为了全面实现这四个宏观经济目标,而不仅仅是要达到其中某个目标,这样,就需要综合考虑各种因素来对各种政策目标进行协调。

财政政策与货币政策

一、财政政策

(一) 财政政策的概念

财政政策是一个国家的政府为了达到预期的经济目标而对政府收入、政府支出和公债水平所作出的决策。狭义财政政策仅限于财政预算收支之内或财政部门(包括中央与地方各级财政部门)的其他相关收支活动所体现出来的财政政策。广义财政政策是指除财政当局权力所及之预算内外收支之外,还包括货币政策、公共管制政策等。

(二) 财政政策的目的

在凯恩斯主义出现以前,财政政策的目的是为政府的各项开支筹集资金,以实现财政收支平衡,它所影响的主要是收入分配,以及资源在私人部门与公共部门之间的配置。在凯恩斯主义出现之后,财政政策被作为需求管理的重要工具,以实现既定的政策目标。这种财政政策包含了三个相互关联的选择:第一,选择开支政策,即开支多少,以及用于哪些方面的开支。第二,征税,即征收多少税,以及采用何种手段征税。第三,赤字政策,即确定赤字的规模和分配。

(三) 财政政策工具及其运用

政府对经济生活的干预是通过政府的财政支出政策和财政收入政策进行的。

1. 财政支出

财政支出是以国家为主体,把筹集到的财政资金,按照一定的方式和渠道,有计划地用于生产与生活的各个方面的分配活动。

（1）政府购买。政府购买性支出是指政府对商品和劳务的购买，包括购买军需品、警察装备用品、政府机关办公用品、付给政府雇员的酬金、各种公共工程项目的支出，等等。可以说，政府购买涉及各种项目，从航空母舰到森林管理人员的薪金，无所不包。政府购买是一种实质性支出，有着商品和劳务的实际交易，因而直接形成社会需求和购买力，是国民收入的一个重要组成部分，它的大小是决定国民收入水平的主要因素之一，直接关系到社会总需求的规模。政府购买性支出的变动对整个社会总支出水平起着举足轻重的调节作用。当社会总支出水平过低、失业增多时，政府可以通过增加购买支出，扩大对商品和劳务的需求，提高购买水平，以抑制衰退。例如，兴办学校、增加教育投入、举办公共工程。相反，当社会总支出水平过高、社会存在超额需求、存在通货膨胀时，政府应该采取减少政府的购买性支出的政策，以降低社会的总体有效需求，抑制通货膨胀，从而使经济达到充分就业的均衡。因此，通过改变政府购买性支出水平是政府财政政策的强有力手段之一。

（2）政府转移支付。政府转移支付是指政府在社会福利保险、贫困救济和补助等方面的支出。如卫生保健支出、收入保障支出、退伍军人福利、失业救济和各种补贴等方面的支出。这是一种货币性支出，政府在付出这些货币时并无相应的商品和劳务的交换发生，因而是一种不以取得本年生产出来的商品和劳务作为报偿的支出。因此，政府转移支付不能算作国民收入的组成部分。它所做的仅仅是通过政府将收入在不同社会成员之间进行转移和重新分配，全社会的总收入并没有变动。据此，政府对农业的补贴也被看作是政府转移支付。既然转移支付也是政府支出的重要组成部分，政府转移支付的增减对整个社会总支出同样具有重要的调节作用。与政府购买性支出一样，政府转移支付也是一项重要的财政政策工具。一般来说，当社会总支出水平不足、社会的有效需求不足、经济社会失业增加时，政府可以通过增加政府的转移支付、提高社会福利水平，使公众手中的可支配收入增加，从而提高人们的消费水平，增加整个社会的有效需求，减少失业；当社会总支出水平过高、有效需求过旺、存在通货膨胀时，政府则应该减少政府的转移支付，降低社会福利水平，使人们的可支配收入减少，降低公众的消费水平，从而使社会的有效需求降低，以制止通货膨胀。总之，通过政府转移支付的变动达到总供给与总需求的均衡，实现经济持续稳定地增长。政府购买支出和政府转移支付的变动通过乘数效应作用于国民收入，由于购买支出乘数大于转移支付乘数，因此，政府的购买支出乘数效应大于政府转移支付乘数效应。

2. 财政收入

（1）税收。在政府的收入中，税收是最主要的部分，它是国家为了实现其职能按照法律预先规定的标准，强制地、无偿地取得财政收入的一种手段，因此，税收具有强制性、无偿性、固定性三个基本特征，正因为如此，税收可作为实行财政政策的有力手段之一。西方国家财政收入的增长，在很大程度上来源于税收收入的增长。税收依据不同的标准可以进行不同的分类。根据课税对象的不同，税收可以分为：财产税、所得税和流转税三类。财产税是指对纳税人的动产和不动产课征的税收。许多国家对财产的赠予或继承征税，有些国家还对纳税人的净财产（资产减去负债）征税，称之为个人财产税。所得税是对个人和公司赚取的所得课征的税收。在西方政府税收中，所得税占有的比例较大，因此，其税率的变动对社会经济生活会产生巨大的影响。流转税是对流通中的商品和劳务的交易额课征的税收。增值税是其中主要的税种之一。根据收入中被扣除的比例，税收可分为累退税、累进税和比例税。累退税是指税率随征税客体总量增加而递减的一种税，比例税是税率不随征税客体总量变动而变动的一种税，即按一个统一的税率比例从收入中征收，多适用于流转税和财产税。累进税是税率随征税客体总量增加而增加的一种税。西方国家的所得税大部分属于累进税。这三种类型的税通过税率的变动反映了赋税的负担轻重和税收总量的关系，因此，税率的高低以及变动的方向对经济活动如个人收入和消费、企业投资、社会总需求等都会产生极大的影响。

税收既是作为西方国家财政收入的主要来源之一，又是国家实施其财政政策的一个重要手段，它与政府的购买性支出、政府的转移支付一样，同样具有乘数效应，即政府税收的变动对国民收入的变动具有成倍的作用。在讨论税收乘数时，一般要分清两种情况：一种是税率的变化对国民收入的影响；另一种是税收绝对量的变动对国民收入的影响。因此，税收作为一种财政政策工具，既可以通过改变税率也可以通过变动税收总量来实现宏观经济政策目标。例如，可以通过一次性减税即变动税收总量来达到刺激社会总需求的目的，还可以通过改变税率使社会总需求得以变动，以此达到预定的目标。由于改变税率主要是所得税税率的变动，一般而言，当税率降低时，会引起税收的减少，个人和企业的消费和投资增加以致整个社会的总需求增加以及国民收入水平的提高。反之，税率的提高，会导致社会总需求的减少和国民收入水平的降低。因此，当经济社会有效需求不足时，一般可采用减税这种扩张性的财政政策抑制经济的衰退，而经济出现需求过旺通货膨胀时，可通过增加税收这种紧缩性的财政政策抑制通货膨胀。

（2）公债。公债是政府向公众举借的债务，或者说是公众对政府的债权，它是政府财政收入的另一个组成部分。公债是政府运用信用形式筹集财政资金的方式，包括中央政府的债务和地方政府的债务。公债是相对于私债而言的，二者最大的区别就在于公债的债务人是拥有政治权利的政府。公债与税收不同，公债是以国家（或政府）信用为基础的，是政府以其信用向公众筹集财政资金的特殊形式。从公债发行的主体看，有中央（联邦）政府公债和地方各级政府公债，通常将中央政府发行的内债称为国债，它是指本国公民持有的政府债券。公债一般分为短期公债、中期公债、长期公债三种形式。短期公债一般指偿还期在1年或1年以内的公债。短期公债（最常见的形式是国库券）主要是为了弥补当年财政赤字或解决临时资金周转不灵的问题，利息一般较低，主要进入短期资本市场（货币市场）。中期公债是指偿还期限在1~5年的公债。其主要目的是为了弥补财政赤字或筹措经济建设资金。长期公债则是指偿还期限在5年以上的公债，但一般按预先确定的利率逐年支付利息。其主要目的是为了筹措经济建设资金。中长期公债由于期限长风险大因而利率较高，也是西方国家资本市场上最主要的交易手段之一。从以上对公债的性质的分析可以看出，政府发行公债，一方面能增加政府的财政收入，弥补财政赤字，筹措建设资金，影响财政收支，属于政府的财政政策；另一方面，又能对货币市场和资本市场在内的金融市场产生扩张和收缩的作用，通过公债的发行在金融市场上影响货币的供求，促使利率发生变动，进而影响消费和投资，调节社会总需求水平，对经济产生扩张和收缩的效应。因此，从这一点上来看，公债既具有财政政策的功能，又有一定的货币政策作用。

（四）自动稳定器和斟酌使用的财政政策

1. 自动稳定器

自动稳定器（Automatic Stabilizer）又称为"内在稳定器（Built-in Stabilizer）"，是在

国民经济中不需经常变动政府政策而有助于经济自动趋向稳定的因素，是经济中一种自动的作用机制，它可以自动地减少由于自发总需求变动而引起的国民收入波动，使经济发展较为平稳。自动稳定器主要是指那些对国民收入水平的变化自动起到缓冲作用的财政调节工具如政府税收等，它的功能表现在：当经济繁荣时自动抑制通货膨胀，在经济出现萧条时自动减轻萧条，而不需要政府采取任何措施。在社会经济生活中，通常具有自动稳定器作用的因素主要包括个人和公司所得税、失业补助和其他福利转移支付、农产品维持价格以及公司储蓄和家庭储蓄等。自动稳定器是通过以下几项制度发挥其作用的：

（1）政府税收。税收特别是个人所得税和公司所得税是重要的稳定器。所得税一般有起征点规定、抵扣规定与累进税率规定。当经济衰退时，国民收入水平下降，个人收入减少，在税率不变的条件下，政府税收会自动减少，而人们的可支配收入也会因此自动地少减少一些，虽然萧条时期的消费和需求有一些下降，但会下降得少一些。例如，在累进税制情况下，由于经济萧条会引起收入的降低，使某些原来属于纳税对象的人下降到纳税水平以下，另外一些人也被降到较低的纳税等级。结果，个人缴纳的税因为国民收入水平的降低而减少了，政府税收下降的幅度会超过收入下降的幅度，从而起到抑制经济萧条的作用。反之，在通货膨胀时期，失业率较低，人们收入会自动增加，税收会因个人收入的增加而自动增加，使得个人可支配收入由于税收的增加少增加一些，从而使消费和总需求自动增加得少一些。在实行累进税制情况下，经济的繁荣使人们收入增加，更多的人由于收入的上升自动地进入到较高的纳税等级。政府税收上升的幅度会超过收入上升的幅度，从而使得通货膨胀有所收敛。另外，公司所得税也具有同样的作用。

（2）政府转移支付。这里的政府转移支付主要包括政府的失业救济金和其他的社会福利支出。失业救济金和福利开支都有一定的发放标准，发放的多少取决于失业人数的多少和他们收入水平的高低。当经济出现衰退与萧条时，由于失业人数增加，符合领取失业救济金的人数相应增加，政府转移支付会自动增加，使得人们的可支配收入会增加一些，这就可以抑制经济萧条使人们收入下降而最终导致的个人消费和总需求的下降，起到抑制经济萧条的作用。反之，当经济过热产生通货膨胀时，由于失业率降低，符合领取失业救济金和各种补贴的人数减少，政府的这笔支出会因此自动的减少，从而自动的抑制可支配收入的增加，使消费和总支出减少，自动稳定器在一定程度上可以起到降温和遏制通货膨胀的作用。

（3）农产品价格维持制度。西方国家对其农产品一般多采取支持价格，将农产品价格维持在某一水平上。农产品价格维持制度实际上是另一种形式的转移支付制度，当经济萧条时，国民收入下降，农产品价格下降，政府为了抑制经济的衰退，依照农产品价格维持制度，按支持价格收购农产品，可使农民收入和消费维持在一定水平上，不会因国民收入水平的降低而减少太多，也起到刺激消费和总需求的作用。当经济繁荣时，由于国民收入水平提高使整体价格水平上升，农产品价格也因此上升，这时政府减少对农产品的收购并抛售库存的农产品，限制农产品价格上升，无形中抑制了农民收入的增加，从而降低了消费和总需求水平，起到抑制通货膨胀的作用。

总之，税收、政府转移支付的自动变动和农产品的价格维持制度在一定程度上对宏观经济运行起到了稳定的作用，成为财政制度的自动稳定器和防止经济大幅度波动的第一道防线。各种自动稳定器一直都在起减轻经济波动的作用，但这种调节作用的力度是有限的。因为税收与转移支付乘数比自发支出变动（投资、自发消费部分）的乘数要小。

现实经济中，自动稳定器的作用十分有限，它只能配合需求管理来稳定经济，而本身不足以完全维持经济的稳定；它只能缓和或减轻经济衰退或通货膨胀的程度，而不能改变它们的总趋势。因此，为确保稳定经济，政府要审时度势，主动采取一些财政措施，变动支出水平或税收以稳定总需求水平，使之接近物价稳定的充分就业水平。这就是斟酌使用的财政政策。

2. 斟酌使用的财政政策

斟酌使用的财政政策也称为相机抉择的财政政策、权衡性的财政政策，是指政府根据经济情况和财政政策有关手段的特点，相机抉择，主动地积极变动财政的支出和税收以稳定经济，实现充分就业的机动性财政政策。依照凯恩斯主义理论，当经济出现波动时，尽管各种自动稳定器一直在起作用，但作用时间较长，效果也不理想，因而需要政府采取更加积极主动的财政政策。政府执行财政政策是斟酌使用的，其使用原则是逆风向行事，交替使用扩张性和紧缩性的财政政策（又叫补偿性财政政策）。扩张性财政政策是指当经济萧条、失业严重、产生紧缩缺口时，为了弥补此缺口，减少或消除经济萧条，刺激总需求，达到充分就业而采取的增加财政支出或降低税收的财政政策。扩张性财政政策的主要手段包括增加政府购买、增加政府转移支出、减少税收等。紧缩性财政政策是指当经济活跃，产生通货膨胀缺口时，为了控制缺口，抑制总需求，稳定物价，使产量和收入保持在充分就业水平而采取的减少财政支出或增加税收的政策。紧缩性财政政策的工具与扩张性政策相类似，但方向相反，包括减少政府购买、减少政府转移支付和增加税收。这里需要指出的是，增加的税收，不能当期支出，应当冻结，等经济萧条时再支出。如果当期支出则会产生扩张的效果，使经济更活跃。斟酌使用的财政政策是功能财政思想的实施和贯彻，也就是凯恩斯主义的"需求管理"。因为凯恩斯当时分析的是需求不足的萧条状态的经济，他认为调节经济的重点应放在总需求的管理方面，保证总需求适应总供给。该政策在20世纪30年代到20世纪60年代效果不错，但之后出现的滞胀使它受到了怀疑。这说明斟酌使用的财政政策的作用同样具有局限性，因为在实际经济活动中存在各种各样的限制因素影响这种财政政策作用的发挥。

（1）时滞。认识总需求的变化，变动财政政策以及乘数作用的发挥，都需要时间。

（2）不确定性。实行财政政策时，政府主要面临两个方面的不确定因素：第一，乘数大小难以准确地确定；第二，政策必须预测总需求水平通过财政政策作用达到预定目标究竟需要多少时间，而在这一时间内，总需求特别是投资可能发生戏剧性的变化，这就可能导致决策失误。

（3）外在因素干扰。外在的不可预测的随机因素的干扰，也可能导致财政政策达不到预期效果。

此外还存在政策的"挤出效应"问题。政府增加支出，会使利息率提高，私人投资支出减少，即发生挤出效应。所以实行积极的财政政策时必须考虑这些因素的影响，尽量使其效果接近预期目标。

不论是财政的自动稳定器机制，还是斟酌使用的财政政策，都难以保持财政收支平衡，这可能导致资源的浪费，或挤占私人消费和投资，从而减缓经济增长。

（五）功能财政与平衡预算财政

1. 国家预算及其功能

国家预算是政府的基本财政收支计划，是政府集中和分配资金、调节社会经济生活的主要财政机制。国家预算的功能首先是反映政府的财政收支状况，其具体表现如下：

（1）从形式上看，国家预算就是按一定标准将财政收入和支出分门别类地列入特定的表格，可以使人们清楚地了解政府的财政活动，成为反映政府财政活动的一面镜子。

（2）从实际经济内容来看，国家预算的编制是政府对财政收支的计划安排，预算的执行是财政收支的筹措和使用过程，决算则是国家预算执行的总结。

（3）国家预算反映政府活动的范围、方向和国家政策。

（4）由于国家预算要经过国家权力机构的审批方能生效，因而又是国家的重要的立法文件，体现国家权力机构和全体公民对政府活动的制约与监督。

2. 功能财政与平衡预算财政

功能财政又称为"职能财政"或"机能财政"，是关于国家财政活动不能仅以预算平衡为目的，而应以充分发挥财政的经济职能，保持整个经济稳定发展为目的的理论。根据上述积极的财政政策，政府在财政方面实施积极的政策主要目的是实现物价稳定的充分就业水平。当实现了这一目标时，预算可以是盈余的，也可以是赤字的。这样的财政称之为功能财政。预算赤字往往是政府采取扩张性的财政政策即减税和扩大政府支出而造成的政府支出大于收入的结果，政府支出大于收入的差额即为预算赤字。预算盈余则是政府实行紧缩性财政政策即增加税收和减少政府支出而造成政府的收入大于支出的结果，政府收入超过支出的余额产生了预算盈余。

功能财政思想是凯恩斯主义的财政思想，是对凯恩斯以前的财政平衡预算思想的否定。平衡预算的财政政策思想是指财政收入与支出相平衡，财政预算盈余等于零的财政思想。平衡预算的财政思想按其发展阶段有三种涵义：一是年平衡财政预算，这是一种量出为入的平衡思想，要求某年预算均需平衡；二是周期平衡预算，指政府财政在一个经济周期中保持平衡，在经济繁荣时期采用财政盈余措施，在萧条时期采取预算赤字政策，以前者的盈余来弥补后者的赤字，以求整个经济周期盈亏相抵，预算盈余为零的平衡思想；三是充分就业平衡预算，这种思想认为，政府应当使支出保持在充分就业条件下所能达到的净税收水平。这种平衡预算思想的发展表明，平衡预算已由以往的每年度收支相抵的思想逐步发展至以一定的经济目标为前提的平衡预算思想，在一定周期内，或某年度可有一定的财政盈余或赤字，但是这类平衡预算思想的本质仍是机械地追求收支平衡，是一种消极的财政政策思想。

20世纪30年代以前，西方国家奉行的理财思想基本上还是亚当·斯密在其1776年出版的《国富论》中提出的原则：一个谨慎行事的政府应该厉行节约，量入为出，每年预算都要保持平衡。这就是所谓的年度平衡预算思想，它要求每个财政年度的收支平衡。20世纪30年代的世界经济危机和"凯恩斯革命"使人们意识到在经济衰退时期机械地保持预算平衡既无必要同时也会加深衰退。在衰退时税收会由于收入的减少而减少，要保持年度预算平衡，就必然减少政府支出或提高税率，结果加深了衰退；在经济繁荣、通货膨胀严重时，由于税收随收入的增加而增加，为了减少盈余，保持年度预算平衡，政府必然增加支出或降低税率，结果造成更严重的通货膨胀。因此，年度预算平衡的思想受到众多经济学家的质疑。这样，年度平衡预算思想发展为保持每一个经济周期的预算平衡思想，这就是周期平衡预算。在萧条时期政府采取扩张性政策，可以允许赤字的存在；在繁荣时期政府采取紧缩性政策，可以有预算盈余，但要以繁荣时期的预算盈余弥补衰退时期的预算赤字，使每个经济周期政府的盈余和赤字相抵，实现整个经济周期的预算平衡。周期平衡预算的思想仅从理论上讲十分完美，但具体实行起来却非常困难，因为在一个经济周期内很难准确地估计出繁荣和衰退的时间和程度，并且两者更难相等，因此，周期平衡预算很难实现。

20 世纪 40 年代，美国经济学家勒纳明确提出"功能财政"的预算准则。他认为，功能财政论的核心思想在于政府的财政政策、政府的开支与税收、政府的债务收入与债务清偿、政府的新货币发行与货币收缩等政策的运用，都应该着眼于这些举动对经济所产生的结果，而不应该着眼于这些举动是否遵循了既定的传统学说，顾虑这些传统学说是否好听。也就是说，在勒纳看来，财政预算应从其对经济的功能着眼，不能够只是以实现年度预算收支平衡作为财政的最终目标。政府应充分发挥财政支出、税收、国家债务等财政分配工具来调节经济。为消除失业和通货膨胀，需要经常调整总支出。当总支出太低时，增加政府支出；当总支出太高时，增加税收。为获得导致最需要的投资水平的利息率，利用政府举债或债务清偿，调整社会持有的货币和公债的相对份额。同时，在必要时，政府可以印刷钞票、窖藏货币或毁掉货币。

1962 年，美国肯尼迪政府总统经济顾问委员会提出一个新的思想，认为每年度的预算平衡甚至周期的预算平衡都是不必要的。财政政策目标应该是提供足够的有效需求在制止通货膨胀的同时实现充分就业，因此，不能机械地用财政预算收支平衡的观点对待预算盈余和预算赤字，而应从反经济周期的需要出发来合理地利用预算盈余和预算赤字。当存在通货紧缩缺口即有大量失业存在时，政府有责任不惜一切代价实行扩张性财政政策，增加政府支出和减少税收，实现充分就业。即使原来存在预算赤字，政府也应不惜赤字的继续扩大而果断地执行扩张性的财政政策。当经济存在通货膨胀缺口时，政府要采取紧缩性财政政策即减少支出、增加税收，即使原先存在预算盈余，也要不惜盈余的继续扩大实施紧缩性政策。功能财政的中心思想就是：政府为了实现充分就业和物价的稳定，应根据经济形势的变化采取相应的政策措施，需要有赤字就有赤字，需要存在盈余就有盈余，而不应单纯为实现财政的收支平衡而影响政府制定和执行正确的财政政策。

"功能财政论"的意图是要政府不必局限于年度预算收支平衡，而应当保持国民经济整体的均衡。功能财政是斟酌使用的财政政策的指导思想，而斟酌使用的财政政策是功能财政思想的实现和贯彻。它的提出，是对原有财政平衡预算思想的否定。功能财政思想主张预算的目标是实现无通货膨胀的充分就业，而不是仅仅追求政府的收支平衡，因此，这一思想的提出同单纯强调政府收支平衡的思想相比是一大进步。但是，也应该看到，功能财政的实施也存在相当大的困难。一方面，经济形势的波动常常难以预测，对经济形势的估计也不会十分准确；另一方面，政府的决策需要一定的时间，并且效果也具有某种滞后性，所以导致这种政策难以奏效。例如，为消除失业采取了减税和增加政府支出等扩张性财政政策后，由于政策的滞后性，经济形势可能已转入了繁荣，但扩张性政策仍在实施，结果会导致更加严重的通货膨胀。

功能财政理论是一个宏观静态而非宏观动态的理论，它只对短期的周期波动问题提供了部分解决方案，而完全忽视了长期经济增长问题。而且，由于在发展中国家，主要经济问题是需逐渐提高投资率和储蓄率，而不仅是通过调整总支出来治愈衰退和通货膨胀，因而它不适用于发展中国家。

平衡预算财政与功能财政思想的共同点是两者的目的均是为了设法使经济保持稳定，两者的区别在于前者强调财政收支平衡，甚至以此作为预算目标，后者则不强调这点，而强调财政预算的平衡、盈余或赤字都只是手段，目的是追求无通货膨胀的充分就业以及经济的稳定增长。

（六）充分就业的预算盈余

依照功能财政的思想，政府实行扩张性财政政策，即政府增加支出或降低税率会提高国民收入水平，刺激经济。反之，政府采取紧缩性财政政策如减少支出或提高税率将使国民收入水平降低，从而抑制经济。政府支出增加会使预算盈余减少或使预算赤字增加，而税率的提高则会使预算盈余增加或使预算赤字减少。这样就容易将预算盈余或预算赤字作为衡量财政政策对经济产生影响大小的一种简单标准，一般将预算盈余减少或预算赤字增加看成扩张性财政政策的结果，将预算盈余的增加或预算赤字的减少看成紧缩性财政政策的结果，但事实并非如此。因为预算盈余或预算赤字有时并不是由财政政策的主动变动引起的，而是由某些自发的支出变动被动地引起的。例如，在经济衰退时期，由于收入水平下降，私人消费和投资支出的减少引起国民收入水平的下降，在自动稳定器的作用下，进而引起税收的自动减少，政府转移支付的增加，也会引起预算盈余减少或预算赤字增加；在经济高涨时期，由于收入水平上升，会引起私人消费和投资支出的增加，国民收入水平提高，在自动稳定器机制的作用下，税收自动会增加，政府转移支付会自动减少，从而使预算盈余增加或预算赤字减少。上述两种情况下出现的预算盈余或预算赤字的变动与财政政策本身无关，也就说明不能简单地将预算盈余或预算赤字的变动作为判断财政政策是紧缩性的还是扩张性的标准。引起预算盈余或预算赤字的变动的原因可能来自两方面：一是经济运行情况本身的变动，即经济趋向高涨时会引起预算盈余的增加或赤字的减少，经济趋向衰退时会引起预算盈余的减少或赤字的增加。二是财政政策的变动，即扩张性财政政策会使预算盈余减少或赤字增加，紧缩性政策会使预算盈余增加，赤字减少。因而，仅凭预算盈余或赤字的变动很难判断出财政政策是扩张性的还是紧缩性的。要使预算盈余或赤字成为衡量财政政策是扩张性的还是紧缩性的标准就必须消除经济周期波动本身的影响。美国经济学家 C·布朗在 1956 年提出了充分就业预算盈余的概念。

充分就业的预算盈余指既定的政府预算在充分就业的国民收入水平即潜在的国民收入水平上所产生的政府盈余。如果这种盈余为负值，就是充分就业预算赤字，它不同于实际的预算盈余。它是以充分就业的国民收入水平，而不是实际国民收入水平来衡量预算状况的。以实际国民收入水平衡量的预算盈余，是实际的预算盈余。充分就业的预算盈余和实际的预算盈余两者的差别就在于充分就业的国民收入水平和实际国民收入水平的差额。如果以 BS^* 代表充分就业的预算盈余，BS 代表实际的预算盈余，y_f 代表充分就业的国民收入水平，y 表示实际国民收入水平，t、G、TR 分别表示边际税率、既定的政府购买支出和政府转移支付支出，则有：

$$BS^* - BS = ty_f - G - TR - (ty - G - TR)$$
$$= ty_f - ty$$
$$= t(y_f - y)$$

如果实际国民收入水平低于充分就业的国民收入水平，则充分就业预算盈余大于实际预算盈余，即 $y_f > y$，时，则有：

$$BS^* > BS$$

反之，如果实际国民收入水平高于充分就业的国民收入水平，则充分就业预算盈余就小于实际预算盈余，即 $y_f < y$ 时，则有：

$$BS^* < BS$$

如果实际国民收入水平等于充分就业的国民收入水平，则充分就业预算盈余等于实际预算盈余，即 $y_f = y$ 时，则有：

$$BS^* = BS$$

充分就业预算盈余概念的提出具有两个十分重要的作用。第一，把收入水平固定在充分就业的水平上，消除经济中收入水平周期性波动对预算状况的影响，从而能更准确地反映财政政策预算状况的影响。并为判断财政政策究竟是扩张性还是紧缩性提供了一个较为准确的依据。如果充分就业的预算盈余增加了或者预算赤字减少了，就说明财政政策是紧缩性的，反之，则说明政策是扩张性的。第二，使政策制定者更加注重充分就业问题，以充分就业为目标确定预算规模，从而正确地确定财政政策。正因为如此，这一概念一经提出就得到了广泛的运用。但是，这一概念同样也存在一定的缺陷，主要是充分就业的国民收入或潜在的国民收入很难被较为准确地估算出来。

（七）公债与赤字

遵循功能财政的思想，许多西方国家先后实行了政府干预经济的积极财政政策，这种政策就是逆经济风向行事的"相机抉择"。但由于政府出于政治上的考虑，大部分是实行消除失业的扩张性财政政策，结果造成财政赤字的上升和国家债务的累积。

财政赤字是国家的预算开支超过收入的结果。弥补财政赤字有两种方法：政府借债和出售政府债券。政府借债又有两种方法：一是向中央银行借款，由中央银行购买政府债券，这会引起货币供给增加。中央银行购买政府债券，实际上是通过创造新货币来进行支付，这种为赤字筹资的方式称为货币筹资，结果会引发通货膨胀，其本质上是用征收通货膨胀税的方法解决赤字问题。许多发展中国家解决赤字问题往往采用这种方法，但发达国家却很少使用这种方法。二是发行公债（包括内债和外债）。内债是政府向本国居民、企业和各种金融机构发行的债券，外债是向外国举借的债务，包括向外国借款和发行外币债券，发行债券可称为债务筹资。从一般意义上讲，内债是向国内公众举借的债务，是将购买力由公众向政府进行转移，由于基础货币并没有增加，故不会引起直接的通货膨胀。但政府债券的发行往往会引起债券价格下降，利率上升，中央银行要想稳定利率，只有在公开市场业务中买进政府债券，无形中增加了货币供给，使得预算赤字增加的同时引起了通货膨胀。

公债作为政府取得收入的一种形式起到了弥补财政赤字的作用，但政府发行公债毕竟是一种负债，与税收不同，发行公债是要还本付息的，当每年累积的债务构成了巨大的债务净存量时，这些债务净存量所支付的利息又构成政府预算支出的一个重要的部分。在美国，政府的利息支出在 GDP 中的比重在 20 世纪 60 年代为 1.3%，到 20 世纪 90 年代初上升到 3.5%，政府的利息支出在 30 年间增长了近 3 倍，利息支付已成为政府支出中的主要组成部分。在政府预算的总赤字中，包括两个主要部分：非利息赤字（除利息支出外的全部政府支出与政府收入之差）和利息支出。因此，当非利息赤字为零或不变时，只要利息支出增加，政府的预算赤字就会进一步增长。假设其他条件不变，赤字增长会引起政府增加债券的发行，导致政府债务增加，债务的增加又会引起政府利息负担的加重，使赤字进一步增长，如此循环往复，公债的利息支付便会与政府赤字、公债同步增长。衡量一国债务负担率的指标是债务-收入比率，它是一国债务与 GDP 的比率。债务-收入比率的变动主要取决于以下几个因素：公债的实际利率、实际 GDP 的增长率和非利息预算盈余的状况。当非利息预算盈余不变时，公债的利率越高，GDP 的增长率越低，这一比率将会上升；若非利息预算盈余不断增加，实际利率有所下降，实际 GDP 不断提高，则这一比率将会逐步下降。

目前世界上大多数国家的政府债务累积额都在不断地增加，1992 年底，美国的政府债务总量已达到 4 万亿美元。面对日益庞大并且不断增长的政府债务，西方经济学家对公债的是非功过提出了各自不同的看法，争论的焦点涉及两大问题：公债的资源配置效应和公债的收入分配效应。一些经济学家认为，公债无论是内债还是外债，和税收一样，都是政府加在人民身上的一种负担。原因是公债要还本付息，它最终是要通过征税和发行货币的方法得以解决，必然加重人民的负担。同时这种负担还将转移到未来几代人的身上，并且往往需要通过发行新债的办法来偿还旧债。然而，另外一些经济学家则认为，外债对一国公民而言是一种负担，因为其本金和利息必须使用本国公民创造的产品来偿还，但内债则不同，因为内债是政府欠人民的债，而内债的还本付息，归根结底来自课税，所以是"自己欠自己的债"。从整个国家来看，债权和债务总是恰好相抵的，因而不构成负担。况且政府总是存在的，会通过发行新债的办法偿还旧债；即使通过征税的办法来偿还债务，实际上也仅是财富的再分配而已，对整个国家来说，财富并未损失。尤其是当经济未达到充分就业时，由于发行公债可以促进资本的形成，增加有效需求，使经济增长速度加快，可以为子孙后代创造更多的财富，因此不会对子孙后代产生不良影响。只有在充分就业的情况下，发行公债并且不是用于资本的形成，或者公债的增加挤占了私人投资，这种公债的发行就会成为人们的负担。

二、货币政策

货币政策是指中央银行为实现其特定的经济目标而采用的各种控制和调节货币供应量或信贷规模的方针和措施的总和。货币政策不同于财政政策，财政政策直接影响和调节总需求规模，货币政策通过利率的变动对总需求产生影响，间接地发挥作用。货币政策的目标是控制货币供应量。

（一）中央银行与商业银行

1. 银行的分类

在银行制度方面，西方发达国家中，对金融媒介机构的分类可以根据需要采取多种方法。例如，按照各种金融机构在金融体系中的地位、作用及业务性质，划分为中央银行、商业银行、专业银行、其他金融机构；按金融机构创造货币、创造交换媒介和支付手段的能力，划分为银行金融中介机构和非银行金融中介机构；按受雇人员的数量、资本和营业额的大小划分为大、中、小型金融机构；按金融中介机构的资产和负债性质，划分为主要银行部门、次要银行部门、其他吸收存款的机构、其他金融中介机构等。西方主要国家的金融机构不是完全相同的，但是，大体来说，主要包括中央银行和金融中介机构两类，金融中介机构中最主要的是商业银行、专业性银行和非银行金融机构。

2. 商业银行的主要业务

商业银行是面向厂商及个人经营存贷款业务的金融组织，其主要目的是通过存贷款利息差额，赚取最大利润。商业银行是以获取利润为经营目标、以多种金融资产和金融负债为经营对象、具有综合性服务功能的金融企业。在各类金融机构中，商业银行历史最悠久、业务范围最广泛、对社会经济生活产生的影响最为深刻。

商业银行的业务种类繁多,主要有负债业务、资产业务和中间业务。负债业务是商业银行筹措资金、借以形成资金来源的业务,按存款的性质分为活期存款、定期存款和储蓄存款。资产业务是指银行运用资金的业务,银行的资产业务主要是放款和证券投资。放款业务是商业银行为企业提供贷款,它是商业银行的一项基本业务,也是商业银行最重要的资产。在美国,放款约占银行全部总资产的60%~70%。证券投资业务是商业银行重要的资金运用业务,银行通过有价证券的买卖活动取得利息收入。中间业务是指商业银行通过为客户办理支付、进行担保和其他委托事项,从中收取手续费的各项业务。

3. 中央银行的职能

中央银行是一国最高金融当局,是制定和实施货币政策的最高主管机构。它统筹管理全国金融活动,实施货币政策以影响经济。中央银行身处一国金融体系的核心地位,作为领导和管理国家货币金融的首脑机构,代表国家发行货币、制定和执行货币金融政策、处理国际性金融事务、对金融体系进行监管、通过货币政策影响经济活动。

中央银行具有以下三个职能:

(1) 发行的银行。作为发行的银行,独享发行国家货币的权利。

(2) 银行的银行。作为银行的银行,一方面中央银行是商业银行的最终贷款人,通过票据再贴现、抵押贷款等方式为商业银行提供贷款,另一方面是集中保管商业银行存款准备金,还为各商业银行集中办理全国的结算业务。

(3) 国家的银行。作为国家的银行,其主要表现在:①提供政府所需资金,国家可以向中央银行借款,即由中央银行用贴现国家的短期国库券的形式为政府提供短期资金,也可以帮助政府发行公债或以直接购买公债方式为政府提供长期资金,帮助政府弥补政府预算中出现的财政赤字。②代理国库,一方面将国库委托代收各种税款和公债价款等收入作为国库的活期存款,另一方面代理国库拨付各项经费,代办各种付款和转账。③充当政府在一般经济事务和处理政府债务等方面的顾问。④监督、管理国家的金融市场活动,代表国家处理与外国发生的金融业务关系。⑤根据经济形势采取适当的货币政策,与财政政策相配合,为宏观经济目标的实现服务。

与一般的商业银行和其他金融机构相比,中央银行具有如下特征:

(1) 不以盈利为目的;

(2) 不经营普通的银行业务,只与政府和各类金融机构往来,不办理厂商和居民的存贷款业务;

(3) 具有服务机构和管理机构的双重性质,有执行金融监管、扶持金融发展的双重任务;

(4) 处于超脱地位,在一些国家中甚至独立于中央政府,免受政治周期的影响。

(二) 银行创造货币的机制

1. 供给货币的问题

狭义的货币供给(M_1)是指硬币、纸币和活期存款的总和。货币被定义为在商品和劳务的交换以及债务的清偿中作为交换媒介或工具而被法定为普遍接受的物品,最符合这个定义的就是硬币、纸币和活期存款。一般说来,硬币和纸币通常被称为通货,而在西方国家,人们在获得款项后,一般均以活期存款的形式存入商业银行,然后用支票进行支付活动。所以活期存款与通货一样,具有相同的流动性。由于活期存款可以和通货一样,随时支取,也可随时用来支付债务，因此，也将其看作严格意义上的货币，同时也是最重要的货币，因为在货币的供给中活期存款占了相当大的比例，更主要的是活期存款的派生机制还会创造货币。

2. 存款创造货币的前提条件

在金融体系中商业银行具有创造货币的功能，原因是在金融体系中只有商业银行才允许接受活期存款，并可以签发支票，从而具有了创造货币的能力。商业银行创造货币应具备两个基本的前提条件。

（1）准备金制度。商业银行的准备金有法定准备金和超额准备金之分。在商业银行的经营过程中，银行除将客户的绝大部分存款贷放出去或购买短期有价证券以获取盈利外，只需留下一小部分的存款作为应付客户提款需要的准备金，这种银行经常保留的为应付客户随时提取存款的现金称为存款准备金。存款准备金占存款的比例叫存款准备金率或准备率。中央银行规定商业银行吸收的存款必须缴纳一部分作为准备金，这一准备金称为法定存款准备金。法定存款准备金一部分是银行的库存现金，另一部分存放在中央银行的存款账户上，它一般表现为中央银行的负债方的项目。超额准备金是指商业银行持有的超过法定存款准备金的部分。由于商业银行都想赚取尽可能多的利润，它们会把法定准备金以外的那部分超额准备金贷放出去或用于短期债券投资。正是这一较小比率的准备金支持着活期存款的创造能力，使得银行体系得以创造货币。

法定准备金率是指金融机构按规定向中央银行缴纳的存款金额占其存款总额的比率。中央银行通过调整准备金率，影响金融机构的信贷资金供应能力，从而间接调控货币供应量。当法定准备金率提高时，银行系统某定量准备金所能维持的负债和信用额度便下降。相反，当准备金率降低时，某定量准备金所能维持的负债和信用额便上升。因此，提高法定准备金率，是一种信用收缩的措施；降低法定准备金率，是一种信用扩张的措施。无论是提高或降低法定准备金率，其最终都会影响货币供应量的多少。法定准备金率是中央银行调节货币供应量的三大传统政策工具之一。

（2）非现金结算制度。非现金结算制度使人们通过开出支票进行货币支付，无须用现金。在非现金结算制度下，所有经济主体之间的往来均通过银行开具的支票形式或转账的方法进行结算，人们对现金的需要转而变成对存款的需要。只有满足这两个条件，银行才具有创造货币的功能。

3. 货币创造及创造过程

（1）货币创造。派生存款是指商业银行以原始存款为基础发放贷款而引申出的超过最初部分存款的存款，是商业银行创造的存款货币。它是商业银行在其超额储备的基础上，将负债贷款转化为存款货币，它是商业银行货币的主要部分。商业银行创造派生存款的能力，受其掌握的原始存款（商业银行掌握的部分基础货币）的限制，即支付能力或清偿能力的限制。因而，中央银行经常根据货币政策需要松紧银根，通过调整法定存款准备金率，再贴现政策和公开市场业务等手段，吞吐基础货币，改变货币派生存款的能力。派生存款创造理论极限公式为：派生存款 = 原始存款 × (1/存款准备率)，所以派生存款倍数理论上（不考虑现金漏损率等因素）等于存款准备率的倒数。

货币创造又称为"信用创造"，是指在整个银行系统中利用超额准备金进行贷款或投资的过程中，活期存款的扩大所引起的货币供给量的增加。商业银行收存一笔现金，其中一部分按法定准备金率保留作为准备金，其余部分（超额准备金）可用来进行贷款或购买有价证券，以增加银行收益。一般以相应增加借款人或证券卖主在该行户头中的活期存款方式支付，因而创造出一笔派生存款。借款人或证券卖主可以开出支票使用这笔存款。收款人可将支票存入与他往来的另一家银行。这第二家银行由于存款增加，又可将其中超额准备金部分贷放出去，创造出另一笔派生存款。如此类推，银行系统将可创造出数倍于原始存款的派生存款。创造货币的先决条件是有人借款。由一笔原始存款创造出的派生存款的数量取决于法定准备金比率的大小和现金漏损情况，即借款人在借款中持有现金而不保持活期存款的比例。

（2）货币创造的过程。假定商业银行系统的法定存款准备率为20%，由于某种原因商业银行新增1 000万元的存款，1 000万元新增货币究竟最终会增加多少银行存款呢？这里必须有两个假定：①无论企业还是个人，都会将一切货币收入全部以活期存款的形式存入银行，不能将一分钱的现金放入自己的口袋中。②银行接受客户的存款后，除法定准备金外，全部贷放出去，没有超额准备金的存在。在这种情况下，客户甲将1 000万元存入A银行，银行系统因此增加了1 000万元的准备金，A银行按法定存款准备率保留200万元准备金存入自己在中央银行的账户，其余800万元全部贷放出去；得到这800万元贷款的客户乙将全部贷款存入与自己有业务往来的B银行，B银行得到了800万元的存款，在留足160万元的法定准备金并将其存入自己在中央银行的账户以后，将剩余的640万元再贷放出去；得到这640万元的客户丙又将全部贷款存入与其有业务往来的C银行，C银行留下其中的128万元作为法定准备金而把其余512万元再贷放出去。如此反复，以至无穷，各商业银行的存款总额究竟是多少呢？可以按以下公式计算：

存款总额为：

$$1\,000 + 1\,000 \times 0.8 + 1\,000 \times 0.8^2 + 1\,000 \times 0.8^3 + 1\,000 \times 0.8^4 + \cdots$$
$$= 1\,000\,(1 + 0.8 + 0.8^2 + 0.8^3 + 0.8^4 + \cdots)$$
$$= \frac{1\,000}{1 - 0.8}$$
$$= 5\,000\,（万元）$$

贷款总额为：

$$800 + 640 + 512 + \cdots$$
$$= 1\,000\,(0.8 + 0.8^2 + 0.8^3 + 0.8^4 + \cdots)$$
$$= 4\,000\,（万元）$$

从以上的例子可以看出，存款总额（用D表示）同原始存款（用R表示）及法定准备率（用r_d表示）三者之间的关系是：

$$D = \frac{R}{r_d}$$

或

$$\frac{1}{r_d} = \frac{D}{R}$$

（3）简单的货币创造乘数。从前面的例子中可以看出，这笔原始存款如果来自于中央银行增加的一笔原始的货币供给，而中央银行新增的这笔原始货币供给流入公众或企业手中并转存在支票账户上，就使活期存款总额即货币供给量扩大为新增原始货币供给量的$\frac{1}{r_d}$倍，

这个 $\frac{1}{r_d}$ 倍数被称为货币创造乘数,如果用 k_m 表示货币创造乘数,则:

$$k_m = \frac{1}{r_d}$$

货币创造乘数是指中央银行创造一单位的基础货币所能增加的货币供应量。由以上公式可看出,货币创造乘数等于法定准备率的倒数,它表示增加一美元存款所创造出的货币的倍数。另外,根据存款总额(D)同原始存款(R)及法定准备率(r_d)的关系,货币创造乘数又可表示为:

$$k_m = \frac{D}{R}$$

由此可见,①货币的供给不能仅看中央银行最初发行了多少货币,而必须更为重视派生存款或派生货币,即由于货币创造乘数的作用使货币供给量增加了多少,这种增加被称为货币的创造。②货币创造量的大小,不仅取决于中央银行新增的货币量,而且取决于法定准备率,法定准备率越大,货币创造乘数越小;反之,法定准备率越小,货币创造乘数越大,两者呈反比关系。这是因为,法定存款准备率越大,商业银行吸收的每一轮存款中,保留的法定准备金所占存款的比例越大,可用于贷款的份额越小,由于贷款又转化成下一轮的存款,因而造成下一轮的存款就越少。

(4)复杂的货币创造乘数。关于以上所论述的货币创造乘数是法定准备率的倒数的分析实际上隐含两个假定:

①商业银行没有超额储备,商业银行将客户的存款在扣除了法定准备金后全部贷放了出去。但是,商业银行如果找不到合适的贷款对象,或厂商由于预期利润率低于市场贷款利率而不愿借款,诸如此类原因都会使银行的实际贷款小于其贷款能力,实际贷款小于其贷款能力的差额即没有贷放出去的款项就是超额准备金,也就是中央银行规定的法定准备金要求以外的准备金(用 ER 表示)。超额准备金与全部存款的比率称为超额准备率(可用 r_e 表示),法定准备金与超额准备金之和形成了银行的实际准备金,法定准备率加上超额准备率就是银行的实际准备率。当存在超额准备率后,货币创造乘数就不再是 $\frac{1}{r_d}$ 即法定准备率的倒数,而是变为:

$$k_m = \frac{1}{r_d + r_e}$$

上式表明,货币创造乘数成为实际准备率的倒数,这时,派生存款总额为:

$$D = \frac{R}{r_d + r_e}$$

法定准备金和超额准备金都是一种漏出,不能形成银行的派生存款,两者在存款总额中所占比重越大,银行的货币创造乘数越小,派生存款总额越少。因此,货币创造乘数不但与法定准备率有关,还与超额准备率有关。所以,市场贷款利率(用 r 表示)越高,银行越不愿多留超额准备金,因为准备金不能给银行带来利润。因此,市场利率上升,导致超额准备率下降从而实际准备率下降,货币创造乘数变大。另外,商业银行向中央银行的借款利率即再贴现率也会影响超额准备率。再贴现率上升,意味着商业银行向中央银行借款的成本增加,商业银行为此将自己多留准备金,超额准备率提高,从而提高了实际准备率,货币创造乘数变小。

②银行客户将一切借款都存入银行，经济活动中所发生的支付皆以支票形式进行。在现实经济生活中，每一位银行客户需要保留一部分现金。假如客户将得到的贷款没有全部存入银行，而是抽出一定比例的现金，这就是所谓的现金漏损。现金漏损是指银行客户从得到的贷款中提留的一部分用于交易的现金。现金漏损会导致货币创造乘数的减小，因为现金与准备金一样不能形成派生的存款。如果用 r_c 表示现金在存款中的比率即漏现率，则存在超额准备和现金漏出时的货币创造乘数为：

$$k_m = \frac{1}{r_d + r_e + r_c}$$

可见，货币创造乘数变小了。

（5）基础货币与货币供给。基础货币又称为货币基础、货币基数，是指公众持有的通货与商业银行持有的超额准备金以及商业银行存入中央银行的法定准备金总额，是中央银行直接控制的变量，也是银行体系的存款扩张、货币创造的基础。由于基础货币会派生出货币，因此，其是一种高能量的或者说活动力强大的货币，又被称为高能货币或强力货币。基础货币具有以下四个属性：①可控性，是中央银行能调控的货币。②负债性，它是中央银行的负债。③扩张性，能被商业银行吸收作为其创造存款货币的基础，具有多倍扩张的功能。④初始来源唯一性，即其增量只能来源于中央银行，不能来源于商业银行，也不能来源于公众。

当中央银行提高或降低法定准备金率时，各商业银行就要调整资产负债表项目，相应地增加或减少其存放在中央银行的法定准备金，这会使银行体系内产生一系列的变化。按照乘数理论，就会对货币供应量产生紧缩或扩张的作用。社会公众持有的现金的变动也会引起派生存款的变化，从而引起货币供应量的增加或减少。当公众将现金存入银行时，银行就可以按一定比例发放贷款，从而在银行体系内产生一系列的存款扩张过程；当公众从银行提取现金时，又会使银行体系内不断进行的派生存款过程部分中止。但一般来说，除季节性变动外，公众持有的现金额度比较稳定。

高能货币 = 准备金 + 流通中的现金
= 商业银行在中央银行的存款（法定准备金）
+ 商业银行的库存现金（超额准备金）+ 流通中的现金

若用 C_u 表示流通中的现金，R_d 表示法定准备金，R_e 表示超额准备金，H 表示高能货币，则：

$$H = C_u + R_d + R_e$$

这是商业银行借以扩张货币供给的基础。另外，因为货币总供给是通货（C_u）与活期存款（D）之和，即严格意义上的货币供给（M），即：$M = C_u + D$，则：

$$\frac{M}{H} = \frac{C_u + D}{C_u + R_d + R_e}$$

把上式等号右边的分子与分母同除以活期存款（D），则：

$$\frac{M}{H} = \frac{\frac{C_u}{D} + 1}{\frac{C_u}{D} + \frac{R_d}{D} + \frac{R_e}{D}}$$

式中，$\frac{C_u}{D}$ 代表漏现率 r_c，$\frac{R_d}{D}$ 表示法定准备率 r_d，$\frac{R_e}{D}$ 表示超额准备率 r_e，所以，上式又可表示为：

$$\frac{M}{H} = \frac{r_c + 1}{r_d + r_e + r_c}$$

$\frac{M}{H}$ 就是货币创造乘数。上式表明，货币创造乘数与法定准备率、中央银行的贴现率、市场借款利率、漏现率有关。这就是说，货币供给是基础货币供给、法定准备率、中央银行的贴现率、市场借款利率、漏现率的函数，这些因素都可以归结到准备金对货币供给变动的影响上来，因为准备金是银行创造货币的基础。中央银行正是通过控制准备金的供给来调节整个经济体系的货币供给的。

（6）货币供给的决定。货币供给是指一定时期内一国银行系统向经济中投入、创造和扩张（或收缩）货币的行为。货币供给的必然结果是在经济中形成一定的货币供给量。这种货币供给量对银行系统而言是一种负债，对非银行系统而言则是一种资产。

货币供给的基本方程式是：

$$M_S = B \cdot M$$

式中，M_S 代表货币供应量，B 代表基础货币，M 代表货币乘数。

其中，基础货币受四组因素影响：对银行等金融机构的资产负债净额，对政府的资产负债净额，对国外资产负债净额和对其他资产的负债净额。这四个净额的增加，会引起基础货币增加，在其他条件不变的情况下，货币供应量增加，相反，基础货币减少，货币供应量减少。影响货币乘数的因素有：现金漏损率，活期存款法定准备率，超额准备率，定期存款占活期存款的比例。根据以上因素分析，可以得出货币供给模型：

$$M_S = \frac{1 + k}{r_d + r_e + r_t \cdot t + k} \cdot B$$

式中，M_S 代表货币供给量，r_d 代表活期存款的法定准备率，e 代表超额准备率，t 代表定期存款占活期存款的比率，r_t 代表定期存款法定准备率，k 代表现金漏损率，B 代表基础货币。

从上述基础货币供给模型可知，影响和决定货币供给变动的主要变量有五个：基础货币、法定存款准备率（包括活期存款准备率和定期存款准备率）、超额准备率、现金漏损率和定期存款占活期存款的比率。

基础货币与货币供应量成正向变动，且基础货币由中央银行控制。

法定存款准备率的变动和货币乘数及货币供应量成反向变动。法定存款准备率提高，货币乘数变小，货币供给量减少；法定存款准备率降低，货币乘数变大，货币供给量增加。法定存款准备率的变动直接由中央银行决定。中央银行可以根据其货币政策的需要，调整该比例，从而达到鼓励或限制商业银行创造存款货币，以控制全国货币供给量的目的。

超额准备率的变动与货币乘数及货币供应量成反向变动。超额准备率的大小主要取决于商业银行的经营决策行为，它的变动直接由商业银行所掌握。影响超额准备率的主要因素有：

①市场利率。市场利率是超额准备金的机会成本。超额准备金是银行的非盈利资产，市

场利率高，银行放款或投资有利，势必减少超额准备金；反之，市场利率低，保有超额准备的机会成本也就随之降低，超额准备金增加。所以，超额准备金与市场利率成反向变动。

②再贴现率。再贴现率是商业银行向中央借入资金的成本。商业银行在准备金不足时，可以拿贴现客户的票据向中央银行再贴现。若中央银行的再贴现率低，说明商业银行向中央银行融通资金的成本低，势必鼓励商业银行扩充银行信用，减少超额准备金；反之，中央银行提高再贴现率，将使商业银行向中央银行借入资金的成本提高，从而减少向中央银行的资金融通，并相应持有较多的超额准备金。

③社会公众对现金或定期存款的偏好程度。当社会公众偏好现金时，银行为防备大量存款提现，势必保留较多的超额准备金；若社会公众对定期存款的偏好增加，银行超额准备金将随之降低。

④社会资金需求愿望。在经济增长较快时，社会资金需求愿望强烈，会使超额准备率降低；反之，会使超额准备率提高。此外，商业银行的经营态度、资金拆借市场的完善状况等，都影响商业银行的超额准备，使超额准备率发生变动。

定期存款占活期存款的比例会对不同层次的货币乘数产生不同的影响，进而影响货币供给量。定期存款占活期存款的比例的高低与社会公众的行为有关，因此在一定程度上由社会公众所掌握。影响该比例的因素有：

①定期存款利率。如果提高定期存款利率，定期存款可能会增加，从而使定期存款的比率提高；反之，降低定期存款利率，定期存款可能会减少，从而使定期存款比率下降。

②其他金融资产的收益率。其他金融资产（股票、债券等）的收益率相当于保有定期存款的机会成本。如果其他金融资产的收益率提高，则保有定期存款的机会成本增大，社会公众可能会减少定期存款额，从而使定期存款的比率趋于下降；反之，就会使定期存款比例上升。此外，定期存款占活期存款比例的高低与社会公众的收入变动、偏好等也有关系。

现金漏损率与货币乘数及货币供给量成反向变动（当 $r_d + r_e + r_t \cdot t + k \geq 1$ 时例外）。现金漏损率主要由社会公众所掌握。影响现金漏损率的因素有：

①社会公众的收入水平与消费倾向。一般来说，收入增加，消费支出也增加。所以，社会公众保有现金的绝对额也会增加。当然，也不排除在这种情况下出现资金持有量减少的现象。

②社会公众的流动性偏好。由于现金是一种流动性强、较便利的金融资产，所以在其他条件不变的情况下，社会公众的流动偏好越强，保有的现金越多，现金漏损率也会随之提高。

③持有现金的机会成本。持有现金的机会成本有两种：一种是由于持有现金失去其他投资获利的可能而产生的机会成本；另一种是由于价格变动引起的购买力损失。前一种情况与银行存款利率和其他金融资产的收益率有关。若银行存款利率和其他金融资产的收益率都高，保有现金的收益损失就大，机会成本增加。此时，社会公众将可能降低保有的现金比率，转而保有存款或各种有价证券。后一种情况与国内币值是否稳定有关。在通货膨胀期间，社会公众减少对存款货币的需求，而更多保有现金，以便尽快从事交易，减少损失。因此，社会公众对未来价格的预期也会影响保有现金比率的高低。

④其他因素。其他因素主要包括货币结算制度、银行制度的发达程度和服务水平、社会支付习惯、现金管理制度以及其他一些自然随机因素。

综合以上对决定货币供给量诸变量的考察可以知道，除了中央银行的政策行为外，商业银行的经营决策行为，国民收入水平的变化以及公众对金融资产的偏好程度等，均对货币供给量起着重要作用。在现实生活中，商业银行创造存款货币的能力，除取决于上述因素以外，很重要的一点在于必须有足够的贷款机会。而贷款机会则取决于经济运行状况和经济发展水平。如在经济停滞和利润下降的情况下，即使银行愿意多贷款，企业也可能不愿借款，从而可能的派生规模并不一定能够实现。由此可见，货币供给量是一个受经济体系内诸多因素影响的变量。中央银行对货币供给量的控制只是相对的，而不是绝对的。

（三）货币政策工具及货币政策

一国的中央银行运用货币政策工具来控制货币供给量，再通过货币供给量来调节利率进而影响消费与投资和整个宏观经济活动以达到一定经济目标的行为就是货币政策。

常见的货币政策工具主要有：

1. 法定准备率

法定准备率是中央银行控制货币供给量的有力工具。中央银行可以在法定的范围内改变商业银行活期存款的准备率来调节货币和信用供给，如果要突破法定准备率的最高限或最低限，就必须请求立法机构授予这项权力。改变法定准备率被认为是一项强有力的手段，这种手段由于影响太强烈而不常使用。法定准备率的变化会直接改变商业银行的过度储备，引起银行贷款数量的变化，遏制商业银行的贷款扩张企图，避免挤提的倒闭风险。

中央银行逆经济风向改变银行准备率。货币当局认为总支出不足、失业有持续增加的趋势时，可以降低银行准备率，使商业银行能够按更低的准备率，也就是按更多的倍数扩大贷款；也使商业银行形成超额准备金，超额准备金扩大了商业银行增加信用的基础，增大了贷款能力。反之，货币当局认为总支出过多、价格水平有持续增长的趋势时，可以提高银行准备率，使商业银行必须按更高的准备率，也就是按较低的倍数扩大贷款；也还使商业银行准备金不足，从而减少了贷款能力。

从理论上讲，变动法定准备率是中央银行调整货币供给量的一种最简单的手段。然而，中央银行一般不轻易使用法定准备率这一政策工具，原因在于银行与金融体系、信贷、存款量、准备金量之间存在着乘数放大的关系，而乘数的大小与法定准备率成反比，因此，即使法定准备率的一个很微小的变化，都会对金融市场和信贷状况产生强烈的影响。因此，法定准备率这一政策手段很少使用，一般几年才会改变一次，尤其是银行家们极不欢迎经常变动法定准备率。

表 10-1 所示为 2012 年我国金融机构法定存款准备金率调整一览表。

表 10-1　　2012 年我国金融机构法定存款准备金率调整一览表

时间	调整前	调整后	调整幅度（单位：百分点）
2012 年 7 月 18 日	（大型金融机构）20.50%	20.00%	-0.5
	（中小金融机构）17.00%	16.50%	-0.5
2012 年 5 月 18 日	（大型金融机构）20.50%	20.00%	-0.5
	（中小金融机构）17.00%	16.50%	-0.5
2012 年 2 月 24 日	（大型金融机构）21.00%	20.50%	-0.5
	（中小金融机构）17.50%	17.00%	-0.5

2. 再贴现率政策

这是美国中央银行最早运用的货币政策工具。过去，贴现就是银行根据未到期票据的票面额，扣除一定的利息后把票面余额付给持票人的一种放款业务。再贴现则是商业银行持已办理过贴现的、具有清偿能力的商业票据作为担保，从中央银行取得贷款的一种借款方式。现在，通常把中央银行给商业银行的贷款叫做再贴现，把中央银行对商业银行的贷款利率叫做再贴现率。中央银行可以根据经济情况改变再贴现率。当货币当局认为总支出不足、失业有持续增加的趋势时，就降低再贴现率，扩大再贴现的数量以鼓励商业银行发放贷款，刺激投资。再贴现率的下降表示货币当局要扩大货币和信贷供给，再贴现率的上升表示货币当局要收缩货币和信贷供给。中央银行在降低或提高再贴现率时，用控制银行准备金的办法迫使商业银行相应地降低或提高贷款利率。

再贴现率政策的作用主要是掌握贷款条件的松紧程度和影响信贷的成本。当中央银行提高再贴现率时，意味着商业银行向中央银行贷款的成本增加，将减少商业银行向中央银行贷款的需求，造成货币市场信贷规模收缩，在货币创造乘数的作用下，使货币供给量多倍地减少；当降低再贴现率时，商业银行向中央银行贷款的成本就会降低，会激励商业银行向中央银行贷款的需求，出现市场信用扩张，在同样货币创造乘数的作用下，货币供给量会多倍增加。中央银行调整再贴现率，不仅直接影响到商业银行的筹资成本，同时还间接地影响到商业银行对企业和个人发放贷款的数量，从而对企业和个人的投资与消费等经济活动产生影响。

再贴现率对货币供给的影响机制大体可概括为：再贴现率上升，商业银行向中央银行的贷款轻微下降，货币供给量有所减少；再贴现率下降，商业银行向中央银行贷款有所上升，货币供给量将增加。再贴现率的变动与货币供给量的变动成反比关系，同市场利率的变动成正比关系。

目前，再贴现率的调整在货币政策中的作用与以前相比也大大地减弱。这是因为：

（1）在现实经济活动中，商业银行和其他金融机构尽量避免在贴现窗口向中央银行借款，只是将其作为紧急求援的手段，不到万不得已不会轻易利用，以免被人误认为财务状况不佳。

（2）中央银行以再贴现的形式向商业银行发放贷款是有限制的，它主要发放下述三种贷款：①调剂性贷款。商业银行在存款贷款发生短期波动时向中央银行申请调剂性贷款以补充储备，这部分贷款常常是隔夜的。②季节性贷款。商业银行由于存款和贷款的季节性变化需要向中央银行借入季节性资金进行调剂。③其他贷款。商业银行由于某些特殊的情况发生资金周转不灵，也可以向中央银行贷款。商业银行不能利用中央银行的贷款去投机、拆放、补充资本金等。中央银行作出这些限制的原因，是不让商业银行依赖于中央银行以促使它们努力拓展业务，同时不让中央银行贷款成为商业银行利润的来源以促使它们自己去获取利润。正因为这样，调整贴现率的货币政策影响有限。

（3）再贴现政策也不是中央银行的主动性政策，原因在于中央银行只能等待商业银行向其借款，而不能要求商业银行向其借款，所以，这一货币政策的效果有限。另外，当商业银行的准备金十分缺乏时，即使再贴现率很高，商业银行依然会从中央银行的贴现窗口借款，中央银行想通过较高的再贴现率来抑制商业银行的借款就起不到太大的作用。因此，通过再贴现率的变动控制银行准备金的效果是相当有限的。当今，再贴现率政策往往作为一种补充手段与公开市场业务政策结合使用。

3. 公开市场业务

公开市场业务（Open Market Operations）是指中央银行在证券市场上公开买卖有价证券（主要是政府公债、国库券和银行承兑票据等），以期调节信用和货币供应量、影响利率、消费与投资即总需求而最终达到预定的经济目标的政策行为。其是中央银行的三大法宝之一。

公开市场业务的目的是：

（1）通过政府债券的买卖活动收缩或扩大会员银行存放在中央银行的准备金，从而影响这些银行的信贷能力；

（2）通过影响准备金的数量控制市场利率；

（3）通过影响利率控制汇率和国际黄金流动；

（4）为政府证券提供一个有组织的市场。

中央银行既可以把公开市场业务作为一种防御性工具使用，例如，在发生通货膨胀时，售出政府债券，使货币供给量减少，紧缩信用，抑制通货膨胀，经济萧条时，则买进政府债券，以便提高商业银行的准备金，扩大它们的信贷能力，促使利息率下降，从而扩大投资需求；中央银行也可以把公开市场业务作为一种进攻性工具使用，由中央银行主动决定买进或卖出政府债券的时间和数量，用以扩张或收缩信贷规模，通过货币供给量的调整来影响国民经济，达到预期的经济目标。因此，公开市场业务在西方国家被认为是最有效、最灵活的货币政策工具，也是最常使用的货币政策工具。以美国为例，当经济形势的发展使中央银行认为有收缩银根的必要时，联邦储备系统下设的联邦公开市场委员会（FOMC）将在证券市场上出售政府债券，这一行动首先减少银行系统的基础货币（包括银行的存款准备金和公众手持的现金），同时通过银行系统的存款创造，导致货币供给量的多倍收缩；与此同时，由于政府出售债券，债券价格因供给量过大而下降，利率上升，企业投资降低，公众储蓄增加而消费降低，最终导致总需求降低，遏制经济的过热现象，降低通货膨胀率。反之，若经济出现萧条，失业问题严重，中央银行认为有放松银根的必要，就在公开市场中买进政府债券，增加基础货币，通过银行系统的存款创造，引起货币供给量的多倍扩张和利率的下降，使企业投资和公众消费增加，提高总需求水平，制止经济的衰退，减少失业。

作为中央银行最重要的货币政策工具之一，公开市场业务具有明显的优越性，这主要体现在：

（1）通过公开市场业务可以直接调控银行系统的准备金总量，使其符合政策目标的需要；

（2）中央银行通过公开市场业务可以"主动出击"，避免"被动等待"，这比贴现率政策具有优越性；

（3）使用这项政策工具，中央银行可以随时决定买卖债券的种类和数量，可以随时进行精细的调查，可以对货币供应量进行微调，也可以进行连续性、经常性、试探性甚至逆向性操作，以灵活调节货币供应量。

（4）公开市场业务是由专门机构和专业人员根据总的政策方针灵活进行的，无需层层审批的繁琐程序，有利于适应瞬息万变的市场需要。

但是，公开市场操作受到诸如商业周期、货币流通速度变化、商业银行的信贷意愿等因素的影响，同时还必须具备一个高度发达的证券市场。

就重要程度而言，再贴现率政策虽然曾经被认为是最重要的政策手段，但是现在已被放在次要地位，而公开市场业务则被认为是最重要的政策手段。法定准备率具有法律效力，能对银行信用产生直接影响。法定准备率的变动能直接造成超额准备金或准备金不足，从而可以增强公开市场业务和再贴现率政策的效果。因此，西方学者认为，法定准备率政策既能独立起作用，又能作为公开市场业务和再贴现率政策的补充。一般来说，以上三项重要手段既可以单独运用，又可以配合使用。在通常情况下，中央银行通过公开市场业务和再贴现率的配合来调节宏观经济活动水平，只有在特殊情况下，才运用法定准备率政策。

除了上述公开市场业务、改变再贴现率和改变法定准备率三种重要政策手段外，西方国家的中央银行有时还采用一些次要手段，例如，道义上的劝告、选择性控制和证券信贷的控制，以及分期付款信贷控制和抵押信贷控制等。比如，道义劝告是指中央银行运用其在金融体系中的特殊地位和威望，通过对商业银行及其金融机构劝告，指导其行动，影响其贷款和投资的方向，达到控制信用的目的。虽然道义上的劝告没有可靠的法律地位，但由于商业银行和金融机构慑于中央银行的权力，惧怕搞坏同中央银行的关系，一般也能听从中央银行的指令，从而使商业银行及金融机构与中央银行不仅在政策上而且在行动上保持一致。

（四）货币政策的局限性

货币政策的局限性主要有：

（1）从货币市场均衡的情况看，通过增加或减少货币的供给量影响利率的高低是以货币的流通速度不变为前提的。如果这一前提并不存在，货币供给变动对经济的影响就要打折扣。在经济繁荣时期，中央银行为抑制通货膨胀需要紧缩货币供给，或者说放慢货币供给的增长率，然而，一般来说公众支出会增加，而且物价上升较快时，公众不愿把货币持在手上，而希望尽快花费出去，往往将手中货币换成实物，从而货币流通速度会加快，这无异在流通领域增加了货币供给量。这时候，即使中央银行减少货币供给，也无法使通货膨胀率降下来。反之，当经济衰退时期，货币流通速度下降，这时中央银行增加货币供给对经济的影响也就可能被货币流通速度下降所抵消。货币流通速度加快，意味着货币需求增加，流通速度放慢，意味着货币需求减少，如果货币供给增加量和货币需求增加量相等，LM曲线就不会移动，因而利率和收入也不会变动。

（2）经济运行状况处于不同的时期采取同一货币政策产生的效果会有所不同。在通货膨胀时期，实行紧缩的货币政策可能效果比较显著，但在经济衰退时期，实行扩张的货币政策效果就不明显。原因是在经济衰退时期，厂商对经济前景普遍悲观，即使中央银行松动银根，降低利率，投资者也不肯增加贷款从事投资活动，银行为安全起见，也不肯轻易贷款。特别是由于存在流动性偏好陷阱，当利率降低到一定水平以后，无论银行如何增加货币供给量，利率都不可能继续下降，使得作为反衰退的货币政策效果就相当微弱。即使从反通货膨胀看，货币政策的作用也主要表现于控制需求拉上的通货膨胀，而对成本推进的通货膨胀，货币政策的效果就很小。因为物价的上升若是由工资上涨超过劳动生产率上升幅度引起或由垄断厂商为获取高额利润引起，中央银行想通过控制货币供给来抑制通货膨胀就比较困难了。

（3）货币政策时滞也影响政策效果。货币政策时滞是指货币政策从制定到获得主要的或全部的政策效果所必须经历的一段时间。它是影响货币政策效果的一个重要因素。如果收效太迟或难以确定何时收效,则政策本身能否成立也就成了问题。时滞由内部时滞和外部时滞两部分组成。在货币政策操作中,一般会经历以下几个环节:①针对一定时期宏观经济运行中的主要问题确定调控的目标;②选择政策工具;③筛选中介指标;④在操作过程中检查调控的效果并在必要时进行适当的调整等。这些环节中,前两个环节的实施有一个内部时滞,即货币当局根据经济形势决定调整到具体方案的出台,一般需要较短的时间,由于货币当局变动货币供给量不需要议会的批准,因此,从决策到实施,所需时间相对来说较短,内部时滞相对短些;后两个环节的实施则含有一个外部时滞,即货币当局运用选定的政策工具对货币存量进行调节进而影响总需求水平及目标变量过程中,存在外部时滞。外部时滞之所以较内部时滞时间相对长些,主要是由于在工具变量和目标变量之间有一个迂回曲折的传导过程。中央银行变动货币供给量,要通过影响利率,再影响投资,然后再影响就业和国民收入,因而,货币政策作用要经过相当长一段时间才会充分得到发挥。尤其是市场利率变动以后,投资规模并不会很快发生相应变动。利率下降以后,厂商扩大生产规模,需要一个过程,利率上升以后,厂商缩小生产规模,更不是一件容易的事,原因是已经上马在建的工程难以下马,解雇职工也并非易事。总之,货币政策即使在开始采用时不需要花费很长时间,但执行后到产生效果却要有一个相当长的过程,在此过程中,经济情况有可能发生和原先预料的相反的变化。例如,通货膨胀时中央银行减少货币供给,货币政策对产量的影响所需要的时滞短一些,比如说两个月之后,总产出开始下降,但由于货币政策对通货膨胀影响大且时滞比较长,如果没有充分考虑这些问题,就可能发生在产量下降的时候,误以为货币政策的影响作用已经发挥、经济进入了衰退,反过来又采用扩张性货币政策,即使产量经过一段时间以后回到原来的水平,仍可能引起通货膨胀的发生。

现实中,内部时滞的长短取决于货币当局对经济形势发展的预见能力、制定对策的效率和行动的决心等因素;而外部时滞则主要由客观的经济和金融条件决定。

货币政策在实践中存在的问题远远不止这些,仅就此而言,货币政策作为平抑经济波动的手段,作用也是有限的。

(五) 货币主义者的货币政策

货币主义者的货币政策与凯恩斯主义的货币政策虽然表面上都主张通过货币政策对经济进行调节,但两者在货币政策的目标上存在着截然不同的观点,货币主义者反对把利率作为货币政策的目标,主张货币政策的目标应该是控制货币量。

货币主义的代表人物米尔顿·弗里德曼重点论述了货币政策在短期中也许可以控制利率并通过利率刺激总需求,从而消除失业,但在长期中不仅做不到这一点,反而会加剧通货膨胀。这是因为货币政策在长期中不可能钉住利率,也不可能钉住失业率。

凯恩斯主义者认为,货币供给量的增加可以降低利率,但弗里德曼认为,货币供给量的增加在短期内可降低利率,但从长期看却做不到这一点。因为较低的利率会影响投资和消费,使总支出增加。总支出的增加会引起总收入水平的上升,又会提高流动偏好和贷款需求,引起价格的上升,价格上升将导致货币购买力的下降。价格上升使公众预期价格上升,借款者愿意借贷,贷款者要求提高利率,从而较高的货币增长率必然带来较高的利率。因此,从长期看,利率是难以控制在一个较低的水平上的。

凯恩斯主义者认为,实行扩张性货币政策在降低利率的同时可以刺激投资,增加就业,而紧缩性货币政策提高利率可以抑制投资,减少就业。弗里德曼批评了这种观点,认为货币增长率具有"即时效应"和"长期效应"。弗里德曼指出,任何一个时点的劳动市场上都存在着与均衡的实际工资水平相一致的"自然失业率",即劳动市场上在没有货币变动干扰时供求力量自发调节时存在的失业率。货币供给量增加导致了利率降低、刺激投资的增加而使就业增加是最初产生的效果即"即时效应"。之所以会产生"即时效应",是因为工人由于存在货币幻觉,当物价上升引起的实际工资水平下降时,工人并没有意识到这一变化,或无法变动工资合同,这会使企业增加对劳动的需求,失业率暂时低于自然失业率。当工人意识到实际工资水平下降或能够重新签订工资合同、要求增加实际工资水平时,企业将减少雇佣工人的数量,使失业率又回到原来自然失业率的水平,这就是货币政策的长期效应。因此,货币政策影响失业率在短期内是有效的,在长期中则是无效的。

那么货币政策到底能起到何种作用呢?弗里德曼将其归结为三种作用:

(1) 货币政策能够防止货币本身成为经济失调的主要源泉;

(2) 给经济提供一个稳定的背景;

(3) 货币政策能够有助于抵消经济体系中其他原因引起的较重大的干扰。

由此得出两点结论:

(1) 货币政策应该将中央银行能控制的货币数量作为政策目标,而不要将无法驾驭的利率作为政策目标;

(2) 要避免政策的剧烈波动,保持一个稳定的货币增长率才是最好的货币政策,也就是单一政策规则。

宏观经济政策效果分析

一、财政政策效果

从 IS—LM 模型看,财政政策效果的大小是指政府收支变化(包括变动税收、政府购买和转移支付等)使 IS 变动对国民收入变动产生的影响。这种影响的大小,随 IS 曲线和 LM 曲线斜率的不同而不同。

(一) 财政政策效果与 IS 曲线斜率

在 LM 曲线不变时,IS 曲线斜率的绝对值越小,即 IS 曲线越平坦,则 IS 曲线移动时收入变动就越小,即财政政策效果越小,如图 10-1 (1) 所示;反之,IS 曲线斜率的绝对值越大,即 IS 曲线越陡峭,则 IS 曲线移动时收入变动就越大,即财政政策效果越大,如图 10-1 (2) 所示。

假定 LM 曲线不变,起初的均衡点为 E,均衡收入和利率为 Y_0,r_0。政府实行一项扩张性的财政政策,如增加同样一笔支出为 ΔG,则会使 IS 曲线右移到 IS_1,EE_2 为政府支出乘数和政府支出增加额的乘积,即 $E_2 = kG \cdot \Delta G$,也就是 Y_0 增加到 Y_2,$Y_0Y_2 = \Delta Y = kG \cdot \Delta G$。但实际收入不可能增加到 Y_2,因为如果要增加到 Y_2,则必须保证利率为 r_0 不上升,但实际上利率上升了,利率的上升抑制了私人投资,这就是所谓的"挤出效应"。由于存在政府支

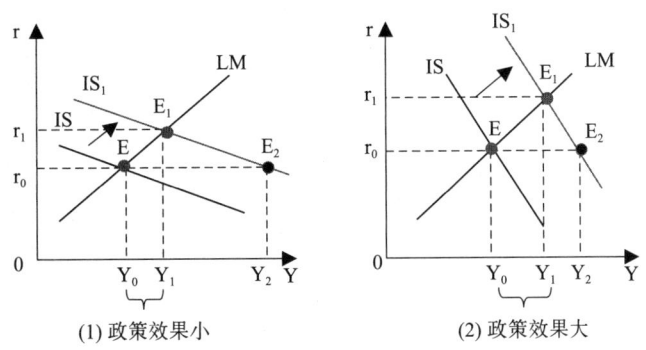

图 10-1 财政政策效果因 IS 曲线斜率而异

出的"挤出"私人投资的问题,因此,新的均衡点只能处于 E_1,收入不可能从 Y_0 增加到 Y_2。而只能增加到 Y_1。

财政政策效果与挤出效应有关。挤出效应(Crowding Out Effect)是指政府支出增加所引起的私人消费或投资降低的效果。由于政府支出增加,商品市场上购买产品和劳务的竞争加剧,物价就会上涨,在货币名义供给量不变的情况下,实际货币供给量会因价格上涨而减少,可用于投机目的的货币量减少,债券价格下跌,利率上升,进而导致私人投资减少,消费也随之减少。通俗地讲就是政府支出增加"挤占"了私人投资和消费。若投资对利率变动敏感,挤出效应越大,即 IS 曲线越平坦,挤出效应越大,财政政策效果越小,IS 曲线越陡峭,挤出效应越小,财政政策效果越大。

挤出效应的大小取决于以下四个因素:

(1) 支出乘数的大小。乘数越大,挤出效应越大;反之,则越小。

(2) 货币需求对产出水平的敏感程度。敏感程度越大,挤出效应越大;反之,则越小。

(3) 货币需求对利率变动反应的敏感程度。敏感程度越大,挤出效应越小;反之,则越大。

(4) 投资对利率变动反应的敏感程度。投资的利率系数越大,挤出效应越大;反之,则越小。

(二) 财政政策效果与 LM 曲线斜率

在 IS 曲线斜率不变时,财政政策效果又随 LM 曲线斜率不同而不同。LM 斜率越大,即 LM 曲线越陡,则 IS 曲线移动时收入变动就越小,即财政政策效果就越小,如图 10-2 (1) 所示;反之,LM 斜率越小,即 LM 曲线平坦,则 IS 曲线移动时收入变动就越大,即财政政策效果就越大,如图 10-2 (2) 所示。

图 10-2 (1) 和 10-2 (2) 中,假定 IS 曲线斜率相同,但 LM 曲线斜率不同,起初的均衡点为 E,均衡收入和利率为 Y_0, r_0。政府实行一项扩张性的财政政策,如增加同样一笔支出为 ΔG,则会使 IS 曲线右移到 IS_1,EE_2(即 Y_0Y_3)政府支出乘数和政府支出增加额的乘积,但由于利率上升会产生"挤出效应",使国民收入只能增加 Y_0Y_1。

二、货币政策效果

货币政策的效果是指货币供应量的增加或减少对总需求的影响,如果增加货币供给能使国民收入有较大增加,则货币政策效果就大;反之,则小。与财政政策效果一样,货币政策

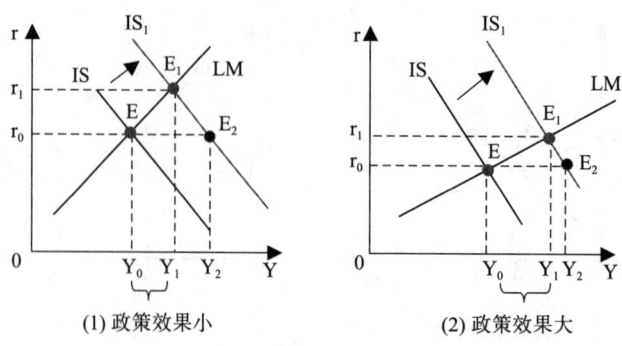

(1) 政策效果小　　　　　　(2) 政策效果大

图 10-2　财政政策效果因 LM 曲线斜率而异

效果同样受 IS 和 LM 曲线斜率的影响。

（一）货币政策效果与 IS 曲线斜率

在 LM 曲线斜率不变时，IS 曲线越陡峭，LM 曲线移动对国民收入变动的影响就越小，货币政策效果较小，如图 10-3（1）所示；反之，IS 曲线越平坦，LM 曲线移动对国民收入变动的影响就越大，货币政策效果大，如图 10-3（2）所示。

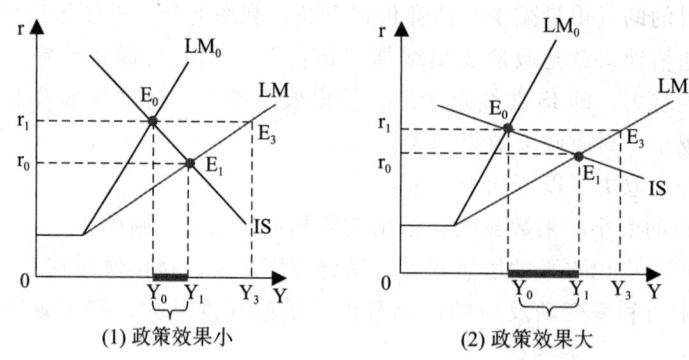

(1) 政策效果小　　　　　　(2) 政策效果大

图 10-3　货币政策效果因 IS 曲线斜率而异

图 10-3（1）和 10-3（2）中，LM 曲线情况相同，IS 曲线斜率不同，假定初始的均衡收入（Y_0）和利率（r_0）都相同。政府货币当局实行增加同样一笔货币供给量（ΔM）的扩张性货币政策时，LM 都右移相同距离 E_0E_3，$E_0E_3 = Y_0Y_3 = \Delta M/k$，这里 k 是货币需求函数（$L = ky - hr$）中的 k，即货币需求对收入的敏感程度，$Y_0Y_3$ 等于利率 r_0 不变时因货币供给量增加而能增加的国民收入，但实际上收入并不会增加到 Y_3，而只是增加到 Y_1。因为利率会因货币供给增加而下降，因而增加的货币供给量中的一部分要用来满足增加了的投机需求，只有另外的一部分用来满足增加的交易需求。

从图 10-3（1）和 10-3（2）的图形看，IS 曲线较陡峭时，收入增加较少，即货币政策效果较小；IS 较平坦时，收入增加较多，即货币政策效果较大。这是因为，IS 较陡，表示投资的利率系数较小（当然，支出乘数较小时也会使 IS 较陡峭，但 IS 斜率主要取决于投资的利率系数）。因此，当 LM 曲线由于货币供给增加而向右移动使利率下降时，投资不会增加很多，从而国民收入水平也不会有较大增加。反之，IS 较平坦时，表示投资利率系数较大，因此，货币供给增加使利率下降时，投资和收入会增加较多。

(二) 货币政策效果与 LM 曲线斜率

货币政策效果因 LM 曲线斜率而异,在 IS 曲线斜率不变时,LM 曲线越平坦,LM 曲线移动时对国民收入的影响就越小,货币政策效果就越小,如图 10-4(1)所示;LM 曲线越陡峭,LM 曲线移动时对国民收入的影响就越大,货币政策效果就越大,如图 10-4(2)所示。

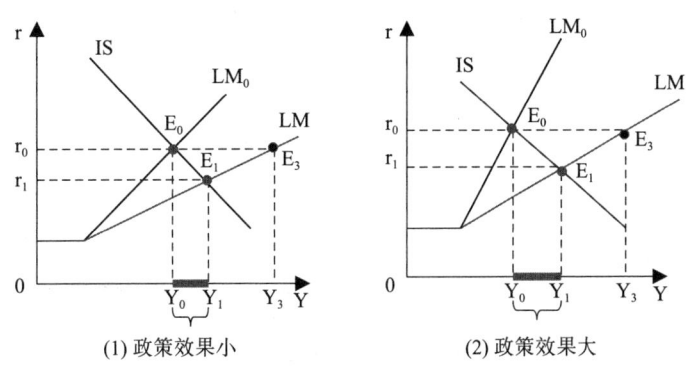

图 10-4 货币政策效果因 LM 曲线斜率而异

图 10-4(1)中 LM 曲线较平坦,收入增加甚少;图 10-4(2)中 LM 曲线较陡峭,收入增加较多。LM 曲线较平坦,表示货币需求受利率的影响较大,也即利率稍有变动就会使货币需求变动很多,因而货币供给量变动对利率变动的作用较小,从而增加货币供给量的货币政策就不会对投资和国民收入有较大影响;反之,若 LM 曲线较陡峭,表示货币需求受利率的影响较小,即货币供给量稍有增加就会使利率下降较多,因而对投资和国民收入有较多增加,即货币政策的效果较强。

从图 10-4(1)和 10-4(2)看,货币供给增加量相等(假设 ΔM),但图 10-4(1)中 LM 曲线较平坦,表示货币需求受到利率的影响较大,同样数量的货币量变动(ΔM),只会引起利率较小的下降,国民收入的较小的增加;图 10-4(2)中 LM 曲线较陡,表示货币需求受利率的影响较小,同样数量的货币量变动(ΔM),会引起利率的较大的下降,国民收入的较大的增加。

总之,一项扩张的货币政策如果能使利率下降较多(LM 较陡时就会这样),并且利率的下降能对投资有较大刺激作用(IS 较平坦时会这样),则这项货币政策的效果就较强。反之,货币政策的效果就较弱。

三、两种政策混合使用

财政政策和货币政策是国家调控宏观经济的两大政策。总的来说,财政政策和货币政策的调控目标是一致的,但是财政政策和货币政策各自使用的政策工具和作用不尽相同,各有其局限性。因此,为了达到理想的调控效果,通常需要将财政政策和货币政策配合使用。财政政策与货币政策的配合模式主要有四种。

(一) 松的财政政策与松的货币政策配合(双松政策)

这种政策配合即财政和银行都向社会注入资金,使社会的总需求迅速得以扩张,对经济活动产生强烈的刺激作用。这种政策配合适用于出现严重的经济衰退,经济生活中存在着大量未被利用的闲置资源的情况。从 IS—LM 图上来看，表现为在利率（r）基本不变的情况下，社会总需求（Y）大幅增加（如图 10-5 所示）。

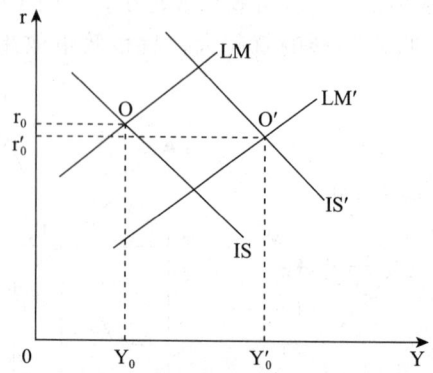

图 10-5　松的财政政策与松的货币政策配合使用的影响

（二）紧的财政政策和紧的货币政策配合（双紧政策）

这种政策配合即货币当局回收贷款、收缩银根从而压缩社会总需求；同时财政部也压缩财政支出、提高税率，增加其在中央银行的存款，减少社会货币量。这种双重压缩会使社会上的货币供应量明显减少，社会总需求得以迅速收缩。

这种政策配合适用于扭转严重的经济过热，抑制恶性通货膨胀，但要防止出现经济萎缩。从 IS—LM 图上来看，表现为在利率（r）基本不变的情况下，社会总需求（Y）大幅减少（如图 10-6 所示）。

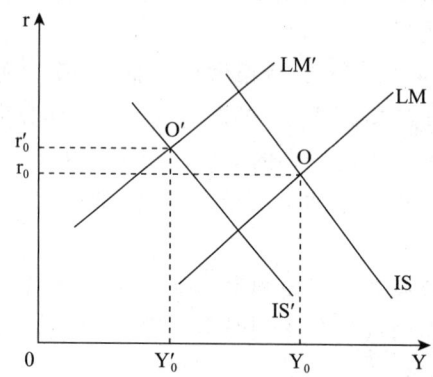

图 10-6　紧的财政政策与紧的货币政策的配合效果

（三）紧的财政政策与松的货币政策配合（紧财政松货币政策）

这种政策配合即财政部严格控制财政支出，财政收支保持平衡甚至盈余；而银行则根据经济发展需要，采取适当放松的货币政策，增加货币供给量。这种政策配合适用于财政赤字较大，物价基本稳定，经济结构合理，但企业投资并不旺盛，经济处于萎缩的情况。从 IS—LM 图上来看，表现为利率（r）大幅降低，而社会总需求（Y）变化不大（如图 10-7 所示）。

（四）松的财政政策和紧的货币政策配合（紧货币松财政政策）

这种政策配合即银行收缩银根，严格控制货币供应量，同时国家财政采用赤字方法扩大支出。这种政策适用于通货膨胀与经济比较繁荣并存，产业结构和产品结构失衡的情况，实

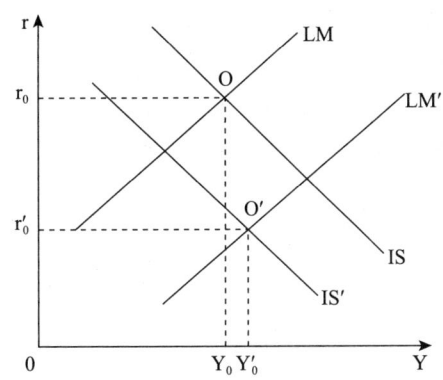

图 10-7 紧的财政政策与松的货币政策的配合效果

行这种政策以在经济得到紧缩的同时治理通货膨胀，调整产业结构，中和金融紧缩可能过强带来的消极作用。从 IS—LM 图上来看，表现为在利率（r）大幅升高的同时，社会总需求（Y）有所下降（如图 10-8 所示）。

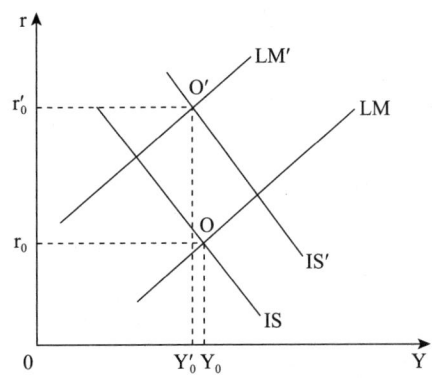

图 10-8 松的财政政策与紧的货币政策的配合效果

上述四种配合模式的经济背景及具体政策如表 10-2 所示。

表 10-2　　　　　　　　　　财政政策与货币政策的配合模式

	双松政策	双紧政策	紧财政松货币政策	紧货币松财政政策
经济背景	社会需求严重不足，生产资源大量闲置，解决失业和刺激经济增长成为宏观调控首要目标。	社会总需求极度膨胀，社会总供给严重不足，物价大幅攀升，抑制通货膨胀成为首要目标。	政府开支过大，物价基本稳定，经济结构合理，但企业投资并不旺盛，促使经济较快增长成为主要目标。	通货膨胀与经济停滞并存，产业结构和产品结构失衡，治理滞胀、刺激经济增长成为首要目标。
具体政策	财政扩大支出降低税率；同时央行采取扩张性的货币政策，增加货币供应，降低市场利率，以抵消财政政策的"挤出效应"。	财政削减政府支出，提高税率；央行紧缩货币政策，减少货币供应，调高利率。	财政削减政府支出，提高税率；同时央行增加货币供应，降低利率，促进投资增长。	紧的货币政策同时实施减税和增加财政支出，利用财政杠杆调节产业结构和产品结构。

除了以上财政政策与货币政策配合使用的模式外，财政、货币政策还可呈中性状态。中性的财政政策是指财政收支量入为出、自求平衡的政策。中性的货币政策是指保持货币供应量合理、稳定地增长，维持物价稳定的政策。若将中性货币政策与中性财政政策分别与上述松紧状况搭配，又可产生多种不同配合模式。

四、我国宏观经济政策搭配实践

第一阶段（1988年9月至1990年9月），"紧财政紧货币"的双紧政策。从1988年初开始，我国经济进入过热状态，表现为经济高速增长（工业产值增幅超过20%）、投资迅速扩张（1988年固定资产投资额比1987年增长18.5%）、物价上涨迅速（1988年10月物价比上年同期上升27.1%）、货币回笼缓慢（流通中的货币增加了46.7%）和经济秩序混乱。在这种形势下，我国于1988年9月开始实行"双紧"政策。具体措施有：收缩基本建设规模、压缩财政支出、压缩信贷规模、严格控制现金投放和物价上涨、严格税收管理等。

"双紧政策"很快见效，经济增长速度从20%左右跌至5%左右，社会消费需求大幅下降，通货膨胀得到遏制，1990年第三季度物价涨幅降到最低水平，不到1%。

第二阶段（1990年9月至1991年12月），"紧财政松货币"的一紧一松政策。在"双紧政策"之后，我国经济又出现了新的失衡。表现为市场销售疲软，企业开工不足，企业资金严重不足，三角债问题突出，生产大幅下降。

针对上述情况，从1991年初开始，我国实行了松的货币政策，中央银行陆续多次调低存贷款利率，以刺激消费、鼓励投资。这些政策在实施之初效果并不显著，直到1991年下半年，市场销售才转向正常。

第三阶段（1992年1月至1993年6月），"松财政松货币"的双松政策。1992年，财政支出4.426亿元，其中财政投资1 670亿元，分别比年初预算增长107%和108%，信贷规模也大幅度增长，货币净投放额创历史最高水平。

"双松政策"的成效是实现了经济的高速增长，1992年GDP增长12.8%，城市居民人均收入增长8.8%，农村居民人均收入增长5.9%。但是"双松政策"又带来了老问题，即通货膨胀加剧、物价指数再次超过两位数；短线资源再度紧张。

第四阶段（1993年7月至1996年底），"适度从紧的财政与货币政策"。具体措施有：控制预算外投资规模；控制社会集资搞建设；控制银行同业拆借；提高存贷利率等。与1988年的紧缩相比，财政没有大动作，但货币紧缩力度较缓。

适度的"双紧政策"使我国的宏观经济终于成功实现了"软着陆"。各项宏观经济指标表现出明显的改善：1996年GDP的增长率为9.7%，通货膨胀率降为6.1%；外汇储备达到1 000多亿美元，这次政策配合实施被认为是我国治理宏观经济成效较好的一次，为我国以后实施经济政策积累了正面的经验。

第五阶段（1997年至2004年），稳健的货币政策和积极的财政政策。1997年到1998年，我国经济发展经受了亚洲金融危机和国内自然灾害等多方面的冲击。经济问题表现为通货紧缩式的宏观失衡，经济增长的力度下降，物价水平持续下降，失业增加，有效需求不足，出口不振等。面临新形势，我国政府实施了较有力度的财政扩张政策，其措施是大量发行国债，投资于基础设施方面的建设；实施适当的货币政策，连续下调人民币存贷款利率，改革商业银行体系等。这些政策使我国经济成功地应对了亚洲金融危机的挑战，保持了国民经济的持续增长。

第六阶段（2005年开始），稳健的货币政策和稳健的财政政策。稳健财政政策的主要内容可以概括为"控制赤字、调整结构、推进改革、增收节支"。随着财政政策由"积极"向"稳健"的转变，财政在经济社会协调发展中的职能作用将发挥得更为积极。

本章小结

1. 宏观经济政策目标是指宏观经济政策最终所要达到的目的，主要包括充分就业、物价稳定、经济增长和国际收支平衡四大目标。

2. 财政政策和货币政策是国家调控宏观经济的两大政策。财政政策包括财政支出政策和财政收入政策。财政政策直接影响和调节总需求规模，而货币政策则通过利率的变动来对总需求发生影响，间接地发挥作用。货币政策的目标是控制货币供应量。常见的货币政策工具有法定准备率、再贴现率政策和公开市场业务。

3. 财政政策效果的大小随IS曲线和LM曲线斜率的不同而不同。与财政政策效果一样，货币政策效果的大小同样随IS曲线和LM曲线斜率的不同而不同。

4. 为了达到理想的调控效果，通常需要将财政政策和货币政策配合使用。财政政策与货币政策的配合模式主要有四种，即：松的财政政策与松的货币政策配合、紧的财政政策和紧的货币政策配合、紧的财政政策与松的货币政策配合、松的财政政策和紧的货币政策配合。

复习思考题

1. 政府购买和转移支付哪一项受经济波动影响更大？
2. 充分就业预算赤字如何计算？与实际赤字比较如何？
3. 简述关于"相机抉择"的争论。
4. 怎样运用货币政策来影响宏观经济活动水平？
5. 什么是斟酌使用的财政政策和货币政策？
6. 平衡预算的财政思想和功能财政思想有何区别？
7. 经济中的自动稳定器有哪些？它们是如何发挥作用的？
8. 中央银行的货币政策工具主要有哪些？

第十一章 现代西方经济学流派

【学习目标】

- 了解货币主义的产生背景,掌握其代表人物弗里德曼的主要观点及政策主张。
- 梳理理性预期学派的发展历程,理解其基本假说和理论模型。
- 理解供给学派的主要观点并掌握其政策主张。
- 掌握新古典经济学和新凯恩斯主义的分歧主要在哪些方面。

第一节 货币主义

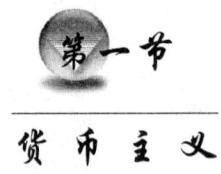

20世纪50年代末至60年代初,在美国出现了一个经济学流派,被称为现代货币主义或货币学派。货币主义或货币学派发源于美国芝加哥大学,该校经济学教授米尔顿·弗里德曼是公认的货币主义的代表人物。货币学派的其他主要代表人物有美国经济学家阿诺德·哈伯格、卡尔·布伦纳和利奥纳德·安德森,以及英国经济学家莱昂内尔·罗宾斯和迈克尔·帕金等。

一、货币主义产生的历史背景

第二次世界大战之后,美英等发达资本主义国家普遍接受了凯恩斯主义,长期推行凯恩斯主义扩大有效需求的管理政策,在20世纪五六十年代西方各国出现了较长时期的繁荣景象:经济增长速度较快,失业率较低,并且没有严重的通货膨胀。这一时期被称作"凯恩斯时代"。凯恩斯也被看作是二战后"繁荣之父"。但好景不长,20世纪60年代以后,西方各国的经济危机或者经济衰退日益频繁,并且出现了以往少见的"停滞性膨胀"(滞胀)局面,即经济增长缓慢,失业人数增加,以及通货膨胀同时存在的情形。

这严重地动摇了新古典综合派的统治地位。该学派既在理论上提不出对"滞胀"现象的合理解释,又在政策上提不出能使西方政府同时解决通货膨胀和失业的政策措施。在这样的背景下，西方经济学的其他流派纷纷对主流学派进行抨击和责难，他们认为，凯恩斯提出的政府宏观调控政策可能就是这种新的经济不稳定的根源。这期间货币学派开始在美国盛行起来，并成为反对凯恩斯主义理论的一支有生力量。

自20世纪50年代后期，弗里德曼便打着对抗"凯恩斯主义"的旗号，提出"现代货币数量论"，重新强调货币政策的首要作用。与此同时，他还竭力反对凯恩斯提出的在布雷顿森林会议所决定实施的固定汇率制，主张通过市场的自由活动以实现自由汇率或浮动汇率。他们坚持"货币是重要的"（Money Matters）这一理念，认为物价水平与货币数量之间存在着重要的联系。他们坚持认为市场机制的自发调节可以使资本主义经济趋向均衡。

二、新货币数量论

现代货币数量论不仅在许多地方修正了传统货币数量论，还吸收了凯恩斯学派关于货币需求的某些观点，从而形成了自己独特的货币理论。弗里德曼认为，凯恩斯的货币数量论只注意到利息率和收入对货币需求的影响，忽略了财富的持有量也是决定货币需求的重要因素。他认为，现代货币数量论首先是货币需求理论，而不是关于产量、货币收入或物价水平的理论。

1956年，弗里德曼在文章《货币数量论的重新表述》中提出了新货币数量论。新货币数量论是弗里德曼在吸收和修正古典学派货币需求理论和凯恩斯灵活偏好的基础上推演出来的。弗里德曼提出的个人财富持有者的货币需求函数如下：

$$M = f(P, r_b, r_e, \frac{1}{p} \cdot \frac{dP}{dt}, w, Y, u)$$

式中：M为个人财富持有者手中保存的名义货币；P为一般物价水平；r_b为市场债券利息率；r_e为预期的股票收益率；$\frac{1}{p} \cdot \frac{dP}{dt}$为预期的物质资产的收益率，即预期价格水平变动率（t表示时间），下面为说明方便，令$r_P = \frac{1}{p} \cdot \frac{dP}{dt}$；w为非人力财富和人力财富之间的比例；Y为名义收入；u为其他影响货币需求的变量。

弗里德曼强调，如果用于表示价格和货币收入的单位发生了变化，那么所需要的货币数量应同比例地进行变化。也就是说，如果用美元来表示上式中的P与Y时，M的大小为某一数量，那么，当人们改用美分来表示P与Y时，M的大小必然为该数量的100倍。则弗里德曼提出的货币需求方程式应被看作是P与Y的一次齐次方程式，即：

$$f(\lambda P, r_b, r_e, r_p, w, \lambda Y, u) = \lambda f(P, r_b, r_e, r_p, w, Y, u)$$

则弗里德曼提出的货币需求方程式就可以转化为：

$$\frac{M}{P} = f(r_b, r_e, r_p, w, y, u)$$

式中，$y = \frac{Y}{P}$为实际国民收入，$\frac{M}{P}$为财富持有者手中的实际货币量，所以这一方程式代表了对实际货币的需求。这是新货币数量论常见的表达式。

从该货币需求函数表达式中可以看出，货币需求量主要取决于四个方面的因素：

（1）总财富的多少。弗里德曼认为，总财富是决定货币需求量的一个重要因素。总财富包括收入或"消费性服务"的一切源泉，其中之一是个人的生产（或挣钱）能力，这也是弗里德曼起初在消费函数理论中提出的持久性收入的概念。由于总财富很难估算,所以用收入来代替。这样,用 y 表示的持久性收入就作为社会总财富的指标而进入货币需求方程式。

(2) 非人力财富在总财富中所占的比例。弗里德曼认为,总财富可以分为非人力财富和人力财富两部分。非人力财富是指有形的财富,包括货币持有量、股票、债券、不动产、资本品、耐用消费品等。人力财富又称无形财富,是指人的挣钱能力。这两种财富的形式是可以互相转换的,不过受到制度上的限制,这种转换有一定的难度,主要是人力财富转换为非人力财富比较困难。例如,在出现就业困难时,工人的人力财富就不容易转换为货币收入,而在未转换为收入之前,工人就需要货币来维持生活。因此,非人力财富在总财富中所占的比例大小对货币需求量就产生影响。非人力财富在总财富中所占比例越小,则对货币的需求就越大。反之亦然,因此,w 就成为影响实际货币需求的一个变量。

(3) 各种非人力财富的预期报酬率。弗里德曼认为,人们选择保存资产的形式是多样的,除了有价证券外,还可以选择资本品、不动产、耐用消费品等有形资产。那么,在各种资产中,货币与其他有形资产之间按何种比例分割,取决于各种有形资产的预期报酬率。通常,它们的预期报酬率越高,人们愿意持有的货币就越少。因为这时人们用其他有形资产的形式来代替货币的形式保存财富,对自己更为有利。因此,债券的预期报酬率(r_b)、股票的预期报酬率(r_e) 和物质资产的预期报酬率(r_p),$r_p = \frac{1}{P} \cdot \frac{dp}{dt}$便成为影响货币需求的因素。

(4) 其他影响货币需求的因素,如个人偏好等,用变量 u 表示。

如果令 $\lambda = \frac{1}{Y}$,则弗里德曼的货币需求方程式将变化为:

$$\frac{M}{Y} = f(r_b, r_e, r_p, w, \frac{P}{Y}, u)$$

式中,$\frac{M}{Y}$为货币的收入流通速度。利用货币流通速度的定义,则上式可写为:

$$Y = Py = V(r_b, r_e, r_p, w, y, u) \cdot M$$

式中,$V(r_b, r_e, r_p, w, y, u) = \frac{1}{f(r_b, r_e, r_p, w, y, u)}$ 为货币流通速度。

将上面的方程式与传统的货币数量论相比较,可以看出,如果将上式中的函数 V 看作传统货币数量论中的 V 或 $\frac{1}{k}$,则新货币数量论与传统货币数量论在形式上完全一样。

三、货币主义的主要观点

(一) 货币供给对名义收入变动的决定作用

从弗里德曼的货币需求方程式可以看出,由于货币流通速度(V)只可以在短期内作出轻微的调整而在长期中是不变的数值,则货币供给量(M)便是影响名义收入(Y)的决定性因素,即货币数量是货币收入波动的主要原因。而货币供给量(M)完全取决于货币当局的决策和银行制度。

(二) 通货膨胀归根到底是一种货币现象

从长期来看,货币数量的作用主要在于影响价格以及其他用货币表示的量(如货币工资等），而不能影响就业量和实际国民收入。弗里德曼认为，就业量和实际国民收入是由技术水平、资源数量等非货币因素决定的，因此，在弗里德曼的货币需求方程式中，实际国民收入（y）与货币供给量（M）无关。同时，货币流通速度（V）在长期中又是一个常数，货币供给量（M）能影响的是价格和由货币所表示的变量。因此，通货膨胀归根到底是一种货币现象。

（三）在短期内，货币数量的变动影响就业量和实际国民收入

货币主义的两个理论基础都支持货币在短期内影响实际变量的说法。首先，根据新货币数量论，货币流通速度（V）在短期内可以微量变动；其次，根据自然率假说，货币政策所导致的通货膨胀在短期内可以增加就业量和实际国民收入。

（四）反对国家过多干预经济，认为私人经济具有自身内在稳定性

该观点的理论基础是自然率假说。按照自然率假说，市场的自发力量具有使经济自然而然地趋向均衡的作用。因此，市场机制仍然是调节资源合理配置的有效工具。尽管各种随机扰动将使经济出现短期波动，但经济本身仍具有长期均衡的趋势。在他们看来，二战后资本主义经济的大波动大多数是由于政府采取了旨在干预经济的错误的财政金融政策造成的，因为这些政策干扰了市场机制的作用，从而导致经济失衡。

四、货币主义的政策主张

（一）反对凯恩斯主义的政策主张，执行单一规则的货币政策

弗里德曼根据他的现代货币数量论以及对通货膨胀和失业关系的实证研究，提出应实行以控制货币供给量为目标的单一规则的货币政策，即把控制货币供应量作为唯一的政策工具，由政府公开宣布把货币供应量的年增长率长期固定在与预计的经济增长率基本一致的水平，如4%～5%。这样杜绝凯恩斯主义中因货币作用的时间滞后而导致的经济频繁波动和通货膨胀。

1. 凯恩斯主义的财政政策是无效的

弗里德曼认为，凯恩斯主义的财政政策，如果没有相应的货币政策配合，则其对经济的刺激作用只能是短期的或微小的。其原因在于政府支出（或税收）对于私人支出具有"挤出"效应。这样，政府支出的增加只会带来私人支出的相应减少，而完全谈不上"乘数"效应。更进一步，由于政府支出（或投资）往往是非生产性的，而私人投资一般是生产性的，因而"挤出"效应发生的结果往往是降低整个经济的增长能力。

事实上，以需求管理为宗旨的财政政策最终都是通过货币量的扩张和收缩来实现其经济调节作用的，而这必然导致通货膨胀。根据自然率假说，这种通货膨胀仅仅是利用人们暂时的预期失误而对降低失业和增加实际国民收入产生短期作用。在长期中，就业水平将保持在自然率上。因此，以实现充分就业为目标的财政政策，不但对减少失业毫无作为，还会使通货膨胀更加恶化。

总之，凯恩斯主义的扩张性财政政策无助于促进经济增长和降低失业，反而会引起通货膨胀，甚至降低经济增长率。

2. 反对权衡性的（即根据情况变化而制订的）货币政策

货币主义之所以反对权衡性的货币政策是因为货币政策的影响存在"时滞"。

弗里德曼曾经对大量的历史统计材料进行研究，他得出结论认为，货币增长率的变化平

均需要在 6~9 个月以后才能引起名义收入增长率的变化,在名义收入和产量受到影响后,平均要再过 6~9 个月价格才会受到影响。因此,货币供应量的变化和通货膨胀率的变化两者间隔的总时间平均为 12~18 个月。这就会引起政策执行者在调节货币供应量时,难免作过了头,从而导致与愿望相反的结果,更加促使经济波动。

弗里德曼认为,如果任其自然发展,经济会出现波动的现象,但这种波动的程度是轻微的。然而,由于政策的时滞性,会使得宏观经济的运行更不稳定,所以他反对实施权衡性的经济政策。

3. 单一政策规则

弗里德曼认为,货币政策能够发挥两个作用:防止货币本身成为经济混乱的主要根源和给经济提供一个稳定的环境。

在弗里德曼看来,经济并非像凯恩斯描述的那么不稳定,实际经济变量数值的增长取决于一些诸如独创性、发明创造、努力工作等基本力量。而货币的作用在于为企业运用这些基本力量提供一个稳定的经济环境。因此,稳定的物价水平应该是货币政策的最终目标。另外,根据前面提到的弗里德曼对历史统计材料进行的研究,货币政策对物价水平产生影响所需要的时间(平均为 12~18 个月)比对产量产生影响所需要的时间(平均 6~9 个月)要长。这样,在存在政策影响"时滞"的情况下,企图直接控制物价水平很可能造成经济混乱。弗里德曼认为,要达到这一最终目标只能"绕道走",即只能选择一个能够为政府有把握加以控制的数量作为中间目标。他认为货币总量是可供利用的最佳中间目标,因为从长期看,货币流通速度和货币需求量是比较稳定的。这样,政府只要控制货币供给量就足够了。

据此,弗里德曼提出按平均国民收入的增长率来规定并公开宣布一个长期不变的货币增长率是货币政策唯一的最佳选择。弗里德曼的这一以货币供给量作为货币政策的唯一控制指标,而排除利率、信贷流量、准备金等因素的政策建议被称为单一政策规则。

(二)"收入指数化"方案

20 世纪 70 年代,西方各国为对付经济"滞胀"都先后推行了冻结或管制工资、物价的"收入政策",但收效甚微。对此,货币主义者提出了"收入指数化"方案,认为应该将工资、政府债券收益及其他收入同生活费用(如消费物价指数)紧密联系起来,使它们能够根据物价指数的变化而调整。弗里德曼等人认为,收入指数化可以消除通货膨胀中带来的不公平,避免政府和一些债券所有者从通货膨胀中获取非法利益和一些债券投机者从中得到的非正常收益,从而消除社会经济生活中搞通货膨胀的动机。不过,由于操作上的困难,弗里德曼也承认收入指数化政策并不是稳定物价的最好办法,要想根治通货膨胀,唯一有效的办法是控制货币供应量的增长率。

(三)负所得税方案

弗里德曼等人从经济自由主义的基调出发,提出解决贫困问题的负所得税方案。他们认为,经济的高效率来自于自由竞争,没有竞争就没有效率。在解决贫困问题上同样要体现竞争和效率的原则。因此,必须改变给低收入者发放固定的差额补助的方式,以激发他们的进取心,促进竞争,从而提高效率。负所得税方案是既能消除贫困而又不损害效率的理想方案。具体做法是,政府规定出最低收入,然后按一定的负所得税税率。对处在最低收入指标以下的家庭,根据他们不同的实际收入给予补助。其计算公式为:

$$负所得税 = 最低收入指标 - (实际收入 \times 负所得税税率)$$

(四) 实行浮动汇率制

二战后,国际金融体制中实行的是 1947 年"布雷顿森林会议"确定的固定汇率制,即各国实行本国货币与美元挂钩,以美元为基础来确定自己的货币汇率。而只有美元才能直接与黄金挂钩(每盎司黄金为 35 美元)。早在 1950 年,弗里德曼就撰文分析国际收支变化的调节问题,反对实行固定汇率制,主张实行浮动汇率制。他认为,浮动汇率制是一种自动调节机制,有助于国际收支平衡的自动维持,能减轻国际收支失衡对国内经济的不利影响。对于 20 世纪 60 年代末和 70 年代初的通货膨胀,弗里德曼认为其主要就是由固定汇率制引起的通货膨胀从美国向其他国家的国际传递造成的。1971 年"美元危机"以后,西方各国都陆续实行了浮动汇率制,从而表明了货币主义者的政策主张得到了实现。

第二节 理性预期学派

一、理性预期学派的产生和发展

理性预期学派作为凯恩斯主义的一个对立学派,发端于 20 世纪 60 年代,形成于 20 世纪 70 年代,最早出现在美国。他们同样鼓吹经济自由主义思想,反对国家干预。由于该学派在分析方法上强调预期特别是理性预期的作用,并坚持古典经济学中市场始终是出清的均衡观点,有时也被称作新古典宏观经济学,或理性预期均衡学派。

该学派的主要代表人物是芝加哥大学的经济学教授罗伯特·卢卡斯。其理论观点和政策主张与货币主义有着密切的联系,甚至是货币主义的引申和发展。美国经济学家约翰·穆思于 1961 年在美国《经济计量学》杂志上发表了《理性预期和价格变动理论》一文,首次提出来"理性预期"的概念。不过这一概念并未引起经济学家们的太多关注。20 世纪 70 年代,美国芝加哥大学的经济学教授罗伯特·卢卡斯连续发表有关稳定性经济政策的论文,并将理性预期概念运用其中,从而在美国逐渐形成了以罗伯特·卢卡斯、托马斯·萨金特和尼尔·华莱士为主要代表人物的理性预期学派。该学派的理论和政策主张被首次写进保罗·萨缪尔森的《经济学》,成为西方经济学流派中的一支重要力量。

理性预期学派的产生在西方经济学界引起了较大的震动。至 20 世纪 80 年代,理性预期的概念已被广泛接受。由于理性预期学派的基本政策主张与其他坚持新古典经济学理论主张的货币主义和供给学派大致相类似,也由于理性预期学派在 20 世纪 80 年代以来出现了重要发展,在实践中形成了今天的新古典宏观经济学派。新古典宏观经济学派以原先的理性预期学派为主体,逐渐融合了货币主义和供给学派的相关内容,内涵变得更加丰富。

二、理性预期学派的基本假说

理性预期学派的理论依赖于四个假说,即:个体追求自身利益的最大化假说、市场出清假说、理性预期假说和自然率假说。

(一) 个体经济利益最大化假说

理性预期学派认为，宏观经济现象是个体经济行为的结果。宏观经济理论必须具有微观理论的基础，要符合人们追求个体经济利益最大化这个微观经济学的基本假定。

(二) 市场出清假说

来源于古典经济学的市场出清假说意味着价格和工资都具有充分的弹性，当商品市场和劳动市场出现暂时的供求失衡时，价格和工资可以根据供求状况作出迅速调整。因此，每个市场都会处于或趋向于供求相等的一般均衡状态。

(三) 理性预期假说

经济学中的预期是指经济当事人对经济变量（如价格、利率、利润或收入等）在未来的变动方向和变动幅度的一种事前估计。预期作为经济当事人活动的特征，支配着他们的现实行为。

穆思认为，在理性预期概念产生之前，经济理论研究中所涉及到的预期理论，可以分为三类：①静态预期。这种预期是假定经济活动的主体（企业或个人）完全按照过去已经发生过的情况来估计和判断未来的经济形势。例如，把上一期的实际价格看作现期的预期价格，即认为价格是固定不变的。②外推型预期。这种预期表示人们形成第n期的预期价格时，不仅要依据上一期实际价格，而且要考虑到上一期的实际价格与前一期的实际价格相比较的变动幅度，这种预期虽然已把价格看成变动的，但还是单纯地把过去的实际价格变动情况完全当成是今后也将出现的情况。③适应性预期。这种预期表明人们在形成对现期的预期价格时，要考虑到上一期的预期误差，上一期预期价格高于实际价格时，现期预期价格下降，反之，上一期预期价格低于实际价格时，现期预期价格上升。显然，适应性预期已不是简单地依赖于过去的实际价格，比外推型预期又前进了一步。然而，约翰·穆思认为，上述三种类型的预期都存在一个共同的缺点，即人们只是处于被动的地位，只能根据过去的经验对未来作出判断，而把当前的一切可供利用的信息以及他们对政府政策效应的知识统统排除在预期形成机制之外。因此，这些预期假说都是不合乎理性的。

约翰·穆思认为，信息是一种资源，追求经济利益最大化的经济主体在作出预期时会充分利用这种资源，而不会浪费它。他们总是设法利用一切可获得的信息（过去的、现在的）来对所关心的经济变量在未来变动情况作出尽可能准确的预测，这种预期才是合乎理性的。1961年，穆思在《理性预期与价格变动理论》一文中给理性预期概念作出了明确的规定。他在该文中写道："由于预期是对未来事件有根据的预测，所以与有关的经济理论的预测本质上是一样的。我们把这种预期叫做'理性'预期。"综合来说，所谓理性预期是在有效地利用一切信息的前提下对经济变量作出的、在长期中平均来说最为准确的，而又与所使用的经济理论、模型相一致的预期。理性预期包含三层意思：①作出经济决策的经济主体是理性的。为了追求自身的最大经济利益，他们总是力求对未来作出最正确的预期。②为了作出正确的预期。经济主体总是会力图得到有关的一切信息，其中包括反映经济变量之间因果关系的系统的知识（当然包括有关的经济理论和模型在内）和有关的资料数据。③经济主体在预期时不会犯系统性的错误。它会随时随地根据所得到的新信息来修正其预期值的错误。因此，从整体上和长期中来看，理性预期对某一经济变量的未来预期值与未来的实际值是基本一致的。所以，理性预期是指在长期中人们会准确地预测到趋向于实际数值的经济变量的值。

(四) 自然率假说

理性预期学派同意货币主义对自然率假说的阐述，并将其含义加以引申。因此自然率假说也成为理性预期学派的理论基础之一。由此可见，理性预期学派是货币主义学派的一个发展。

自然率假说认为，自由竞争可以使整个经济处于充分就业状态，并且认为这种趋势是完全竞争的市场经济本身所固有的属性。当然，经济活动有时也会出现大于或小于充分就业的情况，不过这种情况的出现只是偶然的、暂时的，出现这种偶然情况的原因不在于市场制度本身，而在于外界的干扰或者人们对经济变量所作预期的误差。这些对经济活动的影响只是暂时的，不可能使经济长期脱离充分就业的均衡状态。

理性预期学派进一步指出，就业量大于和小于自然率的幅度取决于实际通货膨胀率与预期通货膨胀率之间的差距。如果前者大于后者，就业量大于自然率；如果前者小于后者，就业量小于自然率；如果两者相等，就业量等于自然率。例如，在某一时期，假设经济体系处于就业量等于自然率的均衡状态，此时的通货膨胀率为0，这样人们预期的通货膨胀率也为0。假定由于某种原因，一切价格普遍上涨5%。在短期内，商品的经营者只看到自己的商品价格的上涨，而没有时间去了解市场其他商品的价格的上涨情况，这样，他们就会误认为市场增加了自己所经营的商品的需求，从而增加生产。同理，劳动者也只看到了自己货币工资水平的上涨，从而提供更多的劳动量。由于每位经营者都增加生产，整个社会的就业量必然增加，直到高于自然率水平。然而，这种情况仅在短期内存在。在长期内，人们发现，过去把价格上涨当作需求量增加的看法实际上是一种误解，整个经济社会的物价水平都上涨了5%。一旦误解被觉察，商品经营者便会把生产恢复到原来的数量，劳动的供给量也会恢复到原来的水平。于是，就业量回转到自然率的水平。在过去的一段时间里，整个社会的物价却上升了5%，人们目前的预期通货膨胀率也必然是5%。

如果政策制定者这时还要使就业量大于自然率，那么，必须设法使通货膨胀率达到10%。因为，如果政策当局维持现有的5%的通货膨胀水平，则刚好处于人们预期的通货膨胀水平上，即预期通货膨胀率与实际通货膨胀率相等，经营者和劳动者都不会产生自己商品价格单独上涨的错觉，从而不会增加产量，所以就业量仍然处于自然率水平。由此可见，只有使实际通货膨胀率达到10%，即实际和预期的差额像过去那样为5%时，就业量才能像过去那样大于自然率。

总之，理性预期学派认为，就业量大于自然率的状态只能在短期内存在，在长期中，由于经营者和劳动者发现了物价上涨所造成的错觉，一切将恢复原状，即就业量等于自然率。同时也说明有效的政策必须通过它对两个通货膨胀率的差额的影响来造成错觉，使人们具有错误的看法，否则，就业量不会改变。因此，宏观经济政策要想有效，必须具有欺骗性。

三、理性预期学派的基本理论模型

现在我们通过一个简单的理性预期模型来对理性预期学派的观点和思想进行说明。首先，回顾传统的总供给曲线，根据其推导出附加预期变量的总供给曲线，最后再说明理性预期学派的基本模型。

(一) 传统的总供给曲线

传统的总供给曲线是在货币工资具有完全灵活性的假设下得出的，如图11-1所示。

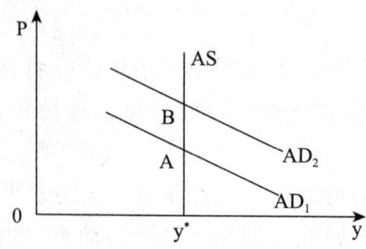

图 11-1 传统的总供给曲线

传统的总供给曲线（AS）是一条位于充分就业产量（y^*）之上的垂直线。它的意义在于无论价格（P）的数值如何变化，经济社会所提供的产量或国民收入均为不变的 y^*。

由于总供给曲线为一条垂直线，所以，任何一条总需求曲线与它相交之点都位于垂直线上，如图 11-1 中的 A、B 点所示。这表明，社会的生产总是处于自然就业率水平，从而不会出现长期的大量失业现象。正是由于这一原因，传统理论不能解释资本主义的经济波动，从而被凯恩斯主义经济学所取代。

对凯恩斯主义经济学持否定态度的理性预期学派企图弥补传统理论的这一缺点，他们企图在传统理论的基础上来解释经济的波动。为此，他们对传统的总供给曲线作了一些修改和补充。

（二）附加预期变量的总供给曲线

理性预期学派对传统的总供给曲线所作的修改和补充主要在于给它添加了一个预期变量。

理性预期学派完全同意传统理论中劳动的供给和需求取决于实际工资（W/P）的说法。不过，他们认为，在决定实际工资的大小时，劳动供给方面所依据的价格和劳动需求方面所依据的价格并不是同一价格。

理性预期学派认为，劳动者所得到的和厂商所支付的工资是货币工资（W），要想得到实际工资（W/P）显然要用价格水平（P）来衡量。厂商在决定支付的实际工资的大小时，通常用其产品的价格去除货币工资。如果每一个厂商都如此行事，全体厂商也就相当于用实际存在的价格指数或水平（P）去计算实际工资。另外，社会劳动者整体（如工会）并不像厂商那样熟知各行业的现行实际价格，他们只能用预期的价格水平 P^e 来衡量实际工资的高低。

把厂商使用的实际的 P（即在劳动的需求曲线方面的 P）和劳动者使用的预期的 P（即在劳动的供给曲线方面的 P）的差别考虑在内，可得到图 11-2。

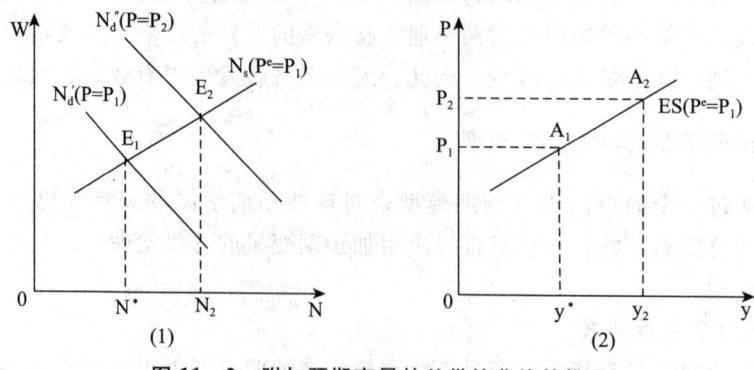

图 11-2 附加预期变量的总供给曲线的推导

在图 11-2（1）中，W 为货币工资，N_d 和 N_s 相当于不同数值的 P 的劳动需求曲线和供给曲线，P^e 为预期价格，N_d' 是根据 P_1 数值的价格水平而作出的对劳动的需求曲线，假定 N_s 为劳动者根据 $P^e = P_1$ 作出的劳动供给曲线，即假定的预期价格水平正好等于实际的价格水平，也就是说，在需求方面的 P 和在供给方面的 P 是相等的。因此，N_d' 与 N_s 相交于 E_1，E_1 点决定了就业量的数值为 N^*，从而得到对应的产量 y^*。于是在图 11-2（2）中得到点 A_1（y^*, P_1）。假设 P^e 的数值不变，由于 $P_2 > P_1$，劳动需求曲线的位置由 N_d' 上升到 N_d''，其含义为，由于实际价格的提高，厂商只有在 W 作出相同比例的上升时，才会雇用原来数量的劳动，现在 N_s 与 N_d'' 相交于 E_2 点，E_2 点所对应的就业量为 N_2，由此产生对应的收入 y_2。从而得到图 11-2（2）中的点 A_2（y_2, P_2）。按照这一思路继续下去，便可得到一系列的点，将其用光滑的曲线连结起来就得到附加预期变量的总供给曲线 ES（$P^e = P_1$）。它表示在一定预期的 P_1 下与各个实际的价格 P 相对应的 y 的数值。图 11-2（2）中的 ES 曲线是以 P^e 为某一数值为前提的，可想而知，P^e 可以具有许多不同的数值，且每一 P^e 值对应着一条 ES 曲线，这说明 ES 曲线的数量是很多的，而每一条 ES 曲线都与传统的总供给曲线相交于一点。如图 11-3 所示。

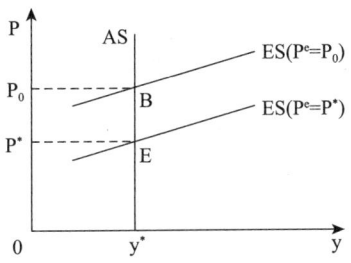

图 11-3　附加预期变量的总供给曲线与传统总供给曲线

图 11-3 中 E 点代表预期的 P^e 和实际的 P^* 相一致，B 点代表预期的 P^e 和实际的 P_0 相一致，如此，等等。在图 11-3 中我们只画出了两条 ES 曲线，可以想象这样的 ES 曲线还有很多条，其中每一条都对应着某一数值的预期价格。

上面所表述的仅仅是劳动市场的状况，理性预期学派认为，经济社会中一切市场都是如此。因此，附加预期变量的总供给曲线一定存在。

第三节　供给学派

面对 20 世纪 70 年代西方国家普遍出现的经济"滞胀"局面，凯恩斯主义的经济理论无法加以解释和解决。西方经济学便出现了重大的危机，各种反对凯恩斯主义的流派纷纷出现。

一、供给学派的产生历程

供给学派是 20 世纪 70 年代后期在美国兴起的又一个与凯恩斯主义相对立的经济学流派，其基本主张的提出者是加拿大籍美国经济学家罗伯特·蒙代尔。1971 年，罗伯特·蒙代尔对美国政府通过增加税收抑制通货膨胀的作法提出了批评。他认为，政府一方面应该紧缩货币供给量以抑制通货膨胀，另一方面应该减税，以刺激经济增长，并且他认为减税未必会减少政府的税收。这些都是供给学派的基本思想。因此，罗伯特·蒙代尔被称为"供给学派的先驱者"。

总体来讲，供给学派在理论上是比较薄弱的，它只是偏重经济政策的一个流派。在供给学派内部大体上还可以分为两个分支，一个是"激进的供给学派"，另一个是"温和的供给学派"。人们一般把"激进的供给学派"作为供给学派的代表。"激进供给学派"的最主要代表人物是美国南加利福尼亚大学的阿瑟·拉弗。在里根执政期间，拉弗成为总统经济顾问委员会成员，他提出的"拉弗曲线"被看作是供给学派的思想精髓。此外，该派的代表人物还有裴德·万尼斯基、乔治·吉尔德等人。

尽管供给学派在美国经济学界独树一帜，但供给学派没有建立其系统的理论和政策框架，只是对于资本主义经济产生"滞胀"的原因及政策主张有些共同的看法，即强调供给，主张从刺激需求转向刺激储蓄和投资，以及减税。

二、供给学派的主要观点

（一）否定凯恩斯主义，肯定萨伊定律

在"凯恩斯革命"以前，西方经济理论信奉萨伊定律。所谓萨伊定律是指在充分就业的自由市场经济条件下，商品和劳务的供给能够创造出自己的需求。根据萨伊定律，经济不会发生严重的购买力不足的情况，市场的自动调节能够使经济达到充分就业。

供给学派认为，凯恩斯主义的经济理论无非是与萨伊的"供给自行创造需求"相对立的一种"需求自行创造供给"的理论。他们认为，当今的美国经济与凯恩斯当时的大萧条情况不同，需求的增长不一定会造成实际产量的增长，而只能单纯增加货币数量，引起通货膨胀，使储蓄率和投资率放慢，技术变革延迟。

在否定凯恩斯主义的同时，供给学派坚持萨伊定律是完全正确的。在他们看来，供给是需求的唯一可靠的源泉，没有供给就没有需求；没有出售产品的收入，就没有可以用来购买商品的支出。在充分自由的市场经济条件下，利率的下降会使储蓄全部转化为投资，这样就不会产生资本品的需求不足和过度需求的问题。因此，只要根据萨伊定律，制定一系列的"供给管理政策"来刺激储蓄，储蓄便会自动转化为投资，而投资增长就会促进经济增长。这样，既实现了充分就业的均衡，又避免了通货膨胀的发生。进而，供给学派认为，经济学研究的主要问题应该是决定供给的因素是什么，以及如何促进生产增长和怎样消除阻碍生产增长的因素的问题。

（二）生产要素的投入和激励以及生产率的增长决定产量增长

供给学派认为，产量是劳动力、资本等生产要素投入的直接结果。而在各种要素中，他们认为资本是最重要的，生产率的增长主要决定于投资规模。他们通过比较发现，凡是储蓄比率和投资比率高的国家，例如，日本、法国，生产率增长和生产增长都要快些，从而证明

储蓄和投资是生产增长的最重要的因素。

同时,供给学派认为,个人和企业作为经济主体都会对各种激励敏感地作出反应,即经济主体的行为取决于各种激励。他们会为积极性的激励所吸引,并且避开消极性的激励。因此,要促进生产增长,政府就要着眼于对经济主体的经济行为的激励,分析各种激励对经济的供给效应。

(三) 高税率阻碍经济增长

经济主体进行经济活动的最终动力是获取报酬和利润。但此处指的并非是名义上的报酬和利润,而是除去各种税费和政府征收费用以后的报酬和利润。因此,税率特别是边际税率,是激励经济主体从事经济活动的一个至关重要的因素。边际税率是指增加的收入中纳税部分所占的比例。经济主体在考虑是否增加经济活动时,主要看增加活动所带来的净收入是多少。供给学派认为,高税率给经济带来了很大的危害,他们从以下几个方面进行了分析:

(1) 高税率特别是高的边际税率是妨碍人们工作积极性和造成劳动生产率下降的重要原因之一。当边际税率很高时,多劳动所得的收入需要按照更高的税率纳税,实际收入就很少,从而改变了劳动和不劳动(闲暇)之间的相对价格,闲暇的价格相对降低了。这样,人们就不愿意加班加点努力工作、积极学习和提高技能以多挣工资,最终导致劳动生产率的下降。另外,从企业主的角度来看,税率的提高将使他停产或进行较低水平的经济活动,社会将会失去这个企业的全部产品,因此降低了生产率。

(2) 很高的边际税率是导致储蓄和投资供给不足、经济增长停滞不前的根本原因。首先,边际税率提高,降低了纳税后的投资收益,从而改变了现在消费和将来消费(即投资)之间的相对价格。用于消费的价格变得便宜,用于投资和储蓄的价格相对提高,从而鼓励人们多消费,少投资和储蓄。其次,高边际税率还会引起资本外流,流向边际税率低的国家和地区。供给学派认为,在各种要素中资本是最重要的,生产率的增长主要决定于投资规模,因此,高的边际税率导致资本的减少,最终必然导致经济增长停滞不前。

(3) 过高的边际税率不仅阻碍了个人和企业的财富积累,更重要的是它使个人投资者的革新、发明、创造的动力丧失殆尽,是经济增长和社会进步的最大危害。吉尔德断言:"在任何经济制度中创造性和主动性的主要来源都是个人投资者。经济不会自行增长,也不能靠政府的影响而发展起来。经济是由于对人们的事业心,即甘冒风险,把设想变成垄断,把垄断变成工业,并在知道得到什么回报之前就给予的这种愿意作出反应而增长的。"

(四) 拉弗曲线

供给学派认为,边际税率的高低和税收量的大小不一定按同一方向变化,甚至还有可能按相反方向变化。为此,供给学派用拉弗曲线来说明这一命题。拉弗曲线是说明税率和税收之间的关系以及减税在经济增长中的作用的曲线,如图11-4所示。图中,纵轴表示税率,横轴表示税收量。拉弗曲线实际包含这样一个含义,即"总是存在着能产生同样税收收益的两种税率"。图11-4表明,如果税率为零,则政府税收收入为零。但是,当税率为100%时,由于人们的全部经济活动收入都会被政府以税收的形式拿走,人们就不再工作和从事经济活动了。这样,即便税率是100%,可是没有供征税的收入,政府的税收收入仍然为零。供给学派认为,高的边际税率不但会减少人们从事正常经济活动的动力,还会促使人们从事地下经济活动,偷税漏税,其后果是减少了政府的税收收入。与此相反,边际税率的降低可以防止偷税漏税,鼓励人们从事正常的经济活动,从而会增加政府的税收收入。在拉弗曲线上,当税率处于一个特定区域(如图中的0~F范围内)时,随着税率的增加,政府的税收收入也会随之增加;当税率超过这一区域,进入更高的税率区域(如图中的F~G范围内)时,随着税率的提高,政府的税收收入反而会随之减少。

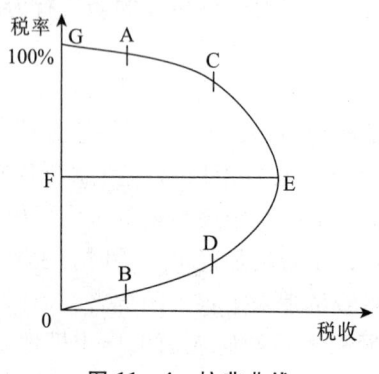

图 11-4 拉弗曲线

三、供给学派的政策主张

(一) 减税

边际税率是供给学派经济理论的中心,降低边际税率也就成为供给学派经济政策主张的核心内容。供给学派的经济学家认为,20世纪70年代美国的税率水平恰好处于图11-4所示的拉弗曲线的FG范围内,高税率是美国储蓄率和投资率下降、劳动供给减少、偷税漏税严重和地下经济盛行的原因,所以应该实行大幅度的减税政策,而且减税并不会减少政府的财政收入。

供给学派提出的减税不同于凯恩斯主义者的减税政策。凯恩斯主义的减税政策重点是削减平均税率以增加低收入阶层的消费需求,而供给学派的减税政策重点是削减边际税率以增加高收入阶层储蓄和投资的能力。此外,供给学派主张的减税不是凯恩斯主义权衡性的(即根据情况变化而制订的)暂时的减税,而是大规模的持久的减税。

供给学派认为,减税还有抑制通货膨胀的作用。他们根据传统的货币数量公式(MV = Py)指出在货币数量(M)和流通速度(V)不变时,提高税率会使总产量(y)下降,价格水平(P)就会上升;如果降低税率使(y)上升,价格水平(P)就会下降。这就是说增税会产生通货膨胀效应,而减税会产生抑制通货膨胀的效应。

(二) 减少社会福利支出

供给学派认为,减少社会福利支出是促进供给增长的又一重要措施。但他们声称,削减支出的目的不是为了要弥补因减税而造成的政府收入的减少,而是为了减少政府对经济的干预,充分发挥市场机制的作用。供给学派认为,私人经济部门的效率要比公共部门活动的效率高,因而减少政府支出可以避免由此而造成的对私人经济部门的挤出效应。

但是,供给学派所要削减的不是政府支出中的政府购买,而是政府支出中的政府转移支付,是社会福利的支出。供给学派认为,庞大的社会福利支出,需要有相应的社会福利机构和众多的管理人员以及繁琐的管理制度。这些不仅会造成社会财富的巨大浪费,还会助长官僚主义弊端。更为严重的是,庞大的社会福利支出削弱了人们工作和储蓄的热情,扼杀了人们的竞争力和独创性,使人们产生了依赖政府的思想,阻碍生产的发展。

(三) 减少限制性的规章制度

供给学派对于政府的各项规章制度,并不是主张完全取消,只是主张要精减那些束缚企业主动性和积极性的规章制度。他们认为,第二次世界大战后的美国政府所制定的许多法令、规章,例如,关于价格、工资、生产安全等方面的法规条例,加重了企业的负担,增加了产品的成本,削减了产品在国际市场上的竞争力。

供给学派认为,经济自由的实质在于冒险、创业、进步精神的维持。政府管制越少,私人经济运行就越有效率,他们敦促政府要减少限制性的规章制度,让企业尽量自由地经营,让企业家精神得以充分发挥。

四、供给学派的影响

供给学派的经济理论曾经是美国里根政府制定经济政策的主要依据之一。1981年里根上任后不久便向国会提交了"经济复兴计划",这其中就体现了供给学派的政策主张。其主要表现在以下四个方面:

(1) 削减个人所得税和企业税率;
(2) 削减联邦政府开支,减少预算赤字,逐年平衡预算;
(3) 放宽和取消政府对企业的一些限制性的规章制度;
(4) 控制货币信贷,推行有节制的稳健的货币供给政策。

不过,供给学派是20世纪西方经济学中昙花一现的学派。由于该学派在理论上没有多少吸引人的内容,而且在政策方面也没有取得显著的成效,随着里根总统的卸任,该学派的影响也就逐渐消失了。

第四节 其他西方经济学流派

在论述货币主义、理性预期学派、供给学派之后,也有必要了解目前西方宏观经济理论中两个有影响的理论流派,即新古典宏观经济学和新凯恩斯主义经济学。

一、新古典宏观经济学与新凯恩斯主义经济学概述

随着理性预期学派的发展和影响的不断扩大,到了20世纪80年代,以原先的理性预期学派为主体,逐渐融合了货币主义和供给学派,形成了新古典宏观经济学派。1979年,美国经济学家托马斯·萨金特在其《宏观经济理论》一书中首次提出了新古典宏观经济学这一术语。有关经济学者认为,随着理性预期学派的发展,该名称已经不能完全概括出"古典"经济学的几大经济学流派的融合局面,因为除了理性预期的特征外,这种学说还同时具有凯恩斯主义之前的"古典"宏观经济学理论的重要特征,所以使用新古典宏观经济学派这一术语作为这一新的学说流派的名称更为合适。

新古典宏观经济学派的发展大体上经历了两个阶段:第一阶段为20世纪70年代的理性预期学派。主要代表人物有罗伯特·卢卡斯、托马斯·萨金特和尼尔·华莱士等人。他们提

出了理性预期假说,把古典经济学的最大化原则引入到宏观经济学中,试图为宏观经济学提供一个微观基础;提出货币经济周期理论;提出货币政策无效性命题等。第二阶段为20世纪80年代,主要代表人物有罗伯特·巴罗、芬恩·基得兰德等人。他们提出了实际的经济周期理论以及政策无效性命题等。关于政策无效性的命题上一节我们已经有所论述,本节主要论述实际经济周期理论的观点。

在经历了20世纪70年代西方经济的"滞胀"局面的现实挑战,以及由此而带来的对以美国"新古典综合派"为代表的凯恩斯主义经济学的责难之后,20世纪80年代出现了一个主张政府干预经济的新学派,这就是新凯恩斯主义经济学派。这个学派的出现及其以后的迅速发展,似乎使人们在反对政府干预经济的自由主义思潮席卷西方宏观经济学领域之时,看到了凯恩斯主义经济学重振雄风的希望。新凯恩斯主义经济学派是一个松散的联盟,他们沿袭了凯恩斯主义的传统,否定市场总是出清的说法,同时为了弥补凯恩斯主义理论的不足,强调了市场失灵的微观原因的探讨。新凯恩斯主义经济学派的主要成员有美国经济学家N. 格雷高里·曼昆、约瑟夫·斯蒂格利茨等人。

二、两个流派在基本假设上的分歧

新古典宏观经济学和新凯恩斯主义经济学在基本假设方面的分歧主要表现在两个方面,即市场出清假设和理性预期假设。

(一) 关于市场出清与否的分歧

新古典宏观经济学家认为,工资和价格具有充分的弹性,可以迅速调整。这样,随着工资和价格的不断调整,供给量和需求量就会相等,市场连续地处于均衡状态,即市场被连续出清。总之,新古典宏观经济学家把表示供给量和需求量相等的均衡看作为市场经常处于的一种状态。

相反,新凯恩斯主义则认为,工资和价格具有粘性,当经济出现需求扰动时,它们不能够迅速调整到使市场出清。缓慢的工资和价格调整使经济回到实际产量等于正常产量的状态需要一个很长的过程,而在这一调整过程中,经济处于供求不等的非均衡状态。

(二) 关于理性预期假设上的分歧

新古典宏观经济学(理性预期学派)关于理性预期的假设,在上一节已经进行了详细的论述,在此不再赘述。新凯恩斯主义一般并不反对理性预期假说,他们中的多数人接受了这一假说并力图把它纳入到新凯恩斯主义的宏观经济模型中。但是新凯恩斯主义理性预期的概念又不同于新古典宏观经济学派的"理性预期"。新古典宏观经济学派认为,由于公众的理性预期,政府的政策是无效的;而新凯恩斯主义使用理性限制性预期的概念,认为由于市场不完全和信息不对称,公众的理性预期通常受到限制,致使政府政策效力大于与传统静态预期相联系的政策效力。总的来看,理性限制性预期概念的引入增加了而不是减弱了政府政策的效力。

三、两个流派在解释经济波动方面的分歧

新古典宏观经济学和新凯恩斯主义经济学在解释经济波动方面的分歧在于,前者试图用实际因素从供给扰动方面解释宏观经济波动,后者则用货币因素从需求扰动方面解释宏观经济波动。下面分别予以论述。

(一) 新古典宏观经济学对宏观经济波动的解释

新古典宏观经济学家认为，经济波动主要是由意料之外的实际经济方面的原因造成的，因而他们提出了实际经济周期理论。在他们看来，宏观经济经常会受到一些实际因素的冲击，例如，石油危机、农业歉收、战争、人口增减和技术革新等。虽然冲击经济的因素是多种多样的，但是它们引起经济波动的途径却是有限的，最主要的是技术方面。

实际经济周期理论认为，在人口和劳动力固定的情况下，一个经济中所生产的实际收入便取决于技术和资本存量，从而总量生产函数可以表示为：

$$y = zf(k)$$

式中，y 为实际收入；k 为资本存量；z 为技术状况。于是生产中的技术变动反映在 z 值发生的变化上，z 值的变动表现为生产函数的变动。假定资本折旧率为 δ，于是没有被折旧的资本存量为 $(1-\delta)k$，那么在所考察时期的期末，经济中的可供利用资源为当期的产量加上没有折旧的资本存量，即 $zf(k)+(1-\delta)k$。生产函数和资源函数关系如图11-5所示。

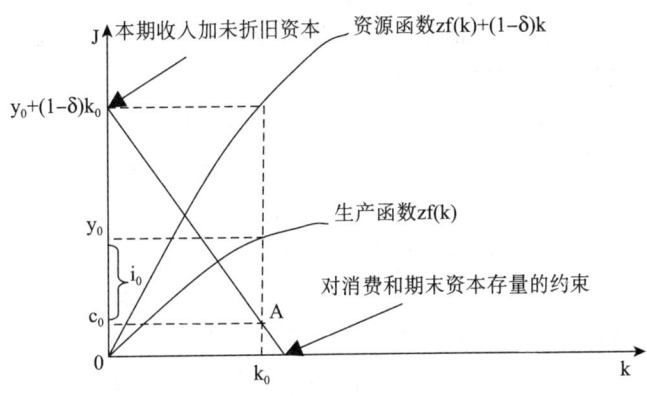

图 11-5 生产函数和资源函数

图中，横轴 k 为资本存量，纵轴 J 表示实际收入、消费、下期的资本存量和投资等变量。总资源函数为 $zf(k)+(1-\delta)k$。图中向右下方倾斜的直线为经济中的约束线（又称消费和资本积累可能线），它反映消费和积累的关系，当期供消费的最大量为当期收入加上没有折旧的资本量，如果这个量被消费掉，则下一期将没有资本存量。易知约束线的斜率为 -1，因为下一期一单位额外资本存量的增加正好来自于当期一单位消费量的减少。在约束线上的每一点可供经济社会选择。假定约束线上的 A 点，代表经济的稳定状态。这时下期资本存量为 k_0，投资为 i_0，消费为 C_0，实际收入为 y_0。如果资本存量 k_0 保持不变以及生产函数（从而总资源曲线）不发生变动，则消费、投资和实际收入将会重复下去。

下面再用图11-6来说明实际经济周期理论对宏观经济波动的解释。

经济原来的稳定状态为图中的 A_1 点，现在假定由于技术进步使 z 值从 z_0 增加到 z_1，则生产函数和总资源函数曲线向上移动。原有的资本存量为 k_0，产量增加到 y_1，总资源增加到 $y_1+(1-\delta)k_0$，从而使下期的消费和资本积累相应地增加，这表现为约束线向右移动。如果新约束线上的 A' 是被经济社会所选择的点，则资本存量增加到 k_1，消费上升到 c_1，实际收入进一步增加到 y_2。如果没有进一步的技术变化，则经济随着总资源的增长，会继续扩张直至达到新的稳定状态，在新的稳定状态下，将有更高的消费和资本存量以及更高的实际收入。以上便是新古典宏观经济学的实际经济周期理论对经济波动的解释。

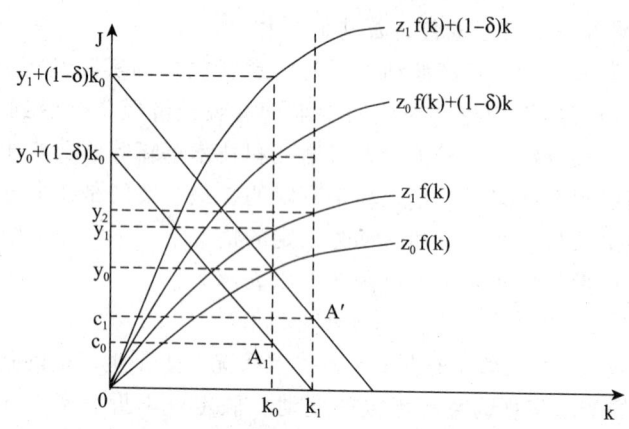

图 11-6　实际经济周期理论对宏观经济波动的解释

(二) 新凯恩斯主义经济学对宏观经济波动的解释

价格粘性是凯恩斯主义的基本信条之一，新凯恩斯主义经济学坚持和发展了这一信条。价格粘性是指价格不能随着总需求的变动而迅速变化。其重要性在于它可以转换为市场是否出清的问题。为此，新凯恩斯主义经济学区分了名义粘性和实际粘性。

如果名义工资和名义价格不能按照需求的变动而相应变动，就存在名义粘性。和名义粘性不同，实际粘性是一种工资相对于另一种工资的粘性，一种工资相对于另一种价格的粘性，以及一种价格相对于另一种价格的粘性。新凯恩斯主义经济学对名义粘性和实际粘性提出了形形色色的理论说明。对于名义价格粘性，他们将其归因于产品市场上的不完全竞争。对于实际价格粘性，他们认为主要起因于企业的成本加成定价。新凯恩斯主义经济学解释名义工资粘性的理论有"菜单成本论"、"长期劳动合同论"等，解释实际工资粘性的有"隐含合同论"、"不对称信息论"、"局内局外利益论"、"效率工资论"等。为了说明新凯恩斯主义经济学对宏观经济波动的解释，这里着重阐述"长期劳动合同"。

在西方国家，工资合同有具体期限，而且期限一般较长。例如，在美国，许多重要的行业（汽车、钢铁、建筑、航空等）是高度工会化的，在这些高度工会化的行业中，劳资双方一般签订为期 3 年或不同期限的劳动合同。而一些非工会化的行业（服装、餐饮、零售）往往效仿工会化行业订立劳动合同。这就造成了每 3 年谈判一次工资的周期。但是不同厂商或行业的合同的谈判和签订不是同步的，而一般是分开进行的。现实情况往往是：一批工资合同正在执行中，另一批工资合同已经达到期限，还有一些工资合同已经执行了 3/4 的期限等。在 3 年的周期中，每年都有新的合同签订，也有合同满期。劳资双方在签订劳动合同时要对影响工资谈判的因素进行调查，这些因素主要包括：预期的劳动生产率、生产增长率、通货膨胀率、失业率和其他可比工人的工资等，因而谈判要花费一定的成本。如果谈判破裂出现罢工等事件，由此给双方带来的损失就会更大。可见，长期劳动合同对厂商和对工人都是有利的，可以降低谈判成本，减少罢工次数。所以，追求利益最大化的厂商和工人都愿意通过谈判签订为期几年的长期劳动合同，以便预先规定厂商和工人的未来行为。结果，不但合同期内工资固定，合同到期后，工资也受未到期工资固定的影响而不能迅速充分地调整，从而排除了工资适应条件变化而迅速调整的可能性。

为了解释宏观经济波动，有必要先介绍新凯恩斯主义经济学短期总供给曲线。

新凯恩斯主义经济学短期总供给曲线的推导如图 11-7 所示。

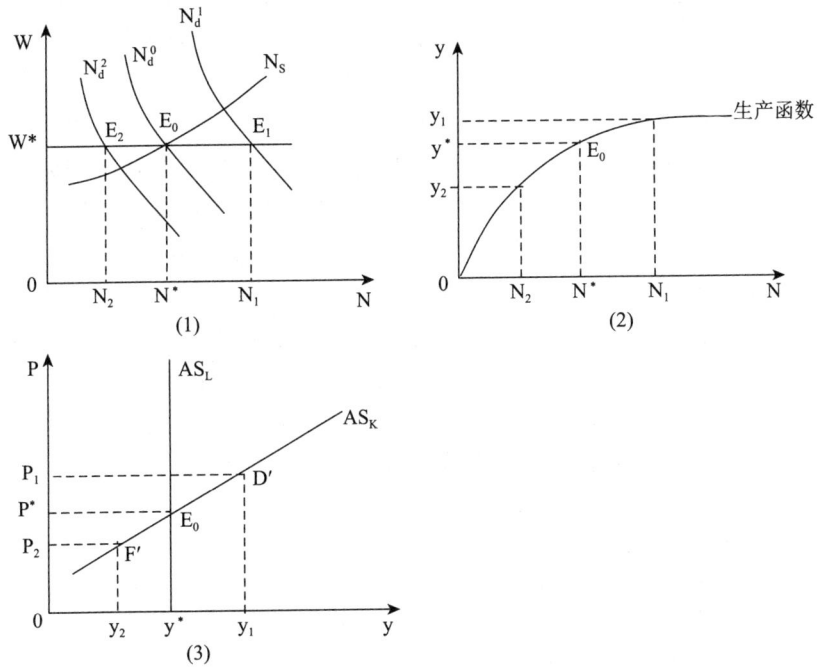

图 11-7　新凯恩斯主义经济学短期总供给曲线的推导

其中，（1）图中的 N_d 和 N_s 依次表示劳动的需求曲线和供给曲线，它们都是实际工资（W/P）的函数。然而事实上，厂商所支付的和劳动者所得到的只是货币工资。因此，劳动的需求和供给两方面都必须使用一定的价格指数（P）去除货币工资才能得到实际工资（W/P）。

新凯恩斯主义者认为，厂商在决定它所支付的实际工资的大小时，应该用该厂商的产品价格去除货币工资。因为根据微观经济学的生产理论，对于厂商而言，只要劳动的边际产品（代表劳动给厂商带来的利益）大于它为了这一劳动而必须支付的成本（即劳动的实际工资），它便会增加雇用的劳动一直到代表利益的边际产品与代表成本的实际工资相等时为止。即每一位厂商都会用他生产产品的实际价格去衡量它所支付的实际工资是多少。这样从整个经济社会的角度去看，厂商整体必然会用实际存在的价格指数或价格水平（P）去计算实际工资。（1）图中的 N_s 当然也是实际工资（W/P）的函数。在劳动者用什么样的 P 去衡量实际工资（W/P）的问题上，新凯恩斯主义和理性预期学派（也是新古典宏观经济学）都一致认为，劳动的供给曲线所使用的 P 是预期价格 P^e，因为劳动者不如厂商集体那样能够准确地知道实际价格水平，他们所使用的只能是在签订合同时所预期的价格（P^e）。

根据一定的 P^e，工会代表劳动者与厂商通过谈判达成工资协议，协议规定了货币工资（W）为多少。通过上述有关粘性工资理论（"长期劳动合同论"）的介绍，我们知道，协议生效后，不论客观情况如何，双方都会遵守协议，那么在合同期内，根据 P^e 而决定的 W 是粘着不变的。但在同一时期内，市场的实际价格水平却是经常变动的，而厂商又是按照实际价格（P）来决定对劳动的需求。如果 P 正好等于 P^e，如（1）图中的 N_s 所示，而 N_d^0 是根

据与 P^e 相等的 P^* 而作出的劳动需求曲线。由于 $P = P^e$，所以 N_s 和 N_d^0 相交于 E_0 点。该点表示的价格水平 P 和就业量 N 依次为 P^* 和充分就业量 N^*。将其带入生产函数可得 (2) 图中的 E_0 点，从而相应的充分就业产量为 y^*，于是在 (3) 图中，可找到与 P^* 和 y^* 相对应的点 E_0。E_0 点便是新凯恩斯主义短期总供给曲线上的一点。

新凯恩斯主义者认为，厂商雇用的劳动数量取决于 W 和 N_d 的共同作用。假设在工资合同期内，价格水平从 P^* 上升到 P_1，这时 (1) 图中的劳动需求曲线从 N_d^0 移动到 N_d^1。由于工资水平 W^* 已为合同所规定，无法改变，为了实现最大利润，厂商只能根据既定的货币工资（W^*）和新的劳动需求曲线（N_d^1）来决定雇用的劳动数量。由 (1) 图可知，这时厂商实际雇用的劳动数量为 N_1，从而产出数量为 y_1。在 (3) 图中可得到与 P_1 和 y_1 相对应的点 D'。如果实际的价格水平为 P_2，则 N_d 曲线处于 (1) 图中的 N_d^2 的位置。按照同样的方法便可找到 N_d^2 和 W^* 两线交点 E_2 所决定的 N_2，于是在 (3) 图中又得到 F' 点。

可见，根据在工资合同期内的不同的 P 可得到不同的 N，根据这些不同的 N 便可在 (2) 图中得到不同的 y，从而可在 (3) 图中找到不同的点（如 E、D'、F' 等），用一条光滑的曲线将这些点连在一起便得 (3) 图中的曲线 AS_K，这便是新凯恩斯主义的短期总供给曲线。

由上述短期总供给曲线的推导过程可知，如果货币工资降低，即 (1) 图中的 W^* 下移，则在同一价格水平下，由于劳动需求量将提高，从而总产出将相应增加。这意味着，如果货币工资下降，则短期总供给曲线将向右方移动。

在长期中，由于劳动者可以知道实际的 P 值，所以 P^e 等于实际的 P，从而劳动者可以按照实际的 P 来决定 W 为多少。因而能使 N_d 和 N_s 相交于充分就业这点。新凯恩斯主义认为，长期的总供给曲线是 (3) 图中的相当于 y^* 的垂直线 AS_L。

新凯恩斯主义者利用短期和长期总供给曲线，考察经济遭受总需求扰动（如总需求下降或上升）后回复到正常状态的过程，就此说明经济的波动过程。

四、两个流派在政策主张上的分歧

新凯恩斯主义经济学和新古典宏观经济学在政策主张的分歧主要集中在是否赞成政府对经济的积极干预问题上。前者主张政府对经济的干预，而后者则认为政府的经济干预政策往往是无效的，反对政府对经济的积极干预。

新凯恩斯主义者认为，由于价格和工资存在粘性，经济在遭受到总需求的冲击后，从一个非充分就业的均衡状态回复到充分就业的均衡状态是一个缓慢的过程。因此，政府实施宏观经济政策是必要的，不能等待工资和价格水平自动回复到充分就业的均衡状态，因为这是一个长期的痛苦的过程。

新古典宏观经济学认为，宏观经济政策是无效的甚至是有害的。以卢卡斯为代表的货币经济周期理论，从不完全信息出发论证了货币政策的无效性命题。新一代的新古典宏观经济学家不满足于货币政策无效性的命题，他们将新古典主义宏观经济学的研究方法应用到财政政策分析，得到了财政政策也无效的结论（见本章关于理性预期学派一节的相关论述）。

五、宏观经济学理论研究的新趋势

经过 20 世纪后半期凯恩斯主义与货币主义的争论和新古典主义宏观经济学与新凯恩斯

主义经济学的争论，宏观经济学家们在一定程度上逐渐接受了对立面的观点和方法，在一些问题上相对取得了共识，如对菲利普斯曲线的看法，对预期基础的看法，对经济行为假定的看法等，大致上都取得了某种共识。当然，分歧还是存在的。不过西方宏观经济学流派间已经开始出现了融合的趋势。

另外，还出现了宏观经济学与微观经济学的融合趋势。新古典宏观经济学家和新凯恩斯主义经济学家通常都是从微观基础出发来说明宏观经济问题。这种研究视角的变化使得在20世纪80年代中期以来的西方经济学中，宏观经济学和微观经济学的界限变得越来越不明显。美国著名经济学家约瑟夫·斯蒂格利茨在1997年出版的《经济学》教科书第2版序言中写到："经济学界已经逐渐认识到宏观经济行为必须和其背后的微观经济学原理结合在一起，只有一套经济学原理，而不是两套。"

此外，在寻求宏观经济学微观基础过程中，经济学家开始深入研究在以往的宏观经济学研究中所忽略的一些问题，如对经济政策的博弈论研究，新制度经济学对宏观经济学的影响，信息经济学对推动宏观经济学微观基础的研究等，这些都是目前宏观经济学深入研究的前沿问题。

本章小结

本章论述了四个学派产生的历史条件，理论基础和政策主张，并且分析了新古典宏观经济学和新凯恩斯主义经济学的分歧，最后，简要介绍了宏观经济学发展的新趋势。从本章的学习中可以得到一些有关四个学派以及西方宏观经济学动向的知识。

复习思考题

1. 简述新古典综合派的主要观点。
2. 简述新货币数量论的基本内容。
3. 试比较和分析货币主义和凯恩斯主义的异同。
4. 理性预期学派是如何否定宏观经济政策的有效性的？
5. 简述供给学派的主要观点。
6. 新古典宏观经济学和新凯恩斯主义经济学有哪些分歧。

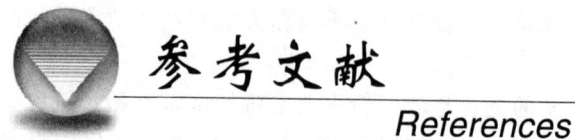

参考文献
References

【1】杰弗里·萨克斯,费利普·拉雷恩.全球视角的宏观经济学.上海三联书店,上海人民出版社,1997。

【2】厉以宁.宏观经济学的产生和发展.长沙:湖南出版社,1997.

【3】梁小民.西方经济学教程.北京:中国统计出版社,1997.

【4】P.萨缪尔森,W.诺德豪斯.经济学.北京:商务出版社,1989.

【5】管德华.理论与实践现象描述数量分析——对西方经济学的认识 [J].财贸研究 1992(1).

【6】梁东黎.宏观经济学(第五版).南京大学出版社,2011.

【7】P.萨缪尔森,W.诺德豪斯.宏观经济学(第18版).萧琛,译.北京:人民邮电出版社,2008.

【8】赵英军.西方经济学(宏观部分).北京:机械工业出版社,2009.

【9】曼昆.宏观经济学(第7版).卢远瞩,译.北京:中国人民大学出版社,2011.

【10】缪代文.西方经济学(第3版).北京:中国人民大学出版社,2011.

【11】高鸿业.西方经济学(宏观部分)(第5版).北京:中国人民大学出版社,2011.

【12】李伯兴,韩国丽.西方经济学.大连:东北财经大学出版社,2011.

【13】许纯祯,吴宇晖,张东辉.西方经济学.北京:高等教育出版社,2008.

【14】鲁迪格·多恩布什,斯坦利·费希尔,理查德·斯塔兹.宏观经济学(第7版).范家骧,张一驰,张元鹏,张延,译.北京:中国人民大学出版社,2000.

【15】高鸿业.西方经济学(第3版).北京:中国人民大学出版社,2000.

【16】Oliver Blanchard. Macroeconomics (2nd ed). London:Prentice Hall,2000.

【17】P.萨缪尔森,W.诺德豪斯.宏观经济学(第16版).萧琛,等译.北京:华夏出版社,1999.

【18】希克斯.价值与资本.北京:商务印书馆,1979.

【19】库兹涅茨.现代经济增长理论导引.北京:商务印书馆,1994.

【20】吴易风,王健.凯恩斯学派.武汉出版社,1996.

【21】斯蒂格利茨.经济学.姚开建,等译.北京:中国人民大学出版社,1997.

【22】朱选功,张国鼎.西方经济学.郑州大学出版社,2004.

【23】高鸿业.西方经济学(宏观部分).北京:中国经济出版社,2005.

【24】宋承先．现代西方经济学（宏观经济学）．上海：复旦大学出版社，2007．
【25】王秋石．宏观经济学原理．北京：经济管理出版社，2001．
【26】蔡继明．宏观经济学．北京：人民出版社，2003．
【27】曼昆．经济学原理．北京：中国人民大学出版社，2006．
【28】鲁迪格·多恩布什，斯坦利·费希尔，理查德·斯塔兹．宏观经济学．王志伟，译．北京：中国人民大学出版社，2010．
【29】高鸿业．西方经济学．北京：中国人民大学出版社，2014．
【30】斯蒂格利茨．经济学（第二版）．北京：中国人民大学出版社，2000．
【31】黎诣远．西方经济学．北京：高等教育出版社，2000．
【32】杨长江，石洪波．宏观经济学．上海：复旦大学出版社，2004．
【33】曹兰英．西方经济学．成都：西南交通大学出版社，2010．
【34】罗伯特·J．巴罗．宏观经济学：现代观点．沈志彦，陈利贤，译．上海：格致出版社，2008．
【35】梁小民．西方经济学基础教程（第三版）．北京大学出版社，2014．
【36】曼昆．经济学原理（第6版）：宏观经济学．梁小民，梁砾，译．北京大学出版社，2012．
【37】布兰查德．宏观经济学（第6版）．王立勇，等译．北京：清华大学出版社，2014．
【38】范家骧，王志伟．宏观经济学．大连：东北财经大学出版社，2003．
【39】方福前．当代西方经济学主要流派．北京：中国人民大学出版社，2004．
【40】高鸿业．西方经济学（下册）．北京：中国经济出版社，1996．
【41】罗志如，范家骧，厉以宁，胡代光．当代西方经济学说．北京大学出版社，1989．
【42】王志伟．现代西方经济学流派．北京大学出版社，2002．